AF326032

HISTOIRE CONTEMPORAINE

DE 1789 A 1875

CLASSE DE PHILOSOPHIE

I

1789-1815

AVIS

—

Nous recommandons à nos lecteurs les *Atlas historiques* de M. Périgot qui correspondent à chacun des cours du programme officiel.

DU MÊME AUTEUR :

COURS D'HISTOIRE, à l'usage des lycées et collèges, rédigé conformément aux programmes, par M. Toussenel, ancien professeur d'histoire au lycée Charlemagne, inspecteur d'académie honoraire.

Classe de troisième : *Histoire de l'Europe*, de 395 à 1270. 1 fort vol. in-12, cartonné. **3 50**

Classe de seconde : *Histoire de l'Europe*, de 1270 à 1610. 1 fort vol. in-12 cartonné **3 50**

Classe de rhétorique : *Histoire de l'Europe*, de 1610 à 1789. 1 fort vol. in-12, cartonné **3 50**

Classe de philosophie : *Histoire contemporaine*, IIᵉ fascicule, de 1815 à 1875. (Sous presse.)

ANGERS, IMP. BURDIN ET Cⁱᵉ, 4, RUE GARNIER.

COURS D'HISTOIRE
CONFORME AU PROGRAMME OFFICIEL DE 1880

CLASSE DE PHILOSOPHIE

HISTOIRE
CONTEMPORAINE
de 1789 à 1875

PAR T. TOUSSENEL

ANCIEN PROFESSEUR D'HISTOIRE AU LYCÉE CHARLEMAGNE,
INSPECTEUR HONORAIRE DE L'ACADÉMIE DE PARIS
MEMBRE ET PRÉSIDENT DES COMMISSIONS D'EXAMEN DE L'HOTEL-DE-VILLE (1848-1880)
OFFICIER DE LA LÉGION D'HONNEUR.

I
1789-1815.

PARIS
LIBRAIRIE CH. DELAGRAVE
15, RUE SOUFFLOT, 15

1884

PRÉFACE

Offrir aux élèves des Lycées et des Écoles secondaires un nouveau Guide pour l'étude de l'histoire contemporaine, c'est tenter après d'autres un nouvel effort de méthode pour l'exposition et l'enchaînement des faits; effort de précision et de discernement pour le choix des événements les plus importants; effort d'impartialité pour l'appréciation des faits et des hommes qui sont tous les jours calomniés ou flattés par les partis. En dehors de nos écoles tout le monde croit savoir l'histoire contemporaine, et c'est là une de nos plus dangereuses illusions. M. Duruy a donc bien fait d'en prescrire l'enseignement dans la classe de philosophie, et c'est là un progrès dont nous devons lui faire honneur. Il était bon de rappeler à nos lycéens que la philosophie, objet de leurs dernières études, n'est point supérieure à l'histoire et ne saurait s'en séparer.

Tous les faits mémorables de l'histoire générale dans la période de 1789 à 1875; la lutte de la Révolution française et de Napoléon Ier contre la vieille Europe qui se reconstitue par les traités de 1815; les essais laborieux du gouvernement représentatif dans les États de l'Occident depuis la Restauration; les mouvements encore imprimés à l'Europe par nos deux révolutions de 1830 et de 1848; les perpétuels embarras de la question d'Orient; les progrès de la lutte des Russes et des Anglais en Asie; la fondation du second Empire par Napoléon III, son éclat et sa chute; la guerre civile des États-Unis; les victoires de la Prusse sur l'Autriche et sur la France; le rétablissement de l'empire d'Allemagne et la constitution de notre troisième République; et parmi tous ces grands événements de l'histoire politique, les hauts monuments de la littérature contemporaine, les réformes économiques, les explorations et les découvertes scientifiques, la vapeur et l'électricité reliant les pays et les mondes; assurément nous n'avons pas la prétention d'enseigner une histoire si vaste du premier coup, et d'une façon complète et définitive, par un volume de 4 à 500 pages. Notre vœu plus modeste serait d'ouvrir, dans la mémoire et dans l'esprit de nos jeunes gens, des cadres où viendront se grouper plus tard et se classer aisément les résultats d'études plus sérieuses et plus étendues.

« Il s'en faut bien, a dit M. Ed. Quinet, que la Révolution ait émancipé l'esprit des Français autant que nous le croyons. Il y a aujourd'hui plus d'idées convenues et obligées dont il n'est pas permis de sortir, qu'il n'y en avait au XVIIIe siècle... Depuis que la terre a tremblé, on a élevé à la hâte, par impatience et par peur, une immense digue de lieux communs, de sophismes, de phrases banales, que personne n'a examinées, et que l'on est sommé de respecter... Nous avons remplacé les choses sacrées par les choses convenues... Nous croyons trop aisément qu'une vérité devient mensonge, dès qu'elle a cessé de nous plaire ou de nous servir. »

Aucune réflexion ne nous a plus vivement frappé dans le remarquable ouvrage de notre vieil ami, Ed. Quinet, sur la Révolution. C'est dans ce sens et contre cette mobilité d'opinions vulgaires qu'il importe de prémunir et de fortifier l'esprit de notre jeunesse. Il faut, sur les hommes et sur les choses, lui préparer le jugement plutôt que l'imposer. Il serait bien heureux pour notre pays qu'enfin la pratique suivît la théorie, et que par l'éducation et l'enseignement on pût mettre dans les cœurs et dans les esprits les lois et les vertus que nous écrivons dans nos constitutions et sur nos murs.

1er octobre 1883.

T. TOUSSENEL.

HISTOIRE CONTEMPORAINE

PREMIÈRE PARTIE
DE 1789 A 1815

CHAPITRE I

LES INSTITUTIONS DE LA FRANCE AVANT LA RÉVOLUTION

SOMMAIRE.

1. — L'état de la France en 1789 explique, après des réformes incomplètes, la nécessité et la violence de la révolution : elle n'avait ni droit commun, ni constitution réelle. Le roi, entouré de six ministres dont les attributions sont mal réparties, exerce inégalement sur les provinces et sur trois classes de sujets un pouvoir absolu, limité seulement par l'opposition des parlements, et trop souvent dominé par les intrigues d'une cour frivole. La nation demeure divsée en trois ordres : le *clergé*, partageant la France en dixhut provinces, riche et fastueux dans les hautes dignités de l'Egise et laissant la misère au bas clergé ; la *noblesse* d'épée, déchue de sa gloire militaire, ruinée par son luxe, accaparant pour ses cadets les emplois lucratifs, et jalouse de la noblesse de robe ou des parlements : enfin le *tiers état*, bourgeois, artisans, laboureurs, qui paie seule la taille.

2. — Dans les provinces bizarrement partagées par les divisions financières, militaires et judiciaires, les intendants sont les agents principaux du pouvoir exécutif et central, mais n'ont pas la même autorité sur les *pays d'états*, les *pays d'élections* et les *pays d'imposition*. Les nouvelles provinces ont leur régime à part pour les douanes et la justice. Au-dessus des bailliages et des présidiaux, la justice est rendue en dernier ressort par treize parlements et quatre conseils souverains. Le parlement de Paris a perdu toute popularité à la veille des Etats généraux. Le droit *écrit* domine au midi et le droit *coutumier* au nord. La justice criminelle est demeurée barbare. Les lettres de cachet et la Bastille suppriment la liberté personnelle.

3. — Le peuple est ruiné par l'inégalité des impôts, le tiers état payant seul, outre la taille ou impôt direct, les dîmes, les droits seigneuriaux et les corvées ; par la rapacité des fermiers généraux, adjudicataires et collecteurs des impôts indirects. La culture et les revenus de la terre ont fait peu de progrès, malgré la division

des propriétés rurales. Le commerce est comme l'agriculture
entravé par les douanes intérieures et le mauvais état des routes;
l'industrie par le système des corporations. Le peuple a le droit
d'exiger en tout genre de grandes réformes.

**1. Le gouvernement de la France en 1789. — Le roi et les
ministres. — Les conseils. — La Cour. — Les ordres privilégiés et le tiers état.**

Lorsque l'on étudie la France en 1789, l'état de son administration, de ses finances, de son industrie et de son agriculture, on
ne s'étonne plus que les philosophes et les économistes du xviii^e
siècle aient si hardiment censuré le despotisme de Louis XIV, la
corruption de Louis XV et la faiblesse de Louis XVI; que Leib-
nitz et Fénelon, que Voltaire et Jean-Jacques Rousseau aient cru
la révolution imminente, et que l'opinion publique ait si volontiers
accueilli contre un pareil gouvernement les satires les plus
amères et les déclamations les plus violentes, celles de Mably et de
Raynal. On comprend que des réformes si longtemps demandées et
refusées se soient faites d'elles-mêmes et avec plus de violence.

Sous ce gouvernement le droit commun n'existait pas; il y
avait les privilèges du clergé, de la haute noblesse et de la petite,
de la magistrature, de l'Université, des provinces et des villes, des
officiers publics et des corporations. Le roi n'avait pas la même autorité sur des provinces réunies à différentes époques et à des
conditions diverses. Lally-Tollendal avait le droit d'affirmer que
la France n'avait « nulle loi générale, positive, écrite, qui définit
tous les pouvoirs. » Le roi exerçait de fait un pouvoir absolu.
Les parlements qui refusaient d'enregistrer ses édits, y étaient
contraints par les lits de justice ou par les *arrêts en commandement* du conseil d'État. Le roi avait six secrétaires d'État ou
ministres : celui des *affaires étrangères*, celui de la *guerre*, celui
de la *marine* et des *colonies*, celui de la *maison du roi*, chargé
en même temps de l'administration de Paris, des affaires ecclésiastiques et des lettres de cachet; le *contrôleur général des
finances* et le chef de la justice, le *grand chancelier*, qui n'avait
pas toujours la garde des sceaux. Aux attributions particulières que
désignait son titre, chacun joignait l'administration d'une partie de
la France. L'administration proprement dite, ce que nous appelons

aujourd'hui le ministère de l'intérieur, était bizarrement partagée entre six ministres. Celui des finances dirigeait de plus le service de l'agriculture, du commerce, des ponts et chaussées, des mines et des hôpitaux. Le ministre de la guerre administrait particulièrement les provinces frontières, les Trois-Évêchés, Flandre, Lorraine, Alsace, Franche-Comté, Dauphiné, Roussillon, etc. Le *conseil d'État* se divisait en plusieurs sections : *conseil d'en haut* où siégeaient tous les ministres, pour la diplomatie et les grandes questions de politique ; *conseil des dépêches* pour l'administration intérieure et la correspondance avec les intendants ; *conseil des finances* et *conseil du commerce* quelquefois séparés ; *conseil d'État privé* ou *des parties* sous la présidence du chancelier ou du garde des sceaux pour le jugement des conflits et la revision suprême des arrêts rendus par les cours supérieures, ce qu'on pourrait nommer une *cour de cassation* royale. Les causes réservées au roi et qu'il enlevait aux juges naturels, le contentieux des évêchés conférés par le roi, les conflits entre les parlements et les présidiaux, l'appel des jugements du grand prévôt, revenaient à la section du conseil d'État qu'on nommait particulièrement le *grand conseil*.

Au-dessus de ces conseils, du roi et de ses ministres, il y avait la *cour*, un autre gouvernement, celui des fêtes et de l'intrigue. La ville détestait la cour, et Paris, délaissé depuis Louis XIV, calomniait Versailles. A la cour de Marie-Antoinette entourée de ses favorites (les comtesses Jules et Diane de Polignac, la princesse de Lamballe), on attribuait le choix et la disgrâce des ministres, l'élévation de Calonne et de Loménie de Brienne, le renvoi de Turgot et de Necker, les échecs et les affronts de la politique extérieure. On savait bien que la reine et le comte d'Artois avaient poussé de Calonne aux finances, et que les affaires de l'État se traitaient trop souvent parmi les bergeries du Petit-Trianon. L'opinion publique se plaignait des dépenses autant que des intrigues de la cour. Il fallait payer pour le clergé de la cour, pour les 5,000 grands officiers et petits officiers de la maison du roi, pour les 10,000 hommes de sa maison militaire, pour les 5,500 chevaux de ses écuries, et pour sa chasse qui coûtait plus d'un million par an. Il fallait payer 420 personnes pour la maison civile de Monsieur, 179 pour sa maison militaire,

près de 700 pour la maison du comte d'Artois. Le roi n'ayant point
de trésor particulier, ces folles dépenses étaient payées par le
trésor public auquel la ferme générale ne faisait d'avances qu'à
vingt pour cent d'intérêt. On a vu sous Louis XV l'odieux abus
des *acquits au comptant*.

La nation, alors évaluée à vingt-cinq millions d'âmes, était
comme on le voit aux États généraux, séparée en trois ordres,
dont chacun se subdivisait en plusieurs classes : les deux ordres
privilégiés, clergé et noblesse, et le tiers état.

La France ecclésiastique était partagée en 18 provinces ou archevêchés, 121 évêchés, dont les diocèses n'étaient pas moins inégaux
que les ressorts des parlements. L'évêque de Rouen gouvernait près
de quatorze cents paroisses, et ceux de Toulon et d'Orange une ving-
taine. Si le prélat de Strasbourg avait cinq cent mille livres de
rente, Fleury, le pauvre évêque de Fréjus, parlait de son diocèse
avec autant de mépris et d'amertume que jadis Richelieu de son
évêché de Luçon ; et les plus pauvres évêques ne devenaient pas
tous cardinaux. Même différence pour les abbayes. Combien de
pauvres abbés enviaient le sort des abbés de Fécamp ou de Saint-
Germain ! Les curés de campagne étaient si pauvres que Louis XVI
eut pitié d'eux et fixa leur *portion congrue* à trois cent cinquante
livres. Le roi nommait les cadets de la haute noblesse aux grandes
dignités et laissait les évêques, les chanoines et les grands seigneurs disposer du reste. Les biens du clergé, couvrant le cinquième
du territoire, inaliénables et exempts de tout droit de mutation,
s'appelaient *biens de mainmorte*. On évaluait les revenus du haut
clergé (douze mille évêques, abbés, prieurs et chanoines) à 66
millions de notre monnaie, et ceux du clergé entier, qui comptait
plus de cent mille membres, dont dix-neuf mille religieux et
trente-deux mille religieuses, à plus de 400 millions. Le clergé,
exempt de la plupart des impôts ou n'en payant qu'une faible
partie, votait le don gratuit dans ses assemblées périodiques,
où n'étaient représentés ni les évêques de Metz, Toul et Verdun,
suffragants de Trèves ou de Mayence, ni ceux de Corse,
suffragants de Pise ou de Gênes. Il tenait les registres de l'état
civil, et *la chambre souveraine du clergé de France*, huit *bureaux ecclésiastiques* et les *officialités* exerçaient sa juridiction
particulière.

On distinguait parmi les nobles : au premier rang les pairs de France, sept ecclésiastiques et quarante-trois laïques ; à côté d'eux les grands seigneurs ou la *noblesse présentée*, ceux qui pouvaient justifier de leur filiation jusqu'au xive siècle, qu'on décorait seuls du *cordon bleu* (ordre du Saint-Esprit), et qui montaient dans les carrosses du roi ; au second rang, la noblesse non présentée, ceux qui n'ayant que cent quarante ans de noblesse prouvée, prenaient les places à *preuve*, et par privilège plaçaient leurs filles à Saint-Cyr, leurs fils cadets à Malte, aux pages et aux chapitres nobles. Puis venait la *noblesse de robe*, ou la magistrature, assez puissante par ses charges héréditaires pour faire ombrage à la noblesse d'épée, et occupant toutes les charges de judicature et les hauts emplois de l'administration. Enfin la noblesse inférieure, les anoblis par la volonté du roi ou par l'achat d'un office, qui ne payaient plus la taille. On évaluait à cinquante mille familles la noblesse de robe et cette noblesse ministérielle ou d'office. Les bourgeois riches qui *vivaient noblement* détestaient la noblesse à tel point qu'ils finissaient par l'acheter. Il y avait soixante-six mille charges vénales. La petite noblesse perdit la grande. La révolution se fera surtout contre les cadets de la noblesse du second rang, les *hommes de qualité*, qui vivaient en si grand nombre à la charge du roi, qu'il fallut leur assurer les grades militaires (ordonnance de 1781) et les meilleurs canonicats. Le droit d'aînesse qui donnait les deux tiers du patrimoine au fils aîné, s'il y avait deux enfants, et la moitié, s'il y en avait plus de deux, jetait dans l'armée et dans le clergé ces *gueux* de la noblesse.

Les classes des deux ordres supérieurs, clergé et noblesse, comptant chacun environ cent mille membres, se distinguaient par divers privilèges ; celle du tiers état ou des roturiers par divers degrés d'oppression et de misère. Les habitants des villes, ouvriers ou fabricants, marchands et négociants, ceux des professions libérales, médecins, architectes, les gens d'affaires, avocats, notaires, etc., tous administrés par des magistrats privilégiés, supportaient diversement les charges de l'État et les impôts généraux, avec peu de chance d'arriver aux emplois. Le peuple des campagnes, serfs, ouvriers libres, manœuvres à la journée, paysans propriétaires, avait de plus à subir, avec la dîme et la taille, les corvées pour le roi ou les seigneurs, les banalités seigneuriales ; il fournissait presque tout le contingent de la milice, et portait tout le poids de la société.

Les protestants, rendus à la vie civile par un édit de Louis XVI (nov. 1787), demeuraient d'ailleurs exclus des fonctions publiques, et les juifs nationaux étaient traités comme étrangers.

II. L'administration des provinces. — La justice et les parlements. — L'armée. — L'enseignement public.

L'administration provinciale n'était pas moins irrégulière que le gouvernement du royaume. Il n'y avait nulle concordance administrative, financière, judiciaire ou même géographique entre les 34 intendances, les 35 généralités ou divisions financières, les 40 gouvernements ou divisions militaires, les 139 diocèses, les 17 parlements et conseils souverains, les 24 universités, etc. Les quarante gouvernements, dont trente-deux grands et huit petits (Paris, Metz-Verdun, Toul, Sedan, Boulogne, le Havre, Saumur, la Corse), étaient divisés en *pays d'États* (Dauphiné, Bretagne, Provence, Languedoc, Artois, etc.), où les États provinciaux, irrégulièrement convoqués, votaient l'impôt, mais par simple formalité ; en *pays d'élections*, où les impôts étaient répartis par les administrations locales ; et en *pays d'imposition* ou d'acquisition récente, où le gouvernement répartissait lui-même les impôts qu'il avait fixés. Les vrais administrateurs des provinces n'étaient plus les gouverneurs, qu'on avait réduits à l'autorité militaire. Dans chaque généralité ou intendance, le vrai représentant et l'unique agent du pouvoir central pour les finances, les travaux publics, l'agriculture, le commerce, la police, la levée des milices, c'était l'intendant. Trente maîtres des requêtes, dit Law, étaient commis aux provinces. L'institution des intendants, établis par Richelieu d'abord en 1635 et plus généralement en 1637, avait marqué le passage du régime féodal au régime moderne, et leur première qualification avait dès lors exprimé l'étendue de leurs pouvoirs : *intendants de justice, police et finances, et commissaires départis dans les généralités du royaume pour l'exécution des ordres du roi*. Le sort des provinces en 1789 dépendait de ces intendants et de leurs subdélégués, qui représentent déjà pour les cadres administratifs nos préfets et nos sous-préfets. Au-dessous des subdélégués, on trouve encore les *correspondants* pour un groupe de paroisses.

Dans certaines provinces les officiers municipaux des villes, maires, échevins, etc., achetaient leurs charges ; ailleurs ils étaient nommés par le roi ou les gouverneurs, ou élus par les habitants. On sait qu'à Paris le prévôt des marchands, les échevins, le procureur, le substitut, etc., étaient moins choisis par les notables, que désignés et même imposés par le roi aux électeurs. En 1787 les communes avaient recouvré le droit d'élire les syndics ou maires des villages.

Les généralités des nouvelles provinces, Alsace, Roussillon, Franche-Comté, Corse, avaient pour les douanes et les impositions un régime spécial. La Lorraine ne payait pas la capitation, et le vingtième était moins lourd dans les trois provinces de l'est. Le système des assemblées provinciales imaginé par Turgot, et d'abord appliqué par Necker au Berry, puis à Montauban et à Moulins, et plus tard, en 1787, étendu à toutes les généralités, n'eut pas le temps de produire les fruits que Turgot en attendait. Le grand ministre avait cru qu'on pourrait par ces assemblées, composées des principaux propriétaires de chaque province, supprimer les privilèges des pays d'États, rapprocher les trois ordres, intéresser et former les nobles à la connaissance des affaires.

Quelques princes étrangers demeuraient possessionnés en France par d'étroites enclaves, le comté de Montbéliard au duc de Wurtemberg, le comté de Salm et quelques autres dans l'est, Avignon et le Comtat Venaissin au pape.

La justice était rendue en dernier ressort par le grand conseil et par treize parlements[1], en première instance par cent présidiaux, et par les trois cents bailliages ou sénéchaussées du nord et du midi. Il y avait pour les provinces récemment conquises les *conseils souverains* de Colmar, de Perpignan, d'Artois et de Corse. Le parlement de Paris, le plus important par son ancienneté, par l'étendue de son ressort, et comme représentant l'ancienne cour des pairs ecclésiastiques et laïques, se composait d'un premier pré-

---

1. Parlement de Paris (1302), de Toulouse (1443), de Grenoble (1453), de Bordeaux (1462), de Dijon (1477), de Rouen (1499), d'Aix (1501), de Rennes (1553), de Pau (1620), de Metz (1633), de Besançon (1673), de Douai (1713), de Nancy (1775).

sident, de trente présidents, d'environ deux cents conseillers clercs et laïques, et se divisait en sept chambres : la *grand'chambre* jugeant les causes qui concernaient la couronne, les pairs, l'Université ; la *Tournelle* ou chambre criminelle ; les trois *chambres des enquêtes* prononçant sur la validité des appels ; les deux *chambres des requêtes* saisies en premier ressort des procès entre les officiers du roi, et ceux des personnes pourvues de lettres de *committimus* ou du droit de porter directement leurs affaires au parlement.

Les magistrats, dont les charges étaient devenues héréditaires en 1604, n'avaient pas attendu la force que leur donnait la *paulette* pour joindre à leurs attributions judiciaires des prétentions politiques, et suppléer les États généraux ; ils prétendaient, par leur droit de remontrance, contrôler les édits qu'ils enregistraient. On les a vus au temps de la Fronde aviser à la réforme de l'État, et s'habituer à braver les arrêts du conseil, les lits de justice, les arrestations et les exils. Détruits par Louis XV, rétablis par Louis XVI, ces organes de la nation, ces protecteurs de tous les droits, ces contrôleurs de la couronne, demandaient les États généraux en vertu d'une prétendue constitution de la monarchie française, exhumée et proclamée par leur célèbre arrêt de mai 1788. Ce faux zèle de la noblesse de robe allait se trahir au dernier moment par de perfides réserves sur le mode et la tenue des nouveaux États, et l'opinion publique, qui les avait soutenus au hasard contre la cour, ne vit plus en 1789 que les abus de leur juridiction, les rigueurs et les erreurs de leurs derniers jugements (affaires de Calas, de Sirven, de Labarre et Montbailly).

On se plaignait de la multiplicité confuse des tribunaux, de l'inégalité de leurs ressorts, celui du parlement de Paris comprenant dix millions d'habitants, celui de Douai seulement 400,000, et celui de Pau 250,000. Les pays du midi étaient régis par le droit *écrit* ou romain, ceux du nord par le droit *coutumier* et par 285 coutumes diverses. Selon le mot de Montesquieu, on changeait de lois à chaque relais. A Paris la justice en première instance était rendue au nom du prévôt du roi par le *Châtelet*, qu'on nommait le premier des présidiaux, et qui, en certains cas, prononçait des sentences de mort. Et Paris avait de plus la juridiction de l'*Élection*, du *Grenier à sel*, de la *Garenne du Louvre*, de l'*Hôtel de Ville*.

des juges consuls pour le commerce, et une *cour des monnaies* dont l'autorité s'étendait sur tout le royaume. Onze chambres des Comptes à Paris et dans les provinces vérifiaient les opérations de ceux qui maniaient les deniers publics ; onze cours des Aides avaient jusque-là jugé les procès relatifs aux tailles, aides et gabelles et au cours des monnaies ; il n'en restait plus que deux en 1789, celle de Paris et celle de Montpellier. Pour énumérer toutes les juridictions, il faudrait citer encore celle du grand conseil, le *tribunal des maréchaux de France* et leurs trente-trois prévôts dans les provinces, ceux des capitaineries royales, des seigneurs haut-justiciers, et les *officialités* ou tribunaux de l'Église.

Si la justice exceptionnelle des commissions avait cessé, le roi pouvait toujours arrêter les procès par un lit de justice ou les évoquer au grand conseil. Les lettres de cachet et la Bastille supprimaient la liberté personnelle. Turgot lui-même demanda ces lettres de cachet dont les ministres et les grands seigneurs faisaient provision. La procédure criminelle était demeurée cruelle et barbare. La loi n'accordait point à l'accusé un conseil qui plaidât pour lui ; on le torturait avant le jugement (question préparatoire) pour lui arracher un aveu, et avant l'exécution (question préalable) pour qu'il nommât ses complices. La peine de mort et les galères entraînaient partout la confiscation des biens.

Même désordre et mêmes abus dans l'administration militaire. L'armée se composait d'environ 170,000 hommes : 131,000 d'infanterie, 33,000 de cavalerie, 9,000 artilleurs. Il y faut compter vingt-quatre régiments étrangers qui coûtaient fort cher : douze régiments suisses, huit allemands, trois irlandais, un suédois. La maison militaire du roi comprenait quatre compagnies de gardes du corps, tous nobles, les cent-suisses, les deux régiments des gardes françaises, celui des gardes suisses, environ 9,000 hommes. Sur les 90 millions du budget de l'armée, les officiers fort nombreux prenaient plus de la moitié (46 millions). Les privilèges de la noblesse et la vénalité des grades parquaient dans les grades inférieurs ceux dont la révolution fit ses premiers et ses meilleurs généraux, les sous-officiers Hoche, Marceau, Lefebvre, Pichegru, Ney, Masséna, Murat, Soult, etc. Les enrôlements volontaires pratiqués par les racoleurs, versaient dans les régiments le rebut des grandes villes ; on comptait parmi les soldats ainsi recrutés 4,000 déserteurs par an. La milice des 60,000 hommes établie par Pâris-Duverney, réorganisée en 1765, se recrutait surtout dans les campagnes par le tirage au sort, et n'atteignait ni les nobles, ni les bourgeois vivant noblement, pas même leurs valets, ni ceux des couvents, ni les employés des fermes et des ponts-et-chaussées. La marine militaire avait mieux profité des réformes de Choiseul, comme on le vit dans la guerre d'Amérique, et comptait vers la fin du règne de Louis XVI 246 bâtiments de guerre et de transport, dont 92 vaisseaux de ligne et 77 frégates, 81 compagnies de soldats canonniers et plus de 13,000 canons. L'inscription maritime, réorganisée par une ordonnance de 1784, assurait le service de 90,000 matelots. Mais là aussi d'odieux privilèges gênaient le service ; les officiers *rouges* ou nobles affectaient de mépriser les officiers *bleus* ou parvenus, à plus forte raison la marine marchande qu'ils ne protégeaient guère.

L'Université de Paris, malgré sa vieille renommée, les vingt-trois universités des provinces et les nombreux collèges qui en dépendaient, les écoles tenues par les Frères de la doctrine chrétienne, étaient loin de suffire, aux divers degrés, à tous les besoins de l'enseignement, et ce fut une des plus grandes pensées de Turgot, d'ailleurs si respectueux pour l'enseignement religieux, d'y pourvoir par l'institution d'un corps de professeurs laïques et d'un conseil d'instruction publique.

Quant aux institutions de charité, ce que nous appelons aujourd'hui l'assistance publique, elles ne suffisaient pas non plus à toutes les misères du peuple ; il n'y avait pas assez d'hospices et d'hôpitaux pour abriter et soulager les pauvres et les malades. La France n'avait pas alors plus de 800 hôpitaux civils. L'Hôtel-Dieu de Paris n'avait guère plus de 1,200 lits pour 6,000 malades.

III. Les impôts. — Les droits féodaux. — État de la propriété. — L'agriculture, le commerce et l'industrie.

L'inégale répartition des impôts, c'était là, avons-nous dit ailleurs, le thème principal de tous les réformateurs, et répartir plus également les impôts était le premier problème à résoudre. Le procès allait rouler maintenant, comme avait dit Boisguillebert, entre ceux qui payaient et ceux qui n'avaient de fonction que de recevoir.

Les roturiers payaient seuls la *taille* ou l'impôt foncier et direct : taille *personnelle* ou *mixte* sur tous les biens mobiliers et immobiliers, taille *réelle* sur les biens fonds. Et sur les roturiers encore tombait la plus lourde part des autres contributions directes, la *capitation* ou l'impôt par tête, établie sous Louis XIV en 1695 et 1701, les deux *vingtièmes* sur les revenus établis sous Louis XV en 1748 et 1756, un troisième sous Louis XVI en 1783, dont les privilégiés se rachetaient par abonnement ou par de vagues et fausses déclarations. Les nobles ne payaient la taille que pour leurs biens roturiers.

Sous le nom d'*aides*, on comprenait tous les impôts indirects ou les droits sur les denrées alimentaires et les objets de consommation, vins, liqueurs, viandes, ouvrages d'or et d'argent, fers, aciers, cartes, le monopole des poudres et des tabacs, les *traites* ou droits de transit pour le commerce. Le plus odieux de tous était la *gabelle* ou l'impôt sur le sel, dont la consommation était obligatoire et dont le prix variait de soixante-deux livres à quarante sols ou neuf livres dans six régions différentes : *pays de grandes gabelles* et de *petites gabelles, pays de salines, pays rédimés, provinces franches, pays de quart-bouillon*. La plupart des impôts indirects et notamment les traites, les gabelles, le tabac, les entrées de Paris, étaient pris à bail et perçus par les rois de la finance, les *fermiers généraux* et leurs associés, les traitants, les sous-fermiers et croupiers ; c'était l'administration des fermes générales, dont les agents étaient nombreux à Paris et dans les provinces. Ils percevaient tous les droits de douane dans les provinces des *cinq grosses fermes*, ainsi qu'on appelait les douze provinces du centre où Colbert avait supprimé les douanes intérieures et introduit un tarif uniforme. Les droits d'entrée et de sortie perçus par les bureaux de traites, et les traites foraines variaient et s'aggravaient pour les provinces voisines qu'on traitait comme provinces *réputées étrangères*, et pour les provinces de la frontière plus récemment réunies, Alsace, Lorraine, Trois-Evêchés, pays de Gex, qu'on désignait d'un nom bizarre, *provinces à l'instar de l'étranger*.

Après tous ces impôts indirects, évalués à 210 millions,

et recouvrés en grande partie par les agents des fermes générales, plus cruels que ceux de l'État : après les impôts directs
perçus par les *collecteurs* que les intendants désignaient dans
chaque paroisse à tour de rôle, et qui levaient les taxes à leurs
risques et périls jusqu'au ministère de Turgot, les roturiers
devaient de plus des impôts en nature, les *corvées* et réquisitions
pour l'entretien des routes, le passage et le transport des troupes ;
les paysans supportaient dans les campagnes tous les droits
féodaux : *taille seigneuriale*, droit *de banvin* ou le droit qu'avait
le seigneur de vendre ses denrées avant celles des vassaux, droit
de banalité pour le moulin, le four et le pressoir seigneurial,
droits *de chasse* et *de péage*, droits *de colombier*, *de parcours*
et *pâturage* avant la première coupe, droits *de champart*, *de
mutation*, *de franc fief* et *de relief*. Il fallait payer encore la
dîme au clergé. On a calculé que par tous ces impôts levés sur
le peuple pour l'État ou pour les privilégiés et dont le mode de
perception-aggravait le poids, une population de vingt-cinq millions, bien plus pauvre qu'aujourd'hui, payait par an près de
900 millions, ou environ 1500 millions de notre monnaie actuelle. Or Necker, à l'ouverture des États généraux, évaluait les
recettes de l'État à 475 millions et les dépenses à 531 millions.
L'État ruinait le peuple sans éviter le déficit. Les impôts mal répartis
et mal perçus ne pouvaient suffire sans les emprunts.

Le paysan, pressuré par tant d'impôts divers, rançonné par les
intendants des seigneurs qui devaient suffire au luxe des maîtres
toujours absents et vivant à la cour loin de leurs grands domaines, affamé en cas de mauvaise récolte par les douanes intérieures qui ne lui permettaient pas de recevoir et d'acheter le blé
des régions voisines plus heureuses ou plus fertiles, était trop
pauvre, surtout dans les provinces du centre, pour manger de la
viande et du pain de froment. Il vivait d'avoine en Normandie,
de sarrasin en Champagne, de châtaignes dans le Limousin et
l'Auvergne, ailleurs d'un mélange d'orge avec le seigle ou l'avoine.
Et la misère du paysan ruinait l'agriculture. Le peuple des campagnes possédait déjà, mais sans profit, près de la moitié du
territoire. Les contraintes solidaires pour la taille n'étaient pas
le moindre fléau de l'agriculture. La terre était si mal cultivée,
faute de bétail et de fumier, que dans ses articles économiques

de l'*Encyclopédie*, Quesnay estime à 76 millions seulement la rente du sol pour les propriétaires. La production agricole, évaluée par nos plus savants économistes à six milliards, ne dépassait guère alors 1,200 millions. Les vignes ne donnaient que 13 millions d'hectolitres, le quart environ de la production actuelle. L'aspect misérable des terres du clergé, qui possédait le cinquième du territoire, et des vastes domaines de la haute noblesse indignait l'Anglais Arthur Young qui visitait la France à la veille de la Révolution. Il signale partout le mauvais état des routes, la misère des fermiers, et malgré les progrès de la division des terres, il voit les petites propriétés rurales, déjà nombreuses, ruinées par un mauvais système de culture, le métayage. La terre, cédée à perpétuité par les seigneurs en beaucoup de régions moyennant une rente, était grevée de servitudes ou mal affermée. L'avidité du propriétaire provoquait trop souvent l'insolence ou la mauvaise foi du fermier ; on signalait déjà en Picardie ce qu'on voit de nos jours en Irlande, les horribles vengeances des fermiers *dépointés* (expulsés comme insolvables) contre les propriétaires et leurs agents, les meurtres, les incendies, etc.

A voir la prospérité de nos manufactures de draps depuis Colbert, la vogue de nos soieries de Lyon, l'activité qui régnait dans nos colonies et dans nos ports, Dunkerque, Lorient, Bordeaux, Bayonne, Marseille, on aurait pu croire que le commerce et l'industrie de France étaient plus favorisés que l'agriculture. En réalité le commerce était ruiné par les douanes intérieures, les péages, le mauvais état des routes et la diversité des poids et mesures. Il en coûtait moins cher pour apporter les marchandises des Indes orientales ou de l'Amérique dans ces grands ports francs, que pour les distribuer dans nos provinces, et pour remonter le Rhône ou descendre la Loire, à travers tant de péages.

Les *corporations, maîtrises* et *jurandes* étaient la grande plaie de l'industrie. Nul n'avait le droit d'exercer un métier avant d'avoir été reçu *maître*, et nul n'était maître avant d'avoir servi pendant douze ou quinze ans comme *apprenti* et *compagnon*, passé un examen, fait son *chef-d'œuvre*, et payé fort cher la maîtrise vacante. L'emploi d'un nouvel outil et de quelques meilleurs procédés dans la fabrique était dénoncé, poursuivi et puni comme un attentat contre les droits de la corporation. La concurrence et le perfectionnement, qui eussent abaissé le prix des objets vendus, étaient donc impossibles.

Cette société encombrée des débris du moyen âge, vieille et languissante par ses institutions, ardente et nouvelle par son esprit, demandait les plus vastes réformes : un seul peuple, un seul pays, une seule législation et une seule justice, l'unité des poids et mesures, l'égalité des impôts et la perception de ces impôts par l'État lui-même ; la liberté de conscience ; une solide garantie de la liberté personnelle et de la propriété. Vainement la censure et le parlement frappaient les écrivains les plus hardis à réclamer ces réformes ; les livres brûlés par les bourreaux étaient dans toutes les mains. On admirait Rousseau plus que Voltaire, qui n'était pour Mirabeau qu'un bel esprit. On était loin d'avoir acquis la vraie connaissance des vérités politiques et morales. On faisait peu de cas de Montesquieu, car on croyait généralement que la philosophie était supérieure à l'histoire et pouvait se passer d'elle. L'abbé Siéyès professait et enseignait le mépris de l'histoire. C'était l'opinion générale qu'il fallait remettre le gouvernail aux disciples des philosophes, et c'est pourquoi les États généraux devinrent si vite un *concile philosophique*, plus capable d'exagérer les idées nouvelles que de les comprendre.

CHAPITRE II

L'ASSEMBLÉE CONSTITUANTE

SOMMAIRE.

1. — Les États généraux s'ouvrent à Versailles le 5 mai 1789. Le tiers état engage aussitôt la lutte avec les ordres privilégiés au sujet du vote par ordres ou par tête, s'érige en *Assemblée nationale*, et s'élève au-dessus de la noblesse et de la royauté (serment du jeu de Paume, 20 juin). La réunion des trois ordres s'accomplit malgré la cour (27 juin).

2 — Les armements de la cour et le renvoi de Necker provoquent l'insurrection qui crée la garde nationale et renverse la Bastille (14 juillet). Le rappel de Necker et la présence du roi à Paris sanctionnent cette première victoire du peuple, et l'émigration commence.

3. — L'Assemblée, désormais indépendante de la cour, abolit tous les privilèges (nuit du 4 août), investit du pouvoir législatif une chambre unique, et n'accorde au roi, malgré Mirabeau, qu'un *veto* suspensif. Dans ces débats sur la constitution se dessinent les trois partis qui la divisent : à droite les partisans de l'ancien régime, à gauche les constitutionnels, au centre les modérés ou l'école anglaise. Le peuple, irrité des résistances de la cour, va chercher à Versailles et ramène à Paris le roi et l'Assemblée (journées des 5 et 6 octobre).

4. — Après la royauté, le clergé et les parlements sont frappés à leur tour. On décrète, sur la motion de Talleyrand, la vente des biens ecclésiastiques (création des assignats) ; une nouvelle division du pays par départements et une nouvelle organisation judiciaire par tribunaux à trois degrés. La fête de la *Fédération* (14 juillet 1790) ne voile qu'un moment les discordes civiles. L'Assemblée est déjà dominée par les clubs. Le peuple des provinces est agité par le schisme qui résulte de la *constitution civile du clergé* (12 juillet). Le roi, abandonné par Necker (septembre 1790), est privé de son dernier appui par la mort de Mirabeau (2 avril 1791).

5. — La sympathie de Louis XVI pour les prêtres réfractaires et pour les émigrés qui soulèvent déjà l'Europe contre la France, sa fuite, sa protestation contre les décrets qu'il a sanctionnés, et sa suspension détruisent le dernier prestige de la royauté, vainement défendue par les constitutionnels au Champ de Mars (17 juillet). La déclaration de Pilnitz (27 août) irrite encore le peuple et l'Assemblée. La constitution de 1791, acceptée par le roi (14 septembre) est trop républicaine, et d'ailleurs condamnée d'avance par l'abdication funeste des membres de l'Assemblée constituante.

I. Les élections. — Ouverture des États généraux (5 mai 1789.) — Le vote par tête ou par ordres. — Le tiers se constitue en Assemblée nationale (17 juin). — Serment du Jeu de Paume (20 juin). — Séance royale du 23 juin. — Réunion des trois ordres (27 juin).

Le mouvement des élections aux États généraux agita la France entière pendant trois mois. A Paris le tiers remplaça par des présidents et des secrétaires élus ceux que le roi lui avait imposés. Toutefois sur soixante mille électeurs, il n'y eut guère que vingt-cinq mille votants, beaucoup de gens, nous dit Bailly, craignant de déplaire à la cour. En Bretagne, la noblesse n'obtenant pas le droit qu'elle avait réclamé pour les États provinciaux de nommer les députés, se retira des élections, ce qui privait son ordre de vingt-et-un représentants. Le haut clergé s'abstint comme la noblesse et laissa élire dix membres du bas clergé. Les élections, auxquelles la cour avait laissé toute liberté et qui se firent presque partout à deux degrés, ne furent pas moins orageuses en Bourgogne et dans le Dauphiné à l'assemblée de Vizille. La Provence y mit toute la fougue des passions méridionales. Là Mirabeau, rejeté par la noblesse pour les scandales de sa jeunesse et comme n'ayant point de propriété dans la province, s'offrit au tiers état, et gouvernant les passions qu'il avait déchaînées, calma les populations d'Aix, de Marseille et de Toulon soulevées par la cherté des vivres. Il justifia partout le doublement du tiers ordonné par la cour et fut élu député du tiers état d'Aix et de Marseille. Ce prisonnier du château d'If, du fort de Joux et de Vincennes, poursuivi par dix-sept lettres de cachet, avait déjà conquis à Paris une immense popularité. Dans les élections du tiers état, presque partout des hommes dévoués aux idées nouvelles avaient triomphé ; les curés en beaucoup d'endroits l'emportèrent sur les prélats, et les gentilshommes de province sur la noblesse de cour.

Comme aux anciens États généraux, on avait rédigé dans les assemblées électorales des cahiers de doléance dont le dépouillement devait former ensuite un cahier général. La plupart des cahiers formulaient dans de longs mémoires les mêmes principes et les mêmes vœux que nous avons déjà indiqués : en politique

une constitution fixant les pouvoirs du roi et les droits de la
nation, le rachat des droits féodaux, la liberté de la presse, l'admissibilité de tous aux emplois publics; pour les finances l'abolition de la gabelle, la soumission des privilégiés à l'impôt
territorial et mobilier qui remplacerait les impôts vexatoires ;
pour la justice l'égalité de tous devant la loi, la suppression des
juridictions exceptionnelles, de la confiscation, du droit d'aînesse ;
des peines plus douces, un code unique, la publicité des débats,
le jury en matière criminelle, l'élection des juges ; dans l'ordre
économique la liberté du commerce, la suppression des douanes
intérieures, l'unité des poids et mesures, la libre entrée des matières premières; pour la religion la liberté et l'égalité des cultes,
une rémunération plus équitable du bas clergé, la suppression
partielle des ordres religieux, la vente d'une partie des biens du
clergé; l'éducation gratuite, surtout pour les enfants pauvres; des
hospices et des hôpitaux pour les vieillards, les malades, les enfants trouvés, etc.

On retrouve en grande partie dans les cahiers des anciens
États généraux de 1356, 1484, 1561, 1576 et 1588, et surtout
dans ceux de 1614, ce qu'on appela les principes de 89, tels que
les énumérait le premier rapport du comité de constitution du
27 juillet 1789 dans l'analyse rédigée par M. de Clermont-Tonnerre : « Le gouvernement français est un gouvernement monarchique. La personne du roi est inviolable et sacrée. La couronne
est héréditaire de mâle en mâle. Le roi est dépositaire du pouvoir
exécutif. Les agents de l'autorité sont responsables. La sanction
royale est nécessaire pour la promulgation des lois. La nation
fait la loi avec la sanction royale. Le consentement national est
nécessaire à l'emprunt et à l'impôt. L'impôt ne peut être accordé
que d'une tenue d'États généraux à l'autre. La propriété et la
liberté individuelle sont sacrées. » Les deux ordres privilégiés
acceptaient dans la plupart des cahiers l'abolition de leurs
immunités pécuniaires, mais en réservant leurs autres privilèges. Le clergé demandait qu'on reconnût la religion catholique
comme religion d'État, et la noblesse qu'on votât par ordres.
Comme le haut clergé et la haute noblesse, la cour et les princes
comptaient bien qu'une fois les finances réglées et le déficit com-
blé, on renverrait les députés chez eux.

Le 5 mai 1789, les députés des trois ordres, 291 pour le clergé dont 205 curés et 3 moines, 270 pour la noblesse, dont beaucoup de pairs et 28 magistrats de cours souveraines, 584 pour le tiers état, dont 212 avocats et 162 négociants, propriétaires ou cultivateurs, étaient réunis à Versailles pour la cérémonie religieuse qui précéda l'ouverture des États généraux. On n'avait point vu pareil spectacle depuis cent soixante-quinze ans. Le tiers état, vivement applaudi dès son entrée en scène, engagea presque aussitôt la lutte avec les classes privilégiées au sujet de la vérification des pouvoirs. Il exigeait, pour avoir tout le bénéfice de sa double représentation (584 députés contre 561 de la noblesse et du clergé), qu'on vérifiât les pouvoirs en commun et qu'on votât par tête, non par ordres. Pendant cinq semaines, le tiers appela et attendit la noblesse et le clergé pour cette vérification commune dans la salle des *Menus* ou des *Trois ordres*. La cour et Necker lui-même s'étaient promis de tourner à leur profit cette rivalité du tiers et des privilégiés. Dans les questions de finances, on se fût servi du vote par tête et de la majorité des membres du tiers état pour imposer la noblesse et le clergé, et dans les questions politiques ou constitutionnelles on eût fait voter par ordres pour contenir le tiers état. Le tiers renversa tous ces calculs et mit fin aux débats par une résolution hardie. Sous la présidence de Bailly et sur la motion de Sieyès, vainement combattue par Malouet et Mirabeau, il prit le titre d'*Assemblée Nationale* (17 juin), invita les deux autres ordres à se joindre à lui, et rallia d'abord une partie du bas clergé. La noblesse et le clergé n'osèrent pas se constituer en chambre haute comme un gentilhomme le proposait. Par deux autres décrets, le tiers jurait de rétablir la nation dans ses droits, et il autorisait la levée des impôts, même les plus injustes, pour le paiement de la dette publique ; mesures habilement calculées pour effrayer la cour et pour intéresser la nation, surtout les créanciers de l'État, au maintien de l'Assemblée.

La cour, effrayée de l'insolence du tiers état, résolut d'octroyer une constitution et de supprimer ainsi les États généraux. Le 20 juin, les députés, trouvant leur salle fermée pour les préparatifs d'une séance royale, se rendirent dans la salle du *Jeu de Paume*, et là, debout, les mains levées, tous jurèrent de ne point se séparer avant d'avoir donné une constitution au peuple français. Les plus exaltés parlaient déjà de se rendre à Paris ; Bailly écarta cette motion dangereuse et prématurée. A sa seconde séance, le tiers état, encore chassé de la salle du Jeu de Paume par les réclamations des princes, vit venir à lui dans l'église Saint-Louis les curés, la majorité plébéienne du clergé et même quelques archevêques. Trois curés du Poitou avaient donné l'exemple. Dans la séance royale (23 juin), au milieu d'un appareil tout militaire, comme dans un lit de justice, le roi blâma l'Assemblée et mêla maladroitement les reproches et les menaces aux promesses. L'absence de Necker semblait prouver qu'on n'avait pas suivi ses premiers conseils. Que voulait dire Louis XVI en déclarant que personne ne serait lésé dans ses biens ? Les ordres privilégiés regardaient donc comme une propriété les droits que le tiers état prétendait supprimer ? Après avoir annoncé de grandes réformes, le vote des impôts et des emprunts par les députés, les États provinciaux, l'abolition de la corvée, des douanes intérieures et des privilèges en matière d'impôts, la liberté individuelle et la liberté de la presse, Louis XVI en terminant se déclarait seul représentant de la nation, prêt à faire seul le bien de ses peuples, et commandait à l'Assemblée de se diviser et de voter par ordres. Le tiers état, moins docile que la noblesse, resta sur ses bancs à la voix de Mirabeau, qui n'acceptait point la révolution par le roi. Pourtant Jefferson, l'envoyé des Etats-Unis, bon juge en pareille matière, estimait les concessions du roi suffisantes et conseillait de les accepter. Quand M. de Brézé, grand-maître des cérémonies, vint rappeler les volontés du roi : « Allez dire à votre maître, lui répondit le fier tribun, que nous sommes ici par la volonté du peuple, et qu'on ne nous en arrachera que par la puissance des baïonnettes. » L'Assemblée, encore enhardie par Sieyès, décréta l'inviolabilité de ses membres et la publicité de ses débats. Peu de jours après, une partie du haut clergé et l'évêque d'Autun, Talleyrand, plus quarante-sept membres de la noblesse avec le duc d'Orléans, se réunirent au tiers. Trois jours après la défense du roi, les trois ordres s'étaient de nouveau réunis et confondus, sur les conseils de Necker et sur l'ordre du roi lui-même (27 juin). Ils purent commencer leurs délibérations générales et leurs travaux législatifs. La famille étant complète, comme disait Bailly, l'Assemblée forma trente bureaux pour le travail de la constitution, et les députés du tiers, par déférence et courtoisie, en donnèrent la présidence aux privilégiés. Louis XVI, donnant l'ordre de réunion quelques jours plus tôt, eût peut-être sauvé son trône. Le 9 juillet, les députés s'appelèrent l'*Assemblée nationale constituante*, et Bailly déclarait la liberté fondée, non pas en France seulement, mais dans toute l'Europe.

II. Armements de la Cour. — Renvoi de Necker (12 juillet). — Première insurrection de Paris. — Formation de la garde nationale. — Prise de la Bastille (14 juillet.) — Rappel de Necker. — Commencement de l'émigration.

Le triomphe du tiers et les mouvements séditieux de la capitale effrayèrent la cour jusqu'à lui inspirer la pensée d'un coup d'État. Les courtisans conseillaient l'emploi de la force contre ceux que la pompe et l'appareil de la séance royale n'avaient pas désarmés. On ne se fiait plus aux gardes françaises qui fraternisaient avec les Parisiens; les plus mutins, enfermés par leur officiers à la prison de l'Abbaye, étaient délivrés par le peuple. Louis XVI appela des troupes étrangères à Versailles, malgré les remontrances des États, et l'inquiétude courut de l'Assemblée à la capitale. Quarante mille hommes, dont huit régiments étrangers, étaient déjà rassemblés à Versailles et au Champ de Mars, sous la conduite du vieux maréchal de Broglie et du baron de Besenval.

Le comité permanent des électeurs de Paris, intermédiaire entre la Commune et l'Assemblée, communiquait sans cesse aux basses classes le mouvement qu'il recevait des journaux et des pamphlets. Cette municipalité provisoire, et qui s'était constituée d'elle-même, gouvernait déjà, par les chefs des soixante sections, le peuple de la ville et des faubourgs. La foule se répandait sur les places publiques et dans le jardin du Palais-Royal pour entendre les discours du jeune avocat Camille Desmoulins et d'autres démagogues sur les droits de l'homme, ou contre les intrigues de la cour. Le peuple sut bien vite par les soins de Mirabeau et du duc d'Orléans la concentration des troupes à Versailles, puis le renvoi de Necker qu'on lui signalait comme le commencement d'un coup d'État (12 juillet), et la formation d'un ministère de réaction (de Broglie et Foulon), présidé par M. de Breteuil. Ameuté par Camille Desmoulins qui lui faisait craindre une Saint-Barthélemy des patriotes, il promena dans les rues les bustes de Necker et du duc d'Orléans. Il avait pris d'abord pour signe de ralliement les feuilles des marronniers du Palais-Royal, mais le vert étant la couleur du comte d'Artois, on le remplaça par la cocarde rouge et bleue, les vieilles couleurs de Paris. Une charge de cavalerie exécutée dans les Tuileries par le prince de Lambesc, irrita la foule par la vue des morts et des blessés. Les gardes françaises, mêlés au peuple, chassèrent de la place Louis XV et des Champs-Élysées les régiments étrangers et les troupes venues du Champ de Mars. Cependant le comité des électeurs nommait Bailly maire de Paris et décrétait la formation d'une milice bourgeoise de quarante-huit mille hommes, que Sieyès fit nommer la *garde nationale*, portant la cocarde bleue et rouge. Lafayette, que le comité lui donna pour chef, joignit aux couleurs de Paris le blanc, couleur du roi et de la France, et prédit que la cocarde tricolore ferait le tour du monde.

Le lendemain 13 juillet, l'armée bourgeoise était sur pied, enrôlait dans ses rangs les gardes françaises et dépavait les rues. Le troisième jour, la foule, armée de vingt-huit mille fusils et de vingt canons enlevés à l'Hôtel des Invalides, prit d'assaut la Bastille [1], défendue par cent quatorze Suisses et invalides. Le gouverneur de Launay et sept hommes de la garnison furent massacrés par les vainqueurs, au mépris de la capitulation, malgré les efforts de leurs chefs Élie et Hullin, et le même soir Flesselles, prévôt des marchands, qu'on soupçonnait de s'être entendu avec le gouvernement et qu'on traînait au Palais-Royal pour être jugé, fut tué d'un coup de pistolet sur la place de Grève. Le peuple dressa partout des barricades, forgea des piques et passa la nuit sous les armes, attendant l'ennemi qui ne paraissait pas. Le camp du Champ de Mars était levé (14 juillet).

À Versailles, pendant ces trois jours, la cour craignait déjà l'arrivée des Parisiens. La reine et les princes visitaient les troupes campées sur les avenues. L'Assemblée envoyait demander

---

1. Au lieu des centaines de prisonniers que le peuple croyait délivrer, il n'en trouva que sept, quatre faussaires, deux aliénés, et un comte arrêté pour avoir tué un paysan.

au roi l'éloignement des troupes et l'établissement d'une garde
bourgeoise. Sur le refus de Louis XVI, elle décréta que Necker
emportait son estime et ses regrets, que tous les ministres et conseillers du roi seraient responsables de toute entreprise contraire
aux droits de la nation et aux décrets de l'Assemblée. Après quoi
elle se déclara en permanence et reprit les travaux préparatoires
de la constitution. Deux autres députations de l'Assemblée à la
cour n'eurent pas plus de succès. Pour changer d'attitude et de
langage, il fallut que Louis XVI apprît la prise de la Bastille et
se fit dire par le duc de La Rochefoucauld qu'il ne s'agissait plus
d'une révolte, mais d'une révolution. Alors Louis XVI alla lui-
même annoncer aux États généraux, ou, comme il disait dès lors,
à l'Assemblée nationale, le renvoi des troupes et le rappel de Necker.
A Paris, où l'on se préparait pour un siège, on vit venir d'abord
une députation de cent membres de l'Assemblée, puis sur les conseils de Bailly et de Lafayette, le roi lui-même, qui se montra
sur le balcon de l'Hôtel de Ville avec la cocarde tricolore, reconnut Bailly pour maire de Paris, Lafayette pour général de la
garde nationale, et consacra la municipalité provisoire et tout le reste.

Cette réconciliation du roi, de l'Assemblée et du peuple, ne
rassura point la cour, ni surtout les conseillers de violence. Le
comte d'Artois, le prince de Condé, les Polignac, donnèrent le
signal de l'émigration. Ils ne craignirent pas de livrer ainsi le
roi, sans conseils et sans défense, aux violences de la révolution,
et de l'exposer aux soupçons du peuple qui se disait que les
princes du sang et les courtisans les plus dévoués à sa personne
n'avaient pu fuir sans son aveu. Le peuple crut dès lors qu'il était
le complice des émigrés, et les démagogues lui crièrent qu'il fallait désarmer cette royauté suspecte. De son côté Louis XVI n'o-
sait pas se fier aux vrais amis du peuple et de la liberté, encore
puissants et nombreux dans l'Assemblée, aux patriotes éclairés,
tels que Lafayette, Clermont-Tonnerre, Lally-Tollendal, qui ne
demandaient, comme tous les honnêtes gens de l'armée et de la
nation, qu'une royauté limitée et contenue par l'expression légale
et pure de la volonté nationale. Louis XVI, irrité par les courtisans contre les révolutionnaires les plus modérés, ne savait plus
les distinguer des orateurs du Palais-Royal et des démagogues
qui cherchaient leur fortune dans le désordre.

Necker revint et s'enivra d'une popularité qu'il allait bientôt perdre. Le peuple, qui venait de massacrer l'ancien intendant de la guerre Foulon et son gendre Berthier, comme accapareurs et chefs du pacte de famine, ne pardonnait pas au ministre d'avoir couvert d'une amnistie générale d'autres coupables déjà désignés à sa colère. Il y avait dans l'Assemblée des députés qui ne réprouvaient point ces manifestations de la haute justice du peuple : les uns entraînés par l'ambition ou par la passion de la liberté, comme Mirabeau et Barnave, les autres par leur fanatisme aveugle, comme Pétion et Robespierre. Il leur semblait naturel que le peuple, si longtemps opprimé, prît ainsi possession de sa force et de sa vengeance. Ce fut bien vainement que par un décret du 7 août, l'Assemblée déclara la garde nationale et l'armée partout responsables de l'ordre public. L'anarchie passait de la capitale aux provinces. En l'absence des grands propriétaires et des personnages les plus influents, le peuple des campagnes répétait la prise de la Bastille en détail, incendiait les châteaux, trente-six en Dauphiné, soixante-douze en Bourgogne, et se croyait libre de toute obligation envers la noblesse et le clergé. Partout comme à Paris, les municipalités et la garde nationale se chargeaient de l'administration et de la police. Les hommes impopulaires pouvaien donc être impunément massacrés.

III. Premiers travaux législatifs de l'Assemblée. — Nuit du 4 août; abolition des privilèges. — Discussion de la constitution. — Le veto. — Journées des 5 et 6 octobre. — Retour du roi et de l'Assemblée à Paris.

La cour, n'ayant pas préparé les travaux de l'Assemblée, ni posé les bases de la nouvelle constitution, avait perdu le droit de diriger ses délibérations et d'en fixer l'ordre ou la matière. L'Assemblée suivit donc librement l'impulsion de l'opinion publique, et commença philosophiquement par une *Déclaration des droits de l'homme et du citoyen*, à l'instar du *Contrat social* et à l'exemple des États-Unis. Le comité de constitution qui s'était mis à l'œuvre dès le 14 juillet et qui présenta son premier rapport à la fin du mois, proclamait l'égalité de tous les hommes, sauf les distinctions sociales fondées sur l'utilité commune, les droits généraux de liberté, de propriété, de résistance à l'oppression, la séparation des pouvoirs, etc. Avant qu'on eût fini et publié la Déclaration, les nouvelles des provinces et des campagnes devinrent plus alarmantes. Il importait de prévenir une jacquerie, et de prouver aux basses classes qu'on avait la ferme intention d'alléger leurs charges. Dans la nuit du 4 août, sur la proposition du vicomte de Noailles, beau-frère de Lafayette, du duc d'Aiguillon et de Mathieu de Montmorency, on vota l'abolition de tous les droits féodaux, et dans un transport d'émulation patriotique, on vit les classes, les villes, les provinces, sacrifier tous leurs privilèges au bien public et au droit commun, en sorte qu'une seule nuit renversa l'œuvre des siècles et changea la face de la France. La noblesse déclarait renoncer sans indemnité à ses droits féodaux, corvées seigneuriales, servitudes personnelles, droits de chasse et justice patronale, et moyennant rachat, aux droits de la propriété noble ; le clergé à ses dîmes qui lui rapportaient quatre-vingt-dix millions par an ; les députés du tiers à la vénalité des charges ainsi qu'aux privilèges des corporations. On posait en principe l'égale répartition des charges publiques et le libre accès de tous les citoyens aux dignités civiles et militaires. Dès la semaine suivante (11 août) un premier décret supprima le régime féodal. On substitua le régime des alleux à celui des fiefs, et en abolissant les droits de la féodalité souveraine, on stipula sagement le rachat des droits qui dérivaient de la propriété féodale, qu'on ramenait à la règle commune. Les titres honorifiques ne furent supprimés que l'année suivante. « Voilà nos Français, disait Mirabeau[1] ; ils sont un mois entier à disputer des syllabes, et dans une nuit ils renversent tout l'ancien ordre de la monarchie. » Mirabeau était, selon Necker, tribun par calcul et patricien par goût. Cette Saint-Barthélemy des propriétés ne scandalisait pas moins l'abbé Sieyès : « Ils veulent être libres, disait-il, et ne savent pas être justes. »

Le roi, effrayé de cette ruine politique de son clergé et de sa noblesse, promulgua pourtant les décrets *constitutifs* formulés sur ce vote mémorable de la nuit du 4 août et qu'on dispensait de la sanction royale. A cette condition il reçut le titre pompeux de *Restaurateur de la liberté française* (13 août). Sur la motion de

1. Dumont, *Souvenirs sur Mirabeau*, p. 146.

l'archevêque de Paris on supprima les dîmes, et sur le rapport
du comité les privilèges des provinces et des villes. On institua
le mariage civil, les registres de l'état civil pour tous les enfants
sans distinction de culte. Les droits d'aînesse et de masculinité
étaient remplacés dans la famille par l'égalité des partages. La
confiscation fut supprimée. On accorda les droits civils aux mulâtres des colonies.

Dans ces premiers débats sur la nouvelle constitution se des-
sinèrent les trois partis qui divisaient l'Assemblée : les orateurs du
côté droit, défenseurs éloquents de l'ancien régime, le jeune officier Cazalès et l'abbé Maury ; au centre les modérés, disciples de
Montesquieu et partisans de la monarchie parlementaire des Anglais, Mounier, Malouet, Lally-Tollendal, Clermont-Tonnerre, Virieux, Bergasse, etc. ; à gauche l'opposition hardie contre la royauté,
mais qui ne songeait pas encore à la république, Barnave, Duport,
les Lameth, et surtout Sieyès et Mirabeau, le premier aussi puissant dans les comités que Mirabeau à la tribune, le second supérieur à tous par son génie politique, à la fois homme d'État et
tribun, mais trop compromis par sa vie privée pour faire accepter
son alliance à Necker, et pour jouer si tôt le rôle de modérateur
entre le roi et la révolution.

Bientôt la nouvelle constitution, dont les dispositions principales
étaient déjà votées avant la fin de septembre, réduisit *le roi des
Français* à l'impuissance, et lui opposa comme un pouvoir rival
une chambre unique, investie du pouvoir législatif et renouvelable
tous les deux ans. Les amis de Necker, Mounier, Malouet, eussent
préféré les deux chambres de la constitution anglaise, et prêchaient
vainement la modération au peuple comme naguère à la royauté.
Les nobles, dans le coupable espoir d'amener le bien par l'excès
du mal, votèrent contre la proposition d'un sénat à vie demandé
par Lally-Tollendal. Au lieu du *veto* absolu que Mirabeau réclamait pour la royauté, reconnue d'ailleurs par acclamation indivisible
et héréditaire, on ne lui donna, sur l'avis de Barnave qui prévalut,
qu'un *veto* suspensif, ou le droit d'arrêter les lois nouvelles pendant deux législatures (quatre ans), à moins qu'il ne s'agît des
finances. Cette discussion du *veto* avait tenu Paris dans une
agitation furieuse. Au Palais-Royal, on parlait d'*éclairer* les châteaux de ceux qui voulaient le *veto* absolu ou le système anglais

des deux chambres. On passait brusquement du despotisme de la royauté à celui de la capitale et de la multitude. La bourgeoisie là-dessus n'en savait pas plus que le peuple. On rejetait, en haine de l'ancien régime, ce que Rousseau lui-même avait dit de plus sage sur l'équilibre nécessaire des pouvoirs. L'Assemblée vota plus à propos la séparation des pouvoirs législatif et judiciaire, et la responsabilité des ministres.

Louis XVI hésitant à promulguer les derniers articles de la nouvelle constitution, on répandit de nouveau le bruit d'un prochain coup d'État. On crut savoir que dans un banquet donné à Versailles par les gardes du corps au régiment de Flandre, le roi et la reine, avec le dauphin, avaient paru au milieu des soldats échauffés par le vin, et provoqué des manifestations imprudentes. Quelques-uns disaient qu'on avait foulé aux pieds la cocarde nationale, juré la perte de l'Assemblée constituante et de tous les patriotes, en présence du roi et de la reine, et que la cour avait résolu d'affamer Paris ou de se retirer dans les provinces de l'est au milieu d'une armée plus fidèle. On entraîna sans peine sur Versailles le peuple de la capitale, les femmes des halles et des faubourgs, qui par suite des accaparements et de la famine, après un hiver où la gelée dura du 25 novembre 1788 au 13 janvier 1789, payaient le pain dix-huit sous la livre. On leur fit croire que l'absence du roi causait la famine. Ces journées des 5 et 6 octobre n'avaient plus déjà le caractère héroïque du 14 juillet. Des bandes furieuses, conduites par Maillard, un des vainqueurs de la Bastille, envahirent l'Assemblée nationale, puis le château, massacrèrent plusieurs gardes du corps et menacèrent la reine elle-même dans sa chambre au milieu de la nuit. L'arrivée de Lafayette et de la garde nationale qui menait son chef à Versailles, prévint de plus grands malheurs. Le roi avait mis sa famille sous la protection de l'Assemblée, en acceptant sans réserve la Déclaration des droits. Le lendemain, cette cohue de peuple et de garde bourgeoise, dont l'avant-garde portait sur des piques les têtes de deux gardes du corps, ramenait la famille royale à Paris dans le château des Tuileries abandonné depuis un siècle, et comme des otages aux mains déjà sanglantes de la révolution. C'était là le véritable avènement des Jacobins. L'Assemblée vint siéger au Manège, près des Tuileries, et parut décidée à sévir contre l'anarchie. On proclama la *loi martiale* qui autorisait la force armée à faire usage de ses armes après trois sommations. On livra au bourreau les assassins d'un boulanger, et la garde nationale châtia les émeutiers qui demandaient la tête de Besenval et du garde des sceaux Barentin, mis tous deux en jugement. La fureur populaire n'eut pendant les premiers mois du séjour de l'Assemblée à Paris d'autre satisfaction que le supplice du comte de Favras, qui fut convaincu d'avoir conspiré pour la délivrance du roi, et refusa de nommer ses complices dont le plus connu était le comte de Provence (février 1790). Mais les députés modérés étaient peu rassurés par cette énergie passagère, au milieu d'une populace farouche et d'une bourgeoisie avide de nouveautés, quoique laborieuse, et trop aisément soulevée par les démagogues. Trois cents députés demandèrent leurs passeports. Mounier, Lally-Tollendal, Bergasse, sortirent de cette *caverne d'anthropophages*. Le duc d'Orléans, que les royalistes et Lafayette lui-même accusaient, plus justement que Mirabeau, d'être le principal auteur de ces désordres de Versailles, partit pour Londres. Mirabeau protestait loyalement contre la licence et l'anarchie; il offrait ses conseils au roi, son alliance à Lafayette; mais les membres de la gauche, ces *trente* auxquels il imposait silence, calomniaient déjà sa modération avant qu'elle fût payée par la cour, et sur leur motion l'Assemblée interdit le ministère à ses membres.

IV. Vente des biens nationaux. — Les assignats. — Division de la France en départements. — Nouvelle organisation judiciaire. — Fête de la Fédération (14 juillet 1790). — Les clubs et les journaux. — Constitution civile du clergé. — Mort de Mirabeau (2 avril 1791).

La nuit du 4 août avait frappé la noblesse, le 5 octobre la royauté : le mois de novembre vit tomber le clergé et les parlements. L'Assemblée, terrifiée par un discours de Mirabeau sur la *hideuse banqueroute*, avait voté sur la proposition de Necker la contribution patriotique d'un quart du revenu, qui ne donna pas même cent millions. Les emprunts tentés par Necker n'avaient pas mieux réussi. Or la dette constituée s'élevait à près de deux milliards et demi, la dette flottante à près de trois milliards, et les rentes perpétuelles ou viagères à près de cent soixante-huit millions. L'État, ruiné par la suppression des taxes les plus odieuses et par les achats de blé, forcé d'ailleurs de rembourser les droits féodaux et tous les offices qu'il supprimait, n'avait plus, dans un pareil moment d'agitation et de défiance, la ressource ordinaire des emprunts. Sur la motion de Talleyrand et de Thouret, il confisqua les biens du clergé comme *biens nationaux* (2 novembre), en se chargeant de payer les prêtres, de pourvoir aux frais du culte, d'entretenir les hôpitaux et de nourrir les pauvres. On inscrivit soixante-dix-sept millions au budget pour les dépenses du culte et le salaire du clergé. Vainement le clergé, pour éviter la confiscation et la dépréciation de ses biens, offrait de les vendre peu à peu et de fournir ainsi les quatre cents millions nécessaires à l'État. Vint ensuite l'abolition des ordres religieux, et la déclaration de la liberté des cultes, que devait suivre bientôt la *Constitution civile du clergé*, inspiration funeste et dernière vengeance du parti janséniste. En attendant la vente des biens du clergé et d'une partie des biens de la couronne, on créa le 17 novembre pour quatre cents millions *d'assignats*, papier-monnaie dont le remboursement en six ans était garanti par la vente, pour pareille somme, de ces biens nationaux évalués ensemble à deux milliards et demi. A l'exemple de Paris, les communes, plus hardies que les particuliers, achetèrent ces biens en masse pour les revendre en détail. On créait par là ce que Mirabeau appelait l'armée des intérêts révolutionnaires, et le citoyen Prugnon appelait ces biens confisqués la dot de la révolution. Les billets municipaux étant reçus pour l'acquisition de ces biens, on espérait que la vente en serait plus facile et que l'intérêt des acquéreurs répondrait de leur dévouement à la révolution. Après la retraite de Necker, trop détesté des nobles et trop raillé par Mirabeau, et qui désapprouvait une mesure alors nécessaire, on eut le tort d'émettre bientôt pour 1,800 millions d'assignats, d'en fabriquer ensuite pour 2,700 millions, et d'en précipiter ainsi le discrédit, malgré le cours forcé que leur donna la Convention.

On avait prolongé les vacances du parlement pour se donner le temps d'abattre et de remplacer cette noblesse de robe qui, dans les derniers temps, avait trahi le secret de sa longue opposition à la royauté. Sur la motion de Sieyès, une nouvelle division de la France en 83 départements et 249 districts, subdivisés en 44,828 communes et représentés par 747 députés, effaça jusqu'au souvenir des anciennes provinces (22 décembre). A cette division géographique, tracée par les fleuves et les montagnes, on appliqua les divisions du nouveau système judiciaire. Il y eut pour chaque canton un juge de paix, ou *bureau de conciliation*; pour chaque district ou arrondissement un tribunal civil ou de première instance; pour chaque département une cour d'assises ou criminelle, avec le jury; des tribunaux consulaires ou de commerce dans les grandes villes, et au sommet une cour de cassation de quatre-vingt-trois membres élus par les départements, conservant l'unité de la procédure. Les cours d'appel ne vinrent que plus tard, et l'on appela d'abord des jugements des tribunaux civils aux tribunaux du même ordre. Mais on établit dès 1791 une haute cour de justice, composée de conseillers de la cour de cassation et d'un certain nombre de hauts jurés, pour juger les délits des grands fonctionnaires et les crimes de haute trahison sur la requête de l'Assemblée législative.

Pour accomplir l'unité administrative du pays, on décrétait l'uniformité des poids et mesures, et de la monnaie. On abolissait la censure, les lettres de cachet, la procédure secrète, la torture et la pénalité criminelle du moyen âge. On émancipait les juifs, on proclamait l'égalité de tous les citoyens, et sur la motion de trois gentilshommes, Lafayette, Charles Lameth et Mathieu de Montmorency, on supprimait les titres, les armoiries, les ordres militaires (19 juin 1790), le droit d'aînesse et les substitutions (majorats).

Chaque département, administré par un conseil de trente membres élus et par un directoire de cinq membres, était représenté en raison de sa population et du montant de ses impôts. On ne sentit que plus tard la nécessité de relier, par la hiérarchie et la subordination, les administrations des départements, des districts et des municipalités. Tout citoyen actif âgé de vingt-cinq ans, domicilié depuis un an dans le canton, inscrit sur les rôles de la garde nationale, n'étant ni domestique ni banqueroutier, et payant trois livres à l'État ou la valeur locale de trois journées de travail, concourait dans les assemblées primaires à nommer les électeurs; ceux-ci, pris parmi les citoyens ayant pour revenu la valeur locale de cent cinquante à deux cents journées de travail, nommaient les représentants, les administrateurs du département et du district, et les juges de paix qui étaient élus pour dix ans.

Après ces mesures qui distribuaient plus également la propriété et relevaient la bourgeoisie et le peuple, un Allemand élevé en France, Anacharsis Cloots, *l'orateur du genre humain*, alla remercier l'Assemblée constituante au nom de l'humanité, à la tête d'une députation cosmopolite.

Le roi sanctionna tous ces décrets moins par conviction que par amour de la paix, par égard pour l'Assemblée et par crainte de nouveaux troubles. En retour l'Assemblée vota pour le *roi des Français* une liste civile de ving-cinq millions, outre les châteaux qu'on lui laissait, et pour la reine un douaire de quatre millions. Le 14 juillet 1790, premier anniversaire de la prise de la Bastille, on célébra la grande fête de la *Fédération*. Sur un amphithéâtre élevé par des travailleurs volontaires, l'évêque d'Autun Talleyrand, entouré de quatre cents prêtres vêtus de blanc et ceints d'écharpes tricolores, reçut devant l'*autel de la patrie* les drapeaux des quatre-vingt-trois départements, le serment civique de Lafayette au nom de la garde nationale, du président de l'Assemblée et du roi. Quatre cent mille spectateurs applaudissaient, et la reine elle-même élevait le dauphin dans ses bras pour le montrer au peuple. Les gardes nationaux jetaient leurs armes pour s'embrasser.

Ces fê'es patriotiques, répétées dans tous les départements, ne voilèrent qu'un moment les discordes civiles. L'Assemblée, divisée en trois partis, était dominée au dehors par les clubs et par les journaux. Le club formé à Versailles par les députés bretons et transporté à Paris dans l'ancien couvent des *Jacobins* (rue Saint-Honoré) qui lui donna son nouveau nom, dirigeait déjà dans les provinces plus de cent cinquante clubs, où péroraient les plus ignorants et les plus hardis des francs-maçons. Robespierre y fut bientôt mieux écouté que les deux Lameth et Barnave. Le club des *Cordeliers* (place de l'Ecole de Médecine) où régnaient Danton, Camille Desmoulins et Marat, prêchait les mêmes doctrines de liberté et d'égalité absolue. Fréron et Marat, médecin de Neuchâtel, dans leurs journaux l'*Orateur du Peuple*, l'*Ami du Peuple*, Hébert dans le *Père Duchesne*, enivraient les masses de haine et de vengeance. Prudhomme et Loustalot n'étaient guère plus modérés dans les *Révolutions de Paris*, ni Camille Desmoulins dans ses *Révolutions de France et de Brabant*. Les royalistes Rivarol et Suleau soutenaient la cause royale dans les *Actes des Apôtres* avec plus de courage et d'esprit que de succès.

L'atelier de Montmartre, où la municipalité entretenait vingt mille hommes sous la bouche du canon, fournissait pour toutes les scènes de la révolution des bandits qui la déshonoraient ; l'émeute gagnait l'armée et la flotte. A Nancy, le marquis de Bouillé ne dompta qu'avec peine trois régiments soulevés, qui se plaignaient d'être volés par leurs chefs (août 1790). L'Assemblée apprenait dans le même temps une révolte des matelots à Brest contre les règlements qui renforçaient la discipline, et se contentait de licencier les rebelles. Les officiers, irrités de la nouvelle loi sur l'avancement, les membres des anciens parlements, allaient rejoindre les émigrés de Coblentz, de Worms et d'Ettenheim, et tous se flattaient de rentrer dans leur pays à main armée et d'armer les puissances étrangères pour la cause commune des nobles et des rois.

Au dedans le peuple des campagnes et des villes était soulevé par les prêtres contre la *Constitution civile du clergé*, achevée et votée deux jours avant la fête du Champ de Mars (12 juillet). L'Assemblée supprimant les vœux monastiques, les congrégations et tous les bénéfices en dehors des évêchés et des cures, établissait dix archevêchés pour la France, un évêché par département, et remettait l'élection des évêques et des curés au peuple. Sur les trois cents prêtres de l'Assemblée, soixante-quatorze seulement prêtèrent le serment civique à l'exemple de Talleyrand. Deux seulement sur trente évêques députés, et quatre dans le reste de l'épiscopat, acceptèrent cette nouvelle organisation de l'Église par les laïques : c'étaient Loménie de Brienne, archevêque de Sens ; de Jarente, évêque d'Orléans ; de Bonneval, évêque de Pamiers, et Miroudot, évêque *in partibus* de Babylone. Les autres, sur les ordres du pape, qui pouvait réclamer l'exécution du Concordat, refusèrent le serment civique. Le clergé fut divisé dès lors en deux camps, les prêtres non assermentés ou réfractaires, et les prêtres assermentés ou constitutionnels, que les autres qualifièrent d'intrus et de schismatiques et que la majorité des fidèles refusait de reconnaître. C'était, dit Mirabeau, joindre à l'anarchie politique l'anarchie religieuse. Aucun acte ne blessa plus profondément la conscience de Louis XVI; il ne leva son *veto* qu'au bout de cinq mois.

Le malheureux roi espérait que la révolution s'userait par ses violences. Il voyait Necker, naguère adoré par le peuple, aujourd'hui las de son impopularité et fort mécontent du système des assignats, renoncer au pouvoir sans que personne y prit garde (4 septembre 1790). Necker laissait au trésor deux millions prêtés sans intérêts. Louis XVI, comprenant mal l'impuissance des individus contre l'élan furieux des masses, croyait que Mirabeau, qu'il avait gagné (juin 1790), arrêterait la révolution. Le grand orateur, plus royaliste encore par conviction que par corruption, n'avait pas encore perdu toute popularité. Élu président du club des Jacobins, président de l'Assemblée (janvier 1791), nommé chef de bataillon dans la garde nationale malgré Marat, membre du directoire de la Seine, et pliant son vaste génie aux détails de ces divers emplois, il avait résolu, après avoir tant fait pour la liberté, de combattre la licence. Il admettait bien qu'on supprimât le despotisme, mais non pas le gouvernement. Il désirait sincèrement la monarchie constitutionnelle, avec la division et l'équilibre des trois pouvoirs exécutif, législatif et judiciaire. D'après les plans concertés entre Louis XVI, Bouillé, Mirabeau et le comte de la Mark, leur intermédiaire, le roi sorti de Paris et parvenu en lieu sûr au milieu de troupes dévouées, eût offert aux représentants du pays une constitution nouvelle, et dissous l'Assemblée en cas de refus pour en appeler aux électeurs. Mirabeau croyait s'être assuré le concours d'une partie de l'Assemblée, des journalistes et des clubistes les plus influents, et des autorités de trente-cinq départements. On ne discutait plus que les moyens d'exécution quand Mirabeau, après un dernier mouvement d'éloquence en faveur des émigrés, termina, le 2 avril 1791, à l'âge de quarante-deux ans, une vie usée par les passions et par le travail. L'église Sainte-Geneviève, convertie en Panthéon pour la sépulture des grands hommes, reçut les cendres de Mirabeau au milieu de la douleur publique. Les hommes de tous les partis payaient leur tribut d'admiration à ce puissant génie. Les uns pleuraient leur ancien chef, et les autres leur nouveau défenseur. Hébert lui-même écrivait : « Je n'ai pas pleuré l'homme, mais j'ai pleuré la tête. » Mira-

beau avait prédit que sa mort hâterait la ruine de Louis XVI et
de la monarchie. Après Necker et Mirabeau, le roi n'écouta plus
que d'imprudents conseillers. Il signait le 20 mai 1791 la *convention de Mantoue*, premier projet d'invasion concerté par l'Autriche, la Sardaigne et l'Espagne en présence du comte d'Artois.

V. Fuite, arrestation et suspension du roi (20-25 juin 1791). — Émeute du champ de mars ; la loi martiale (17 juillet). — Déclaration de Pilnitz (27 août). — Louis XVI est rétabli dans ses fonctions (14 septembre). — Clôture de l'Assemblée constituante (30 septembre 1791).

Tandis que l'Assemblée poursuivait ses grandes réformes, et
abolissait les maîtrises et les jurandes, les républicains accusaient
le roi de s'opposer au bonheur du peuple par tous les moyens
restés en son pouvoir ; ils lui reprochaient de n'avoir pas encore
accordé sa sanction à la constitution civile du clergé, de la refuser
au décret contre les émigrés, et d'éloigner obstinément de sa personne les prêtres constitutionnels. Un décret voté malgré Lafayette
lui défendait de s'éloigner à plus de vingt lieues de Paris. Le peuple ne lui permettait pas même d'aller à Saint-Cloud pendant la
semaine sainte. Louis XVI, croyant sa liberté menacée, résolut
d'émigrer à son tour, agita plusieurs projets d'évasion, et prit le
parti de se retirer dans une place frontière du nord, d'où il enver-
rait ses ordres à l'Assemblée. Le marquis de Bouillé, commandant l'armée de Lorraine, devait le rejoindre sur la route et protéger sa fuite et son arrivée à Montmédy. Il sortit des Tuileries
pendant la nuit du 20 juin avec toute sa famille, en laissant, avec
le récit des affronts qu'il avait subis jusqu'à ce jour, une protestation formelle contre les concessions qu'on lui avait arrachées
depuis le 6 octobre. Mais Louis XVI, parti un jour plus tard
qu'il n'était convenu avec Bouillé, reconnu à Sainte-Menehould par le maître de poste Drouet, fut arrêté à Varennes, et ramené à Paris par les ordres de l'Assemblée, qui, dès le premier
bruit de sa fuite, avait proclamé sa suspension et pris possession
du pouvoir exécutif. Trois de ses membres, Pétion, Barnave et
Latour-Maubourg, ramenèrent le roi dans Paris, au milieu d'une

foule sombre et silencieuse (25 juin). On avait menacé de battre celui qui crierait : Vive le roi ! et de pendre celui qui l'insulterait, mais le journal de Marat conseillait déjà le massacre général des traîtres.

La fuite de Louis XVI et sa protestation avaient détruit le dernier prestige de la royauté. Déjà les députés Pétion et Robespierre, et le club des Jacobins demandaient la déchéance du roi, et la foule allait signer au Champ de Mars sur l'autel de la patrie une pétition rédigée dans ce sens par Brissot. Barnave, touché des malheurs de la famille royale, Lameth et Duport, qu'on appelait naguère les *triumvirs*, firent voter l'inviolabilité du roi. On se contenta de traduire devant la haute cour Bouillé et les autres complices de l'évasion ou de *l'enlèvement* du roi. Au Champ de Mars Lafayette et Bailly déployèrent le drapeau rouge aux termes de la loi martiale, et dissipèrent les attroupements par la force. Le feu commandé par Lafayette après l'assassinat de deux gardes nationaux, coucha par terre une trentaine de tués ou de blessés. Ces *troubles du Champ de Mars* (17 juillet) marquaient la scission entre les constitutionnels et les républicains. Les premiers l'emportaient pour le moment et fondaient le club des *Feuillants* contre celui des Jacobins. Le peuple rangea dès lors parmi ses ennemis Barnave, les Lameth, Lafayette et Bailly. Les Feuillants auraient voulu qu'on révisât la constitution au profit de la royauté ; la droite désorganisée par le départ de Maury et de Cazalès, et par la désertion d'environ trois cents députés, aima mieux voter avec les Jacobins pour le maintien de la constitution actuelle, espérant qu'elle périrait plus vite par les défauts qu'on lui reprochait.

Les émigrés profitaient de ces divisions pour enhardir les puissances étrangères à soutenir la cause de Louis XVI, et reconnaissaient pour régent le comte de Provence, qui, plus heureux que son frère, avait pu les rejoindre. Les émigrés avaient toujours espéré que les souverains, instruits par les révolutions de Belgique et de Pologne, mettraient fin à leurs vieilles querelles d'équilibre européen, pour s'unir contre la révolution française ; qu'après y avoir vu d'abord sans trop de chagrin une cause de faiblesse pour les Bourbons, ils y verraient un danger commun pour leurs trônes ; que la Prusse, l'Angleterre, l'Autriche et la Russie, cesseraient de se quereller au sujet de la Turquie d'Europe pour songer enfin à rétablir en France la monarchie et la noblesse; qu'enfin leurs armées mettraient les Parisiens à la raison, aussi bien que les Hollandais, les Belges et les Polonais. Par la *déclaration de Pilnitz* (27 août), l'empereur Léopold et le roi de Prusse Frédéric-Guillaume II sommèrent la France de rendre Louis XVI à la liberté, et d'annuler tous les actes révolutionnaires sous peine d'invasion. L'Assemblée ainsi défiée ordonna la levée de cent mille gardes nationaux, et Louis XVI resta prisonnier.

Enfin le 14 septembre, le même jour où Avignon et le Comtat Venaissin étaient réunis à la France pour former le département de Vaucluse, on rendit à Louis XVI sa liberté pour examiner et jurer la constitution de 1791. Ce fut l'occasion d'une fête dérisoire où le roi et la reine furent plus insultés qu'applaudis. Le 30 septembre le roi ferma les travaux de l'Assemblée constituante par un discours touchant qui lui rendit quelque popularité. Le peuple à son tour accepta par une sorte d'acclamation au Champ de Mars cette constitution trop républicaine pour une monarchie, suivant l'expression de Mirabeau, ou cette « démocratie royale » comme disait Necker, qui ne devait pas réconcilier le pouvoir et la liberté. On en connaît les bases et les éléments : une monarchie constitutionnelle héréditaire ; un roi inviolable dépositaire du pouvoir exécutif, et des ministres responsables ; une chambre unique et permanente de sept cent quarante-sept représentants fournie en proportions égales par le territoire, la population et la contribution directe, renouvelée tous les deux ans, ayant l'initiative des lois sous la réserve du *veto* suspensif, autorisant la guerre et ratifiant les traités de paix et de commerce ; pour la justice une loi unique, des juges indépendants et le jury ; pour les finances, des impôts pesant sur tous en raison des fortunes ; l'admissibilité de tous aux fonctions publiques, l'attribution des actes de l'état civil aux nouvelles municipalités, la liberté des personnes et des propriétés, de la presse, des consciences, du commerce ; les droits des enfants pauvres à l'instruction élémentaire ; la nation armée sous le nom de garde nationale, etc. Cette constitution de 1791 devait succomber moins encore par ses défauts que par ceux du peuple qu'elle devait régir, et par la fausse position des partis. On se défiait du roi dépouillé de toute prérogative, faible de caractère et complice naturel des nobles et des prêtres qu'on avait réduits au rang de citoyens et de fonctionnaires. On craignait moins pour la royauté que pour les libertés du pays. De là vint que le roi fut isolé et désarmé sur son trône entouré d'institutions populaires. Mais la vraie liberté ne gagnait pas tout ce que perdait la royauté : la liberté, l'égalité et toutes les vertus républicaines qu'on inscrivait dans les lois de la nouvelle monarchie, n'étaient pas encore dans les mœurs. Et l'Assemblée constituante croyait finie une révolution qui commençait !

On avait décrété, sur la proposition de Lafayette, une amnistie générale pour tout délit relatif à la révolution et même à l'*enlèvement* du roi, et l'abolition de toutes les lois d'exception. Un décret rendu sur la proposition de Robespierre avant la fuite de Louis XVI, avait décidé que les membres de l'Assemblée constituante ne pourraient faire partie de l'Assemblée législative, désintéressement funeste et ridicule ; c'était voter que dans cette crise effroyable on se priverait des plus sages conseillers. La droite de l'Assemblée appuya le décret dans l'espoir que les excès de la révolution en amèneraient plus vite le terme. Vers le même temps Lafayette et Bailly donnaient leur démission. Un dernier décret de l'Assemblée constituante, aussi vain que les autres, prétendait réglementer la tenue des clubs et leur enlever toute autorité politique.

L'œuvre la plus populaire de l'Assemblée constituante fut d'établir en matière d'impôt l'égalité des charges. Elle supprimait les tailles, les vingtièmes, les capitations, les dîmes, les aides sur les boissons, l'odieuse gabelle, et ne gardait pour contributions indirectes que les droits d'enregistrement, de timbre et d'hypothèque. Dans le nouveau système, les contributions directes étaient : l'*impôt foncier* sur le produit des terres ; l'*impôt personnel et mobilier* sur les biens mobiliers et les habitations, qui devait fournir 300 millions, dont 60 étaient réservés aux dépenses des départements et des communes ; l'*impôt des patentes* sur l'industrie, affranchie enfin des jurandes et des maîtrises, qu'on évaluait à 60 millions. Un décret sur les brevets d'invention réservait les droits des inventeurs. Le produit des douanes devait fournir les 200 millions nécessaires aux besoins de l'État qu'on fixait à 500 millions. Un nouveau tarif, conforme aux plus saines

idées des économistes sur la liberté du commerce, favorisait
l'importation des matières premières en pleine franchise et l'exportation des produits nationaux.

Si l'on peut reprocher à l'Assemblée constituante la précipitation de ses réformes politiques, on ne saurait nier la force et la grandeur de ses réformes civiles et sociales.

CHAPITRE III

L'ASSEMBLÉE LÉGISLATIVE. — LA PREMIÈRE COALITION

SOMMAIRE.

1. — L'Assemblée législative (1er octobre 1791), plus démocratique dans ses éléments que la Constituante, se divise à son tour en trois partis, Feuillants, Girondins et Montagnards. Elle frappe d'abord les émigrés et les prêtres réfractaires par les décrets auxquels Louis XVI oppose son veto. Après le renvoi du ministre Narbonne, un ministère patriote (Roland, Dumouriez), voyant la France menacée par la première coalition, force le roi à déclarer la guerre à l'Autriche (20 avril 1792).

2. — L'Assemblée, irritée des premiers revers en Belgique, s'en venge sur la cour par de nouveaux décrets, toujours repoussés par Louis XVI. Les Girondins, expulsés du ministère (13 juin), excitent ou laissent faire l'émeute du 20 juin, où le peuple envahit les Tuileries. Le roi ne sait pas profiter du retour de l'opinion publique, et la cour dédaigne l'appui que lui offre Lafayette contre les clubs et les Jacobins.

3. — La marche des Prussiens sur Paris ne fait que hâter la chute du roi. Au manifeste du duc de Brunswick (25 juillet), le peuple répond par l'insurrection du 10 août, qui consacre son triomphe à la fois sur la royauté et sur la bourgeoisie. Le peuple et la Commune de Paris, renouvelée par l'émeute, forcent l'Assemblée de convoquer une Convention nationale et de suspendre le roi qui est enfermé au Temple. Aux armées Lafayette tente seul et vainement de défendre la constitution de 1791.

4. — Les progrès de l'invasion (prise de Verdun, 1er septembre) provoquent les massacres de septembre, dirigés par Danton. Cependant Dumouriez arrête les Prussiens dans les forêts de l'Argonne, et par la victoire de Valmy (20 septembre) les force à la retraite. Les armées françaises, en même temps victorieuses à Lille, sur le Rhin et dans les Alpes (conquête de Mayence, de Nice et de la Savoie, 24 septembre-21 octobre), reprennent partout l'offensive.

1. L'assemblée législative (1er octobre 1791 - 20 septembre 1792). — Feuillants, Girondins et Montagnards. — Décrets contre les prêtres réfractaires et les émigrés. — Ministère girondin (15 mars 1792). — Déclaration de guerre à l'Autriche (20 avril).

Après la ridicule et funeste abdication des membres de l'Assemblée constituante, les électeurs, dirigés par les Jacobins, composèrent la Chambre législative des plus violents démagogues et des républicains de toute nuance. Il y eut sur 747 députés 400 avocats, et 60 membres qui n'avaient pas vingt-six ans. C'étaient là des hommes trop jeunes pour respecter une constitution qu'ils n'avaient pas faite et pour la remplacer.

La nouvelle assemblée était divisée en trois partis : 1° à droite les constitutionnels ou *Feuillants* (Mathieu Dumas, Ramond, Stanislas Girardin, Vaublanc, Pastoret, Jaucourt, Beugnot, Lemontey, Lacuée, Théod. Lameth, Bigot de Préameneu, Dumolard, Aubert-Dubayet, Quatremère de Quincy, Jollivet. etc.), soutenus d'abord par la garde nationale, l'armée, le directoire du département et le club des Feuillants [1], mais trop faibles dans les provinces et même à Paris pour maintenir la constitution de 1791 et concilier la révolution et la monarchie en ralliant les anciens privilégiés ; 2° à gauche les *Girondins*, républicains modérés, plus dévoués à la révolution qu'à la constitution, et représentant les idées politiques et philosophiques des classes moyennes, ainsi nommés parce que leurs chefs étaient presque tous députés de la Gironde ; 3° sur les bancs les plus élevés de l'extrême gauche, ceux qu'on appellera bientôt le parti *montagnard*, alors représenté par quelques hommes sans talents et qui n'en avaient guère besoin, tels que le capucin Chabot, Bazire, Merlin de Thionville, Couthon, mais aussi par le mathématicien Romme, Cambon, Hérault de Séchelles, Barère, etc. ; puissamment soutenu au dehors par le club des Jacobins où dominaient Robespierre, Marat, Collot-d'Herbois et le journaliste Tallien, par le club des Cordeliers, déjà plus hardi, que dirigeaient Danton, Camille Desmoulins et Fabre d'Eglantine, et par Santerre, l'agitateur des faubourgs. A ceux-là il fallait la révolution démocratique et sociale. Les révolutionnaires indécis dont le nombre fut bientôt grossi par les déserteurs de la droite, et qui se nommèrent d'abord les *Indépendants*, formaient le centre et ce qu'on appela d'un nom moins respectueux la *Plaine*, le *Marais*, les *Ventrus*.

1. Le nombre des Feuillants qui s'élevait d'abord à cent soixante membres, déclina rapidement dans le cours de la session, après qu'on eût fermé leur club sur les instances de Pétion et de Merlin de Thionville ; ils n'étaient plus dans les derniers mois que quarante à cinquante ; il n'en restait que vingt au 10 août. (Vaublanc, *Mémoires*, I, 297 et 307).

Les plus remarquables étaient les deux Carnot, Brunck et Koch, de Strasbourg, Cérutti, Lamourette, évêque de Lyon, François de Neufchâteau, Lacépède, Guyton de Morveau, Lequinio.

Les Girondins, fameux par leur éloquence, rêvaient dans le salon de Mme Roland la république classique ou celle des États-Unis; c'étaient Vergniaud (de Limoges), le Barnave de la seconde Assemblée, Guadet, Gensonné, le savant Condorcet, qu'on appela le Sieyès de la Législative, Lanjuinais, le fougueux provençal Isnard, Pétion qui sera maire de Paris, Barbaroux, Buzot, Roland, Brissot (de Chartres), publiciste éminent qui faillit donner son nom au parti, Lasource, Kersaint, Grangeneuve, le général Dumouriez, qui ternissait par l'intrigue des talents supérieurs. Les Girondins, orateurs et journalistes, fiers de leurs talents et de leurs lumières, d'abord tout-puissants et sans rivaux au club des Jacobins, formaient l'élite du parti républicain, par opposition à ceux qui se coiffaient du bonnet rouge, pendaient les aristocrates à la lanterne et s'autorisaient de Marat pour nier toutes les supériorités naturelles de rang, de fortune et d'éducation. Dans le même temps les royalistes, croyant toujours ramener le bien par l'excès du mal, ameutaient les populations de l'ouest contre les prêtres assermentés et poussaient les officiers à l'émigration. On envoyait de Coblentz des quenouilles aux nobles qui restaient chez eux, et les émigrés qu'une proclamation du roi invitait à rentrer dans leurs foyers, s'y refusaient en disant que le roi n'était pas libre.

La nouvelle Assemblée, après avoir aboli et rétabli les qualifications de *sire* et de *majesté*, dirigea ses premiers coups contre les prêtres réfractaires qui conservaient la confiance du roi, et contre les émigrés assemblés au nombre de soixante mille à Coblentz avec le comte d'Artois, à Worms avec le prince de Condé, à Ettenheim avec le cardinal de Rohan. Les émigrés avaient déjà obtenu successivement la déclaration de Mantoue, premier projet de coalition européenne, la circulaire adressée de Padoue par l'empereur Léopold II à toutes les puissances en faveur de Louis XVI, et enfin la convention de Pilnitz entre l'empereur et le roi de Prusse, qui menaçait d'envahir la France pour mettre le roi en état d'octroyer librement une constitution au peuple français. Catherine II promettait son secours aux émigrés et se faisait représenter à Coblentz. Le roi de Suède Gustave III, qui naguère avait renversé la noblesse, prenait à son service le marquis de Bouillé et s'offrait pour conduire une croisade monarchique contre la révolution et venger la noblesse française. L'empereur s'adoucit quand Louis XVI remis en liberté eût juré la constitution, et s'efforça de contenir le zèle de ses alliés. Mais la Russie et la Suède poussaient l'Allemagne à la guerre, et le pacifique Léopold allait bientôt faire place à son fils François II plus belliqueux (15 février 1792).

Par un premier décret l'Assemblée sommait le frère puîné du roi qui s'intitulait régent de la France extérieure, de rentrer dans un délai de deux mois, sous peine de perdre ses droits à la régence. Le second déclarait les émigrés traîtres à la patrie, et s'ils refusaient de rentrer, confisquait les revenus de leurs biens au profit de la nation, mais sans préjudice des droits de leurs familles et de leurs créanciers. Le troisième privait les prêtres réfractaires de leurs pensions et les menaçait de la prison. Louis XVI refusa de sanctionner les deux derniers décrets. Il n'était pas surprenant, disait le peuple, que le roi refusât de condamner ses complices. On savait la correspondance de la reine avec son frère Léopold. Les constitutionnels, quoique soutenant Louis XVI dans l'exercice imprudent, mais légal, de son veto suspensif, ne le virent pas sans chagrin favoriser en haine de Lafayette l'élection de Pétion à la mairie de Paris. Pétion et Manuel, le procureur-syndic de la commune, et Danton son substitut, comptaient parmi les chefs les plus avancés d'une opposition anarchique.

La Gironde força le roi de se prononcer contre les princes étrangers qui toléraient chez eux les armements des émigrés. « Disons à l'Europe, s'écriait Isnard, que si les cabinets engagent les rois dans une guerre contre les peuples, nous engagerons les peuples dans une guerre à mort contre les rois. » Et l'Assemblée disait à Louis XVI : « Déclarez aux puissances étrangères que, si elles continuaient de favoriser les préparatifs dirigés contre les Français, les Français porteraient chez elles non pas le fer et la flamme, mais la liberté. » La sommation faite aux Électeurs du Rhin de dissiper les attroupements de leurs États, la formation de trois armées d'un effectif de 140,000 hommes répartis de Dunkerque à Bâle sous Rochambeau au nord, sous Lafayette

en Lorraine et sous Luckner sur le Rhin, la position d'un quatrième corps dans les Alpes avec Montesquiou, la mise en accusation de quelques chefs d'émigrés, la déchéance de Monsieur
privé de son droit de régence, ne désarmèrent point la défiance
de l'Assemblée. Mécontente du renvoi de Narbonne, le jeune ministre de la guerre, que la cour sacrifiait à son rival Bertrand de
Molleville, ministre de la marine, l'Assemblée décréta que le chef
du ministère feuillant emportait toute sa confiance, et mit en accusation ses collègues Molleville et Delessart, le second pour n'avoir
pas tenu au cabinet de Vienne un langage assez ferme. Le roi
crut donner une preuve de sa franchise et de sa résignation au
nouveau régime en prenant dans la Chambre un ministère girondin
dont les principaux membres étaient Clavière aux finances, Servan à la guerre, Roland à l'intérieur, et Dumouriez aux affaires
étrangères (15 mars 1792).

« Dumouriez, dit M. Mignet, était âgé de quarante-sept ans
lorsque la révolution commença; il avait jusque-là vécu dans l'intrigue, et il s'en souvint trop à une époque où il ne fallait employer
les petits moyens que pour aider les grands, et non pour les
suppléer. La première partie de sa vie politique se passa à chercher par qui il pourrait parvenir, et la seconde, par qui il pourrait
se conserver. Courtisan avant 1789, constitutionnel sous la première assemblée, girondin sous la seconde, jacobin sous la
république, c'était éminemment un personnage de position. Mais
il avait toutes les ressources des grands hommes; un caractère
entreprenant, une activité infatigable, un coup d'œil prompt, sûr,
étendu; une impétuosité d'action et une confiance extraordinaire
dans le succès; et en outre, il était ouvert, facile, spirituel, hardi,
propre aux fonctions et aux armes, plein d'expédients, étonnant
d'à-propos, et dans une position, sachant s'y soumettre pour la
changer. Il est vrai que ses grandes qualités se trouvaient affai-
blies par quelques défauts. Il était hasardeux, léger, et d'une
grande inconstance de pensées et de moyens, à cause de son
besoin continuel d'action; mais le grand défaut de Dumouriez
était l'absence de toute conviction politique. Roland était l'opposé
de Dumouriez. C'était un caractère que la liberté trouvait tout
fait, comme si elle l'avait formé elle-même. Roland avait des ma-
nières simples, des mœurs austères, des opinions éprouvées; il

aimait la liberté avec enthousiasme, et il était capable de lui consacrer avec désintéressement sa vie entière, ou de périr pour elle sans ostentation et sans regret. Homme digne d'être né dans une république, mais déplacé dans une révolution, et peu propre aux troubles et aux luttes des partis, ses talents n'étaient pas supérieurs; son caractère était un peu raide ; il ne savait ni connaître ni manier les hommes; et, quoiqu'il fût laborieux, éclairé, actif, il eût peu marqué sans sa femme. Tout ce qui lui manquait, elle l'avait pour lui; force, habileté, élévation, prévoyance. Mme Roland fut l'âme de la Gironde; c'est autour d'elle que se réunissaient ces hommes brillants et courageux, pour s'entretenir des besoins et des dangers de la patrie; c'est elle qui exaltait ceux qu'elle savait propres à l'action, et poussait à la tribune ceux qu'elle savait éloquents. »

Tandis que le ministère girondin sommait les Électeurs du Rhin d'éloigner les émigrés de nos frontières, l'Autriche leur promettait son secours en cas de guerre, leur envoyait déjà des troupes et resserrait son alliance avec la Prusse. Les deux cours, dirigeant 40,000 hommes vers les Pays-Bas et 20,000 sur le Rhin, s'arrogeaient le droit de défendre en commun les couronnes contre la faction révolutionnaire. Les puissances exigeaient pour désarmer qu'on rétablît la constitution telle que le roi l'avait donnée lui-même au mois de juin 1789, qu'on rendît la Corse aux Génois, le Comtat Venaissin au Pape, et aux princes allemands leurs droits diocésains et seigneuriaux dans les provinces de Lorraine, d'Alsace et de Franche-Comté, droits garantis par les traités, mais supprimés par la nouvelle division de la France et par l'abolition des droits féodaux. Ces princes allemands étaient les trois Électeurs ecclésiastiques du Rhin, les maisons de Hesse-Darmstadt, de Bade, de Nassau, de Wurtemberg et de Deux-Ponts, sans compter les petits seigneurs. Ils évaluaient leurs pertes à plus de cent millions et refusaient l'indemnité que leur offrait la France. La révolution française n'entendait pas reculer devant les droits de quelques seigneurs allemands. Sur un discours du roi, préparé par Dumouriez, l'Assemblée législative vota presque d'une seule voix la guerre contre *le roi de Hongrie et de Bohême* (20 avril 1792).

II. Campagne de 1792. — Premiers revers en Belgique. — Renvoi du ministère girondin (13 juin). — Journée du 20 juin; le peuple aux Tuileries.

La vraie cause de la guerre était dans la haine mutuelle que s'inspiraient la révolution et les rois. Vainement l'Assemblée constituante avait protesté de ses intentions pacifiques à la face de l'Europe, renoncé d'avance aux conquêtes par un article de la constitution, et refusé d'entendre les députés de la Belgique alors soulevée contre la maison d'Autriche. Les puissances croyaient, sur la foi des émigrés, qu'il leur serait facile de triompher d'une poignée de factieux, et de recouvrer, non pas seulement quelques droits féodaux, mais les provinces même de Lorraine et d'Alsace. Les patriotes voyaient dans la guerre le triomphe de la liberté; les courtisans en attendaient le rétablissement de l'ancien régime. Le roi lui-même se réjouissait peut-être de l'approche des armées étrangères, dans la situation à laquelle l'avaient réduit l'imprudence de ses amis et la haine exagérée de ses ennemis. Ce n'était pas trahison de la part de Louis XVI; c'était plutôt, comme on l'a dit, le crime de sa position.

Le début de la guerre justifia trop vite la défiance des patriotes. Ils se plaignaient du mauvais état de nos magasins et de nos places fortes, du petit nombre de nos troupes, et du mépris du pouvoir exécutif pour les décrets de l'Assemblée. Or il n'était ni au pouvoir des ministres girondins, ni dans leurs plans, de rétablir le respect de l'autorité royale. A peine en Flandre, nos soldats saisis d'une terreur panique à Mons et à Tournay, mal soutenus par les Belges, se crurent trahis et massacrèrent dans leur fuite un de leurs généraux, Théobald Dillon (30 avril). « Mon espoir, écrivait Marat dans son journal, est que l'armée ouvrira les yeux, et qu'elle sentira que la première chose qu'elle ait à faire est de massacrer ses généraux. » Quelques régiments passèrent à l'ennemi. Le sang-froid de Lafayette et quelques succès de Luckner en Flandre relevèrent le courage de nos soldats. Le patriotisme accru par le danger poussa les volontaires aux camps de Landau sous Biron et Kellermann, de Metz sous Luckner, de Sedan sous Lafayette; mauvaises troupes mal équipées, mal commandées, et méprisées par les ennemis, mais dont l'enthousiasme allait dérouter leurs plus habiles tacticiens.

Qu'on se figure l'embarras de nos généraux avec des soldats auxquels tout le monde et Carnot lui-même, par ses discours sur l'obéissance passive et raisonnée, prêchait l'indiscipline! Les régiments refusaient de changer de garnison et déposaient leurs officiers. Un grand nombre d'officiers s'en allaient d'eux-mêmes. En janvier 1792 il n'en restait que deux au régiment de Champagne, en février cinq au Soissonnais; le mois suivant ceux de vingt-trois régiments désertaient en masse. A ce moment si critique on évaluait à dix-neuf cents le nombre des officiers déserteurs [1].

Cependant l'Assemblée, plus défiante depuis les premiers revers, se déclara en permanence, vota contre les prêtres réfractaires un décret de déportation, licencia la garde constitutionnelle du roi, et résolut, sur la proposition de Servan, de former sous Paris un camp de 20,000 hommes fournis par les provinces, soit pour célébrer la troisième fête de la Fédération, soit pour défendre la capitale. Le but secret de la mesure était d'avoir sous la main une armée révolutionnaire et de contenir par ces *fédérés* le roi, ses courtisans et la haute bourgeoisie. Le roi refusant de sanctionner ces deux décrets, Roland lut devant lui une lettre rédigée par sa femme, où il le sommait de remplir ses devoirs constitutionnels et de se mettre à la tête de la révolution pour sauver sa couronne. L'envoi de cette lettre aux départements par l'Assemblée et le renvoi des Girondins par Louis XVI soulevèrent le peuple. Dumouriez, sensible aux malheurs du roi, mais ne pouvant le décider à sanctionner les deux décrets, donna sa démission. Louis XVI, ainsi abandonné, envoya Mallet-Dupan aux puissances étrangères avec des instructions secrètes. Il se croyait le droit d'appeler les rois à son secours contre l'anarchie, le manifeste qui précéderait leurs armées ne devant menacer qu'une faction et non la France.

Le nouveau ministère, composé d'obscurs Feuillants (Chambonas, Lajard, Monciel), les royalistes aidés par Lafayette, Barnave, Duport et Lameth, ne pouvaient rien contre les clubs ni contre les triumvirs du moment, Robespierre, Marat et Danton, que l'on croyait poussés par le duc d'Orléans. Lafayette écrivit de son camp à l'Assemblée une lettre éloquente où il dénonçait les Jacobins

---

1. Mémoires de Lafayette, 3, 290.

comme fauteurs de tous les troubles et demandait « que le règne des clubs fît place au règne de la loi, leurs usurpations à l'exercice ferme et indépendant des autorités constituées, leurs maximes désorganisatrices aux vrais principes de la liberté, leur fureur délirante au courage calme et constant d'une nation qui connaît ses droits et les défend. » Les Jacobins furieux dénoncèrent l'ambition du nouveau Cromwell. Les Girondins eux-mêmes, persuadés qu'une émeute sauverait le roi en lui faisant peur, ne s'effrayèrent point de la manifestation qui se préparait chez Santerre et qui s'annonçait fièrement pour le lendemain, à l'hôtel de ville, dans la soirée du 19 juin. Rien ne prouve que Danton, Robespierre, Pétion, Manuel, Brissot et Guadet aient paru chez Santerre avec Fournier, Legendre et Rossignol ; mais le langage des Girondins à la tribune et dans leurs journaux encourageait l'émeute brassée par les gens de seconde main. Vergniaud répondait à l'Assemblée des bonnes intentions du peuple, et ce fut sur sa caution qu'elle admit le lendemain 8,000 pétitionnaires armés.

Le 20 juin, anniversaire de la scène du Jeu de Paume, les hommes des faubourgs Saint-Marceau et Saint-Antoine, renforcés par les Marseillais, conduits par le brasseur Santerre, l'ouvrier orfèvre Rossignol, Fournier l'Américain, Sergent, Panis, le boucher Legendre, le marquis de Saint-Hurugues, le polonais Lazouski, commandant des canonniers de Saint-Marceau, Maillard, l'homme du 5 octobre, Vincent, Momoro, Varlet et autres Cordeliers, envahirent l'Assemblée et les Tuileries, exigeant la sanction des deux décrets. En guise de drapeaux, ils portaient des culottes déchirées au bout de leurs bâtons. Le roi, coiffé du bonnet rouge par les ouvriers et forcé de boire avec eux, subit tous ces affronts et les apostrophes de Santerre et de Legendre avec la résignation d'un martyr, mais sans rien céder. Sommé de sanctionner les décrets, il répondait : « Ce n'est ni le moyen ni le moment de l'obtenir de moi. » L'arrivée tardive du maire Pétion et de la garde nationale lui rendit la liberté. La foule s'était montrée plus séditieuse que sanguinaire, plus familière que brutale[1]. Pétion, monté sur une chaise, loua les mouvements sublimes du grand peuple. Ainsi les Jacobins apprenaient des Girondins à forcer l'en-

---

1. Paganel. *Essai histor. sur la révol. franç.*, I, 406.

trée des Tuileries. La pétition contre les décrets présentée au roi
était l'œuvre des Girondins. Sous main ils offraient leurs services
au roi s'il voulait rappeler trois des ministres congédiés. De son
côté Danton faisait offrir au roi l'alliance des Jacobins contre les
Girondins et touchait l'argent de la cour.

Tous les bons citoyens témoignèrent leur indignation contre
les outrages prodigués au chef de l'État. La moitié de la garde
nationale et les autorités de soixante-seize départements protestèrent contre le 20 juin ; le directoire départemental de la Seine suspendit Pétion et Manuel. On dit qu'une adresse envoyée au roi
par la ville de Paris portait vingt mille signatures. Aux armées
même, on protesta contre les attentats du 20 juin. Lafayette vint
lui-même à Paris porter à la barre de l'Assemblée une adresse de
son armée qui demandait le châtiment des factieux. Mais Lafayette
n'avait plus le même crédit sur la garde nationale, à laquelle un
décret de l'Assemblée avait mêlé les hommes des faubourgs, armés de piques et coiffés du bonnet rouge. La cour elle-même dédaigna sa protection. Le roi et surtout la reine refusèrent de se
laisser enlever par le général, auquel l'Assemblée reprocha d'avoir
quitté ses soldats et qui retourna à son camp désespérant du salut
de la monarchie.

**III. Manifeste du duc de Brunswick (25 juillet). — La patrie
en danger. — Journée du 10 août. — Chute de la royauté.
— Convocation d'une Convention nationale.**

Si les excès du peuple au 20 juin avaient relevé pour un moment
la royauté, l'orgueil imprudent des émigrés et des puissances
étrangères rendit bientôt l'avantage aux républicains. Le roi vint
dénoncer à l'Assemblée la marche des Prussiens contre nos frontières. Le roi de Prusse annonçait qu'aux termes de son alliance
avec l'Autriche, il prenait les armes pour maintenir les droits de
l'empire, réprimer l'anarchie en France, et délivrer Louis XVI de
la prétendue constitution de 1791. A l'armée austro-prussienne
renforcée par 6,000 Hessois, s'étaient joints 12,000 émigrés
pour renverser ce qu'ils appelaient le gouvernement des avocats.
Les officiers prussiens se réjouissaient d'une promenade militaire
qui n'offrait point de sérieux dangers. 200,000 hommes, com-

mandés par le duc Ferdinand de Brunswick, vétéran glorieux
de la guerre de Sept ans, menaçaient toute notre frontière du nord.
Le duc Ferdinand, accompagné du roi de Prusse et de ses deux
fils, entrait du Luxembourg en Lorraine et marchait sur Longwy,
Clerfayt sur Stenay, Hohenlohe sur Thionville, le duc de Saxe-
Teschen sur la Flandre. Les cours de Vienne et de Berlin avaient
publié le 25 juillet sous le nom du général, et malgré lui, ce manifeste si fameux, rédigé par un émigré, qui menaçait d'une exécution militaire et des plus affreux châtiments l'Assemblée, la ville de
Paris, la garde nationale et tous les novateurs pour toute insulte
à la famille royale ; au contraire les deux souverains promettaient,
en cas de repentir et de soumission, d'intercéder près de Louis XVI
après leur entrée à Paris.

La France frémit de colère et d'indignation au langage des émigrés et de leurs protecteurs, qui naguère avaient démembré la
Pologne et semblaient lui destiner le même sort. Au manifeste
elle répondit par la *Marseillaise*, ce chant de l'armée du Rhin
qu'un jeune officier du génie, Rouget de l'Isle, venait de composer
à Strasbourg. Mais le manifeste fit plus de mal à Louis XVI et à
ses alliés. Il aida les Jacobins à renverser la royauté. Ils avaient
déjà obtenu de l'Assemblée qu'elle décrétât la levée de 450,000
hommes, qu'elle réhabilitât Pétion et Manuel, et qu'elle déclarât
la patrie en danger (11 juillet), quelques jours après la ridicule
scène du *baiser Lamourette*. Dès lors l'agitation révolutionnaire
l'emportait sur le progrès constitutionnel. On ne reconnaissait
plus à l'Assemblée, ayant déclaré la patrie en danger, le droit
d'interpréter cette déclaration et de faire des règlements pour
organiser et diriger les mouvements du peuple. Les comités des
sections étaient supérieurs à la Commune, et le 9 août les sections
votaient le renversement de la Commune, *le pouvoir étant remonté à sa source*.

« Les coups de canon tirés d'instant en instant répandirent dans
Paris l'anxiété du péril national ; tous les corps constitués, depuis
'Assemblée jusqu'aux dernières municipalités des communes, siégèrent en permanence ; les gardes nationales se levèrent ; sur tous
les points de la France la jeunesse courut donner son nom aux
officiers municipaux chargés des enrôlements volontaires. C'est un
magnifique spectacle que l'élan d'une grande nation pour défen-

dre ses libertés nouvelles et son vieux territoire ; c'est un triste dégoût de trouver sous cette ardeur généreuse les intrigues qui s'efforcent de détourner cet élan et de changer cette ardeur en démence [1]. »

Déjà les fédérés appelés des départements, surtout ceux de Marseille et du Finistère, demandaient la déchéance du roi, et l'Assemblée chargeait douze membres d'examiner la question. Vergniaud accusait le roi d'avoir violé son serment. On fermait le club des Feuillants, on licenciait les compagnies de grenadiers et de chasseurs de la garde nationale. Les meneurs du peuple étaient bien convaincus que l'Assemblée qui venait d'absoudre Lafayette, ne voterait pas la déchéance ; aussi un comité d'insurrection préparait le peuple des faubourgs à la dernière bataille contre la royauté. Le 10 août, à minuit, le tocsin donna le signal. Les fédérés, ayant à leur tête Danton, Camille Desmoulins et Carra, et le peuple de Paris, conduit par Westermann et Santerre, se ruèrent d'abord sur l'hôtel de ville pour y installer les plus furieux démocrates, Chaumette, Hébert, Billaud-Varennes, etc., et marchèrent de là sur les Tuileries défendues par neuf cents Suisses et par quelques bataillons de la garde nationale, commandés par Mandat. La nouvelle Commune appela Mandat qui croyait obéir à l'ancien conseil, et le fit tuer sur les marches de l'hôtel de ville. C'était désorganiser la garde nationale, d'ailleurs mécontente de voir Louis XVI entouré de trois à quatre cents gentilshommes. La présence et l'empressement de ces derniers défenseurs du roi qu'on appelait les *chevaliers du poignard*, faisait dire aux meneurs qu'on amassait des armes aux Tuileries et qu'on allait massacrer le peuple. C'est pourquoi le drapeau des insurgés portait cette légende : *Loi martiale du peuple souverain contre la rébellion du pouvoir exécutif.* La majorité de la garde nationale passa du côté des assaillants. Le peuple braqua ses canons sur le château ; les piquiers se pressaient à toutes les issues et demandaient à grands cris la déchéance. Louis XVI se laissa persuader par le syndic Rœderer de se réfugier avec sa famille dans la salle de l'Assemblée. Il y passa seize heures dans la loge du logographe, et vit les représentants de la nation briser sa cou-

1. Roussel, *Précis de l'hist. de la Révol. et de l'Empire.*

ronne, pendant qu'au dehors le peuple massacrait ses derniers défenseurs. Vergniaud présidait ce jour-là comme le jour de la condamnation du roi. Quelques députés forcèrent Louis XVI d'envoyer aux Suisses l'ordre de cesser le feu. C'était les vouer à la mort. Le peuple, irrité de la mort des siens, envahit plus hardiment le château qu'on ne défendait plus, et massacra tous ceux qui s'y trouvaient. Les Marseillais tuaient les hommes désarmés, les femmes et les enfants. Environ 5,000 hommes, dont 700 Suisses, périrent dans l'assaut ou après l'action. Une exaltée, Théroigne de Méricourt, à cheval, encourageait le peuple à briser toute image du roi et tout symbole de la royauté. L'Assemblée, n'osant plus résister au vœu des députations des combattants, des sections et de la Commune, rendit sur la proposition de Vergniaud les décrets suivants : *Une Convention nationale est convoquée pour le 21 septembre; elle sera nommée d'après le mode d'élection fixé par la constitution de 91 ; le roi est suspendu provisoirement, et habitera le Luxembourg ; un gouverneur sera nommé au prince royal ; les ministres Roland, Clavière et Servan reprendront leurs fonctions ; ils auront pour collègues Danton à la justice, Monge à la marine, Lebrun aux affaires étrangères.* Les Girondins, reprenant le pouvoir, eurent soin de faire arrêter ce jour-là Barnave, Duport et Charles de Lameth.

Les mêmes décrets qui suspendaient l'un des deux pouvoirs constitutionnels, abrégeaient la durée légale de l'autre. L'Assemblée législative expliqua sa conduite par une proclamation solennelle à la nation. Les départements, travaillés par les Jacobins, approuvèrent ; les armées et les généraux se montrèrent plus difficiles. Arthur Dillon, Luckner et Montesquiou prêtèrent de mauvaise grâce le nouveau serment qu'on leur demandait. Dumouriez s'était décidé plus vite. Lafayette seul osa commander à son armée de renouveler le serment à la constitution de 1791. Déjà quelques bataillons de ligne avaient juré, mais ceux de la garde nationale craignirent de donner le signal de la guerre civile, et entraînèrent les autres. Lafayette, proscrit par l'Assemblée et cité à sa barre, prit la fuite avec quelques amis, Alex. Lameth, Latour-Maubourg, Bureaux de Pusy. Il voulait s'embarquer en Hollande pour les États-Unis ; il tomba dans les mains des ennemis,

fut arrêté contre le droit des gens, enfermé pendant cinq ans
dans les cachots de Magdebourg et d'Olmütz, et délivré seulement
par Bonaparte en 1797. Il n'avait échappé aux Jacobins que pour
tomber aux mains des émigrés et de leurs fauteurs. Talleyrand,
plus heureux et muni d'un passeport par Danton, put se réfugier
en Amérique.

Après le 10 août, tous les ambassadeurs quittèrent Paris, mais
Anacharsis Cloots se vantait d'y représenter toutes les nations,
et l'Assemblée ayant décerné le droit de cité à tous les étrangers
célèbres, il vint l'en remercier au nom de l'humanité[1].

IV. La Commune de Paris. — Massacres de septembre. — Campagne de Dumouriez dans l'Argonne. — Victoire de Valmy (20 septembre 1792). — Conquête de Mayence, de Nice et de la Savoie (24 septembre-21 octobre 1792).

Le ministère établi par l'Assemblée après la suspension du roi
se composait des trois anciens ministres girondins Roland, Servan et Clavière, auxquels on adjoignit Danton, Monge et Lebrun.
« Danton était un révolutionnaire gigantesque. Aucun moyen ne
lui paraissait condamnable, pourvu qu'il fût utile, et selon lui on
pouvait tout ce qu'on osait. Danton, qu'on a nommé le Mirabeau
de la populace, avait de la ressemblance avec ce tribun des
hautes classes; des traits heurtés, une voix forte, un geste
impérieux, une éloquence hardie, un front dominateur. Leurs
vices étaient aussi les mêmes; mais ceux de Mirabeau étaient
d'un patricien, ceux de Danton d'un démocrate. » (Mignet.) En
réalité la Commune de Paris, née dans la nuit du 10 août, et dirigée par Danton, Robespierre, Marat, Collot-d'Herbois et Tallien,
gouvernait par les Jacobins l'Assemblée, Paris et la France. Pétion,
conservé dans sa place, a raconté qu'il en cherchait inutilement
les fonctions éparses entre toutes les mains, et que chacun les
exerçait[2]. La Commune cassa le directoire du département, arma
la populace, et força l'Assemblée d'établir un tribunal révolution-

1. Il jura devant elle d'être fidèle à la nation universelle, à l'égalité, à la liberté,
à la souveraineté du genre humain. « Gallophile de tous les temps, disait-il, mon
cœur est français, mon âme est sans-culotte. » (*Moniteur*, n° 242.)

2. Buchez et Roux. *Hist. parlement.* 21,201.

naire ou tribunal spécial du 10 août, à la place de la haute cour d'Orléans qu'on trouvait trop lente (17 août), et d'envoyer la famille royale du Luxembourg au Temple. La Commune ordonna des visites domiciliaires et fit saisir tous les suspects, notamment les prêtres réfractaires bannis par un nouveau décret, les royalistes et les aristocrates accusés d'avoir tiré sur le peuple au 10 août.

Quoique la guillotine, inventée récemment, fonctionnât déjà depuis quelques mois, on délibéra chez Danton, ministre de la justice, sur les moyens d'en finir plus vite avec tous les traîtres. A ce moment la fureur populaire s'exaltait d'heure en heure par les nouvelles qu'on recevait de la frontière. Les ennemis avaient pris Longwy et menaçaient Verdun (23 août-1er septembre). On apprit bientôt que le colonel Beaurepaire, bien secondé dans la défense de Verdun par le chef de bataillon Marceau, mais n'ayant pu décider les habitants à supporter les horreurs d'un siège, s'était brûlé la cervelle dans la salle même du conseil municipal ; que Verdun avait reçu le roi de Prusse comme un libérateur auquel de jeunes filles offraient des bouquets. On vota pour la Seine une levée de 30,000 hommes. Jean Debry proposa de mettre sur pied une légion de 1,200 tyrannicides. Danton s'écria qu'il fallait faire peur aux royalistes, et pendant que les républicains partiraient pour la frontière, écraser au dedans les ennemis de la liberté. On comprit le sens de ces terribles paroles, c'est-à-dire qu'après avoir rempli de suspects les prisons et les églises, les Carmes, l'Abbaye, le Châtelet, la Force, on en massacra près de quinze cents en quelques jours (2-5 septembre), parmi eux la princesse de Lamballe, dont la tête fut portée sous les fenêtres de la reine, le comte de Montmorency, trois ducs de La Rochefoucauld. On n'épargna pas même à la Salpêtrière et à Bicêtre les femmes, les pauvres, les fous et les enfants. Les Marseillais marchèrent sur Orléans pour ramener à Paris les prisonniers de la haute cour. Ils en ramenèrent cinquante-sept. Le peuple n'eut pas la patience de les attendre et courut les égorger à Versailles, entre autres le duc de Brissac, ancien commandant de la garde royale, et Delessart, ancien ministre des affaires étrangères. Douze des massacreurs fonctionnaient comme juges sous la présidence de Maillard *Coupe-têtes*, chef de la bande des *Tappe-dur*, les autres comme bourreaux ; leurs journées étaient

payées par la Commune. Hébert et Lazouski siégeaient parmi les
juges de la princesse de Lamballe. Rossignol en 1801, au temps
de sa déportation, se vantait d'avoir assommé pour sa part environ soixante-dix prêtres.

L'Assemblée et la garde nationale, commandée et désorganisée
par Santerre, ne pouvait rien contre ce complot de cinq ou six tyrans,
exécuté par quelques brigands stipendiés (Lanjuinais). Ces massacres étaient comme des actes de gouvernement, puisque Danton
était ministre de la justice. Une circulaire signée de Marat engageait les départements à suivre l'exemple de Paris. Robespierre,
qui ne parut pas ces jours-là, approuva ensuite la justice du peuple
L'ère de la Terreur commençait par les journées de septembre.
On se vantait dans le club des Jacobins d'avoir enfin solidement
fondé la liberté. Les Girondins triomphaient plus modestement.
Pétion à l'Assemblée (6 septembre) priait qu'on lui permît de
jeter un voile sur le passé, espérant que la fraternité allait
reprendre son empire. Quand l'Assemblée, sur une lettre fort
sévère de Roland, demanda des renseignements à la Commune,
on lui répondit que Paris était tranquille. Parmi les massacres
Paris faisait ses élections pour la Convention nationale, et la
grande majorité votait contre les Girondins [1].

Cependant les alliés avançaient lentement sur Paris. Cette lenteur méthodique et leurs superbes mépris pour des armées que
l'anarchie et la désertion des officiers avaient désorganisées, leur
portèrent malheur. Pendant qu'ils perdaient huit jours à Verdun
et occupaient Stenay pour s'étendre sur la Meuse, au lieu d'envahir aussitôt la vallée de la Marne, Dumouriez, général en chef
des armées du nord et du centre après la fuite de Lafayette, eut
le temps d'accourir de Sedan avec ses 23,000 hommes et d'occuper avant les Prussiens les cinq défilés de l'Argonne qui
conduisent de Lorraine en Champagne et séparent la Meuse du
bassin de la Seine. Il y montrait sur la carte à son confident
Thouvenot les Thermopyles de la France [2]. Il soutint pendant
trois jours au défilé de Grandpré, au confluent de l'Aire et de

---

1. La révolution, disait Boissy d'Anglas, est comme une armée en marche qui
laisse derrière elle les malades et les traîneurs.

2. *Mémoires de Dumouriez*, 2-391 et 3-30.

l'Aisne, sur la route de Stenay à Reims, les attaques du roi de Prusse et du duc de Brunswick ; puis forcé de céder au nombre, débordé par le passage de la Croix-au-Bois (route de Stenay à Vouziers) et tourné par sa gauche, il alla prendre une forte position plus au midi, près de Sainte-Menehould, sur la gauche des Prussiens. Il y concentra les renforts qu'il appelait de tous côtés. Beurnonville était venu des Pays-Bas sur Rethel avec 10,000 hommes former son aile gauche. Kellermann, successeur de Luckner, venait de Metz avec 20,000 hommes renforcer sa droite. Avec l'élite des 18,000 volontaires envoyés de Paris au camp de Châlons en douze jours, il avait une armée égale en nombre à celle des Allemands, supérieure par le courage, les positions et les approvisionnements, et qui n'était pas commandée, comme disaient nos ennemis, par des bijoutiers, des tailleurs et des cordonniers. A la tête d'environ 53,000 hommes il menaçait de prendre l'ennemi à revers et le forçait de tourner le dos à Paris. Kellermann à Valmy, dans une position que l'artillerie des Prussiens dominait et qui semblait leur offrir une victoire facile, repoussa leur double attaque et brava leur fameuse canonnade, pendant que Dillon à Fismes contenait les Hessois (20 septembre). Le duc de Brunswick, voyant le désordre causé dans nos premiers rangs par l'explosion de plusieurs caissons, avait lancé trois colonnes sur les hauteurs de Valmy. Kellermann les laissa avancer sans tirer un coup de feu, puis mettant son chapeau à la pointe de son épée, commanda la charge à la baïonnette, au cri de *vive la nation*, qui fut répété sur toute la ligne. Les Prussiens reculèrent et rentrèrent dans leur camp. Ce fut là que le jeune duc de Chartres fit ses premières armes ; c'était le fils aîné du duc d'Orléans, auquel trois jours auparavant la Commune avait donné, pour lui et sa descendance, le nom révolutionnaire d'Egalité. Les alliés savaient désormais à quoi s'en tenir sur les illusions des émigrés.

Après une trêve enveloppée d'un profond mystère, le duc de Brunswick ordonna la retraite (29 septembre). Peut-être Dumouriez et Danton avaient-ils à cette condition répondu de la vie de Louis XVI. La nouvelle Assemblée, réunie le lendemain de la victoire de Valmy, défendait d'ailleurs de conclure aucun traité définitif avant l'évacuation du territoire. L'armée prussienne, décimée par les maladies, par les pluies d'automne et par la famine, repassa péniblement les défilés de Grandpré, accompagnée plutôt que poursuivie par nos troupes. Thionville et Lille, assiégées par le prince de Hohenlohe et le duc de Saxe-Teschen, mais bravement défendues par Wimpfen et Ruault, étaient délivrées ; toute la France célébrait le courage des Lillois, et le 23 octobre le canon annonçait tout le long de la frontière du nord la délivrance complète du sol français. A son tour la France attaquait l'ennemi. Custine, bien accueilli par les révolutionnaires allemands, entre autres par le naturaliste Forster, emportait Spire, Worms et Mayence, et passait le Rhin pour occuper Francfort et rançonner les pays voisins (septembre). Anselme et Montesquiou conquéraient Nice et la Savoie (octobre), dont la Convention allait faire deux départements français.

CHAPITRE IV

LA CONVENTION EN 1792 ET 1793

SOMMAIRE.

1. — La Convention, dans sa première séance, proclame la République (21 septembre 1792). Pendant que Dumouriez soumet la Belgique par la victoire de Jemmapes (6 novembre), la rivalité des Girondins et des Montagnards éclate par la double accusation de Robespierre et de Marat, et s'envenime encore par le procès de Louis XVI, que les Girondins n'osent point sauver, et qui périt sur l'échafaud (21 janvier 1793).

2. — L'opposition tardive de la Gironde aux violences des Jacobins prépare sa ruine. Pour résister à la première coalition que le supplice de Louis XVI a fortifiée de l'Angleterre, la Convention lève 300,000 hommes, et crée malgré les Girondins le tribunal révolutionnaire et le comité de salut public. Dumouriez, devenu suspect aux Jacobins par son opposition à la mort du roi, veut profiter de ses victoires pour rétablir la constitution de 1791. Ses revers irritent les Montagnards, qui forment leur premier complot contre les Girondins accusés de fédéralisme (10 mars), et redoublent de rigueur contre les nobles et les prêtres. Sa défaite à Nerwinde (18 mars), mal compensée par les succès de Custine sur le Rhin, entraîne la perte de la Belgique, et sa défection (5 avril) hâte la chute des Girondins (31 mai-2 juin). La Terreur commence.

3. — Soixante départements se soulèvent contre Paris et contre la tyrannie de Robespierre. Charlotte Corday tue Marat (13 juillet). Les grandes villes du Midi se livrent aux royalistes. Marseille est bientôt soumise (août); mais Lyon et Toulon, qui appelle les Anglais, résistent plus longtemps. En Vendée le peuple entier s'est levé contre la Convention (mars). Les Vendéens, d'abord maîtres de leur propre pays (Thouars, Fontenay, Saumur), puis repoussés de Nantes par Canclaux (juin) et vainqueurs des généraux jacobins à Chantonnay, à Coron et à Torfou (septembre), sont défaits à la grande journée de Cholet par Kléber et les Mayençais (17 octobre). Contraints de passer au nord de la Loire pour essayer de joindre les Anglais à Granville, ils sont repoussés, mis en déroute au Mans, et enfin détruits à Savenay (23 décembre). En même temps Lyon et Toulon sont repris. La République triomphe partout de ses ennemis intérieurs.

4. — Au dehors la Convention brave déjà la coalition, malgré la perte de Mayence et de Valenciennes (juillet). Ses mesures héroïques, gouvernement révolutionnaire, levée en masse, maximum, et les lenteurs ou les divisions des confédérés sauvent sur tous

les points la France envahie. Carnot organise la victoire, et la Convention l'impose à ses généraux. Houchard et Jourdan au nord, Hoche et Pichegru sur le Rhin repoussent la coalition. Leurs victoires d'Hondschoote, de Wattignies et de Geisberg (septembre-décembre) couronnent dignement l'année 1793. En l'année 1794 les succès de Pichegru et de l'armée du Nord, la victoire de Jourdan à Fleurus avec l'armée de Sambre-et-Meuse, nous rendent la Belgique (26 juin).

I. La Convention ; proclamation de la république (21 septembre 1792). — Lutte de la Montagne et de la Gironde. — Bataille de Jemmapes (6 novembre) ; conquête de la Belgique. — Procès et mort de Louis XVI (21 janvier 1793).

La nouvelle Assemblée, où les électeurs avaient le droit d'envoyer les membres des deux précédentes et tout citoyen âgé de vingt-cinq ans sans aucune condition de cens, se composa des plus furieux démagogues de Paris et de la province. Le peuple y envoya sur 747 membres 75 constituants, 174 membres sortants de l'Assemblée législative, et un grand nombre de Girondins. Dès la première séance, sous la présidence de Pétion et sur la proposition de Collot-d'Herbois, la Convention abolit la royauté et proclama la République (21 septembre 1792)[1]. Au bruit de nos premières victoires, elle allait déclarer la guerre à tous les rois.

Les Girondins et les Montagnards se disputèrent le gouvernement de la République. Les Girondins occupaient la droite de l'Assemblée, et renforcés de Louvet, Pétion, Buzot, Lanjuinais, Barbaroux, avaient pour eux le nombre, l'éloquence, la sympathie des classes moyennes qui s'étaient laissé entraîner comme eux jusqu'à la république. Les Montagnards siégeaient sur les rangs les plus élevés de la gauche ; moins éloquents et plus hardis, ne supportant pas plus l'aristocratie des talents que celle de la naissance, ils s'appuyaient sur les clubs et sur la multitude. Robespierre, Marat, Danton, le duc d'Orléans Philippe-Égalité, l'ancien marquis Saint-Just, l'ancien acteur Collot-d'Herbois, Barère, l'*Anacréon de la guillotine*, attribuaient tout le pouvoir au peuple pour l'exer-

---

1. Le vote de l'abbé Grégoire est resté célèbre : « Toutes les dynasties n'ont jamais été que des races dévorantes qui ne vivaient que de chair humaine. Les rois sont dans l'ordre moral ce que les monstres sont dans l'ordre physique. Les cours sont l'atelier des crimes et la tanière des tyrans ; l'histoire des rois est le martyrologe des nations. » Buchez et Roux, *Hist. parlement.*, 18, 10.

cer en son nom et se faire aussi puissants que les ministres d'une
monarchie absolue. Le peuple n'écoutait guère que ceux qui lui
ressemblaient par le caractère, par la violence des passions ou
du langage, et par l'ignorance. Par les *sans-culottes* et par le
peuple des sections, la Commune allait dominer la Convention. Le
reste de l'Assemblée, qu'on appelait la *Plaine* ou le *Marais*, était
d'abord décidé à soutenir les Girondins ; mais ceux-ci perdirent par
l'indécision et par l'inexpérience l'ascendant que le nombre et l'é-
loquence auraient pu leur donner, et les membres de la Plaine finirent par sacrifier ceux qu'ils admiraient à ceux qui leur faisaient peur.
Les Girondins étaient plus forts dans les provinces, et les Jacobins
à Paris. La capitale s'était donné pour représentants Robespierre,
Danton, Camille Desmoulins, le boucher Legendre, Panis, Sergent,
Billaud-Varennes, trois chefs de la Commune, Fabre d'Églantine,
Collot-d'Herbois, Philippe-Égalité, le procureur-syndic Manuel,
Robespierre jeune, Fréron et Marat, tous les grands noms de la
Montagne.

Une lutte furieuse s'engagea d'abord sur les journées de septembre. Les Girondins, par la voix de Rebecqui, accusaient Robespierre et Marat d'avoir avec Danton ordonné ces affreux
massacres et d'aspirer à la dictature. Lasource dénonçait le despotisme de Paris, et demandait qu'il ne fût qu'un département
comme un autre. Il est bien vrai que Robespierre n'avait nulle
aversion pour le sang, et que son dévouement sans bornes à la
cause du peuple, sa vie austère, sa réputation de vertu incorrup-
tible, semblaient le désigner comme le dictateur demandé par
Marat pour exterminer tous les ennemis de la République. A la
première accusation Robespierre opposa toutes ses vertus. Danton
répudia Marat qui « tout dégouttant de calomnies, de fiel et de sang, »
rappela ses ennemis à la pudeur et menaça de se brûler la cervelle
à la tribune. La majorité n'osa pas donner suite à ces récrimina-
tions funestes et mettre en jugement deux hommes si puissants
sur le peuple. Robespierre, une seconde fois accusé par Louvet
sur un rapport du ministre Roland, demanda huit jours pour se
justifier, et triompha par l'adresse et le sang-froid de la passion
du Girondin. Il osait proclamer qu'il n'y a point de crimes en
révolution. A leur tour les Jacobins accusèrent leurs ennemis de
n'avoir jamais désiré sincèrement la république et de conspirer sa

ruine par le fédéralisme. La majorité ne voulait ni du fédéralisme, ni de la dictature. Sur la proposition de Tallien, l'Assemblée prononça la peine de mort contre les partisans de l'un ou de l'autre système et décréta la République *une et indivisible* (25 septembre). Pour accorder quelque garantie aux Girondins, la Plaine vota qu'on donnerait à la Convention une force publique prise parmi les citoyens des quatre-vingt-trois départements.

Les Jacobins avaient surtout compté sur la guerre pour grandir et dominer. Tandis que les Girondins qu'ils appelaient par ironie les *hommes d'État*, feraient la constitution et les lois, eux, les Jacobins, feraient la révolution et sauveraient le pays. Dès que la victoire de Jemmapes (6 novembre) nous eût livré la Belgique, la Convention, que Danton appelait le comité général d'insurrection de tous les peuples, décréta qu'elle accorderait secours et fraternité à tous ceux qui voudraient recouvrer leur liberté (19 novembre), et que dans tout pays où ils mettraient le pied, nos généraux proclameraient sur-le-champ la souveraineté du peuple. Elle formait déjà de nos premières conquêtes, la Savoie et le comté de Nice, les deux départements du Mont-Blanc et des Alpes-Maritimes. On a vu que dans le même temps Custine emportait sur le Rhin Spire, Worms et Mayence. Mais en allant rançonner Francfort, au lieu de tourner sur Coblentz où les Prussiens avaient leurs magasins et d'ajouter ainsi aux embarras de leur retraite, Custine leur laissa le temps d'accourir de la Lahn, de délivrer Francfort et de nous chasser de la rive droite. De son côté Dumouriez, à peine délivré des Prussiens, envahit la Belgique où la domination des Autrichiens était détestée. Il les attaqua en avant de Mons, dans leur formidable position sur les hauteurs de Jemmapes où les protégeaient quatorze redoutes. La bravoure de Dampierre, entonnant la *Marseillaise* à la tête d'une colonne de grenadiers, et du jeune duc de Chartres avec son bataillon de Jemmapes, enleva la victoire (6 novembre 1792) Cette bataille gagnée par l'audace révolutionnaire sur les meilleures troupes de l'Autriche nous livra Mons, Bruxelles (14 novembre), la Belgique entière et le pays de Liège, où l'Autriche avait rétabli le prince-évêque chassé par ses sujets. Un décret de la Convention organisa démocratiquement ces pays naguère soulevés contre l'Autriche par les nobles et les prêtres. Ses commissaires prétendaient gagner aussi des batailles en faisant des discours. On séquestrait les biens de la noblesse et du clergé, on pillait les églises et les châteaux.

Dumouriez avait prévu que ces appels à la révolution, les fondations de clubs et d'assignats, allaient provoquer une formidable coalition contre la France. En effet l'Angleterre aristocratique, le stathouder, la Prusse, l'Autriche, l'Empire, l'Italie et l'Espagne s'armaient pour combattre les ennemis de l'autel et du trône. Dumouriez voyait que ces mêmes populations qui saluaient d'abord avec enthousiasme le drapeau français, seraient bientôt désenchantées par les contributions militaires et les rapines des Jacobins. Il vint se plaindre à Paris des commissaires de la Convention, essaya vainement de sauver Louis XVI, et repartit furieux contre les Montagnards.

Dans l'ivresse de ces premiers succès, ceux qui n'osaient pas juger Robespierre et Marat, jugèrent et condamnèrent Louis XVI, et ce procès auquel les Jacobins avaient préparé le peuple, servit leurs projets et leur haine contre les Girondins. Ceux-ci se seraient contentés de bannir le roi que la constitution de 1791 déclarait inviolable, ou de l'enfermer jusqu'à la paix. Ceux-là, rejetant les formes de procédure, soutenaient qu'il était déjà condamné par sa déchéance et qu'il avait mérité la mort comme traître à la patrie. Les modérés espéraient par l'observation des formes légales calmer leur conscience ou sauver Louis XVI. Tandis qu'une commission de vingt-quatre membres était chargée d'examiner tous ses actes depuis le 5 mai 1789, les pièces trouvées chez l'intendant de la liste civile, Laporte, et les documents découverts dans l'armoire rouge par Roland, un comité de législation donna son avis sur la légalité et sur la forme du jugement. Dans de violents débats, les plus furieux rappelèrent le droit qu'avait Brutus sur César. Saint-Just invoqua le droit des gens. Robespierre ne vit là qu'une mesure de salut public et un acte de providence nationale. La Montagne, soutenue par le peuple, fit décréter que la Convention, souveraine et supérieure aux décrets de l'Assemblée précédente, jugerait Louis XVI, et demanda qu'il fût condamné séance tenante, sur l'acte d'accusation dressé par la commission. Les Girondins obtinrent qu'on lui permît de se défendre. Louis *Capet*, amené à la barre de l'Assemblée, répondit sur tous les points avec calme et résignation plutôt qu'avec adresse et dignité. Il nia tout ce qu'on lui reprochait, les attentats contre la constitution, les pièces trouvées dans la fameuse armoire, et jusqu'à sa propre signature. Les Jacobins triomphaient de ces dénégations opiniâtres et maladroites. Il obtint de choisir ses défenseurs et de préparer avec eux sa défense. Mais dès lors on le sépara de son fils, dont il avait commencé l'éducation, et de sa famille qu'il soutenait par son courage. On ne lui laissa que son fidèle Cléry.

Des deux défenseurs que Louis XVI avait d'abord désirés, Target et Tronchet, le premier refusa, alléguant sa faible santé ; le vertueux Malesherbes s'offrit de lui-même pour aider Tronchet, et tous deux s'adjoignirent le jeune avocat Desèze qui prononça le plaidoyer au jour fixé par l'Assemblée (26 décembre). Dans un discours dénué d'artifices oratoires, suivant les instructions formelles de Louis XVI, Desèze rappela simplement les vertus du roi et les bienfaits de son avènement, démontra son inviolabilité par la constitution de 1791, et enfin l'iniquité d'un procès où toute forme judiciaire était violée, les mêmes hommes étant accusateurs et juges. Tout aussi vainement Lanjuinais invoquait les droits de l'humanité pour celui qui s'était mis au 10 août sous la protection des représentants du peuple, et Vergniaud, dans une admirable improvisation, demandait l'appel au peuple. Pendant douze jours les partis luttèrent dans la Convention ; au dehors le peuple, ruiné par le discrédit des assignats, se plaignait d'être sans travail et sans pain, et demandait le maximum. Enfin l'Assemblée décida qu'on voterait à l'appel nominal sur les trois questions suivantes : 1° Louis XVI est-il coupable de conspiration contre la liberté ou la sûreté de l'État ? 2° Le jugement sera-t-il envoyé à la sanction du peuple dans les assemblées primaires ? 3° Quelle peine lui sera infligée ? Louis fut déclaré coupable par 683 trois voix sur 717. Les deux tiers des votants, 424 voix, rejetèrent l'appel au peuple, et la peine de mort fut votée après quarante-cinq heures d'appel nominal à la majorité de 387 voix sur 721. Un grand nombre de députés, 286, avaient voté la prison jusqu'à la paix ou le bannissement. Les Jacobins qui ce jour-là avaient mis sur pied toutes leurs forces, l'armée des sans-culottes et les clubs, avaient fait décréter, au mépris de la commission et contre la motion de Lanjuinais, que la simple majorité suffirait pour une condamnation à mort. Danton, qui revenait du pillage de la Belgique, l'emporta sur Lanjuinais. Les Jacobins avaient même prévu le cas où Louis XVI absous serait massacré par le peuple avec toute sa famille. La Convention, entourée d'une populace menaçante, n'accueillit ni l'écrit de Louis XVI, présenté par ses défenseurs, qui réclamait l'appel au peuple et protestait contre l'illégalité du jugement, ni le sursis demandé par les Girondins. Louis n'eut qu'un jour pour se préparer à la mort, au lieu de trois qu'il avait demandés, mais avec la liberté de choisir un prêtre pour l'assister à ses derniers moments et de voir sa famille. La Convention avait décidé que pendant qu'elle voterait sur la mort de Louis XVI, les théâtres seraient ouverts ; la Commune, en apprenant la condamnation à mort, ordonna que Paris serait illuminé.

Paris tout entier s'arma pour le supplice de Louis XVI, les Jacobins affectant de craindre un complot royaliste qui sauverait le condamné et livrerait la France aux étrangers. Le meurtre de Lepelletier de Saint-Fargeau, assassiné dans un café du Palais-Royal par l'ancien garde du corps Pâris, semblait justifier leurs craintes. La tête de Louis XVI tomba sur la place Louis XV le 21 janvier 1793.

II. L'Angleterre et la première coalition (février 1793). — Défaite de Nerwinde (18 mars) et perte de la Belgique. — Défection de Dumouriez (5 avril). — Dictature de Robespierre. — Le comité de salut public (6 avril). — Chute de la Gironde (31 mai-2 juin).

Les Montagnards avaient défié la vieille Europe, en lui jetant la tête du roi comme une dernière réplique au manifeste de Brunswick. L'aristocratie anglaise releva le gant. Elle n'avait pas vu sans frayeur les clubs de Londres correspondre avec ceux de Paris, le peuple de Birmingham célébrer par une émeute l'anniversaire du 14 juillet, et Thomas Payne publier pour les Anglais les *Droits de l'homme*. Elle sut bientôt réveiller la haine et la jalousie du peuple anglais contre sa rivale qui menaçait les Pays-Bas, lui montrer dans les excès de la révolution française une occasion de conquérir l'empire des mers et de se venger de la guerre d'Amérique. Le plus fougueux ennemi de la France, Burke, qui lui-même avait soutenu de sa pompeuse éloquence la cause des Américains, avait dénoncé la révolution française à tous les souverains dans un livre fameux, et rompu dans une séance mémorable (mars 1791) avec son ami Fox, le Mirabeau des Anglais par le génie et le désordre. Après le 10 août, Pitt avait rappelé de Paris l'ambassadeur anglais; après le 21 janvier, il chassa de Londres celui de la république. Dès le 8 février, la Convention déclarait la guerre à l'Angleterre et à la Hollande, sur la motion de Brissot. Trompée par les faux avis que Pitt lui faisait donner, elle crut que sa déclaration serait le signal d'une révolution en Angleterre. L'Angleterre, ainsi provoquée, offrit à l'Europe ses armées, ses flottes et ses subsides contre l'ennemi commun. Elle soudoya contre nous la plupart des puissances du continent, surtout la Prusse et l'Autriche, et laissa volontiers les puissances du Nord consommer le second partage de la Pologne. Cependant les Montagnards faisaient voter une levée de 300,000 hommes (24 février 1793) et l'émission de deux milliards d'assignats pour résister à tant d'ennemis, et la création d'un *tribunal criminel extraordinaire* pour défendre la révolution au dedans (9 mars). A la nouvelle du premier soulèvement de la Vendée, la Convention mettait hors la loi les nobles et les prêtres qui prendraient part aux attroupements, et bannissait les émigrés à perpétuité.

Dumouriez, accusant les Jacobins de tous les périls qui menaçaient la France, avait résolu de les renverser et de rétablir la constitution de 1791. On croit qu'il destinait le trône au jeune duc de Chartres, qui servait dans son armée et s'était signalé par sa bravoure aux journées de Valmy et de Jemmapes. Il espérait, sur la foi de quelques émigrés, que les Hollandais, en haine de leur stathouder rétabli naguère par la Prusse, le recevraient comme les Belges à bras ouverts, et que ces deux pays délivrés par lui des Jacobins serviraient ses projets contre la Montagne. Il eût joué alors le rôle de Monk pour la maison d'Orléans. Il envahit la Hollande (février 1793), et conquit Bréda et Gertruydenberg, pendant que ses lieutenants Valence et Miranda assiégeaient Maestricht et tenaient tête aux Autrichiens sur la Roër. Mais Cobourg passa la Meuse à la tête d'une nouvelle armée et battit nos troupes à Liege. La Convention rappela Dumouriez de l'armée du Nord à celle des Ardennes. Les Jacobins, furieux de ces revers, accusaient les Girondins et les généraux de s'entendre pour tra-

hir la république. Ils résolurent de frapper les Girondins au sein
même de la Convention dans la nuit du 10 mars. La Gironde
venait d'obtenir, en bravant la fureur de la Commune et des clubs,
qu'au tribunal révolutionnaire on adjoignît des jurés pris dans tous
les départements et nommés par la Convention. L'absence des Girondins avertis et la vigilance du ministre de la guerre Beurnonville, à la tête des volontaires de Brest, déjouèrent le complot. Dumouriez rallia nos troupes débandées après leurs premiers échecs
d'Aldenhoven et de Tongres, et battit les Autrichiens à Tirlemont ;
mais l'indiscipline des volontaires le fit battre à Nerwinde et à Lou-
vain (18-22 mars) et ses défaites rendirent la Belgique aux Autrichiens. Dumouriez, forcé de se replier sur la frontière française,
accusa de ses revers les députés de la Convention qui soulevaient
son armée, la ruinaient par leurs rapines, irritaient les Belges par
le pillage des églises, et lui imposaient de mauvais lieutenants.
Le nouveau Monk, moins discret que l'ancien, ne cachait plus ses
projets. Mandé à la barre de l'Assemblée, il refusa d'obéir. Il
avait prévu le cas, et traité avec le colonel Mack et les Autrichiens. Il devait leur livrer Condé et marcher sur Paris. Mais l'armée lui manqua, trop républicaine pour l'aider à relever la monarchie, et trop patriote pour s'entendre avec les étrangers contre
la Convention. Dumouriez ne se borna pas comme Lafayette à quitter son armée. Il fit saisir et livrer aux Autrichiens comme otages
les quatre commissaires et le ministre de la guerre qui venaient
l'arrêter (Camus, Quinette, Lamarque, Bancal et Béurnonville).
Abandonné et menacé par ses troupes, il se livra lui-même aux
Autrichiens avec son état-major, le général Valence, le duc de
Chartres et quinze cents soldats (5 avril 1793). La Convention
déclara Dumouriez traître à la patrie, mit sa tête à prix, et pros-
crivit tous les Bourbons. Philippe d'Orléans et sa famille furent
transférés à Marseille.

Après le supplice de Louis XVI, la Convention avait pris possession du pouvoir exécutif et législatif, et distribué les travaux entre
divers comités. *Le comité de salut public* (6 avril) demandé par
Danton, d'abord composé de neuf membres, chargé dans le principe de la guerre et des affaires étrangères, concentra bientôt dans
ses mains tous les pouvoirs et régna par la terreur sur la république et sur la Convention. Dans ce comité siégèrent presque

sans interruption, avant et après sa réorganisation (13 août), Robespierre, Barère, Billaud-Varennes, Collot-d'Herbois, Carnot, Prieur de la Marne et Prieur de la Côte-d'Or, Robert Lindet, Couthon, Saint-Just et Jean-Bon-Saint-André. Robespierre était leur chef par le droit que lui donnaient son autorité sur les masses, son fanatisme républicain, sa profonde énergie, décidée à tous les sacrifices que demandait la fureur du peuple ou la grandeur du péril. Il affirmait que le peuple n'a jamais tort. Sa figure, son caractère, sa puissance, inspirant plutôt l'effroi que le mépris, sont la plus fidèle expression de cette monstrueuse époque. « Il joignait de la métaphysique obscure à des déclamations communes pour se faire de l'éloquence. » Lui-même se croyait le bon génie de la république, et bien des gens étaient convaincus qu'une fois le péril passé, il abdiquerait en faveur de la modération et de la justice. Il se plaignait souvent de son état maladif qui l'éloignait des affaires publiques, mais retrouvait toute son énergie pour accuser et condamner. Il avait partagé d'abord le pouvoir avec Danton, puis l'avait supplanté, et s'appuya sur Collot-d'Herbois, Billaud-Varennes et Barère, ensuite sur Couthon et Saint-Just. Ce triumvirat gouverna bientôt le comité comme la Convention. Saint-Just *l'apocalyptique*, à peine âgé de vingt-cinq ans, infatigable dans les comités, intrépide aux armées, exécutant les mesures de salut public aussi vite qu'il les avait rédigées, fut l'homme d'action du comité, le plus fougueux admirateur de Robespierre et l'agent le plus dévoué de sa dictature. Leur principal instrument de tyrannie était le tribunal révolutionnaire en permanence, avec cinq juges et douze jurés bien choisis, et l'accusateur public Fouquier-Tinville. D'après un décret du 8 avril, il jugeait les membres même de la Convention, et ne rendait que des arrêts de mort, sans appel et sans grâce.

Marat, le second président au club des Jacobins après Robespierre, continuait d'exciter les peuples contre les rois et la populace contre les classes éclairées. Mais il était déjà dépassé par Hébert, qui dans son journal infâme (*le Père Duchesne*) parlait le langage du peuple afin de mieux le corrompre. La Commune, avec le maire Pache et le syndic Chaumette, suivait l'inspiration de ces deux hommes. La force armée, c'était la garde nationale commandée par Henriot, tour à tour laquais, contrebandier, espion de police; ce n'était plus qu'une troupe de sans-culottes. Des deux armées révolutionnaires levées à Paris, l'une devait contenir les aristocrates, et l'autre marcher sur la Vendée. Les émeutes étaient réglées dans les comités des sections, composés de douze hommes, auxquels s'adressaient Marat, Danton et Camille Desmoulins pour imposer leurs ordres à la Convention. Environ vingt mille comités, établis sur le même pied dans les provinces, assuraient le pouvoir aux basses classes. Les provinces eurent aussi leurs armées révolutionnaires, qui promenèrent la guillotine. Les riches et les marchands étaient partout menacés du pillage. A Paris les femmes des faubourgs pillaient les boulangers. Le comité de salut public y pourvut par le *maximum* qui fixait le prix des denrées de première nécessité et de la journée de travail.

On comprend que les Girondins, les *Brissotins*, eussent conçu le projet d'échapper par le fédéralisme à la tyrannie qui s'organisait à Paris. Brillants de courage et de talent, ils comprirent trop tard qu'ils avaient contre eux tout le parti de l'envie et de la médiocrité, une foule énorme de révolutionnaires qui souillaient la révolution. Les Jacobins ne pardonnaient pas à leurs rivaux cet appel aux provinces. Ils savaient qu'au moment même où les Girondins menaçaient Paris de ruine, en cas d'attentat contre la Convention, Bordeaux, Marseille et Lyon parlaient de marcher sur Paris pour sauver leur députés. Et les Montagnards étaient résolus à *septembriser* les Girondins, bien convaincus que par là seulement la révolution aurait toute sa force.

Dès que la défection de Dumouriez et l'arrestation de Philippe-Égalité eurent détruit ce qu'on appelait le parti d'Orléans, la Montagne attaqua les Girondins. Robespierre proposa de traduire devant le tribunal révolutionnaire ces complices de Dumouriez. L'éloquence des accusés ayant détourné ce premier coup, Marat les accusa devant le peuple. Les Girondins traînèrent Marat devant le tribunal révolutionnaire. Mais Marat fut absous avec honneur et ramené en triomphe dans l'Assemblée (24 avril). Au nom de trente-cinq sections sur quarante, Pache demanda l'expulsion des principaux Girondins. Alors les émeutes se succédèrent. Les sans-culottes et les tricoteuses envahirent les tribunes. Guadet proposa de casser les autorités de Paris, la Convention n'étant plus libre, et de réunir les suppléants à Bourges. Les Girondins avec l'appui de Barère, chef de la Plaine, qui voulait tenir la balance entre les deux partis, n'obtinrent que la nomination d'une commission de douze membres pour rechercher les auteurs des complots (18 mai). Les douze firent saisir Hébert et quelques autres démagogues. Dès le lendemain la foule obtint leur élargissement et la cassation des douze, mais la droite fit rapporter le décret comme arraché par la violence. Par l'organe de son président Isnard, la Convention avait osé dire à la Commune que, si la représentation nationale était violée, Paris serait rayé de la liste des cités. A cette menace qui rappelait trop fidèlement celle de Brunswick, on répliqua par l'émeute. Hébert couronné à la tribune, la Commune et les Jacobins eurent bien vite préparé *l'insurrection toute morale* du 31 mai. Ce jour-là, au son du tocsin, les députations de la Commune et des sections allèrent sommer la Convention d'abolir la commission des douze. La commission fut cassée et le peuple se dispersa. Le lendemain Marat, jugeant cette concession insuffisante et sa victoire incomplète, alla sommer la Commune de demander à l'Assemblée la punition de vingt-deux Girondins. Dans la nuit du 1er au 2 juin, le tocsin et le tambour rappelèrent le peuple aux armes. Henriot entoura la Convention de quatre-vingt mille hommes. Le comité de salut public proposait aux Girondins de se suspendre pour apaiser les troubles ; Lanjuinais et la majorité s'y refusèrent. La Convention entière, n'étant plus libre, se leva avec son président Hérault de Séchelles. Repoussée à toutes les portes et menacée par Henriot, elle vota enfin, sur la proposition de Couthon et sur la liste dressée par Marat, l'expulsion et l'arrestation de vingt-neuf députés girondins : Brissot, Vergniaud, Pétion, Gensonné, Guadet, Salles, Barbaroux, Buzot, Rabaud-Saint-Étienne, Grangeneuve, Lanjuinais, Lasource, Valazé, Louvet, Kervélégan, Vigée, Mollevaut, Larivière, etc., avec les deux ministres Clavière et Lebrun. La moitié de l'Assemblée n'avait point pris part au vote et soixante-treize députés protestèrent contre la violence faite à la Convention. On arrêta le même jour Mme Roland. Danton, qui offrait son alliance aux Girondins et qu'ils méprisaient pour les crimes de septembre, ne fut pas au dernier moment le moins acharné à les perdre, et ce fut leur dernière grandeur d'avoir préféré la mort à la protection de Danton. Les Girondins eux-mêmes avaient préparé cette tyrannie de la multitude qui les frappait. Leur plus grand tort fut d'avoir cru le peuple aussi digne qu'eux-mêmes de la liberté républicaine. On a pu dire, avec une juste sévérité, que leur mort fut comme leur vie même un malheur public.

III. Insurrection des départements contre Paris. — Assassinat de Marat (13 juillet 1793). — Soumission de Marseille (Août) — Guerre de Vendée (Mars 1793-Mars 1794). — Prise de Lyon et de Toulon (oct.-déc. 1793).

Robespierre et les Montagnards n'avaient triomphé qu'à Paris; les partisans des Girondins étaient plus nombreux dans les provinces et s'armèrent pour les venger. Au moment où la défaite et la mort de Dampierre, successeur de Dumouriez, découvraient notre frontière du Nord, quand la prise de Valenciennes et de Condé rejetait notre armée derrière la Scarpe, quand sur le Rhin Mayence capitulait, quand Pitt enfin déclarait tous nos ports en état de blocus, soixante départements étaient soulevés contre Paris.

Les Girondins échappés des mains des Montagnards et réfugiés à Caen, Pétion, Buzot, Guadet, Barbaroux, Salles, Louvet, en firent le chef-lieu de l'insurrection pour douze départements de l'Ouest, et dirigèrent sur Évreux les troupes insurgées. Wimpfen, le vaillant défenseur de Thionville, s'offrit pour les mener sur Paris. Une jeune fille de Caen, Charlotte Corday, enflammée par les discours et les périls des Girondins, les devança et poignarda Marat dans son bain (13 juillet). Elle était fière d'avoir ainsi tué un homme pour en sauver cent mille, et porta bravement sa tête sur l'échafaud, ne regrettant pas même un sacrifice qu'elle voyait inutile. La Convention décréta, sur la motion du peintre David, que les restes de Marat seraient portés au Panthéon. L'armée d'Évreux, conduite par Wimpfen et Puisaye, deux royalistes, eut moins de bravoure que Charlotte Corday. A la vue des quatre ou cinq mille hommes rassemblés à Vernon par la Convention, elle se débanda (14 juillet). Les commissaires de la Convention soumirent sans peine tout l'Ouest, Caen et Bordeaux.

Le soulèvement des grandes villes du sud-est, Lyon, Avignon, Nîmes, Aix, Arles, Marseille et Toulon, était plus dangereux pour les Montagnards. Les royalistes essayèrent partout de tourner à leur profit le mouvement girondin. Le drapeau blanc flottait sur les Cévennes comme en Vendée. Partout les citoyens s'armaient, proscrivaient les Jacobins, et parlaient d'opposer à la Convention un congrès des départements. Mais le défaut d'ensemble et d'énergie arrêta partout les progrès du soulèvement. Le dévouement d'un enfant de treize ans, Viala, qui se fit tuer en coupant un pont de bateaux sur la Durance, empêcha la jonction des insurgés de Marseille à ceux de Lyon. Le 25 août, après une défaite de ses milices, Marseille ouvrait ses portes au général Carteaux. Le châtiment fut terrible. L'assassinat de Marat par Charlotte Corday qui avait cru tuer la terreur, la rendait plus implacable. Toulon, craignant le même sort que Marseille, appela les Anglais et les Espagnols, les amiraux Hood et Langara, et reconnut Louis XVII. Le premier port de la république, avec d'immenses provisions, dix-sept vaisseaux de ligne et cinq frégates, était livré sans coup férir à nos ennemis (28 août). Toute la France en trembla. Paoli offrait encore aux Anglais de leur livrer la Corse.

En même temps que les grandes villes, il fallut vaincre un peuple entier, les Vendéens. Après quelques troubles partiels, le recrutement des 300,000 hommes avait soulevé d'abord dans le canton de Saint-Florent (10 mars 1793) cette population sans villes importantes [1] et sans classes moyennes, dont les nobles et les prêtres, nombreux et forts, n'avaient pas songé à fuir. Seigneurs, prêtres et paysans du *Bocage*, du *Marais* et de la *Plaine*, dans leur pays couvert de bois, coupé de haies touffues et de larges fossés, et favorable à la guerre de partisans, s'entendirent contre une révolution qui blessait leurs intérêts, leurs croyances et leurs habitudes. L'abolition des droits de la noblesse offensait le paysan et le prêtre autant que le gentilhomme; les attaques contre le clergé irritaient le noble et le paysan autant que le prêtre. Ils étaient bien trop simples pour distinguer entre les principes de cette révolution et les crimes de ses indignes défenseurs, trop ignorants des affaires de l'Europe pour s'intéresser aux dangers de la France. On continuait de payer les droits féodaux, après la nuit du 4 août, à ces seigneurs qui n'avaient pas vendu ou quitté leurs terres pour aller vivre à Paris.

---

1. Fontenay, la plus grande ville de la région, n'avait pas plus de 7,000 âmes.

Les Vendéens eurent pour premiers chefs le voiturier Cathelineau, l'officier de marine Charette, Stofflet le garde-chasse, auxquels se joignirent bientôt les chefs nobles, Bonchamp, Lescure, La Roche-jaquelein, d'Elbée, le prince de Talmont, le marquis d'Autichamp. D'abord vainqueurs des armées commandées par Santerre et autres Jacobins, les Vendéens formèrent trois corps de dix à douze mille hommes : *armée d'Anjou* sous Bonchamp, *grande armée* du centre sous d'Elbée, et *armée du Marais*, dans la basse Vendée, sous Charette. Cathelineau, le *saint de l'Anjou*, était le généralissime. Vainqueurs de Quétineau aux Aubiers (14 avril) et maîtres de leur pays et de leurs villes, Cholet, Vihiers, Bressuire, Thouars, Parthenay et Fontenay, ils allèrent prendre sur la Loire Saumur et Angers (9 et 27 juin), d'où ils menaçaient à la fois Nantes, Tours et la Rochelle. Mais ils perdirent Cathelineau au siège de Nantes (29 juin) et furent chassés de Saumur. L'incendie des villes, des villages et des fermes, la dévastation des campagnes ordonnée par la Convention et régularisée par un décret du 1er août, « avec tous les égards dus à l'humanité, » n'abattirent point leur courage. On le vit bien aux furieuses et longues batailles de Châtillon et de Vihiers, où ils triomphèrent de Westermann et de sa légion germanique et des troupes de Santerre (5 et 18 juillet). Leur déroute à Luçon (14 août) par le général Tuncq, bientôt disgracié, n'était qu'une faible compensation aux revers de la république.

Lorsqu'aux bandes révolutionnaires de Westermann, de Quétineau, de Ronsin et de Rossignol, vinrent se joindre les troupes régulières conduites par d'habiles généraux, la guerre changea de face. A l'*armée des côtes de Brest*, commandée par Canclaux, on transporta en poste, sous la conduite d'Aubert-Dubayet et de Kléber, la garnison de Mayence obligée par serment à ne point servir pendant un an contre la coalition. Vainement les Vendéens supérieurs en nombre vainquirent les colonnes isolées des *bleus*, Marceau à Chantonnay (5 septembre), Santerre à Coron (18 septembre) et Kléber lui-même à Torfou (19 septembre). L'ineptie et la lâcheté de Léchelle [1], nommé général en chef pour son *patriotisme*, ne les sauvèrent point. Sous Kléber, investi du comman-

____

1. *Mém. de Kléber pour les guerres de Vendée*, II, 173, 263, 374.

dement de fait par le bon sens des commissaires de la Convention, quatre colonnes parties de Nantes, de Saumur, de Fontenay et de Luçon, se joignirent pour écraser les Vendéens à la grande bataille de Cholet (17 octobre). Bonchamp, blessé à mort, expira le lendemain, après avoir arraché au supplice quatre mille prisonniers républicains que ses soldats allaient massacrer. Lescure avait reçu le coup mortel au combat de la Tremblaye (12 octobre). Le héros de la guerre de Vendée, Henri de La Rochejaquelein, âgé de vingt et un ans, vainqueur aux Aubiers avant la prise de Saumur et d'Angers, et qui passait pour avoir à ce moment-là sauvé l'armée vendéenne à Tiffauges, rallia les vaincus à Beaupréau et fut nommé généralissime.

La Convention, sur la motion de Barère, avait décrété la ruine de la Vendée. « Détruisez la Vendée, disait Barère, et vous triompherez de l'Europe. » Quatre-vingt mille Vendéens, soldats, vieillards, femmes et enfants, chassés de leur pays après la bataille de Cholet et acculés à la Loire, passèrent le fleuve en désordre, à Varades (18 octobre), espérant soulever la Bretagne, et par le Bocage de Normandie, atteindre Granville et les Anglais qui les appelaient. Vainqueurs de Léchelle à Entrames, entre Château-Gontier et Laval (25 octobre), ils furent repoussés de Granville (13 novembre), et revinrent sur Angers pour rentrer dans leur pays. Dans leur retraite confuse ils battirent trois fois Rossignol, successeur de Léchelle, à Pontorson, à Dol et à Antrain (20-22 novembre). Mais Westermann et Kléber les rejetèrent sur la Flèche et sur le Mans, où Marceau en fit un affreux carnage (12 décembre). Leur dernière défaite à Savenay par la cavalerie de Wersemann (23 décembre), la prise de Noirmoutiers par Haxo sur Charette, la mort de d'Elbée qui y fut pris et fusillé (5 janvier 1794), et la mort de La Rochejaquelein tué dans une escarmouche à Nouaillé (4 mars), soumirent le pays à la Convention. Le comité de salut public entoura la Vendée de seize camps retranchés, et les douze *colonnes infernales* du général Turreau y portèrent dans tous les sens la ruine et la terreur. Grand sujet de douleur pour Marceau, le jeune héros de Cholet et du Mans, et pour les généraux Kléber et Haxo que leur pitié généreuse faisait taxer de royalisme. Les prisonniers fédéralistes de la Vendée, de la Normandie et de la Bretagne étaient conduits par bandes à Nantes, où Carrier les faisait mitrailler, sabrer ou noyer dans la Loire (noyades ou mariages républicains). Mais la Vendée ne fut pas encore domptée. Le courage opiniâtre de Charette et de Stofflet, deux chefs qui se détestaient, y continua la guerre, et les débris des vaincus de Savenay commencèrent la *chouannerie* en Bretagne avec Bourmont, Cadoudal et Puisaye.

A Lyon, les bourgeois menacés du pillage par l'ancien prêtre Chalier, président du club des Jacobins, qui s'appelait volontiers le Marat du Midi, l'avaient mis en jugement et décapité. Leur armée de vingt mille hommes, commandée par deux royalistes, Précy et Virieux, comptait sur le roi de Sardaigne. On envoya contre eux le conventionnel Dubois-Crancé, officier du génie, Kellermann de l'armée des Alpes, et trois corps d'armée, recrutés dans les provinces voisines. Après avoir résisté soixante-dix jours, Lyon se rendit (9 octobre). Précy essaya de gagner la frontière avec trois mille hommes ; Virieux se fit tuer avec presque tous les siens. Lyon, à moitié détruit par le siège, fut livré au pillage, et ses habitants mitraillés au nombre de deux mille. Ainsi l'ordonnaient Fouché, Couthon et Collot-d'Herbois, qui se vengeait, dit-on, d'avoir été sifflé à Lyon. La ville devait, sur la motion de Barère, perdre son nom et s'appeler *Commune affranchie*.

Il importait surtout de reprendre Toulon, qui n'était bloqué depuis deux mois que par sept ou huit mille hommes. Carteaux, le vainqueur de Marseille, et une partie de l'armée de Lyon ou des Alpes assiégèrent Toulon, sous la conduite du brave Dugommier. La prise du fort de l'Eguillette, qui commande la rade et que les Anglais appelaient leur *petit Gibraltar*, par les conseils ou par la vigueur d'un jeune commandant d'artillerie, Napoléon Bonaparte, força les ennemis d'évacuer la place (19 décembre). Les Anglais et les Espagnols, en se retirant, incendièrent les vaisseaux, les chantiers et l'arsenal, perte énorme pour la France. Barras et Fréron mitraillèrent ceux que les Anglais n'avaient pu emmener, et comme à Lyon, distribuèrent les biens des riches aux sans-culottes. Bonaparte, signalé par Dugommier dans son rapport à la Convention, alla commander l'artillerie de l'armée d'Italie.

En même temps Tallien châtiait Bordeaux, où s'étaient réfugiés quelques Girondins, Barbaroux, Pétion, etc., et dans le nord

Lebon promenait la guillotine autour d'Arras. Le comité de salut public avait levé dans Paris une armée de six mille hommes pour assurer partout l'exécution de ses arrêts, et distribué dans les départements cent quarante-trois tribunaux révolutionnaires. Ainsi la Convention triomphait de ses ennemis intérieurs, pendant qu'au dehors elle bravait déjà la coalition.

IV. Guerre contre la coalition. — Perte de Mayence; invasion de la France (juillet 1793). — Tactique de Carnot. — Victoires d'Hondschoote (8 septembre), de Wattignies (16 octobre), de Geisberg (26 décembre). — Victoire de Fleurus (26 juin 1794); conquête de la Belgique.

Au milieu de cette guerre furieuse, la Convention, menacée en même temps sur toutes ses frontières, avait suspendu la constitution ultra-démocratique de l'an Ier acceptée par les départements, et déclaré maintenir jusqu'à la paix le gouvernement révolutionnaire. Aux termes de cette constitution de l'an Ier rédigée par Hérault de Séchelles et votée dès le 24 juin, après la chute des Girondins, l'Assemblée législative, annuelle et permanente, renouvelée tous les ans par les électeurs primaires de canton réunis sans convocation au 1er mai, choisissait sur leurs listes et chargeait du pouvoir exécutif un conseil de vingt-quatre membres qui se renouvelait par moitié tous les ans. Un plébiscite ou l'appel au peuple ratifiait les lois votées par l'Assemblée. On déterminait les cas où l'insurrection était un droit sacré et un devoir. Il était dit que la société devait procurer du travail ou des secours à tous ses membres. La Convention, ajournant cette constitution impraticable, avait réorganisé le comité de salut public, décrété la levée en masse (25 août 1793) et voté la fameuse *loi des suspects* (17 septembre). Le péril extrême doublait sa force en justifiant son monstrueux régime de *Terreur*. On crut qu'il fallait pour sauver le pays cette énergie convulsive. On jetait 300,000 suspects dans les prisons, mais on armait 1,200,000 hommes. La peur de l'échafaud remplissait les armées, qui devenaient le plus sûr asile contre la révolution. Les chimistes fournissaient la poudre, l'acier, les canons.

Dans l'été de l'année 1793, presque toute l'Europe se ruait sur nos frontières. Les flottes anglaises attaquaient nos colonies et bloquaient nos ports. Les Hollandais, les Autrichiens et les Anglais envahissaient la Flandre. Les armées de l'empire, de la Prusse et de l'Autriche passaient le Rhin. Les coalisés eurent d'abord l'avantage, à la fin de la trève conclue par Dumouriez. Son successeur, le brave Dampierre, à peine sorti du camp retranché de Famars pour débloquer Condé, trouva la mort sur le champ de bataille (9 mai). Custine, qui vint le remplacer après ses revers sur le Rhin, laissa prendre Condé, Valenciennes et le Quesnoy. Kilmaine, qui remplaça Custine, ne put tenir sur l'Escaut au camp de César, et retiré derrière la Scarpe, laissait la route de Paris ouverte aux alliés. Sur le haut Rhin les Prussiens avaient repris Mayence (21 juillet), quoique défendue héroïquement par Aubert-Dubayet, Kléber et Merlin de Thionville; ils avaient investi Landau et battu Moreaux à Pirmasens (14 septembre). Les Autrichiens et les émigrés avaient forcé les fameuses lignes de Vauban à Wissembourg (13 octobre), et s'avançaient jusqu'aux portes de Strasbourg, où ils avaient des intelligences dans la bourgeoisie soulevée par les extravagances révolutionnaires du capucin défroqué Euloge Schneider, le Marat de l'Est, tandis que la conquête de la Flandre et l'invasion de l'Alsace ouvraient la France aux ennemis. Au midi, les Piémontais avaient repris la Savoie et nous menaçaient dans leur position formidable de Saorgio, au col de Tende; les Espagnols et les Portugais, franchissant les Pyrénées, poursuivaient nos armées vaincues jusqu'aux portes de Perpignan et de Bayonne. La France était envahie ou vaincue à toutes ses frontières par cette redoutable coalition qu'elle-même avait provoquée.

Mais la division et l'égoïsme des confédérés, l'ignorance et la présomption de leurs généraux, sauvèrent la France. Elle sut résister à tant d'ennemis par un nouveau système de guerre qui la rendit formidable à toute l'Europe. La Convention imposa la victoire à ses généraux. Beauharnais, qui n'avait pu sauver Mayence assiégée par Kalkreuth, Custine et son fils périrent sur l'échafaud. Carnot, chargé de la guerre au comité de salut public, *organisa la victoire*. Si toute la nation ne prit point part à la guerre par la levée en masse, comme l'avait demandé Barère, au moins tous

les hommes de dix-huit à vingt-cinq ans formèrent l'armée active.
La République se donna quatorze armées, qui trouvèrent dans
leurs rangs les plus grands généraux du siècle. D'autres mesures
extrêmes, la terreur commerciale ou le *maximum* sur les denrées
de première nécessité, la terreur financière ou l'emprunt forcé
d'un milliard, et la création du Grand-Livre où s'inscrivaient
toutes les créances de l'État changées en rentes perpétuelles, sont
de la même époque. On menaçait de mort quiconque refuserait de
pourvoir aux besoins des armées. La nation ne sentait plus la
tyrannie de ses chefs en face d'ennemis qui se partageaient pour
la seconde fois la Pologne et menaçaient de la démembrer elle-
même. Que pouvaient les soldats mercenaires de la coalition contre ces légions de volontaires enthousiastes, que le bon exemple
des vieilles troupes de ligne avaient ramenés à la discipline? Les
soldats des cercles et des petits États allemands, méprisés par les
armées plus solides et plus régulières de la Prusse et de l'Autri-
triche, leur rendaient haine pour mépris, et ne s'affligeaient guère
de leurs défaites. Pendant les trois mois que donnèrent les vieux
tacticiens de la Prusse et de l'Autriche aux sièges de Condé, de
Valenciennes et de Mayence, nos jeunes généraux eurent le temps
d'apprendre de Carnot à les dérouter par nos grandes masses,
qui frappaient des coups rapides et brisaient le cordon de leurs
armées disséminées. Avec Carnot, Grimoard et Dubois-Crancé
enseignèrent la nouvelle tactique, ou les moyens de suppléer à
l'art par le nombre; et Carnot fut merveilleusement secondé dans
l'administration des armées par Prieur de la Côte-d'Or et Robert
Lindet.

Les Anglais ne s'entendirent pas avec les Autrichiens, qui convoitaient nos places de l'Escaut et leur proposaient le siège de
Lille. Ils se séparèrent d'eux pour attaquer Dunkerque, défendu
par Hoche. Houchard sauva la ville par les victoires de Hondschoote et de Menin (8-18 septembre), mais périt sur l'échafaud pour
n'avoir pas soutenu à Tournay son premier succès. Une terreur
panique repoussa son armée en désordre sous les murs de Lille.
Jourdan et Carnot, défendant Maubeuge, battirent Cobourg à
Wattignies (16 octobre). On vit là Carnot, dans un moment de
crise, saisir un drapeau et conduire nos bataillons à l'ennemi. Un
de nos corps d'armée alla jusqu'à Aix-la-Chapelle coiffer du bon-

net rouge la statue de Charlemagne. Sur le Rhin les Prussiens et les Autrichiens, commandés par Brunswick et Wurmser, ne s'entendirent pas mieux pour la conquête de l'Alsace. On leur opposa deux généraux diversement célèbres : Pichegru, instruit dans les mathématiques par les Franciscains d'Arbois, répétiteur de Bonaparte à Brienne, sergent d'artillerie en 1789, et que Robespierre avait distingué pour sa haine contre les émigrés ; Hoche, élevé plus grossièrement, ancien soldat des gardes françaises, et qui s'était signalé à la défense de Dunkerque. Hoche, avec l'armée de la Moselle, vaincu d'abord à Kaiserslautern dans une action qui dura trois jours (28-30 novembre), mais rejoint par Pichegru et l'armée du Rhin, sut bientôt réparer sa défaite. Le mot d'ordre de la Convention apporté par Saint-Just et Lebas était : *Landau ou la mort*. Hoche reprit les lignes de Wissembourg à l'affaire de Geisberg (26 décembre), rejeta les Prussiens sur Mayence, et chassa de la rive gauche les Autrichiens, qui s'étaient trop étendus en Alsace. Landau était sauvé et les Français prirent leurs quartiers d'hiver dans le Palatinat. Avec la prise de Toulon et la défaite des Vendéens, c'était le digne couronnement de l'année 1793. Nous n'étions vaincus qu'aux Pyrénées, où Ricardos, après ses victoires de Céret et de Collioure sur Dugommier, restait maître de la ligne du Tech. Seuls entre tous nos ennemis, les Espagnols prenaient leurs quartiers d'hiver sur le territoire français. Le 30 décembre, les députations des quatorze armées entrèrent dans Paris sur quatorze chars de triomphe. Hoche ne figura point parmi les vainqueurs ; il était mis en prison et destiné à l'échafaud pour n'avoir pas d'avance communiqué ses plans à Saint-Just.

Après avoir ainsi terminé l'année 1793, la France se crut sauvée. Le fameux duc de Brunswick donnait sa démission. Le roi de Prusse, épuisé d'hommes et d'argent, menaçait d'abandonner la coalition malgré les subsides de la Hollande et de l'Angleterre, et ne consentait qu'avec peine à fournir pour l'année 1794 au delà de son contingent légal de 20,000 hommes. L'empereur François vint faire une *joyeuse entrée* à Bruxelles et visiter ses troupes. Aux 160,000 hommes qui menaçaient notre frontière entre la Sambre et la mer, notre armée du Nord sous Pichegru opposait 150,000 hommes. Le plan de Cobourg, déjà maître de Condé, de Valenciennes et du Quesnoy, était de prendre encore Landrecies, et de tenter l'invasion de la France par la vallée de l'Oise.

Les alliés ouvrirent la campagne de 1794 par deux succès, une victoire à Troisvilles et la prise de Landrecies (26-30 avril). Mais bientôt l'armée du Nord, sous Pichegru, Moreau, Souham et Macdonald, reconquit la Flandre par une série de victoires qu'il suffit de nommer, Mouscron, Courtray, Tourcoing, Tournay, Hooglède, la prise d'Ypres (avril-juin 1794). L'armée de Sambre, moins heureuse, malgré la présence et l'énergie de Saint-Just et de Lebas, avait cinq fois tenté de franchir la Sambre pour investir Charleroi, et subi chaque fois de grandes pertes. Jourdan vint la rejoindre avec l'armée de la Moselle. A la tête de cette armée de Sambre-et-Meuse forte de 90,000 hommes, il échoua d'abord dans la même entreprise. Le septième passage enfin nous réussit; Charleroi dut se rendre après un siège vivement conduit par Marescot, le Vauban de la république. Cobourg arrivait trop tard avec 100,000 hommes pour sauver la ville. Jourdan, bien secondé par ses lieutenants Kléber, Championnet, Lefebvre, Marceau, le colonel Soult, gagna la bataille de Fleurus qui nous rendit la Belgique (26 juin). Les sciences aussi prenaient l'élan révolutionnaire; le ballon dirigé par Guyton de Morveau nous servait à gagner la bataille, et le télégraphe à l'annoncer : autres conquêtes de l'esprit nouveau sur le passé. Après les combats du Mont-Saint-Jean et de Sombref, Pichegru et Moreau firent leur entrée à Bruxelles le 9 juillet. Les Anglo-Bataves, séparés des Autrichiens, ne songeaient plus qu'à couvrir la Hollande. Pichegru poussa les Anglais jusqu'à Bréda et s'empara d'Anvers (24 juillet). Moreau, chassant les Autrichiens au delà de la Meuse, occupait Namur, Huy et Liège. Carnot arrêta nos généraux sur leurs fortes positions entre Anvers et Liège, jusqu'à la reprise des quatre villes encore occupées par l'ennemi, Valenciennes, Condé, le Quesnoy et Landrecies, investies par Scherer, et de Nieuport et de l'Écluse assiégées par Moreau[1]. Après la reddition de ces places[2] et la chute de Robespierre, les armées du Nord et de Sambre-et-Meuse reprirent leur course pour la campagne d'automne.

1. Le jour même où Moreau prenait l'Écluse, son père était guillotiné.
2. Le premier télégramme, annonçant la reprise de Condé, fut lu par Carnot à la tribune.

CHAPITRE V

LA CONVENTION EN 1794 ET 1795. — TRAITÉS DE BALE

SOMMAIRE.

1. — Pendant une année entière (juillet 1793-juillet 1794) la France subit le régime de la Terreur et la tyrannie du Comité de salut public, dont *la loi des suspects* (17 septembre) est le principal instrument. Les triumvirs Robespierre, Couthon et Saint-Just frappent d'abord Marie-Antoinette et les Girondins (octobre), puis les Hébertistes qui déshonorent la Révolution par l'anarchie et l'athéisme, et les Dantonistes ou indulgents qui veulent la modérer (24 mars-5 avril 1794).

2. — La loi du 22 prairial (10 juin) renforce encore la loi des suspects. L'excès de la tyrannie et l'orgueil de Robespierre (fête de l'Être suprême) soulèvent jusqu'aux Montagnards de la Convention et des comités qui craignent pour eux-mêmes. Le parti de Robespierre, vaincu dans la Convention, essaie en vain d'armer contre elle le peuple et la Commune. Le supplice de son chef met fin à la Terreur (9 thermidor, 27 juillet 1794). Les thermidoriens, plus forts que les terroristes qui voudraient succéder à Robespierre, brisent le pouvoir révolutionnaire des comités. La société française proteste à son tour contre le fanatisme brutal des terroristes, et la *jeunesse dorée* ferme le club des Jacobins. La Convention triomphe deux fois du peuple soulevé par le procès et par la condamnation des terroristes (12 germinal, 1er prairial), et désarme les faubourgs.

3. — Au dehors la victoire de Fleurus (26 juin 1794) a préparé à Pichegru la conquête de la Hollande, qui s'affranchit du stathouder et proclame la République batave (20 janvier 1795). Les Autrichiens et les Prussiens sont chassés de la rive gauche du Rhin (octobre 1794), les Piémontais vaincus à Saorgio (avril), les Espagnols au Boulou et à Escola (mai-novembre), et dans l'ouest à Vittoria (juillet 1795). Cependant l'Angleterre, victorieuse sur mer, s'empare de nos colonies. La première coalition est démembrée par la paix de Bâle avec la Prusse qui abandonne à la France ses États de la rive gauche du Rhin (5 avril 1795), et par les traités avec la Hollande et l'Espagne (19 mai, 25 juillet).

4. — Les royalistes veulent tourner à leur profit la réaction thermidorienne et organisent dans le Midi la *Terreur blanche*. Le désastre des émigrés à Quiberon porte le dernier coup aux Vendéens (20 juillet 1795). Mais les décrets de la Convention au sujet de la Constitution de l'an III et les atteintes portées à la liberté des élections font éclater à Paris même le soulèvement royaliste du 13 vendémiaire (5 octobre), réprimé par Bonaparte. La Convention

installe le Directoire et annonce par une amnistie l'ère du gouvernement légal (26 octobre 1795). Au milieu de ses guerres au dedans et au dehors, la Convention a doté la France de grandes institutions, École normale, École polytechnique, Écoles centrales, Institut, Muséum, Conservatoire des Arts et Métiers, Bureau des Longitudes, Système métrique, Grand-Livre de la dette publique, etc.

I. La Terreur (juillet 1793-juillet 1794). — Exécution des Hébertistes et des Dantonistes (24 mars-5 avril 1794).

Depuis la chute de la Gironde jusqu'à la révolution de thermidor, depuis le 2 juin 1793 jusqu'au mois de juillet 1794, c'est-à-dire pendant quatorze mois, la France eut à subir l'affreuse tyrannie du comité de salut public et des triumvirs. Dans ce comité, Carnot, Barère, Billaud-Varennes, Collot-d'Herbois, Prieur, Lindet, Jean-Bon-Saint-André, étaient les *gens d'examen et d'exécution*, souvent chargés des missions les plus importantes ; Robespierre, Couthon et Saint-Just étaient les *gens de la haute main*, les théoriciens qui gouvernaient la Convention. La constitution anarchique de l'an Ier, promulguée solennellement le 10 août, était suspendue par le gouvernement révolutionnaire. La *loi des suspects*, rédigée par Merlin de Douai (17 septembre), envoyait dans les prisons cinq mille habitants à Paris, cent mille dans les provinces. Tandis que Fouché, Collot-d'Herbois, Couthon, sévissaient à Lyon, Fréron et Barras à Toulon, Tallien à Bordeaux, Carrier à Nantes sous le patronage de Billaud-Varennes, avec sa *compagnie de Marat*, au centre les triumvirs frappaient Marie-Antoinette (16 octobre), dont l'agonie avait commencé dans la prison du Temple où son fils mourut après elle sous la discipline du cordonnier Simon ; vingt-et-un Girondins, Brissot, Vergniaud, Gensonné, etc., auxquels un décret de la Convention, sollicité par Robespierre, n'accorda que trois jours pour se défendre [1], et qui moururent tous avec plus de courage et de foi que Brutus, en

---

[1]. On devança contre les Girondins la loi du 22 prairial en supprimant toute procédure pour s'en rapporter à la conscience des jurés. Il fut dit dans la Convention : « Un tribunal extraordinaire suppose des formes, un tribunal révolutionnaire n'en doit point avoir. » *Rapport des vingt-un*, p. 20. L'antre de Fouquier-Tinville s'appela dès lors officiellement le *tribunal révolutionnaire*.

chantant la *Marseillaise* (31 octobre) ; le duc d'Orléans qui comptait sur le crédit de Danton ; Mme Roland, qui rédigea ses *Mémoires* dans sa prison ; le vénérable Bailly, coupable d'avoir déposé naguère en faveur de la reine et qui brava la mort comme autrefois l'émeute ; Manuel, Barnave, Duport-Dutertre, les généraux Luckner, Biron (Lauzun), Brunet, Houchard, la Dubarry, etc. Parmi les Girondins fugitifs, la main de Robespierre atteignit Salles, Guadet, Barbaroux, qui périrent sur l'échafaud. Pétion et Buzot se donnèrent la mort. Roland se tua en apprenant le supplice de sa femme. Condorcet, découvert près de Paris, s'empoisonna. On arrêta les soixante-treize membres de la droite qui avaient protesté contre l'attentat du 2 juin. Ce fut la triste inauguration de l'an II de la République. Un décret ordonna la destruction des sépultures royales de Saint-Denis.

Ainsi régnait le comité de salut public, en vertu d'un nouveau décret constitutif du gouvernement révolutionnaire (4 décembre 1793), au-dessus de la Convention et de ses autres comités. C'est alors que fut institué *le Bulletin des lois*. Mais cette affreuse tyrannie révolta les chefs des Cordeliers, Danton et Camille Desmoulins, jusque-là si puissants sur les masses. Le temps leur semblait venu, après avoir outré la révolution, d'affranchir la Convention de la Commune ou des Hébertistes, et la France entière de la Terreur. Danton, las des massacres et croyant qu'il était bon de s'arrêter à ceux de septembre, allait respirer en province avec sa seconde femme et sa fortune. Camille Desmoulins, resté à Paris, fondait son nouveau journal, *le Vieux Cordelier*, et traduisait contre les triumvirs et les Hébertistes les invectives de Tacite contre Tibère ; cinquante mille exemplaires en furent vendus en quelques jours. Les Jacobins se vengèrent. Ils accusèrent Danton et ses amis de rechercher le repos pour leur fortune et l'amnistie pour leurs rapines. Ils dirent que ces *indulgents*, Phélippeaux, Lacroix, Fabre d'Eglantine, etc., avaient réalisé des profits illicites dans la liquidation de la Compagnie des Indes. Les plus furieux contre les indulgents étaient ceux qu'on allait frapper avec eux, les exagérés ou les Hébertistes, qui dépassaient Marat. Ceux-là, les hommes de la Commune, auraient volontiers renversé la Convention pour la remplacer, et perpétué la Terreur en forme de gouvernement. Danton croyait que Robespierre et la majorité des conventionnels s'uniraient à lui contre ceux-là ; que les disciples de Voltaire et de Rousseau s'entendraient contre les fils bâtards de l'*Encyclopédie*. Danton savait que Robespierre n'avait pas appris sans indignation les massacres de Lyon et de Nantes, et qu'il n'avait pas consenti à la mise en jugement des soixante-treize. Il crut donc que Robespierre allait frapper les Hébertistes, et balayer avec lui cette écume de la révolution.

Hébert, Chaumette, Momoro, Cloots, professaient l'athéisme. Le peuple sera notre Dieu, disait Chaumette, il ne doit pas y en avoir d'autre. Non contents d'avoir remplacé l'ère chrétienne par celle du 22 septembre, les semaines, les dimanches et les fêtes par les décades et les sans-culottides, la fête des Rois par celle des Sans-Culottes, ils avaient dépouillé les églises, proscrivaient du même coup les sciences et les beaux-arts comme des complices de l'aristocratie, et faisaient décréter enfin le culte de la Raison. Mme Momoro était déesse de la Raison à Notre-Dame. L'évêque de Paris, Gobel, avec onze de ses vicaires, abjurait devant la Convention, et les prêtres de l'Assemblée, moins Grégoire, suivaient son exemple. La Convention suivit le cortège de la Raison, où les sans-culottes portaient les bustes de Marat et de Lepelletier (10 novembre 1793). Tout le matérialisme du baron d'Holbac passait dans la pratique. Le décret qui autorisait le divorce par consentement mutuel, assimilait les enfants naturels aux enfants légitimes. On parlait déjà du partage des terres, et la Convention s'en effraya jusqu'à rendre un décret de mort contre quiconque proposerait la *loi agraire*. La population républicaine des provinces n'apprenait qu'avec effroi et dégoût ces ignobles saturnales.

Robespierre, qui se piquait de vertu et qui n'avait jamais figuré dans certaines orgies, se scandalisa et fit proclamer la liberté des cultes. Bien que les pamphlets de Camille Desmoulins et de Phélippeaux eussent flétri ces excès et dévoilé la bassesse des Hébertistes, il résolut de frapper à la fois la Commune et les Cordeliers, l'excès et la modération. Il était las d'entendre vanter l'humanité de Danton et des autres héros de septembre, plus las encore de partager le pouvoir avec la Commune. Il entendait fixer la révolution en lui-même. Dès que Danton eut reparu dans la Convention, Saint-Just, dans un habile réquisitoire, dénonça tous les ennemis de la révolution sous trois titres, corrompus, ultra-

5.

révolutionnaires et modérés. A la suite de son rapport, dix-neuf anarchistes, Cloots, Hébert, Momoro, Ronsin et plusieurs membres de la Commune étaient traînés à l'échafaud (24 mars 1794), comme des traîtres et des conspirateurs ramenant le despotisme par l'anarchie. Billaud, Collot-d'Herbois, Barère et la majorité des deux comités avaient livré les athées de la Commune pour sauver ceux de la Convention, mais à condition qu'on leur sacrifiât les indulgents dont le modérantisme compromettait la République. Six jours après la mort des Hébertistes, les corrompus paraissaient devant le tribunal révolutionnaire avec leurs complices, Danton, Camille Desmoulins, Phélippeaux, Lacroix, Bazire. A ces cinq conventionnels on adjoignit Hérault de Séchelles, Westermann, si brave contre les Vendéens, Fabre d'Eglantine, Chabot, des étrangers et quelques fournisseurs. Legendre seul osa demander que la Convention entendît les accusés, et n'étant point soutenu, il fit amende honorable. Au tribunal Danton et Camille Desmoulins, au milieu des clameurs du peuple, insistaient pour être confrontés avec leurs accusateurs. La voix de Danton, entendue au dehors, retarda leur condamnation pendant les trois jours que duraient les débats, d'après la loi portée pour le jugement des Girondins. Pour la première fois les jurés, quoique solides et bien choisis, hésitaient. Alors la Convention les autorisa par un décret spécial à mettre hors des débats, c'est-à-dire à condamner sans les entendre, ces accusés qui soulevaient le peuple contre le gouvernement et insultaient la justice. La fatale charrette entraîna quinze victimes à l'échafaud (5 avril). Quelques jours après (13 avril), on y envoya les derniers Hébertistes, Chaumette, Gobel, les veuves d'Hébert et de Desmoulins.

« C'est à pareil jour, avait dit Danton entrant dans sa prison, que j'ai fait instituer le tribunal révolutionnaire ; j'en demande pardon à Dieu et aux hommes ; mon but était de prévenir un nouveau septembre. » Mais Robespierre, plus que jamais convaincu de sa mission, définissait la Terreur une *émanation de la vertu*, et vainqueur de tous les partis, se vantait de fonder sur leurs ruines ce qu'il appelait le règne de la justice et de la liberté. Le gouvernement fut pendant quelque mois plus régulier, sans être moins cruel. L'armée révolutionnaire était licenciée ; tous les clubs étaient fermés, sauf celui des Jacobins ; mais les nobles étaient plus rigoureusement poursuivis, et les supplices n'avaient jamais été plus nombreux qu'à cette époque où l'on disait que Robespierre allait mettre fin aux supplices; les prisons renfermaient plus de onze mille prisonniers. La loi défendait seulement d'exécuter plus de soixante personnes à la fois. On mettait la Terreur et toutes les vertus à l'ordre du jour. On votait dans la Convention des fêtes à la liberté, à la justice, au genre humain, et par un décret du 7 mai, le peuple français reconnaissait l'existence de l'*Etre Suprême* et l'immortalité de l'âme. Des illuminés et des dévots annonçaient déjà le nouveau messie. Mais du 10 mars au 10 juin 1794, on guillotinait 1,269 personnes à Paris; le 20 avril trente-et-un parlementaires; le 21 Malesherbes et sa femme; le 23 trente-trois *conspirants*, les constituants d'Epreménil, Chapelier et Thouret, et cinq jeunes filles de Verdun; le 28 trente-cinq nobles de haute lignée, d'Estaing, Villeroi, Latour-Dupin; le 8 mai vingt-sept fermiers-généraux, parmi eux Lavoisier, qui demanda vainement le temps d'achever sa dernière découverte; le 10 mai Mme Elisabeth, dont Robespierre n'osa pas refuser la tête à Billaud-Varennes. Il semblait qu'une moitié de la nation dût périr pour le bonheur de l'autre. Les juges appelaient ces exécutions sommaires et drues *des feux de file*. La mort ainsi prodiguée avait perdu son horreur, tant la vie était misérable. Les prisons renfermaient l'élite de la société, qui gardait, si près de l'échafaud, son élégance et son esprit. La conspiration des prisonniers était le grand chef d'accusation.

II. La loi du 22 prairial; la grande Terreur (10 juin-27 juillet 1794). — Le 9 thermidor; chute de Robespierre. — Réaction thermidorienne. — Fermeture des Jacobins. — Émeute du 1ᵉʳ prairial (10 mai 1795).

Il semblait que Robespierre eût résolu d'arrêter la révolution. Il demandait le rappel de Carrier, sauvait des prêtres et des nobles, et se plaignait tout haut des proconsuls qui déshonoraient la révolution dans les provinces. Il avait sacrifié les aristocrates à l'égalité, les Girondins à l'unité, les Hébertistes à la vertu, les Dantonistes au salut public; qui donc allait-il sacrifier à ses nouveaux plans? Depuis le supplice de Danton aucun n'était sûr de sa vie dans les comités, dans la Convention et dans la Commune. Les terroristes des deux comités de salut public et de sûreté générale, Barère, Collot-d'Herbois, Billaud-Varennes, Vadier, Vouland, Amar, et les conventionnels de la Montagne les plus compromis dans la Terreur, Tallien, Fréron, Fouché, ceux qui pouvaient craindre pour eux-mêmes la fin du gouvernement révolutionnaire, s'unirent contre Robespierre aux Montagnards plus modérés ou terroristes convertis qui la désiraient, Bourdon de l'Oise, Legendre et les députés de la droite. Les plus furieux terroristes n'entendaient pas que Robespierre les rendît responsables de la Terreur, et les autres craignaient qu'il ne la continuât.

Ces alliés des deux comités et de la Convention, Hébertistes, Dantonistes, modérés, s'enhardirent contre Robespierre par les embarras et les contradictions de sa politique. Ils l'attaquèrent d'abord par le ridicule et le raillèrent de sa dévotion mystique. Dans une fête à l'Être suprême dirigée par David le 20 prairial (8 juin), Robespierre, président de la Convention, apparut comme le grand pontife du Dieu qu'il réhabilitait, fier de la supériorité morale qu'on lui attribuait sur tous ses collègues. Deux jours après cette fête symbolique, où l'on vit les images de l'Athéisme, de l'Égoïsme et de la Discorde abattues devant la statue de la Sagesse, paraissait la loi du 22 prairial, affreux complément de la loi des suspects, qui, pour hâter les supplices, abrégeait les procédures, refusait des avocats aux conspirateurs, ne donnait d'autre règle aux jurés que leur conscience, et livrait les conventionnels eux-mêmes à Fouquier-Tinville. Par cette loi que proposa Couthon, Robespierre eût tenu sous le couteau tous ses ennemis. Mais la Convention prétendit garder le droit de mettre ses membres en arrestation, et quelques jours après, elle entendit le rapport de Vadier contre les illuminés qui révéraient dans Robespierre une sorte de prophète et de messie. On envoya ces fanatiques au tribunal révolutionnaire et à l'échafaud (l'ancien chartreux dom Gerle, Catherine Théot).

Robespierre, trompé dans ses calculs de vengeance, surpris et fatigué de l'opposition des comités et de la Convention jusquelà si dociles, cessa d'y paraître pendant quarante jours et se retira aux Jacobins. Ses ennemis et lui-même qui se reprochaient les supplices, ne firent rien pour les arrêter. La loi du 22 prairial, encore incomplète au sens de Robespierre, fut pour ses amis, Dumas, Coffinhal et Fouquier, un moyen facile et prompt de vider les prisons. Comment échapper à la loi qui punissait de mort *l'intention de corrompre la morale publique?* Les prisonniers étaient condamnés par catégories et guillotinés en masse. On mêlait des espions parmi eux pour simuler des conspirations. A la fin de chaque jour, on lisait dans la caverne de Fouquier, à la Conciergerie, ce qu'on nommait le *Journal du Soir*, la liste des condamnés pour l'échafaud du lendemain. Fouquier fit même un jour dresser la guillotine dans la salle du tribunal; le comité ne lui permit pas cet excès qui « démoralisait le supplice ». On avait demandé que la salle fût disposée pour contenir à la fois cent cinquante accusés; le comité n'en concéda que soixante. A ce moment de la *Grande Terreur*, du 10 juin au 27 juillet (20 prairial-9 thermidor) le tribunal envoya 1,400 victimes à l'échafaud, et en un seul jour 67. Billaud-Varennes en eût voulu pour une seule journée 159 que Fouquier-Tinville n'accorda pas. Alors périrent Montmorency, Rohan, Boufflers, La Trémoille, Machault, les maréchaux de Noailles et de Mouchy, le fils de Buffon, avec des bourgeois, des ouvriers, des femmes. Le 27 juillet même, pendant la lutte de Robespierre contre la Convention, on guillotina 45 personnes, parmi elles les poètes André Chénier et Roucher. Les massacres de septembre n'avaient pas été plus odieux ni plus confus. On imputait ces massacres à Robespierre malgré son absence. Des hommes plus sanguinaires que lui l'accusaient d'en méditer encore de plus affreux, et de préparer aux Jacobins et à la Commune un 31 mai contre la Convention. Il est vrai que Saint-Just l'y poussait. On se montrait les listes de proscription dressées par les triumvirs. « Ce Robespierre est insatiable, s'écriait Barère. Qu'il demande Tallien, Bourdon de l'Oise, Thuriot, Rovère, Lecointre, Panis, Barras, Fréron, Legendre, Dubois-Crancé, Fouché, Cambon et toute la séquelle dantoniste, à la bonne heure; mais des membres des comités… Léonard Bourdon, Vadier, Vouland, il est impossible d'y consentir. »

La lutte allait donc s'engager, et Robespierre comptait ses forces. Saint-Just et Couthon, le maire Fleuriot, le chef de la Commune Payan, le chef de la garde nationale Henriot, et les présidents du tribunal Dumas et Coffinhal, lui répondaient du peuple contre les comités. Il se croyait si fort, et comptait si bien sur son éloquence, qu'après de vaines tentatives de rapprochement, il osa reparaître à la Convention pour se justifier et dénoncer ses ennemis (8 thermidor). Il désavoua tout projet contre la Convention; il accusa des maux de la patrie ceux qui dirigeaient les finances et la guerre, et surtout ses ennemis des deux comités. Il fallait punir les traîtres, épurer les comités, et constituer l'unité du gouvernement sous l'autorité suprême de la Convention. On accueillit froidement son apologie. Vadier, Cambon, Billaud-Varennes, repoussèrent vigoureusement ses accusations. L'Assemblée refusa de voter l'impression de son discours. Robespierre découragé alla relire son discours aux Jacobins, comme son testament de mort, prédire sa fin prochaine, le triomphe des méchants, etc. Il se déclarait prêt à boire la ciguë. « Nous la boirons tous avec toi », s'écria le peintre David qui eut soin de lui survivre.

La Commune, qu'il avait réorganisée après le supplice d'Hébert, prépara pendant la nuit l'insurrection, sa dernière ressource. Mais le lendemain (9 thermidor), les comités entraînèrent la droite et la Plaine. Dans la Convention, la voix de Saint-Just et de Robespierre est couverte par les cris de leurs adversaires : à bas le tyran ! « C'est le sang de Danton qui t'étouffe, » crie Garnier de l'Aube au dictateur repoussé de tous les bancs et haletant de fatigue et de fureur. Sur la motion de Tallien et de Billaud-Varennes, les triumvirs et Henriot sont décrétés d'arrestation. Robespierre jeune et Lebas veulent partager leur sort. Ils sont conduits au Luxembourg et délivrés en chemin par le peuple. La Commune les appelle et s'apprête à les venger. Henriot, toujours ivre, menace la Convention des canons de la garde nationale. Robespierre, entraîné par Coffinhal à l'hôtel-de-ville où Saint-Just et Couthon vont le rejoindre, proteste contre la violence que lui font ses partisans et refuse de signer leur appel aux armes. La Convention, apprenant la délivrance des prisonniers, les a mis *hors la loi*. Un décret de proscription disperse l'armée de Henriot, et ses canonniers lui refusent le service. Vers minuit les triumvirs, cernés dans l'hôtel-de-ville par les sections que dirigent Barras et Bourdon de l'Oise, n'ont plus que la ressource du suicide. Le gendarme Méda, entré le premier dans la salle où se trouvait

Robespierre, lui fracasse la mâchoire d'un coup de pistolet; Couthon veut se tuer et se manque; Coffinhal jette Henriot par une fenêtre et s'enfuit; Robespierre jeune se précipite et va tomber près de Henriot; Lebas se brûle la cervelle. Robespierre, insensible aux injures de la foule, est traîné le même jour au tribunal et porté à l'échafaud avec vingt-et-un de ses partisans. Les deux jours suivants, quatre-vingt-deux Jacobins et les membres de la Commune subissaient le même sort. La révolution du 9 thermidor fut selon Cambacérès *un procès jugé et non plaidé.* « On imputa à Robespierre, a dit Napoléon, tous les crimes commis par Hébert, Collot-d'Herbois et autres... C'étaient des hommes plus affreux et plus sanguinaires que lui qui le firent périr... ils ont tout jeté sur lui[1]. »

La France salua d'un cri de joie la chute de Robespierre et la fin de la Terreur, sans savoir et sans rechercher si sa délivrance était l'effet du patriotisme ou de vengeances personnelles. Toutefois le parti terroriste ou des comités, quoique s'affaiblissant par la chute même de Robespierre, n'était pas encore abattu. Billaud-Varennes, Collot-d'Herbois, Barère, Amar, Vadier, encore puissants sur les Jacobins et sur les masses, auraient volontiers continué le système révolutionnaire. A les entendre, le modérantisme dont Barère avait accusé Robespierre lui-même, trahissait la république et la liberté. Dès le lendemain du 9 thermidor, Barère demandait le maintien des lois et du tribunal révolutionnaires. Mais les Montagnards, entraînés par l'opinion publique et par leurs alliés de la Plaine, firent bien voir aux terroristes que le temps des hommes féroces était passé, comme avait dit trop tôt Lanjuinais défendant Louis XVI. Les Dantonistes ou modérés, Sieyès, Cambacérès, Barras, Joseph Chénier, Tallien, se montraient jaloux de purifier la révolution. Collot-d'Herbois, Barère et Billaud-Varennes furent mis en jugement. On réduisit les pouvoirs du comité de salut public aux affaires militaires et diplomatiques. On renouvela tous les autres comités et le tribunal révolutionnaire. On cessa de payer le peuple pour sa présence aux clubs et dans les sections, en attendant qu'on pût désarmer la canaille révolu-

---

1. En Allemagne on célébra avec moins de réserve et en vers latins la chute de Robespierre : « *nemo dolet nisi guillotina* » (il n'y a que la guillotine qui s'en plaint.)

tionnaire. On révoqua la loi du 22 prairial. Dix mille captifs sortirent des prisons de Paris, et des commissaires allèrent délivrer ceux des provinces. On abolit la Commune de Paris en confiant l'administration de la ville à deux commissions de police et de finances. A son tour la société française protestait contre le fanatisme brutal des terroristes. Les jeunes gens de la riche bourgeoisie et des classes moyennes, armés de lourds bâtons et costumés *à la victime*, attaquèrent les Jacobins dans les rues et dans leurs clubs en chantant le *Réveil du peuple*. Cette jeunesse dorée, animée par Fréron, l'ancien terroriste, et par son journal l'*Orateur du peuple*, applaudie par Mme Tallien (Notre-Dame de Thermidor) et par la veuve de Beauharnais, brisa partout le buste de Marat. La Convention ajourna désormais l'apothéose à dix ans, et le Panthéon rejeta les restes de Marat et de Lepelletier. La fameuse société des Jacobins, chaque jour assiégée dans son club, en fut chassée par les commissaires de la Convention sur un rapport de Rewbell (24 janvier 1795). C'était, selon Merlin de Douai, faire acte de gouvernement. Après avoir vengé Danton, on vengea les Girondins. L'Assemblée rappela, sur la motion de Sieyès, les soixante-treize modérés proscrits en juin 1793, que le 9 thermidor avait délivrés, avec les derniers Girondins, Isnard, Louvet, Lanjuinais, Kervélégan, Larivière, Laréveillère-Lépeaux, et pour mieux se séparer des terroristes, envoya les plus odieux et les plus vils à l'échafaud, Lebon, Carrier, Fouquier-Tinville, et onze juges du tribunal révolutionnaire. Elle révoqua les décrets contre les nobles et les prêtres, supprima le *maximum* et les réquisitions, et proclama la liberté des cultes.

La réaction était rapide et violente. A l'occasion du procès des quatre membres des comités, Barère, Collot-d'Herbois, Billaud-Varennes et Vadier, les Jacobins recueillirent leurs dernières forces et soulevèrent le peuple agité par une disette factice, le manque de travail, le discrédit du papier-monnaie, et enfin par le *maximum* de consommation ou ration de pain et de viande fixée à chacun. Le peuple des faubourgs envahit deux fois la Convention (1er et 12 germinal, mars 1795) en demandant la liberté des patriotes, du pain, et la constitution de 93. La Convention, délivrée par la jeunesse dorée et par les sections centrales sous la conduite de Pichegru, condamna les quatre prévenus à la déportation, avec dix-sept de ses membres convaincus d'avoir favorisé l'émeute. On n'épargna pas même la probité de Cambon. Une commission de onze membres, presque tous girondins, était nommée pour faire une nouvelle constitution.

Les mêmes causes déterminèrent deux mois plus tard l'émeute furieuse du 1ᵉʳ prairial (20 mai 1795). La populace envahit la Convention en poussant les mêmes cris. Le député Féraud se fit tuer en couvrant de son corps le président Boissy-d'Anglas. Le président s'inclina devant sa tête qui lui fut présentée au bout d'une pique, et refusa, quoique menacé du même sort, de mettre aux voix les motions des insurgés. Les députés de la *crête* les firent voter malgré lui. Mais Legendre eut le temps d'arriver à la tête des sections intérieures et de chasser la populace. La Convention délivrée vota l'arrestation de vingt-huit députés complices de l'émeute. On condamna à mort six d'entre eux, Romme, Goujon, Duquesnoy, Duroy, Soubrany, Bourbotte, dont trois se frappèrent du même couteau. Une commission militaire envoya vingt-neuf prisonniers à l'échafaud. La Convention désarma les faubourgs et les canonniers, épura la garde nationale, abolit la constitution de 1793 et mit fin au règne de la multitude. Huit jours après l'émeute, le tribunal révolutionnaire était fermé. La Gironde à son tour se vengeait de la Montagne et frappait dans ses vengeances les plus énergiques défenseurs du pays, Robert Lindet, Prieur de la Côte-d'Or, Jean-Bon-Saint-André, etc. La Convention, signant la paix de Bâle (5 avril 1795), avait contre l'anarchie intérieure l'ascendant de ses victoires.

III. Campagne de 1794. — Conquête de la rive gauche du Rhin et de la Hollande. — Fondation de la République batave (20 janvier 1795). — Succès dans les Alpes et dans les Pyrénées. — Revers sur mer. — Traités de Bâle (5 avril et 25 juillet 1795).

On a vu nos armées du Nord et de Sambre-et-Meuse arrêtées par Carnot à Anvers et à Liège, pour donner à ceux qui les suivaient le temps de reprendre derrière elles Condé, le Quesnoy, Valenciennes et Landrecies. Cette œuvre accomplie, Pichegru et Moreau poursuivirent leur conquête (septembre 1794). Pichegru, vainqueur des Anglais à Boxtel, enleva rapidement Berg-op-Zoom, Bréda, Bois-le-Duc, rejeta les vaincus derrière la Meuse et le Wahal, et passa la Meuse sur la glace aux forts de Crévecœur et de Saint-André (28 décembre). Malgré les Hollandais concentrés à Gorcum, il franchit le Wahal sur trois points, à Nimègue, Thiel et Bommel. Son aile droite marchait sur l'Yssel, sa gauche avec Bonnaud occupait Dordrecht, Rotterdam, La Haye. De son côté Jourdan, arrivé sur la Meuse entre Liége et Maëstricht, avait forcé le passage et gagné les batailles de l'Ourthe et de la Roër ou d'Aldenhoven, qui forcèrent Clerfayt et les Autrichiens de repasser le Rhin à Cologne et à Dusseldorf (2 octobre). Il avait pris Cologne et Maëstricht et joignait l'armée du Rhin à Clèves, l'armée de la Moselle à Coblentz. Mollendorf et les Prussiens, accablés dans les Vosges par nos armées réunies de la Moselle et du Rhin sous Moreau et Michaud, et découragés par la retraite des Autrichiens, avaient repassé le Rhin dès la fin d'octobre. Les alliés ne possédaient plus sur la rive gauche du Rhin que Mayence et Luxembourg. La révolution intérieure du 9 thermidor n'avait point troublé ni ralenti les opérations militaires. L'élan de nos armées après la chute de Robespierre et des terroristes qui prétendaient lui succéder, prouva bien que leur tyrannie n'était point nécessaire au dedans pour que la France eût raison de ses ennemis à la frontière, ainsi que l'ont dit bien souvent de maladroits apologistes.

Pour le couronnement de cette glorieuse campagne de l'hiver 1794-1795, Pichegru faisait son entrée dans Amsterdam à la tête d'une armée sans vêtements et sans pain (20 janvier 1795). Cette conquête de la Hollande où la magnificence et l'orgueil de Louis XIV avaient échoué, était faite par nos soldats en trois semaines. Ils triomphaient de l'ennemi par la rigueur même de son climat. Nos escadrons de hussards, passant le Zuyderzée sur la glace, allèrent prendre la flotte hollandaise mouillée près du Texel. Mais cette fois le peuple était pour les conquérants. Le stathouder, très-impopulaire depuis que les Prussiens l'avaient rétabli, abdiqua pour se réfugier chez les Anglais. Les patriotes bannis revinrent fonder avec les vainqueurs la république batave, et signer avec Rewbell et Siéyès le traité de La Haye.

Au midi comme au nord, la France était vengée du manifeste

insolent de Brunswick. Dans les Alpes, le général Dumas de la Pailleterie, un Français de Haïti, chassait les Autrichiens du Petit Saint Bernard et occupait le Mont-Cenis (avril-mai 1794). Plus au midi, Dumerbion, dirigé par Bonaparte qui commandait son artillerie, et bien secondé par Masséna, tournait l'ennemi par les sources du Tanaro et forçait le camp de Saorgio d'où les Piémontais nous avaient si longtemps bravés (28 avril). La victoire de Savone sur Colloredo (15 septembre) assurait notre position dans la rivière de Gênes. Aux Pyrénées Orientales, Dugommier, un Français de la Guadeloupe, ayant réorganisé l'armée, forçait les Espagnols dans leur camp du Boulou (1er mai), reprenait Bellegarde (8 septembre), et poursuivant les Espagnols chez eux par le col de Perthus, pendant que Dagobert les menaçait par le col de la Perche, allait gagner sur la Mouga, près de Figuières, la victoire d'Escola ou de la Montagne-Noire (17-21 novembre). Les deux généraux français et espagnol, Dugommier et La Union, périrent dans cette sanglante bataille qui dura cinq jours. Dans l'élan du succès, Pérignon enleva Figuières, une des plus fortes places de l'Europe (27 novembre). Roses ne capitula que deux mois plus tard (3 février 1795). A l'ouest, Moncey prenait Fontarabie, Saint-Sébastien, la vallée de Roncevaux, Bilbao, menaçait Pampelune et Burgos, et vainqueur à Vittoria (17 juillet 1795) s'avançait jusqu'à l'Ebre.

Ainsi la France était sauvée et vengée à toutes ses frontières. Ses armées occupaient la Belgique, la Hollande, toute la rive gauche du Rhin, une partie du Piémont, de la Catalogne et de la Navarre. Mais la France était vaincue sur mer. L'émigration avait ruiné notre marine, et la fougue révolutionnaire ne pouvait pas transformer la guerre maritime comme celle du continent. La marine anglaise comptait sur toutes les mers 180 vaisseaux et frégates, et nous n'avions plus à lui opposer, comme avant le désastre de Toulon, 75 vaisseaux de ligne et 70 frégates. Dès l'an 1793 les Anglais avaient conquis sur la France Saint-Pierre et Miquelon, Tabago, une partie de Saint-Domingue, où les décrets de la Convention avaient affranchi les noirs, Sainte-Lucie, la Guadeloupe, la Martinique, vainement défendues par Rochambeau, Pondichéry, et enfin la Corse, livrée par Paoli, qu'Elliot gouverna comme vice-roi. En 1794, quand la France était menacée d'une affreuse disette, l'amiral Villaret-Joyeuse, chargé de protéger l'entrée des blés d'Amérique à Brest avec 26 vaisseaux montés par des paysans, y réussit grâce à l'énergie de Jean-Bon-Saint-André, mais perdit contre l'amiral Howe la bataille d'Ouessant, qui nous coûta 8.000 hommes et 7 vaisseaux. On sait l'héroïque dévouement du vaisseau le *Vengeur* qui se laissa couler plutôt que d'amener son pavillon (1er juin 1794). La France dut renoncer pour longtemps à la guerre d'escadre et se venger des Anglais par ses corsaires.

La première coalition était démembrée. La Prusse, occupée du troisième partage de la Pologne et menacée au nord par notre armée de Hollande, au sud par celle du Rhin, signa la paix de Bâle (5 avril 1795). Elle abandonnait à la France ses États de la rive gauche du Rhin et se faisait promettre certaines indemnités, jusqu'à la conclusion d'une paix générale. Six semaines plus tard (17 mai), on fixa la *ligne de démarcation*, tirée du Bas-Rhin à la Silésie, passant au nord de la Bavière et de la Bohême, et derrière laquelle la plus grande partie du cercle de Westphalie, les deux cercles de Saxe et une partie du cercle du Haut-Rhin jouissaient de la neutralité sous la protection de la Prusse, à condition de signifier leur adhésion au traité de Bâle dans un délai de trois mois et de rappeler leurs contingents de l'armée impériale. Hesse-Cassel traita la première. Le roi de Prusse osa même s'offrir à la diète de Ratisbonne pour médiateur entre la République et l'Empire. La Prusse oubliait pour ses intérêts ceux de l'Europe monarchique et la fameuse convention de Pilnitz. La République française savait comme l'ancienne monarchie diviser les Allemands. L'Allemagne septentrionale, désormais neutre, était séparée du Midi, où l'Autriche continuait vivement la guerre. Dès le mois de février, la Toscane avait traité pour un million. La Prusse entraîna la Suède.

Par le traité de La Haye (16 mai 1795), la république batave nous cédait la Flandre hollandaise à l'ouest, Maëstricht et Venloo à l'est, le droit de garnison dans Grave, Bois-le-Duc et Berg-op-Zoom, l'usage en commun du port de Flessingue, la libre navigation de ses grands fleuves, cent millions de florins pour les frais de la guerre, et, en cas de guerre, la disposition de 12 vaisseaux, de 18 frégates et de la moitié de son armée.

L'Espagne à son tour signa la paix de Bâle (22 juillet), et livra sa part de Saint-Domingue pour recouvrer ses places fortes en

Europe, Figuières, Roses, Bilbao, etc. Tandis que l'Europe s'étonnait de voir les Bourbons de Madrid traiter si vite avec les bourreaux de Louis XVI, l'Espagne saluait son ministre Emmanuel Godoï du beau nom de *Prince de la Paix*. L'armée des Pyrénées put rejoindre celle des Alpes pour envahir le Piémont, et l'aider à gagner avec Masséna la bataille de Loano sur les Autrichiens (23 novembre 1795).

IV. Mouvements royalistes. — Défaite des émigrés à Quiberon (20 juillet 1795). — Constitution de l'an III et décrets de fructidor. — Journée du 13 vendémiaire (5 octobre.) — Clôture de la Convention (26 octobre 1795). — Ses grandes institutions.

Après la journée du 1ᵉʳ prairial, les amis de la vraie liberté s'efforcèrent de la maintenir entre les partis extrêmes. Mais à leur tour et malgré les revers des puissances étrangères, les royalistes essayèrent de tourner à leur profit la réaction thermidorienne. Ils entrevoyaient déjà la restauration des Bourbons comme celle des Stuarts, après tous les excès de la démocratie. Les émigrés revenaient se mêler aux sections, ouvraient des clubs et rédigeaient des journaux. Après la mort du dauphin (8 juin 1795), le comte de Provence à Vérone s'appelait Louis XVIII, roi de France. Ses agents avaient déjà de secrètes intelligences avec Pichegru, gagné à la cause monarchique. A Lyon, à Marseille, on massacrait comme au temps de Robespierre, dans les prisons, sur les routes et sur l'échafaud. A Lyon on jetait les Jacobins dans le Rhône ; à Tarascon on les précipitait du haut des rochers. Les *Compagnies de Jéhu* et *du Soleil* organisaient dans le Midi la *Terreur blanche*.

En Vendée, depuis le 9 thermidor, la Convention avait résolu de désarmer les paysans rebelles par la douceur. On avait rappelé Turreau et les représentants qui dévastaient le pays. Canclaux et le général Hoche, sorti de sa prison, offrirent loyalement la paix à ceux qui se lassaient de la guerre, et réduisirent par des manœuvres savantes les plus opiniâtres. Les chefs vendéens se plaignaient d'être abandonnés par les Bourbons et par la coalition. Charette, le chef du Bocage, Cormatin, le chef des chouans de la Bretagne, et enfin Stofflet avaient successivement signé la

paix à la Jaunais (17 février 1795) et à Saint-Florent (2 mai). La
Vendée était à peu près pacifiée, quand les Anglais rallumèrent
la guerre civile où la France occupait 80,000 hommes.

L'Angleterre seule combattait sans relâche et sans trêve la
révolution française. Pitt s'armait contre elle de tous les intérêts
et de toutes les passions de son pays, des haines de la caste
aristocratique et de la cupidité des marchands. Il ranimait par ses
subsides la coalition défaillante, soudoyait l'Autriche « la puissance la mieux aguerrie aux défaites, » falsifiait nos assignats,
couvrait les mers de ses flottes, la France et l'Europe de ses agents,
fermait nos ports par un blocus réel ou fictif, exerçait le droit de
visite sur tous les neutres et détruisait presque tout leur commerce avec la France et ses colonies. Il avait sur mer 102
vaisseaux de ligne et 103,000 marins. Les déclamations de
Burke justifiaient par la nécessité politique les plus violentes mesures du ministère anglais, le bill *des étrangers*, la suspension
de l'*habeas corpus* et de la liberté de la presse, l'augmentation de l'armée permanente jusqu'à 130,000 hommes, l'établissement d'une police inquisitoriale. La généreuse éloquence
de Fox et de Sheridan ne pouvait rien contre l'acharnement de
l'aristocratie et contre la servilité des ministériels. La dette s'élevait à 322 millions de livres sterling, et la guerre avait déjà
coûté cent millions. Cent mille hommes s'assemblaient près
de Londres pour demander la paix, le renvoi du ministère et
la réforme parlementaire ; mais le génie ou la fortune de Pitt
conjurait tous ces orages, et de nouveaux triomphes étouf-
faient toutes les plaintes. Nos flottes étaient battues par lord
Hotham dans le golfe de la Spezzia (13 mars 1795), et aux îles
d'Hyères (13 juillet). Villaret-Joyeuse, le glorieux vaincu d'Ouessant, le Tourville de la République, perdait contre Bredport la bataille de Lorient (23 juin 1795). Nos marins étaient réduits à
faire aux marchands de Londres une rude guerre de corsaires. Ils
enlevèrent près du cap Saint-Vincent la flotte marchande des
Indes, et sur le Finistère une partie du convoi de la Jamaïque.
Ils prirent 410 bâtiments aux Anglais, à peu près cent de plus
que nous n'en perdions ; mais l'alliance de la Hollande et de l'Espagne avec la France allait bientôt fournir aux Anglais une
autre occasion de conquêtes.

La flotte anglaise qui vainquit Villaret-Joyeuse à la hauteur de Belle-Isle, jeta sur la presqu'île de Quiberon en deux fois environ 5,000 émigrés, quelques milliers de prisonniers républicains qui feignaient de se joindre aux royalistes pour rentrer en France, 60,000 fusils, et l'équipement d'une armée de 40,000 hommes. Puisaye avait promis au ministère anglais que cette poignée de braves, presque tous officiers de l'ancienne marine, suffirait pour soulever toute la Bretagne et réveiller par la chouannerie la guerre de la Vendée. Déjà Charette avait repris les armes, à l'appel de Louis XVIII. Un autre corps d'émigrés sous Condé devait pénétrer en France par la Franche-Comté, et les deux armées se joindre devant Paris. A peine débarqués et maîtres du fort Penthièvre, qui ferme l'isthme par lequel la presqu'île de Quiberon se rattache au continent, les émigrés rejoints par 15,000 chouans, mais trahis par les prisonniers républicains et mal conduits par des chefs qui ne s'entendaient guère de Londres à Paris, étaient vaincus par le général Hoche. Puisaye et 2,000 émigrés se sauvèrent sur la flotte anglaise; les autres, commandés par Sombreuil et refoulés dans la presqu'île par les colonnes républicaines, qui s'emparèrent par surprise pendant la nuit du fort Penthièvre, durent se rendre après une héroïque défense (20 juillet). On fit grâce aux chouans, mais les émigrés pris les armes à la main furent condamnés par un conseil de guerre et fusillés. Leur vainqueur ne put les sauver de la loi qu'on leur appliquait. Tallien vint de Paris présider au supplice de 711 prisonniers. Charette vengea cette élite de la noblesse en massacrant dans son camp de Belleville 2,000 soldats républicains. L'Angleterre, en punition d'une odieuse entreprise si mal soutenue, perdit les sommes énormes qu'elle y avait dépensées. Pitt s'entendit reprocher dans le parlement d'avoir envoyé tant de braves à la mort. Il disait pour sa défense que le sang anglais n'avait pas coulé à Quiberon : « Mais l'honneur anglais, lui répondit Shéridan, a coulé par tous les pores. » Six semaines après, 400 Anglais débarquaient encore à l'île Dieu avec le comte d'Artois et 800 émigrés. Mais cette expédition mal concertée avait encore moins de chances de succès que la première, et l'escadre retourna en Angleterre.

Hoche avait sauvé la France d'un grand péril, car le débarquement des émigrés était combiné par les meneurs royalistes avec la trahison de Pichegru sur le Rhin et les complots des sections royalistes à Paris.

Tandis que l'Autriche, trop fière et trop forte encore pour abandonner la Belgique, signait de nouveaux traités avec l'Angleterre et avec la Russie jusqu'alors occupée de la Pologne, nos armées étaient mal approvisionnées et mal conduites par l'indigne successeur de Carnot, Aubry, l'un des proscrits du 31 mai, qui destitua Bonaparte. Jourdan et Pichegru avaient passé le Rhin avec les armées de Sambre-et-Meuse et de Moselle-et-Rhin (septembre 1795). L'Autriche, qui n'avait pu sauver Luxembourg, avait sur la rive droite deux armées bien commandées par Wurmser et Clerfayt. Pichegru prit Mannheim, et vendu à Condé, ne fit rien pour soutenir son premier succès, ni pour s'opposer à la jonction des armées ennemies qui pouvait compromettre l'armée de Jourdan. Les impériaux, vainqueurs de Pichegru qui se laissait battre, reprirent Mannheim, nettoyèrent la rive droite du Rhin et débloquèrent Mayence (29 octobre). Un armistice signé par Pichegru complétait la trahison (31 décembre). Mais les événements de Paris ne lui donnèrent pas le temps de l'achever. Il fut destitué par le Directoire avant la fameuse campagne de 1796[1]. On a vu comment ces revers de nos armées du Rhin étaient compensés en Italie à la même époque par Scherer et ses lieutenants, Masséna, Augereau et Sérurier. Leur victoire de Loano (23 novembre 1795) ouvrait la route de Gênes à notre armée d'Italie et rejetait dans la vallée du Pô les Piémontais et les Autrichiens.

Les royalistes, vaincus à Quiberon, et qu'on allait bientôt priver des services de Pichegru, comptaient sur les sections de Paris et sur leurs partisans secrets dans la Convention pour amener au dedans une sorte de restauration légale; là encore ils échouèrent. La Convention espérait par une constitution nouvelle enchaîner et décourager les factions. Il n'était guère possible d'exhumer celle de l'an Ier avec ses assemblées primaires en permanence et son conseil exécutif de vingt-quatre membres. On ne voulait pas même du principe d'unité qui dominait la constitution de 1791. Celle de l'an III, œuvre de modération et d'équi-

---

1. Gouvion Saint-Cyr, *Mém. sur les armées du Rhin*. Paris, 1829, 9 vol.

libre, rédigée par la commission des Onze, principalement par Daunou, et précédée d'une déclaration moins farouche des droits de l'homme et du citoyen, divisait tout ce que la Convention avait concentré : elle attribuait le pouvoir législatif à deux conseils, l'un de cinq cents membres âgés de trente ans, l'autre de deux cent cinquante membres âgés de quarante ans, mariés ou veufs, élus les uns et les autres par les électeurs que nommaient les assemblées primaires, et se renouvelant par tiers tous les ans. Les *Cinq-Cents* proposaient les lois ; les *Anciens* les sanctionnaient, et pouvaient de plus changer la résidence du corps législatif et du gouvernement. Les séances étaient publiques, mais pour un nombre limité de spectateurs. Défense aux troupes de s'approcher à plus de six myriamètres de l'assemblée. Le pouvoir exécutif était confié à un *Directoire* de cinq membres, âgés de quarante ans, élus par les Anciens sur une liste dressée par les Cinq-Cents, et servis par des ministres responsables. Le Directoire se renouvelait par cinquième tous les ans. La constitution assurait la liberté de la presse et des cultes, prohibait les clubs et maintenait les lois contre l'émigration. Les assemblées primaires élisaient les juges de paix et les officiers municipaux ; les assemblées électorales nommaient les administrateurs du département, les membres de la cour de cassation et des tribunaux civils.

L'assemblée, qui voyait les royalistes si hardis dans les provinces, ne craignit pas de violer la liberté des élections jusqu'à décréter, au rebours de l'Assemblée constituante, que les deux tiers de ses membres feraient partie des deux conseils, et seraient choisis transitoirement par les électeurs, ou sur leur refus par la Convention même. La bourgeoisie, travaillée par les royalistes, protesta d'abord contre ces décrets additionnels du 13 fructidor (30 août), et bientôt elle prit les armes. La section Lepelletier entraîna les autres sections de la Butte-des-Moulins, du Contrat-Social, du Théâtre-Français, du Luxembourg. La Convention, s'appuyant sur l'armée, avait formé un camp sous Paris, et maintint les décrets de fructidor, acceptés par les assemblées primaires. Cinq membres chargés par elle de pourvoir au salut public, enrôlèrent les patriotes de 89 et les révolutionnaires qu'ils ne craignaient plus. Barras, investi du commandement militaire à la place de Menou qui se laissa jouer par les sectionnaires, s'adjoignit Bonaparte, ce jeune officier nommé commandant pour sa belle conduite au siège de Toulon, mais depuis destitué par Aubry et même emprisonné comme ami de Robespierre jeune. Avec 6,000 hommes de troupes de ligne, 1,500 patriotes, un millier de gendarmes et trente canons tirés du camp des Sablons, contre 40,000 insurgés, Bonaparte livra et gagna la bataille du 13 vendémiaire (5 octobre 1795). En quelques heures il fit des Tuileries un camp formidable; il foudroya dans les rues du Dauphin, de l'Echelle et Saint-Nicaise les sectionnaires qui venaient du quartier Saint-Honoré, et mitrailla vers la tête du Pont-Royal la colonne du faubourg Saint-Germain. La bataille dura de quatre heures à neuf heures du soir. L'armée ce jour-là défendait la révolution contre la bourgeoisie. La France approchait du despotisme militaire. Le jeune Corse, marié récemment à la veuve du général Beauharnais, conquit dans les rues de Paris le commandement de l'armée d'Italie.

La Convention usa modérément de sa victoire contre les royalistes, remit en vigueur les lois contre les émigrés et les prêtres, et déclara les émigrés et leurs parents exclus des emplois, mais sans relever les Jacobins et les terroristes. Les élections terminées, avant de se dissoudre (4 brumaire an IV-26 octobre 1795), elle décréta la réunion de la Belgique à la France, et pour ouvrir dignement l'ère du gouvernement légal, amnistia tous les délits politiques, sauf l'émigration.

Il faut, pour être juste, tenir compte à la Convention, souillée par tant de crimes, de ses créations scientifiques et littéraires, plus solides et plus durables que ses institutions politiques. Dans sa première période, parmi ses révolutions intérieures et ses guerres extérieures ou civiles, elle adopta le système métrique, bientôt suivi de la réforme monétaire et de l'unité des poids et mesures, ordonna l'établissement des lignes télégraphiques, créa le Grand-Livre de la dette publique afin de *républicaniser* la dette, selon le mot de Cambon (août 1793), le Muséum d'histoire naturelle, le Musée du Louvre, le Musée d'artillerie, le Conservatoire de musique sur la proposition de M.-J. Chénier, et le Conservatoire des arts et métiers sur la motion de Grégoire. Dans sa seconde période elle créa le Bureau des longitudes et l'École normale (janvier 1795), dont les cours ne durèrent que trois mois, quoique faits par d'illustres professeurs, Haüy, Monge, Daubenton, Berthollet, Volney, Bernardin de Saint-Pierre, Sicard, Laharpe, etc.[1]. Il faut rappeler surtout la loi du 3 brumaire an IV pour l'organisation générale de l'enseignement, qui fondait les trois classes de l'Institut à la place des anciennes académies, des écoles primaires, des collèges sous le nom d'écoles centrales pour l'enseignement secondaire, dont cinq à Paris; des facultés ou écoles spéciales pour l'enseignement supérieur. Il faut rapporter enfin à Fourcroy la fondation de l'École polytechnique, d'abord appelée l'École centrale des travaux publics, où devaient se recruter six écoles spéciales d'artillerie, des ponts et chaussées, des mines, etc. Le même décret du 30 vendémiaire an IV qui réglait l'organisation définitive de l'École polytechnique, instituait dans nos grands ports, sous le même nom d'Écoles du service public, des écoles particulières de navigation et de marine. Trois noms, Lakanal, Daunou et Fourcroy, se rattachent glorieusement à cette grande œuvre de l'instruction générale qui ne fut alors qu'ébauchée. Il y eut trois grandes écoles de médecine, Paris, Strasbourg et Montpellier; mais on fit peu pour l'enseignement du droit, et la rédaction d'un code civil, que demandaient Cambacérès et Merlin de Douai et qu'ils avaient préparé avec Treilhard, Berlier et Thibaudeau, fut ajournée. La Convention discuta toutefois en plus de soixante séances et vota les titres sur l'égalité des partages, la paternité, la tutelle, les contrats, etc.

[1]. En demandant la suppression de l'école ouverte par les soins de Lakanal, Daunou affirmait que les cours avaient plus offert un enseignement direct des sciences « que l'exposition des méthodes qu'il faut suivre en les enseignant. »

CHAPITRE VI

LE DIRECTOIRE. — CAMPAGNE D'ITALIE. — TRAITÉ
DE CAMPO-FORMIO

SOMMAIRE.

1. — Le Directoire (27 octobre 1795), nommé pour la première fois par la Convention (Barras, Rewbell, Letourneur, Laréveillère-Lépeaux, Carnot) et que les deux conseils des *Anciens* et des *Cinq cents* doivent renouveler tous les ans par cinquième, inaugure avec succès un gouvernement menacé par tous les partis. Il étouffe la conspiration communiste de Babeuf et de la Société du Panthéon (mai 1796), et pacifie la Vendée. Les emprunts forcés et les *mandats territoriaux*, qui remplacent les assignats (mars), remédient momentanément au désordre des finances.

2. — Au dehors, pour en finir avec l'Autriche, Carnot lance trois armées qui doivent se joindre sous les murs de Vienne : armée de Sambre-et-Meuse avec Jourdan, armée du Rhin avec Moreau, armée d'Italie avec Bonaparte. Celui-ci sépare les Autrichiens des Piémontais (combats de Montenotte, Millesimo, Mondovi, 11-22 avril 1796), désarme la cour de Turin par le traité de Chérasco, et conquiert au pont de Lodi la Lombardie autrichienne (10 mai). L'armée de Beaulieu, encore vaincue à Borghetto (28 mai) et presque détruite, laisse aux Français la ligne de l'Adige. Venise et Rome traitent déjà. Les revers de Jourdan au centre de l'Allemagne, et la fameuse retraite de Moreau sur le Danube (juin-octobre 1796) n'ont pas interrompu les victoires d'Italie. Bonaparte bat séparément les deux armées qui viennent venger Beaulieu, à Lonato et à Castiglione (31 juillet-5 août). Wurmser, avec une nouvelle armée, est réduit par trois autres défaites (Rovéredo, Bassano, Saint-George, 4-15 septembre), à s'enfermer dans Mantoue. Bonaparte gagne sur Alvinzi, qui vient le délivrer, les grandes batailles d'Arcole (15-17 novembre) et de Rivoli (14-16 janvier 1797), et force Wurmser à capituler dans Mantoue (2 février). Le pape signe la paix de Tolentino (19 février).

3. — L'Autriche, enhardie par les victoires maritimes de l'Angleterre qui triomphe partout des flottes hollandaises et espagnoles et s'empare des grandes colonies de nos alliés (le Cap, Ceylan, etc.), refuse encore de traiter avec la France. Bonaparte marche hardiment sur Vienne (mars 1797) par les Alpes Carniques, bat l'archiduc Charles sur le Tagliamento, au col de Tarvis et à Neumark, et impose à l'Autriche l'armistice de Léoben (18 avril 1797). Bonaparte revient châtier une lâche trahison de Venise qui voit tomber son gouvernement aristocratique, en même temps que Gênes s'érige en république ligurienne.

4. — Cependant le Directoire est aux prises avec les royalistes, plus nombreux dans les deux conseils après les élections de l'an V (mai 1797) et représentés dans son sein par Barthélemy, successeur de Letourneur. Il est sauvé par l'appui de Bonaparte et par le coup d'État du 18 fructidor (4 septembre) Carnot, Barthélemy, Pichegru, et cinquante-trois membres des conseils sont déportés. Cette nouvelle défaite du parti royaliste décide l'Autriche à signer la paix. Le traité de Campo Formio (17 octobre 1797) donne à la France la Belgique et les îles Ioniennes, et reconnaît les républiques cisalpine et ligurienne. L'empereur, indemnisé aux dépens de Venise pour la perte de la Lombardie et des Pays-Bas, nous abandonne la limite du Rhin et Mayence.

I. Le Directoire (27 octobre 1795). — Agitation des partis. — Conspiration communiste de Gracchus Babeuf (mai 1796). — Détresse financière; suppression des assignats (mars 1796).

Après la clôture de la Convention (26 octobre 1795), les cinq cents conventionnels élus en grande majorité par les assemblées primaires, et les 250 députés nouveaux formèrent les deux conseils, les Anciens aux Tuileries et les Cinq-Cents au Manège. Sur une liste de cinquante candidats dressée par l'assemblée du Manège, les Anciens nommèrent cinq directeurs choisis à dessein parmi les régicides : Laréveillère-Lépeaux, Girondin estimé de tous les partis, mais fanatique ennemi de l'Église et du clergé, chef de la secte des *théophilanthropes*, qui prétendait remplacer le christianisme par la *religion universelle de la nature*, telle que l'avait définie Robespierre; Rewbell, administrateur habile; Letourneur, un des commissaires contre les royalistes au 13 vendémiaire; Barras, intrigant et voluptueux; Carnot, nommé sur le refus de Sieyès. A l'exception de Barras, c'étaient là de vrais patriotes, qui se dévouèrent sans réserve et vécurent pauvres en pillant les pays conquis. Ils se partagèrent le travail. Rewbell eut la justice, les finances et les relations extérieures; Barras la représentation du Directoire et la police; Laréveillère-Lépeaux l'éducation, les sciences, les arts et l'industrie; Letourneur la marine et les colonies; Carnot la guerre. La constitution, en leur imposant toute la responsabilité du gouvernement, leur interdisait l'initiative des lois et le commandement militaire. Merlin de Douai à la justice et Gaudin aux finances furent leurs plus célèbres ministres. Malgré son patriotisme et son dévouement, le Directoire, attaqué par tous les partis, eut tous les embarras et les incertitudes d'un gouvernement provisoire.

La situation était difficile. Le Directoire trouvait des armées battues, sans discipline, commandées par des généraux d'une fidélité équivoque tels que Pichegru, et le trésor vide. Les généraux plus fidèles ne touchaient pas toujours leur solde de huit francs numéraires par mois, et l'argent manquait souvent pour expédier à temps les courriers. Le louis d'or de 24 livres valait 3,000 livres de papier-monnaie. La Convention, pour nourrir un peuple qui manquait de travail ou que l'agitation révolutionnaire en avait dégoûté, avait créé quatre milliards d'assignats et vendu presque tous les biens de la couronne et du clergé, environ la moitié du sol français. Il y avait en circulation plus de 19 milliards d'assignats. Les royalistes et les Jacobins étaient plutôt vaincus que domptés, et prêts à reprendre les armes. Il fallait donc à la fois lutter contre une coalition encore formidable (Angleterre, Autriche, Allemagne méridionale, Naples, Sardaigne et Portugal) et fonder au dedans le règne des lois. Le Directoire accepta sa mission et fut d'abord soutenu par l'opinion publique. La majorité désirait le repos et cherchait dans le luxe et le plaisir l'oubli de ses longues souffrances ; le peuple quittait les clubs et rentrait dans les ateliers ou reprenait la charrue. On ne s'intéressait plus qu'à la guerre extérieure qui promettait gloire et profit. Soutenir le gouvernement, c'était s'assurer la victoire au dehors et la paix au dedans. Les conseils et le Directoire avaient la même origine et les mêmes intérêts ; de là ses premiers succès. Il mit fin d'abord à la guerre civile qui se rallumait en Vendée. Hoche, après sa victoire de Quiberon, accabla les Vendéens et les chouans, fit juger et fusiller Stofflet, trahi par les siens, et Charette, vaincu à Luçon (février-mars 1796). La masse, gagnée par la modération du vainqueur, qui lui rendait la liberté des cultes, se laissa désarmer, et toute la rive gauche de la Loire fut pacifiée. En Bretagne Hoche, successeur de Canclaux à l'armée de l'Ouest, vainquit les chefs des chouans, Puisaye, d'Autichamp et Georges Cadoudal ; les autres se soumirent ou s'exilèrent. Un message solennel du Directoire aux deux conseils annonça la fin de la guerre civile (17 juin).

Les conspirations étaient plus dangereuses à Paris même, au siège du gouvernement. Le Directoire, comme la Convention en sa dernière période, y dut combattre à la fois les ultra-républicains et les royalistes. Les démocrates commencèrent l'attaque, comme enhardis par la défaite des royalistes au 13 vendémiaire. Chassés de leur club du Panthéon où ils chantaient les louanges de Robespierre, ils conspirèrent sous la conduite d'un journaliste, Gracchus Babeuf, pour avoir la constitution de 93, une Commune élue à Paris, le partage des terres et des biens communaux. Babeuf qui par ignorance de l'histoire romaine s'appelait Caïus Gracchus, enrôla jusqu'à 17,000 hommes, débris impurs de l'ancienne Commune, des comités et des clubs, Drouet, Vadier, Amar, et les anciens canonniers des sections. Le Directoire déjoua le complot, saisit les chefs et les traduisit devant la haute cour de Vendôme. Leurs partisans, les *Égalitaires*, échouèrent dans une attaque sur le camp de Grenelle. Trois conventionnels et 35 autres conjurés furent jugés par des commissions militaires et fusillés. Babeuf et Darthé périrent sur l'échafaud (26 mai 1796). Les autres, vieux Jacobins, Vadier, Amar, Rossignol, furent déportés.

Les finances étaient le plus grave embarras du Directoire. Un gouvernement qui se disait modéré n'avait plus la ressource des confiscations, et le progrès de la réaction arrêtait la vente des biens d'émigrés. Après le vote de trois milliards d'assignats qui ne représentaient plus que 24 millions en or, on essaya sans succès un emprunt forcé de 600 millions en valeur métallique, et la vente des forêts. Personne ne voulant plus des assignats, on brisa solennellement (18 mars 1796) la planche qui en avait frappé en six ans pour 45 milliards. Mais il fallut créer en même temps les *mandats territoriaux*, qui représentaient une valeur fixe de biens nationaux, et qu'on pouvait échanger à bureau ouvert contre ces biens sans enchères. Ce nouveau papier-monnaie, émis pour une valeur de 2 milliards 400 millions, qui devait remplacer une partie des assignats et permettre au Directoire de racheter et de supprimer le reste, n'eut comme les assignats qu'une valeur passagère, mais sauva l'Etat et solda nos armées. Les progrès du commerce et de l'industrie firent le reste. Pitt avait en vain essayé de nous perdre par la ruine de nos finances. On cessa les distributions gratuites au peuple de Paris, qui sous la Con-

vention avaient coûté presque autant que la guerre. Les Parisiens
ne furent plus rationnés.

II. Campagne de 1796. — Plan de Carnot. — Bonaparte en Italie (mars 1796-février 1797). — Jourdan et Moreau en Allemagne (juin-octobre 1796). — Capitulation de Mantoue (2 février 1797). — Soumission de l'Italie.

Vainement les peuples qui voyaient le Directoire rendre à l'Autriche la fille de Louis XVI, en échange des commissaires livrés
par Dumouriez et de quelques autres Français arrêtés contre le
droit des gens (Maret et Sémonville), ont compté que la paix
sortirait de la trêve conclue entre la république et l'empereur à la
fin de l'année 1795. La république entend garder toutes ses conquêtes, et Pitt et l'Autriche lui refusent la limite du Rhin. Alors
Carnot lance contre l'Autriche trois armées, qui doivent dans ses
plans gigantesques se rencontrer sous les murs de Vienne et
dicter la paix à l'empereur dans sa capitale; il envoie Bonaparte
et l'armée d'Italie par le Piémont, la Lombardie et le Tyrol; Moreau et l'armée du Rhin par la Souabe et la Bavière; Jourdan et
l'armée de Sambre-et-Meuse par le Bas-Rhin et la Franconie. La
France marchait sur Vienne par le Pô, le Danube et le Main.

Bonaparte trouva les vainqueurs de Loano sans pain et sans
vêtements, disséminés par Scherer de Montenotte à Savone au
nombre de 35,000, en face de 60,000 Piémontais et Autrichiens
maîtres des Alpes maritimes, des Apennins et du pays de Gênes
(mars 1796). Ce général de 28 ans, qui se croyait fait pour conduire les armées et les peuples, d'abord mal accueilli par ses lieutenants Masséna, Augereau, Sérurier, Berthier, leur donna
confiance en son génie, leur montra les richesses de l'Italie et fit
de ces soldats déguenillés une armée invincible, qui passa brusquement de la défense à l'attaque. Son plan était de traverser le
col de Cadibone entre les deux armées ennemies et de les battre
séparément. Il gagna d'abord sur l'octogénaire Beaulieu les batailles de Montenotte et de Millesimo (12 et 13 avril), sépara les
Autrichiens des Piémontais, vainquit les uns à Dégo (14), les
autres à Mondovi (21), et força la cour de Turin à signer l'armistice (28 avril), puis le traité de Cherasco (3 juin). Ce que la Con-

vention n'avait pu faire en trois ans, Bonaparte le faisait en quinze
jours. Annibal avait forcé les Alpes ; Bonaparte se vantait de les
avoir tournées. Victor-Amédée abandonnait Nice et la Savoie à la
République, livrait six forteresses, dont Coni, Tortone et Alexandrie, donnait le passage et les vivres à l'armée française et s'interdisait toute alliance contre la République. Junot et Murat venaient offrir au Directoire les drapeaux conquis, et les conseils
décrétaient cinq fois en quelques semaines que l'armée d'Italie
avait bien mérité de la patrie.

L'Italie vivait en paix depuis quarante ans sous des princes
philosophes. Victor-Amédée III, le Nestor des Alpes, avait cru se
donner la puissance militaire de Frédéric II en imitant la discipline
prussienne. Ces armées si bien dressées, et commandées par
toute sa noblesse, n'avaient pas résisté au premier choc des troupes
républicaines. Il mourut quelques mois plus tard et laissa le
trône au faible Charles-Emmanuel IV. La défection de la Sardaigne rejeta successivement les Autrichiens derrière le Pô, le Tessin
et l'Adda. Bonaparte, attendu par eux à Valenza et passant le Pô
derrière eux à Plaisance, vainqueur à Fombio où périt le général
Laharpe (8 mai), conquérant de la Lombardie au pont de Lodi, où
16,000 hommes et 20 pièces d'artillerie lui barraient le passage
(10 mai), fit son entrée à Milan le 15 mai et vit tous les petits
princes d'Italie, les ducs de Parme et de Modène, le pape et le
roi de Naples, effrayés de sa fortune et de son audace, mendier
la paix. Beaulieu n'avait pu s'arrêter sur l'Oglio, quoiqu'il eût le
lac de Garde et Peschiera à sa droite, et Mantoue à sa gauche.
Les Autrichiens, encore vaincus à Borghetto sur la ligne du Mincio (30 mai), reculèrent jusqu'au Tyrol, derrière l'Adige. Alors
Bonaparte prit possession des pays conquis à la façon des Romains. Les ducs de Parme et de Modène livrèrent des sommes
considérables avec les chefs-d'œuvre de leurs galeries et de leurs
bibliothèques. La Lombardie payait 20 millions pour notre armée
et nos finances délabrées, et mettait sur pied 12,000 auxiliaires.
En retour nos armées promettaient la liberté républicaine et l'indépendance ; mais la neutralité de Venise n'était pas plus respectée
à Vérone que celle de la Toscane à Livourne. Bonaparte envoyait
dix millions au Directoire, un million à Moreau, payait son armée et remplissait toutes ses caisses avec le reste.

Le Directoire et Carnot lui-même auraient voulu que Bonaparte, arrivé sur l'Adige où il occupait Vérone et Legnano, laissant la Lombardie à Kellermann, avançât sur l'Italie méridionale. Bonaparte désapprouva ce plan mal conçu et marqua sur l'Adige sa vraie ligne de défense. Une marche rapide jusqu'à Bologne lui suffit pour désarmer le roi de Naples ; et le pape Pie VI qu'on accusait d'avoir prêché la croisade contre la république, et laissé impuni l'assassinat de l'agent français Basseville, livra par l'armistice de Bologne (23 juin) les légations de Bologne et de Ferrare, le port d'Ancône, 24 millions, cent tableaux et cinq cents manuscrits. Une division détachée en Toscane alla saisir à Livourne les bureaux de la factorerie anglaise, pendant que Sérurier commençait le siège de Mantoue. 600 Corses réfugiés à Livourne rentrèrent dans leur île pour nous aider à chasser les Anglais.

Sur le Rhin, il semblait que l'Autriche eût mal pris son temps pour rompre la trêve conclue entre Clerfayt et Pichegru, quand les victoires de Bonaparte attiraient déjà ses forces en Italie. Tandis que Jourdan, avec sa mauvaise armée, passait le Rhin à Dusseldorf et à Neuwied (29 juin), et d'abord vainqueur par Kléber au combat d'Altenkirchen, mais vaincu peu après à Wetzlar, était rejeté sur la rive gauche, Moreau, plus libre sur le Haut Rhin, franchissait le fleuve à Strasbourg (24 juin), puis la Forêt-Noire et le Lech, envahissait la Souabe et la Bavière, menaçait le Tyrol et se rapprochait de l'armée d'Italie. Il avait battu trois fois les Autrichiens, à Renchen, à Rastadt et à Ettlingen. A son tour Jourdan repassait le Rhin, la Sieg et la Lahn, et vainqueur à Friedberg, rançonnait Francfort, Würtzbourg et Nuremberg, touchait déjà la Bohême à sa gauche et cherchait Moreau à sa droite. L'ennemi fuyait devant lui sur Amberg dans la vallée de la Naab, affluent du Danube. Moreau de son côté avait franchi le Neckar et les Alpes de Souabe pour déboucher sur le Danube, livrer à l'archiduc Charles la bataille indécise de Neresheim (11 août) et le rejeter derrière le Lech, sur la Bavière. Les armées de Sambre-et-Meuse et du Rhin occupaient victorieusement la rive gauche du Danube et pouvaient s'y joindre. L'empereur ordonnait la levée en masse et renforçait Wurmser une première fois vaincu par Bonaparte. A ce moment critique où le plan de Carnot semblait se réaliser par le rapprochement de nos trois armées, l'archiduc

Charles, par une marche hardie, se dérobe à Moreau pour courir à Jourdan avec 25,000 hommes d'élite, surprend et bat Bernadotte à Teiningen, Jourdan lui-même à Amberg et à Würtzbourg (24 août-3 septembre), et le force de repasser le Rhin à Dusseldorf. Marceau avait péri dans la retraite, à Altenkirchen. On sait comment les généraux autrichiens honorèrent ses funérailles.

Ces victoires de l'archiduc rassuraient Vienne et compromettaient Moreau. Ce conquérant de l'Allemagne méridionale, qui voyait les princes de Wurtemberg et de Bade abandonner leurs possessions de la rive gauche du Rhin, payer avec les autres Etats de Souabe 20 millions et d'énormes contributions en nature, la Bavière lui demander la paix pour 10 millions et 20 tableaux à son choix, Moreau naguère si terrible, et marchant sur Munich après sa victoire de Friedberg sur Latour (1er septembre), vit maintenant son aile gauche découverte, ses communications avec le Rhin déjà coupées, son front menacé par des ennemis plus nombreux. Il avait commis la faute de marcher trop vite sur Munich, au lieu d'opérer sa jonction avec Jourdan qui semblait sûre et facile [1], et commença avec douleur cette fameuse retraite de 26 jours, encore plus glorieuse et plus admirée que sa marche hardie sur l'Autriche, et dont Gouvion Saint-Cyr et Desaix partagèrent la gloire. Forcé de repasser le Lech et l'Iller, il repoussa à Biberach (2 octobre) Latour qui le suivait de trop près, puis aux combats d'Emmendingen et de Schliengen (19-24 octobre) l'avant-garde de l'archiduc Charles qui se rabattait sur lui pour lui barrer le passage au débouché de la Forêt-Noire, et rentra en France par Huningue avec son armée intacte, mais sans pouvoir sauver cette tête de pont où se fit tuer Abbatucci, ni le fort de Kehl.

Les Français étaient plus heureux au delà des Alpes. L'Autriche qui tenait plus à la Lombardie qu'à la Belgique, envoya successivement quatre armées périr en Italie. Wurmser, successeur de Beaulieu, arriva par quelques succès jusqu'au Mincio et força les Français à lever le siège de Mantoue (31 juillet). Il opposait 70,000 hommes à 45,000, qu'il espérait surprendre et détruire en descendant les deux rives du lac de Garde. Son lieutenant Quasdanowitch conduisait 20,000 hommes à l'ouest sur Salo et Lonato, et lui-

<hr>

1. *Mémoires de G. S.-Cyr*, 3, 20, 31, 177.

même, entre le lac et la rive droite de l'Adige, avançait sur Castiglione et Mantoue. Sauret posté à Salo, Masséna sur le plateau
de la Corona et de Rivoli, étaient contraints de reculer.

Déjà Venise et Gênes, Rome et Naples relevaient la tête. Mais
Bonaparte, plus hardi que ses lieutenants qui conseillaient la retraite, battit séparément Quasdanowitch et Wurmser aux doubles
journées de Lonato et de Castiglione (3-5 août), et après une campagne de cinq jours, fit reprendre par Sérurier le siège de Mantoue. « Wurmser, disait Bonaparte, a perdu 70 pièces de campagne,
12 à 15,000 prisonniers, 6,000 tués ou blessés, presque toutes les
troupes venant du Rhin… » C'est à ce moment-là que la cour de
Vienne pouvait craindre l'invasion du Tyrol et la jonction de Jourdan, de Moreau et de Bonaparte sur le Danube.

Wurmser, aussitôt renforcé, revint par la vallée de la Brenta
avec 40,000 hommes, pendant qu'en effet l'armée française remontait l'Adige et prenait Trente après la sanglante action de
Rovérédo (4-5 septembre). Nos victoires de Primolano et de Bassano dans la vallée de la Brenta ruinèrent la seconde armée de
Wurmser. Le vieux général, réduit à 16,000 hommes, osa passer
l'Adige à Legnano, se jeter dans Mantoue et sortir de la place
avec 25,000 hommes. Bonaparte revint sur lui, lui tua ou prit
5,000 hommes au faubourg de Saint-George et le rejeta dans
Mantoue (15 septembre). Wurmser se réfugiait dans cette ville
qu'il était venu délivrer. L'Autriche avait encore perdu en dix
jours 22,000 hommes et 75 canons. Mais Bonaparte apprenait la
retraite de Moreau et ne devait plus songer pour le moment à
monter par le Tyrol dans la vallée du Danube. Sa petite armée
ne pouvait suffire à tant de victoires. « On nous compte, écrivait-
il au Directoire, des troupes, ou l'Italie est perdue. » En attendant
des renforts, il organisait sa conquête. Il traitait avec la cour de
Naples qui fermait ses ports aux Anglais (10 octobre), et plaçait
Gênes sous la protection de la France (19 octobre).

Il semblait que l'Autriche, victorieuse sur le Main et sur le Danube, dût sans peine écraser la petite armée d'Italie. L'armée de
60,000 hommes envoyée avec le Hongrois Alvinzi au secours de
Mantoue, eut pourtant le même sort que les précédentes. 40,000
Autrichiens vinrent d'abord, par le Frioul et la route de Vicence,
s'établir dans la forte position de Caldiero, en face de Vérone.

où Davidowitch et ses 20,000 hommes devaient les rejoindre par la vallée de l'Adige. Bonaparte, repoussé dans une attaque de front sur Caldiero (12 novembre), sut tourner et forcer la position de l'ennemi par une retraite simulée : ce fut la grande bataille d'Arcole sur l'Alpon, qui dura trois jours (15, 16, 17 novembre). Deux jours après son échec, il sortit de Vérone par la porte de l'ouest, comme s'il allait battre en retraite sur Milan. Tout à coup il dirigea son armée à gauche, longea l'Adige, et passant le fleuve à Ronco, s'avança par d'étroites chaussées, à travers les marais de l'Alpon, vers le pont d'Arcole. C'est par là qu'il tournait la position d'Alvinzi. Masséna suivit la chaussée la plus voisine du fleuve en surveillant les mouvements de Davidowitch et menaçant de face Caldiero; Augereau s'engagea sur celle qui conduisait vers Arcole. Il ne put forcer le premier jour le passage du pont. Bonaparte qui s'y élançait lui-même, un drapeau à la main, à la tête des assaillants, fut précipité dans les marais et sauvé par ses grenadiers. Mais l'ennemi, effrayé de cette première attaque, évacua Caldiero pour n'être pas tourné. Le lendemain Alvinzi, qui reprenait l'offensive en plaine pour enfermer Bonaparte entre son armée et celle de Davidowitch, fut repoussé. Le troisième jour, attaqué à son tour et vaincu, à droite par Masséna, à gauche par Augereau, ayant perdu 18,000 hommes et 18 canons, il ordonnait la retraite sur Vicence, et Bonaparte rentrait à Vérone par la porte orientale. Davidowitch, effrayé, fuyait vers le Tyrol. Vaubois, qu'il avait repoussé jusqu'au Mincio, remontait sur les plateaux de Rivoli et de la Corona.

Alvinzi renforcé revint six semaines plus tard avec 60,000 hommes. Bonaparte sut deviner, prévenir, écraser avant leur jonction les deux corps de l'armée principale; ce fut la bataille de Rivoli (14 janvier 1797). L'autre lieutenant d'Alvinzi, Provera, renouvelant le coup de main de Wurmser, avait passé l'Adige avec 20,000 hommes pour délivrer Mantoue. Pendant que Joubert et Murat achevaient sur les hauteurs de la Corona la ruine d'Alvinzi, Bonaparte avec la division Masséna eut le temps de poursuivre et d'atteindre Provera; ce furent les batailles de Saint-George et de la Favorite (15 et 16 janvier). En vain les gentilshommes de Vienne étaient venus renforcer Alvinzi derrière la Brenta avec un drapeau brodé par l'impératrice. Sur ce dernier champ de bataille les volontaires de Vienne mirent bas les armes, et Mantoue capitula (2 février 1797), malgré le courage et le talent de Wurmser. 18,000 hommes avaient péri pendant le siège; les 12,000 qui restaient ne rentrèrent dans leurs foyers qu'à la condition de ne point servir contre la France avant l'échange des prisonniers. Wurmser, dont Bonaparte honorait le courage, put sortir avec les honneurs de la guerre. Bonaparte avait fait cette dernière campagne, qui lui donnait l'Italie septentrionale jusqu'à la Brenta, avec une armée peu nombreuse, mécontente du Directoire, se battant le jour, marchant la nuit, et qui se croyait perdue la veille du combat d'Arcole. La division Masséna avait combattu le 13 janvier devant Vérone, le 14 à Rivoli, le 16 devant Mantoue. En dix mois et en douze batailles rangées, l'armée d'Italie avait détruit cinq armées autrichiennes.

C'est à ces grandes journées d'Arcole et de Rivoli que les juges les plus compétents (Jomini, Clausewitz) admirent le génie militaire de Bonaparte, sa profondeur de jugement, les rares talents de Masséna, et la valeur de nos troupes. « Choisir, dit M. Thiers, entre les diverses lignes défensives celle de l'Adige, parce qu'elle n'est pas démesurément longue comme celle du Pô, facile à tourner comme l'Isonzo... voilà pour la conception (stratégie). Attendre l'ennemi en avant de Vérone; s'il se présente directement, le repousser à la faveur de la bonne position de Caldiero; s'il tourne à droite vers le bas pays, aller le combattre dans les marais d'Arcole où le nombre n'est rien et la valeur est tout; quand il descend sur notre gauche par le Tyrol, le recevoir au plateau de Rivoli, et là, maître des deux routes, celle du fond de la vallée que suivent l'artillerie et la cavalerie, celle des montagnes que suit l'infanterie, jeter d'abord l'artillerie et la cavalerie dans l'Adige, puis faire prisonnière l'infanterie *isolée*, prendre 18,000 hommes avec 15,000, voilà pour l'art du combat (tactique). »

Le pape, enhardi naguère par quelques succès de Wurmser jusqu'à rompre avec la République française qui le sommait de révoquer toutes ses bulles depuis 89, se hâta de signer la paix de Tolentino (19 février). En huit jours les Français avaient pris sans combattre la Romagne, Urbin, la marche d'Ancône, et s'ouvraient le chemin de Rome. Le pape abandonna l'État d'Avignon, les légations de Bologne et de Ferrare, et la Romagne; il payait 30

millions et laissait Ancône aux Français jusqu'à la paix. Bonaparte
n'insista plus pour la révocation des bulles. Avec les pays cédés par
le pape et le duché de Modène et Reggio dont il avait prononcé
la déchéance, il composa la République cispadane, promit aux
Milanais la formation d'une République lombarde ou transpadane,
et chassa enfin les Anglais de la Corse par une expédition partie
de Livourne.

III. Campagne de 1797. — Marche de Bonaparte sur Vienne (mars). — Préliminaires de Léoben (18 avril).

L'Autriche, après tant de défaites, abandonnée de presque tous
ses alliés, ne consentait pas encore à traiter. Au général Clarke,
chargé par le Directoire de lui proposer une trêve, elle répondait
fièrement qu'à Vienne on ne reconnaissait pas la République française. Le monde la connaissait pourtant et tremblait devant elle.
L'Espagne avait renouvelé son pacte de famille avec la France
(août 1796). Toute l'Allemagne recherchait la neutralité comme
l'Italie. Quand on comptait sur Catherine II, on apprenait sa mort,
et son fils Paul Ier se contentait pour le moment de rappeler à la
diète germanique ses devoirs envers l'empereur. L'Angleterre
seule poursuivait vivement sa guerre maritime contre la France et
ses alliés, quoique après les premières défaites de Wurmser elle
eût feint de négocier (octobre 1796), pour calmer l'opinion publique
et pour éviter l'invasion française en Irlande. L'amiral Truguet
relevait notre marine. Le Directoire, en effet, ayant désarmé les
Vendéens, résolut de soulever l'Irlande, cette Vendée de l'Angleterre, et de poursuivre jusqu'en son dernier asile la coalition vaincue
sur le continent. Morard de Galles avec 25 vaisseaux de ligne
devait porter dans la baie de Bantry Hoche et 20,000 hommes
assemblés à Brest. A la faveur d'une tempête qui éloigna la
croisière anglaise, notre flotte atteignit les côtes d'Irlande ; mais
la même tempête dispersant nos vaisseaux sépara de la flotte celui
qui portait l'amiral et le général, et nous força de renoncer au
débarquement (décembre 1796). Une autre expédition tentée en
août 1797 par le général Humbert, n'eut pas un meilleur succès.
Attaqué dans sa marche sur Dublin par des forces supérieures, il
dut mettre bas les armes.

A l'intérieur l'Angleterre avait triomphé d'une crise financière et d'une crise maritime. L'énergie du parlement avait sauvé de la banqueroute la banque réduite à suspendre pendant quatre mois ses paiements en espèces, et le ministère avait triomphé par le patriotisme de ses marins de leurs deux révoltes sur la flotte de Spithead et sur celle de la Nore, à l'embouchure de la Tamise. L'Angleterre, ainsi pacifiée au dedans, trouvait son compte à continuer la guerre. L'alliance de la république batave avec la France lui livrait les flottes et les colonies hollandaises. En Afrique elle prit la colonie du Cap par capitulation et la flotte entière de l'amiral Lucas qui tentait de la reprendre ; aux Indes-Orientales Ceylan et les Moluques ; en Amérique Démérary et Berbice ; en Europe elle battit la flotte de l'amiral Winter à Camperduin, à la hauteur d'Egmont, lui prit sept vaisseaux de ligne et trois frégates (11 octobre 1797). L'Espagne ne fut pas moins durement punie de son traité de Saint-Ildefonse avec la France, et d'un violent manifeste contre la perfidie et la tyrannie maritime de l'Angleterre. L'amiral Cordova, parti de Carthagène avec 27 vaisseaux de ligne, 10 frégates et 70 bâtiments de transport pour rallier à Brest la flotte française, fut vaincu à la hauteur du cap Saint-Vincent par Jervis qui n'avait que 15 vaisseaux de ligne (février 1797). Nelson bloqua la flotte espagnole dans Cadix. En Amérique Harway prenait la Trinité.

Ces succès de l'Angleterre enhardissaient l'Autriche. Les Hongrois, à la diète de Presbourg, votaient la levée en masse pour défendre contre la barbarie française le trône, la religion et la noblesse. Dans tous les états héréditaires, mêmes apprêts. L'archiduc Charles, libre sur le Rhin par l'armistice qui avait suivi la prise de Kehl et de Huningue, vint prendre le commandement de l'armée d'Italie. Mais Bonaparte, dans la campagne décisive de 1797, allait renverser par sa vitesse et son audace tous les plans de l'habile tacticien devant lequel avaient reculé Jourdan et Moreau, et l'armée d'Italie allait pour sa part exécuter le plan de Carnot. Renforcée par seize régiments des armées du Rhin et de Sambre-et-Meuse, elle comptait près de 60,000 hommes. Les républicains rigides de Moreau et de Jourdan, amenés par Bernadotte et Delmas, venaient reprendre le chemin de Vienne avec Bonaparte.

L'archiduc, placé devant le col d'Adelsberg dans les Alpes Juliennes et couvrant Trieste, Lusignan en avant du col de Tarvis dans les Alpes Carniques, et Laudon en avant du col de Brenner dans les Alpes Rhétiques, défendaient les trois routes qui conduisent du nord de l'Italie dans la vallée du Danube. Bonaparte, laissant Kilmaine en Italie avec 20,000 hommes, attaqua sur trois points cette formidable ligne des Alpes. A droite il força le passage du Tagliamento par la bataille de Valvasone (16 mars); Masséna au centre emporta le col de Tarvis (19 mars); Joubert à l'extrême gauche, vainqueur à Neumark et à Klausen, franchit le col du Brenner, et tous trois convergèrent sur la route de Klagenfürth. Bonaparte, arrivé sur la Drave, culbuta l'archiduc et ses dernières troupes aux combats de Neumark et d'Unsmark (2-5 avril), et cinq jours plus tard il atteignait Léoben où il était rejoint par Joubert. Du haut du Semmering, son avant-garde voyait au nord les clochers de Vienne. L'archiduc demanda un armistice. Dans les premiers pourparlers, sa défaite fut honorée par une parole généreuse du vainqueur : « Votre gouvernement, dit Bonaparte aux envoyés autrichiens, a envoyé contre moi quatre armées sans généraux, et cette fois un général sans armée. » L'empereur se laissa pousser par sa cour à signer l'armistice de Léoben (18 avril), au moment où l'armée française, ne recevant ni nouvelles ni renforts de l'armée du Rhin, s'effrayait sérieusement de l'approche des Hongrois, de la résistance des Tyroliens, et craignait d'être encore prise à revers par les Italiens soulevés. Le Directoire confirma cette convention où Bonaparte avait dédaigné de stipuler la reconnaissance de la République française. Il était dit que l'Autriche céderait la Belgique et recevrait pour la Lombardie une indemnité sur le territoire de Venise; que l'empire indemniserait dans un congrès tenu à Rastadt les princes dépossédés sur la rive gauche du Rhin, et reconnaîtrait les républiques formées en Italie.

A ce moment les hostilités suspendues depuis la prise de Huningue étaient rouvertes sur le Rhin. Avec l'armée de Sambre-et-Meuse, Hoche, successeur de Jourdan, avait franchi le Rhin à Neuwied, et, vainqueur de Kray près de Heddersdorf, poussait jusqu'à Francfort. L'armée de Moreau, auquel le Directoire pouvait à peine fournir un équipage de pont, passait le Rhin au-dessous

de Strasbourg et battait les Autrichiens à Dierscheim. Son lieutenant Desaix rejetait l'ennemi dans la Forêt-Noire, et les deux
armées allaient se joindre dans la vallée du Main quand la nouvelle de l'armistice les arrêta.

Bonaparte se hâta de repasser les Alpes Juliennes pour accabler
Venise et châtier le *lion valétudinaire* de Saint-Marc. Les Français
convoitaient les flottes et les arsenaux de la vieille république, et
s'entendaient déjà avec les démocrates de Venise et des villes
principales pour renverser son oligarchie et sa noblesse, quand le
sénat lui-même leur en offrit l'occasion. En voyant les populations
soulevées derrière l'armée française, le gouvernement vénitien
crut qu'elle allait succomber sous les coups des montagnards du
Tyrol et de la Carinthie, conduits par Laudon. Il attisa l'insurrection dans ses provinces et souleva les campagnes contre les villes.
Le peuple de Vérone massacra une centaine de Français et
jusqu'à nos blessés dans les hôpitaux (*Pâques de Vérone*). Il fallut
que la division Kilmaine livrât bataille pour délivrer la garnison
assiégée par 20,000 montagnards, 10,000 Esclavons et l'armée de
Laudon. Les Vénitiens massacrèrent l'équipage d'un navire
français échoué dans les lagunes. Le sénat feignait lâchement de
désavouer ces massacres qu'il avait préparés. La nouvelle de
l'armistice de Léoben le frappa de terreur. Au lieu de résister et
de tomber avec honneur, les sénateurs implorèrent la clémence
de Bonaparte. Sur son ordre, ils renvoyèrent leurs troupes
slavonnes et transmirent leurs pouvoirs à un nouveau sénat, en
réservant leurs pensions. Bonaparte avait résolu de ruiner Venise
et d'en abandonner les débris à l'Autriche. Les Français prirent
les vaisseaux et les arsenaux, dépouillèrent les églises, les galeries
et les bibliothèques, envoyèrent le lion de Saint-Marc à Paris, et
gardèrent la ville jusqu'au traité de Campo-Formio. L'aristocratie
de Gênes fut renversée dans le même temps par une insurrection
de la démocratie qui fonda la république ligurienne, alliée de la
France.

**IV. Intrigues royalistes. — Coup d'État du 18 fructidor
  (4 sept. 1797). — Coup d'État financier; le tiers consolidé
  (30 sept). — Traité de Campo-Formio (17 oct. 1797).**

La République, victorieuse au dehors, était déchirée au dedans
par les factions. Tant qu'il avait marché d'accord avec les conseils,

le Directoire avait pu défier et contenir les partis. Il avait pour lui
la majorité conventionnelle. Mais les royalistes, vaincus au 13
vendémiaire, avaient repris l'avantage dans les élections de l'an V
(mai 1797), et presque entièrement remplacé le tiers sortant. Ils
dominaient dans les deux conseils, par le nombre et par l'ardeur.
Assez habiles pour cacher leur but, ils ralliaient aux grands mots
de justice, de modération, de paix, les anciens constitutionnels et
les républicains honnêtes. Des hommes tels que Vaublanc, Dumas,
Portalis, Pastoret, Dupont de Nemours, Siméon, Tronchet, Barbé-
Marbois, Tronçon-Ducoudray, donnaient de l'autorité au parti,
quand le Directoire était compromis et souillé par les orgies et la
vénalité de Barras. L'impôt forcé n'avait produit que 300 millions;
les mandats territoriaux étaient dépréciés; l'État lui-même ne recevait plus le papier-monnaie que pour sa valeur réelle, et vivait
d'expédients misérables et ruineux. Les agioteurs, dont Barras
était le complice, dévoraient toutes les administrations, et pillaient
sur nos conquêtes et sur nos armées. Ces nouveaux riches éta-
laient dans Paris le luxe et la corruption qui rappelaient les plus
mauvais jours de la Régence et de Louis XV. Le Directoire aussi
avait ses *roués*. « Tous les vices avaient succédé à tous les for-
faits. » Les royalistes en étaient plus hardis. Dans le midi les
Jacobins blancs, les *compagnies de Jéhu* et *du Soleil* continuaient
leurs massacres; dans l'ouest les *chauffeurs* ravageaient les campagnes. L'agence royaliste de Paris, dirigée par l'abbé Brotier,
Lavilleheurnois et Duverne de Presles, enveloppait tout le pays
de ses intrigues. Une tentative sur le camp des Sablons fit saisir
par la police et condamner à mort ces obscurs triumvirs qu'on se
contenta de tenir en prison. Le Directoire fit grand bruit de ce
complot où selon lui 180 députés étaient compromis. Les royalistes
des conseils portèrent Pichegru à la présidence des Cinq-Cents,
Barbé-Marbois à celle des Anciens, et Barthélemy, l'habile négo-
ciateur de Bâle, au Directoire à la place de Letourneur. Une violente opposition s'organisa dans les deux conseils et dans la nation.
On se plaignait de la guerre, des impôts si lourds malgré les
contributions levées sur les peuples voisins, du désordre des finances, du gaspillage des rentes et des biens nationaux prodigués à
certains créanciers de l'État. Le club de Clichy agitait les projets
les plus audacieux et ne désespérait pas de faire proclamer

Louis XVIII par les conseils. Les écrivains royalistes, les émigrés, les prêtres réfractaires revenaient en foule. Cette audace des royalistes, chaque jour plus visible, effraya la masse du peuple attachée à la révolution. Les républicains modérés, les patriotes de 1791 et les conventionnels opposèrent le club de Salm au club de Clichy. En vain Carnot dans le Directoire, Thibaudeau aux Cinq-Cents, et quelques patriotes éclairés essayèrent d'éloigner une collision fatale. Carnot n'accusait que la marche du gouvernement d'une opposition qui lui semblait constitutionnelle, et prédisait qu'une fois entré dans la voie des coups d'État, on n'en sortirait plus.

Le Directoire n'avait pas même le droit de dissoudre les conseils. La constitution n'avait pas prévu cette rivalité des grands corps de l'État et cette conspiration des deux conseils contre la République. Trois directeurs, Rewbell, Laréveillère et Barras, forts de l'appui de l'armée et des adresses qu'ils en recevaient, résolurent de prévenir leurs ennemis par un coup d'État. Bonaparte le conseillait, et son armée de Jacobins menaçait les prêtres et les émigrés de ses baïonnettes, dans le langage de 1793. Moreau était plus réservé, à la tête de son armée de Girondins, et se taisait sur la conspiration royaliste qui lui était connue. Les triumvirs comptaient sur Hoche, plus franchement dévoué à la République, pour écraser les royalistes à Paris comme en Vendée. Hoche, au premier signe du Directoire, envoya 15,000 hommes sur Paris, au delà des limites fixées par la constitution (un rayon de douze lieues autour de Paris), mais s'effraya de la protestation des conseils et recula. Un général moins scrupuleux, Augereau, envoyé par Bonaparte pour présenter les adresses jacobines de l'armée d'Italie et les drapeaux conquis, reçut le commandement de Paris, et les troupes d'abord arrêtées par Hoche avancèrent.

Les conseils, de jour en jour plus hardis, renforçaient les pouvoirs de leurs questeurs ou inspecteurs, mettaient sous leurs ordres la garde particulière du corps législatif, commandée par l'adjudant-général Ramel, et pour relever les vaincus de vendémiaire, décidaient de réorganiser partout les gardes nationales. Camille Jordan obtenait, par un rapport célèbre sur la liberté des cultes, le libre usage des cloches, l'abolition des lois pénales contre les prêtres réfractaires. Les plus ardents royalistes, parlant comme des Jacobins, proclamaient le saint devoir de l'insurrection contre la ty-

rannie des triumvirs. Ceux-ci n'hésitèrent plus. Dans la nuit du
17 au 18 fructidor (3 et 4 sept.), les 12,000 hommes d'Augereau entrèrent dans Paris, cernèrent les Tuileries et marchèrent contre les
800 grenadiers de Ramel. Au seul nom de la République, la petite
troupe baissa les armes et cria : Vive Augereau ! Vive le Directoire ! Le
coup d'État était fait. Les soldats envahirent les salles, arrêtèrent
les inspecteurs et les chefs du parti, et renvoyèrent les Cinq-Cents
à l'Odéon, les Anciens à l'École de Médecine. Les deux minorités
des conseils dévouées au Directoire votèrent tous les décrets proposés par les triumvirs. On condamna, non plus à l'échafaud comme
au temps de la Terreur, mais à la déportation les deux directeurs
Barthélemy et Carnot, quarante-deux membres du conseil des Cinq-
Cents et onze des Anciens, dont Boissy-d'Anglas, Bourdon de
l'Oise, Camille Jordan, Noailles, Pastoret, Pichegru, Quatremère de
Quincy, Siméon, Villaret-Joyeuse, Villot, Barbé-Marbois, Dumas,
Laffond-Ladebat, Portalis, Tronçon-Ducoudray, etc.; en outre
tous les propriétaires ou rédacteurs de 42 journaux. La plupart
des proscrits et Carnot s'échappèrent ; on déporta dans les marais
de Cayenne et de Sinnamary quinze des plus importants, Pichegru, Barthélemy, Villot, etc., et les autres à l'île d'Oléron. Le Directoire fit casser les élections de 53 départements et rétablit les
lois de proscription contre les émigrés, les prêtres réfractaires et
les princes de la maison de Bourbon. François de Neufchâteau et
Merlin de Douai remplacèrent Barthélemy et Carnot. Moreau,
qu'on accusait d'avoir connu les intrigues de Pichegru, perdit son
commandement, malgré la lettre où il dénonçait trop tard son
compagnon d'armes. Hoche, qui lui succéda à la tête des deux
armées du Rhin, mourut subitement quinze jours après le 18 fructidor, à l'âge de vingt-neuf ans, et de tous les chefs militaires en
renom Bonaparte resta seul en vue.

Les Parisiens à leur réveil apprirent avec indifférence, comme un
peuple las de révolutions, que l'énergie et le patriotisme du Directoire avaient violé la constitution pour sauver la République. Les
plus sages s'affligèrent seuls d'un coup d'État qui remettait aux
baïonnettes le sort des gouvernements et préparait les voies à la
tyrannie militaire. La république batave et la république cisalpine
se hâtèrent d'imiter la France. Chez les Hollandais les démocrates
ou unitaires chassèrent de l'Assemblée nationale tous les dissidents

et jurèrent la ruine des fédéralistes ou partisans des libertés provinciales, comme en France on jurait de haïr les royalistes.

Quelques semaines après le coup de main de Barras et d'Augereau, le Directoire fit dans les finances un autre coup d'État qu'on nomma la *banqueroute*. Les intérêts de la dette publique se montaient à 258 millions, que l'État payait fort mal, un quart en numéraire, et le reste en bons des trois-quarts. Le Directoire fit décréter qu'on rembourserait les deux tiers de la rente en bons sur les biens nationaux, et que le tiers restant serait inscrit sur le grand-livre comme rente perpétuelle sous le nom de *tiers consolidé* (30 sept. 1797). En d'autres termes, au mépris de certain article de la constitution de l'an III, l'État réduisait le service de la rente publique de 258 millions à 86, en imposant à ses créanciers des bons nationaux qui perdaient 90 pour 100.

Le Directoire, tout-puissant par son coup d'État, eut volontiers continué la guerre. Dans les conférences rouvertes à Lille avec lord Malmesbury, l'Angleterre ne nous contestait plus la Belgique abandonnée par l'Autriche, mais elle entendait garder les colonies de nos alliés, la Trinité, le Cap, Ceylan; le Directoire rompit les négociations. L'Autriche avait d'abord hésité à signer la paix, comptant sur les progrès de la réaction royaliste à Paris; à son tour le Directoire refusait de traiter Venise comme la Pologne, et renvoyait l'Autriche pour les indemnités aux sécularisations. Mais Bonaparte ne voulait ni ménager Venise, ni reprendre les hostilités. Il entendait mener la paix aussi librement que la guerre et pacifier l'Europe sur les bases posées à Léoben. Il n'attendit pas le traité définitif, ni les volontés du Directoire, pour organiser la république cisalpine par la fusion des républiques lombarde et cispadane, auxquelles il joignit les pays de Mantoue, Bergame, Brescia et Crème. Malgré les dernières instructions du Directoire, il sacrifia Venise. Le 17 octobre, cinq semaines après le 18 fructidor, l'Autriche signa le traité de Campo-Formio. L'empereur cédait les Pays-Bas à la France, la Lombardie à la république cisalpine, et recevait pour indemnité le territoire de Venise jusqu'à l'Adda, l'Istrie, la Dalmatie et les îles adjacentes, moins les îles Ioniennes que la France se réservait. Outre la république cisalpine, composée de la Lombardie, de la Valteline, des légations de Ferrare et de Bologne, du duché de Mantoue, l'empereur reconnaissait les républiques ligurienne et batave. Il cédait le Brisgau au duc de Modène et promettait d'aider la France dans le congrès de Rastadt à régler sur la rive droite du Rhin les indemnités des princes dépossédés sur la rive gauche. Il remettait en liberté Lafayette et ses compagnons. Il s'engageait de plus, par articles secrets, à faire en sorte que l'empire abandonnât à la France toute la rive gauche du Rhin, y compris la tête de pont de Mannheim, la ville et la forteresse de Mayence. A son tour la France promettait secrètement de procurer à l'Autriche Salzbourg et quelques morceaux de la Bayière, et de ne souffrir aucun agrandissement de la Prusse. L'Autriche admettait encore une fois, quoique vaguement, le principe des sécularisations. La Prusse protestante, consultée pendant les pourparlers par notre ministre des affaires étrangères, Talleyrand, s'y était résignée plus vite que l'Autriche.

Le Directoire, injurié pour la rupture des conférences de Lille, n'osa pas repousser le traité de Campo-Formio, que la nation acceptait par des cris de joie. Bonaparte fut nommé plénipotentiaire au congrès de Rastadt et général en chef de l'*armée d'Angleterre*. Après avoir ouvert le congrès, il laissa ce pénible travail aux diplomates, pour aller jouir à Paris d'une gloire qui remplissait le monde entier, et se faire présenter au Directoire par Talleyrand. Dans la fête que lui donnèrent les Directeurs au nom de la France (10 déc. 1797), il parut au milieu de ses lieutenants, des savants et des artistes qui semblaient déjà s'associer à sa gloire. Berthier et Monge avaient apporté le traité à Paris. Tout le monde admirait ce jeune homme pâle et frêle qui, dans vingt mois, avait gagné dix-huit batailles rangées, fondé trois républiques et pacifié le continent. Ce jeune homme ne se crut pas encore assez fort pour saisir le pouvoir et *marcher seul*, ce qui voulait dire marcher avec la nation et sans les partis.

CHAPITRE VII

EXPÉDITION D'ÉGYPTE. — LA SECONDE COALITION. —
LE **18** BRUMAIRE

SOMMAIRE.

1. — Le Directoire, vainqueur de la première coalition, est sans
force réelle à l'intérieur. Inquiété par les élections de l'an VI, il
fait contre les Jacobins le coup d'État du 22 floréal (11 mai 1798).
Il s'appuie sur l'armée et cherche de nouvelles conquêtes. Il fonde
la république romaine en renversant le pouvoir temporel du pape
(février), la république helvétique en transformant la Suisse à
l'image de la France (avril), et enlève le Piémont au roi de Sardaigne (décembre).

2. — En même temps, effrayé de la popularité de Bonaparte, il
accueille volontiers son projet d'expédition en Egypte et ses plans
gigantesques qui menacent la puissance de l'Angleterre dans la
Méditerranée et dans les Indes. La flotte partie de Toulon prend
Malte en passant (juin 1798), et débarque près d'Alexandrie une
armée de 40,000 hommes en se dérobant aux Anglais (1er juillet).
La haine des Arabes et des Coptes contre les Mameluks facilite
à Bonaparte l'invasion du pays, et la victoire des Pyramides lui
ouvre le Caire (21 juillet), où il fonde l'Institut d'Egypte. Mais la
destruction de la flotte française au combat d'Aboukir (1er août)
semble l'enfermer dans sa conquête, où deux armées turques
vont l'attaquer. Pour les prévenir, il charge Desaix d'achever la
réduction de l'Egypte et porte hardiment la guerre en Syrie. Vainqueur de l'armée de Damas au mont Thabor (16 avril 1799), il
échoue au siège de Saint-Jean-d'Acre (mars-mai), et, forcé de rentrer en Egypte, il écrase l'armée de Rhodes à la bataille d'Aboukir (25 juillet).

3. — Cependant la seconde coalition, provoquée malgré le congrès
de Rastadt par les envahissements du Directoire et enhardie par
le désastre d'Aboukir, a réuni toute l'Europe contre la France,
moins la Prusse et l'Espagne. Elle triomphe d'abord à Rome avec
le roi de Naples (novembre 1798), mais Championnet venge la
France à Naples et fonde la république parthénopéenne (janvier
1799). Bientôt les revers de Jourdan en Souabe à Stockach (mars),
ceux de Schérer et de Moreau en Lombardie à Magnano et à Cassano (avril), de Macdonald sur la Trébie (juin) et de Joubert à
Novi (août), livrent toute l'Italie aux Austro-russes, qui relèvent le
pape à Rome et les Bourbons à Naples. Masséna sauve la France
à Zurich (26 septembre), comme Brune aux Pays-Bas par ses victoires de Bergen et de Castricum (septembre-octobre). Le czar

Paul Ier, mécontent des Autrichiens en Suisse et des Anglais en Hollande, se retire de la coalition.

4. — Au dedans le Directoire, affaibli par le coup d'État du 30 prairial (18 juin 1799) et mutilé à son tour par les conseils, est avili par ses défaites. Bonaparte, revenu d'Égypte sur les instances secrètes de ses amis (9 octobre), renverse au 18 brumaire (9 novembre) la constitution violée par tous les partis, et fonde la dictature militaire sous le nom de Consulat. La constitution de l'an VIII (15 décembre 1799), au contraire des précédentes, renforce le pouvoir exécutif aux dépens du pouvoir législatif. Le premier consul, assisté de deux collègues subalternes et de quatre corps délibérants, *Conseil d'État* préparant les lois, *Tribunat* qui les discute, *Corps législatif* qui les vote sans discussion, et *Sénat conservateur* nommant sur des listes de notabilités les membres des grands corps de l'État, exerce en réalité le pouvoir monarchique. La nation, lasse d'agitations révolutionnaires, se confie et se livre au premier consul.

1. Impopularité du Directoire. — Coup d'État du 22 floréal (11 mai 1798). — Intervention au dehors. — Organisation de la République romaine (février 1798) et de la République helvétique (avril).

La République française s'imposait par les traités de Bâle et de Campo-Formio au droit public européen. Elle s'entourait de républiques vassales, s'étendait et se fortifiait sur les Alpes et sur le Rhin, et se donnait, contre l'Angleterre qui seule n'avait pas traité, les flottes de l'Espagne et de la Hollande, et la forte position des îles Ioniennes. Mais c'était la force et la gloire de la France et du héros d'Arcole, non celle de son gouvernement. Le Directoire, vainqueur au dedans et au dehors, était sans force réelle. Le commerce, l'industrie et l'agriculture languissaient. Le discrédit du papier-monnaie, plus rapide sous un gouvernement plus modéré, la réduction de la dette publique au *tiers consolidé*, et le remboursement forcé des deux autres tiers en bons sans valeur, portaient le trouble dans les fortunes privées. En l'an VI, le Directoire n'avait qu'une recette de 616 millions pour une dépense évaluée à 788 millions. L'élévation des droits d'enregistrement, la taxe sur les rentes, le rétablissement de la loterie, l'emprunt forcé et progressif de cent millions, la *loi des otages* contre les parents des émigrés, qui menaçait 150,000 familles, étaient d'autres causes de souffrance, d'agitation et de haine. On ne tenait pas même compte au Directoire de ses œuvres utiles : organisation de l'École polytechnique (1797) et du Conservatoire des arts et métiers (1798), première Exposition des produits de l'industrie. Le peuple des villes, ruiné par les impôts et par la suspension du travail, et n'étant plus soutenu par la fièvre révolutionnaire, sentait son mal et sa misère. Les paysans seuls étaient plus heureux depuis la vente des biens nationaux. Le Directoire, ruiné par une armée de fonctionnaires et d'espions, comptait sur de nouvelles conquêtes et sur le pillage des pays conquis pour arriver peu à peu à se passer du papier-monnaie, et tout le monde attendait la fin de sa tyrannie sans grandeur.

A peine délivré des royalistes par le 18 fructidor, le Directoire eut contre lui les révolutionnaires et le club des Jacobins ou du Manège fondé par Drouet. Il était sûr de la majorité des conseils, il enchaînait la presse et même la parole ; mais la réaction jacobine n'en triompha pas moins dans les élections de l'an VI qui devaient fournir 437 nouveaux députés, soit pour le tiers sortant, soit pour remplacer les proscrits de fructidor. Les constitutionnels et les modérés, dégoûtés des violences de la vie publique, n'avaient pris qu'une faible part aux élections, et leur abstention avait procuré aux Jacobins un succès facile. Mais le Directoire s'arma d'une loi de l'année précédente qui le faisait juge des opérations électorales, et renouvelant son coup d'État contre les Jacobins, fit casser par une commission des deux conseils toutes les élections qui lui déplaisaient. La prédiction de Carnot se réalisait. Ce misérable expédient, qu'on nomma le coup d'État du 22 floréal (11 mai 1798), détourna pour quelque temps le coup qui devait frapper tôt ou tard ce pouvoir impopulaire. L'avocat Treilhard remplaça au Directoire François de Neufchâteau.

Ce gouvernement qui devait être renversé par un de ses généraux, s'appuyait surtout sur l'armée et croyait vivre à force de conquêtes. Il attaqua d'abord l'Italie où ses troupes étaient restées sur le pied de guerre après la paix.

A Rome l'influence française et le voisinage de la République cisalpine réveillèrent, comme à plusieurs époques du moyen âge, les souvenirs de l'ancienne liberté. Les Romains n'étaient guère disposés à soutenir le pape contre les Cisalpins qui lui déclaraient la guerre. L'envoyé français, Joseph Bonaparte, vit son palais menacé et son aide de camp, le général Duphot, tué dans une émeute (27 décembre 1797). Le Directoire, n'ayant point reçu les satisfactions convenables, rompit le traité de Tolentino. Berthier, successeur de Bonaparte à l'armée d'Italie, entra dans Rome avec une petite armée et rendit l'avantage au parti républicain (février 1798). L'arbre de la Liberté se dressa sur le forum. Rome, érigée en République et soustraite au pouvoir temporel du pape, eut cinq consuls, des sénateurs et des tribuns. Mais ses libérateurs, et surtout Masséna, exigeaient des Romains affranchis des contributions de guerre pour nourrir et vêtir leurs soldats; ils dépouillaient les églises et les palais pour envoyer des trophées à Paris. Nos soldats eux-mêmes protestaient contre les rapines de Masséna. Le peuple romain s'étant soulevé pour s'affranchir de cette liberté qu'on lui vendait si cher, le vieux Pie VI fut envoyé prisonnier à Valence, où il mourut l'année suivante. L'Espagne seule parut s'émouvoir de la déchéance du pape.

Le grand-duc de Toscane et le roi de Sardaigne semblaient menacés du même sort que le pape. On ménagea quelque temps le premier comme prince autrichien. Le second croyait se sauver par l'observation scrupuleuse des traités. Attaqué au dehors par les deux républiques voisines, au dedans par le parti révolutionnaire, il invoqua la médiation de la France et lui livra la citadelle de Turin. Puis aux premiers mouvements du roi de Naples, il dut livrer ses autres forteresses et son armée à Joubert, céder le Piémont à la France et se retirer en Sardaigne (décembre 1798).

Même révolution en Suisse. Depuis longtemps le gouvernement des cantons s'était concentré dans quelques familles patriciennes, au préjudice de la petite bourgeoisie et des habitants de la campagne, plutôt sujets que membres de la Confédération dans les bailliages *communs*. La plus fière oligarchie était celle de Berne. Là quelques consuls, exclusivement choisis dans certaines familles, régnaient sur tout le canton et sur le pays de Vaud, conquis en 1536 sur la Savoie, pays français par la langue et les idées. Les Vaudois soulevèrent tout le pays contre les aristocrates de Berne. La France, appelée au secours par les insurgés, saisit volontiers ce prétexte d'intervention. On crut qu'elle convoitait le trésor de Berne pour couvrir les frais de son expédition d'Egypte. Le pays de Vaud, secondé par une armée française, se proclama

République du Léman. Brune pensa que la mort de quelques soldats, tués par les Suisses, lui donnait le droit d'occuper Berne, d'enlever le trésor et l'arsenal, et d'imposer encore des contributions de guerre à ce pays où les émigrés avaient conspiré contre la France avec l'ambassadeur anglais Wickham. La France attisa de même la discorde à Bâle et dans les autres cantons, dressa partout l'arbre de la Liberté, et transforma le pays à son image. A la place de la vieille Confédération, elle créa la *République helvétique* une et indivisible, partagée en 22 cantons, avec cinq directeurs (dont les deux chefs de la révolution, Pierre Ochs de Bâle, et Laharpe de Vaud, ancien précepteur d'Alexandre Ier), et deux conseils législatifs élus par les assemblées primaires (12 avril 1798). Mulhouse et Genève furent incorporées à la France, Zurich et Lucerne rançonnées. La diète d'Aarau installa ce nouveau gouvernement. Les petits cantons démocratiques, excités par les prêtres et soutenus par l'Autriche, essayèrent de recouvrer leur vieille indépendance. La guerre fut plus sérieuse dans la patrie de Guillaume Tell. Deux ou trois mille Français y périrent. Uri, Schwytz, Glaris, Zug, Unterwald, ne se soumirent qu'après avoir au moins combattu, et discuté les conditions de la paix. La Suisse, enchaînée à l'alliance française, perdait sa neutralité. La France acquit par un traité le droit de s'ouvrir en Suisse deux routes militaires, vers la Souabe par la vallée du Rhin, et vers la Cisalpine par le Valais et le Simplon (août 1798).

II. Expédition d'Égypte (mai 1798). — Bataille des Pyramides (21 juillet). — Désastre d'Aboukir (1er août). — Expédition de Syrie (mars-mai 1799). — Victoire d'Aboukir (25 juillet).

En même temps que le Directoire provoquait la guerre continentale par besoin d'argent, ou par l'ambition philosophique de démocratiser toute l'Europe, ou par imitation ridicule du sénat romain, il préparait la guerre maritime. Le seul homme capable de fonder un plus glorieux despotisme, à peine reposé de ses exploits d'Italie, allait chercher au loin une gloire plus brillante. Il partait pour cette terre d'Orient où se font les grands noms. Au lieu de tenter cette invasion de l'Angleterre qui semblait préparée dans nos ports de l'Océan et d'exécuter sur l'Irlande le plan du général Hoche, Bonaparte s'embarquait pour l'Égypte à Toulon avec l'élite de son armée d'Italie, des artistes et des savants de la République. Au Directoire qui d'abord avait songé à frapper les Anglais dans Londres, il exposait que la conquête d'une terre si féconde, et si importante par sa position, indemniserait la France de la perte de ses colonies d'Amérique et lui donnerait le commerce du Levant; qu'on pourrait de là donner la main à Typpou-Saëb, défenseur de l'Indoustan contre les Anglais, remplacer ceux-ci dans l'Inde, et faire de la Méditerranée un lac français et d'Alexandrie l'entrepôt du monde entier par les stations de Marseille, Toulon, Malte et Corfou. On crut que le Directoire, inquiet d'une gloire déjà si hardie, lançait volontiers dans les lointaines aventures le conquérant de l'Italie et son armée. Pour justifier cette entreprise contre notre plus ancien allié, le sultan, il parlait de lui soumettre les Mameluks toujours rebelles et d'arracher enfin l'Égypte à cette oligarchie militaire commandée par 24 beys, qui la pillait depuis six siècles. Talleyrand promettait d'aller à Constantinople expliquer au sultan le but de l'expédition. Aux philosophes cosmopolites, le Directoire montrait la gloire de reporter en Orient le flambeau de la civilisation européenne et d'affranchir l'Égypte, la mère des arts, de la tyrannie des Turcs et des Mameluks.

Pour tromper les Anglais, maîtres de la Méditerranée, on couvrit d'un profond mystère ce plan si hardiment conçu. L'activité qui régnait dans les ports de l'Océan, détourna les yeux des armements de Toulon, de Gênes et de Civita-Vecchia, quoique personne ne comprit d'ailleurs que, pour une descente en Angleterre, on enrôlât des savants et des artistes, Monge, Berthollet, Fourier, Geoffroy-Saint-Hilaire, Conté, etc. Tout à coup Bonaparte alla prendre à Toulon le commandement des 36,000 hommes qu'on appelait l'*aile gauche de l'armée d'Angleterre*, et leva l'ancre (19 mai 1798). L'amiral Brueys, avec 14 vaisseaux de ligne, 16 frégates et 72 corvettes ou chaloupes canonnières, ayant rallié les convois de Gênes, d'Ajaccio et de Civita-Vecchia, protégeait les 400 bâtiments qui portaient l'armée d'Égypte et ses chefs Kléber, Desaix, Murat, Lannes. Le 12 juin, l'île de Malte prise en passant, ou plutôt livrée par la connivence des chevaliers français et par la trahison des autres, nous donnait 1,200 bouches à feu, des vivres pour six mois, 6 vaisseaux de guerre et 6 millions, avec une forte position entre les deux bassins de la Méditerranée. Bonaparte y laissa Vaubois et 3,000 hommes. Six jours après, il cinglait vers l'Égypte. Le 1er juillet, échappant à la croisière anglaise, il débarqua près d'Alexandrie, que Nelson avait quittée l'avant-veille, s'en empara par un coup de main et marcha aussitôt sur le Caire, à travers le désert de Damanhour et par la rive gauche du Nil. Il importait d'arriver au Caire avant l'époque des inondations. Brueys, croyant mal à propos que le port d'Alexandrie n'avait pas assez d'eau pour sa flotte, alla s'embosser imprudemment dans la rade ouverte d'Aboukir. Une flottille chargée de vivres et de munitions remonta le Nil et rejoignit l'armée à Ramanieh. Bonaparte triompha de Mourad-Bey et de ses agiles cavaliers, par la disposition et la force de ses carrés d'infanterie, au premier combat près de Chebreiss, et à la fameuse bataille des Pyramides (21 juillet)[1]. Vaillamment secondé par ses lieutenants Desaix, Reynier, Dugua, Bon et Menou, il emporta le camp d'Embabeh, franchit le fleuve et fit le lendemain son entrée au Caire. Les beys avaient perdu 2,000 Mameluks, 4,000 fellahs, 50 canons et 400 chameaux. Mourad-Bey se retira dans la Haute-Égypte, et Ibrahim, encore vaincu à Salahieh, en Syrie, s'enfuit près du pacha de Saint-Jean-d'Acre.

A son débarquement, Bonaparte avait recommandé à ses soldats de respecter la religion et les mœurs des habitants, et s'était présenté, dans une proclamation aux Ulémas, comme le vengeur de la Sublime-Porte, même contre le pape. Après son entrée au Caire, il assembla les Cheiks et les Ulémas pour composer avec eux un conseil de gouvernement, un divan national, et créa l'Institut d'Egypte sous la présidence de Monge. Il célébra le 18 août la fête du Nil ou de l'inondation. Au milieu de ces travaux, *Ali-Bonaparte, gendre du prophète,* ainsi que l'appelaient les Ulémas, apprit la destruction de sa flotte. Brueys n'avait point voulu suivre l'avis de Bonaparte et se retirer à Corfou avant d'avoir appris son entrée au Caire. L'amiral Nelson eut le temps d'arriver, de surprendre à l'ancre dans la rade d'Aboukir la flotte qu'il avait si

---

1. On sait la fameuse proclamation de Bonaparte à son armée : « Soldats, songez que du haut de ces monuments quarante siècles vous contemplent. »

longtemps cherchée, de passer entre la côte et sa ligne d'embossage, et de la détruire ou de la disperser. Les Français eurent 5,000 morts et 4,000 prisonniers, et perdirent 13 vaisseaux ou frégates. Un boulet de canon emporta Brueys sur son banc de quart, et après lui Dupetit-Thouars (1er août). Tous deux en mourant ordonnèrent de continuer le combat qui dura toute la nuit. Les Anglais firent sauter l'*Orient* que montait Brueys, vaisseau magnifique de 120 canons. Nelson avait mis entre deux feux le centre et la gauche de notre amiral ; Villeneuve qui commandait la droite et qui pouvait à son tour se rabattre sur les Anglais, ne vit pas ou ne comprit pas les signaux de Brueys. Il put ramener à Malte ses quatre vaisseaux, que les Anglais n'avaient plus la force de poursuivre, mais il devait retrouver Nelson à Trafalgar. Notre fatale expédition d'Égypte livrait l'empire ottoman, ses ports et son commerce à deux alliés perfides, les Anglais et les Russes. Des vaisseaux partis de Sébastopol allaient bloquer les îles Ioniennes.

Toute l'Europe apprit la nouvelle de ce désastre avec des transports de joie. Les rois plus hardis entraînèrent leurs peuples désenchantés dans une seconde coalition, plus juste et plus terrible que la première. Nos soldats, comme enfermés dans leur conquête, s'effrayaient d'apprendre encore que la Porte déclarait la guerre à la France et préparait contre eux deux armées à Rhodes et à Damas. Bonaparte releva leur courage. « Il faut mourir ici, leur dit-il, ou en sortir grands comme les anciens. » Il étouffa dans le sang de six mille rebelles une révolte excitée au Caire par le fanatisme ou par les impôts (octobre). Il envoya Desaix et les savants conquérir la Haute-Égypte, et lui-même à la fin de janvier 1799, il s'avança avec 13,000 hommes vers la Syrie au devant de l'armée de Damas. Il espérait soumettre la Syrie en soulevant ses populations chrétiennes, s'établir sur l'Euphrate comme sur le Nil, et peut-être se frayer le chemin de l'Inde. Il s'empare du fort d'El-Arïsch, de Gaza et de Jaffa (14 février-6 mars), et commence le siège de Saint-Jean-d'Acre ; il bat et détruit l'armée turque aux journées de Nazareth et du mont Thabor, avec ses lieutenants Junot et Kléber (11-16 avril); mais il échoue, faute d'artillerie de siège, contre Saint-Jean-d'Acre, bien défendue par Djezzar-Pacha, par l'amiral anglais Sidney Smith, et par deux émigrés, Tromelin et Phélippeaux. Les Anglais avaient capturé les trois frégates, sauvées du désastre d'Aboukir, qui portaient notre matériel de siège. Bonaparte dut lever le siège après soixante jours de tranchée ouverte et huit assauts, et renoncer à la conquête de la Syrie comme à tous ses rêves sur l'Orient (20 mai 1799).

A peine rentré au Caire avec une armée diminuée de 4,000 hommes par le fer de l'ennemi ou par la peste de Jaffa, il apprend que l'escadre anglaise a débarqué l'armée de Rhodes dans la presqu'île d'Aboukir. Il y court avec 6,000 hommes et jette les Turcs à la mer. Sur 18,000 janissaires débarqués, 15,000 sont tués, noyés ou pris (25 juillet). Ce fut ce jour-là que Kléber, pressant Bonaparte dans ses bras, s'écriait : « Général, vous êtes grand comme le monde! » De son côté Desaix, le *sultan juste*, avait remonté le Nil, campé au milieu des ruines de Thèbes, vaincu Mourad-Bey à Sédiman (octobre 1798) et porté le drapeau tricolore aux cataractes de Syène.

Un mois après la victoire d'Aboukir, Bonaparte, instruit des victoires de la seconde coalition par les journaux que Sidney Smith lui envoyait pour abattre son courage, résolut de partir pour la France au risque de tomber aux mains des Anglais. Il laissa le commandement de son armée à Kléber, et s'embarqua sur la frégate la *Muiron* avec Berthier, Lannes et Murat.

III. Congrès de Rastadt. — La seconde coalition (1799). — La république parthénopéenne à Naples. — Revers des Français en Allemagne et en Italie; perte de la péninsule. — Victoires en Suisse et en Hollande; Zurich et Bergen (sept.-oct. 1799).

L'expédition d'Égypte qui menaçait le commerce de l'Angleterre dans la Méditerranée et dans les Indes, ne fut pas la moindre cause de cette nouvelle coalition tant désirée par Pitt, et que provoquait la politique envahissante du Directoire.

Nous avons vu que le congrès de Rastadt avait ouvert ses conférences au lendemain du traité de Campo-Formio. Après avoir cédé la rive gauche du Rhin aux Français, l'empereur somma la diète d'envoyer au congrès une députation qui signât la paix avec la France, en prenant pour base l'intégrité de l'empire et de la constitution germanique. Les agents de la République française, Bonnier, Jean Debry, Roberjot, avaient beau jeu contre les dix députés de la diète et contre ceux des princes allemands, à la fois états d'empire et puissances européennes. Du côté des Allemands, toujours lents et formalistes, autant d'intérêts que d'agents ; du côté des Français une seule volonté. L'Allemagne, entraînée dans la première coalition par la Prusse et l'Autriche, vit bientôt qu'après la défection de l'une et les revers de l'autre, elle était sacrifiée aux vainqueurs par ses défenseurs naturels, et condamnée à payer les frais de la guerre. Sans égard pour le principe invoqué par l'empereur, les agents français eussent volontiers bouleversé la constitution germanique par l'abolition des trois électorats ecclésiastiques. Ils exigeaient que la députation obtînt de la diète de pleins pouvoirs sans aucune réserve, après quoi ils demandèrent l'abandon de toute la rive gauche du Rhin. Les Français avaient déjà, par suite de leurs conventions secrètes avec l'Autriche, pris Mayence, la tête de pont de Mannheim, et commencé le siège d'Ehrenbreitstein. L'empereur se justifia par une distinction subtile entre sa position comme chef de l'empire, et sa qualité de chef de la monarchie autrichienne. Metternich parlait comme plénipotentiaire impérial, Cobentzel et Lehrbach comme représentants de l'Autriche. En second lieu, la France exigeait qu'on indemnisât, par voie de sécularisations sur la rive droite, tous les États qu'elle aurait dépossédés sur la rive gauche. La députation, bien convaincue de la trahison et de l'égoïsme des grandes puissances, essaya vainement d'intéresser la justice ou la générosité du vainqueur, et céda conditionnellement. La France ne tint pas compte des conditions et des réserves, et divisa tous les pays cédés en quatre départements, la Roer, Rhin-et-Moselle, Mont-Tonnerre, Sarre. Elle demandait de plus toutes les îles du Rhin, les forts de Kehl et de Küssel, la démolition d'Ehrenbreitstein, etc. Ses agents finirent par présenter leur ultimatum, et donnèrent six jours pour l'accepter. Avant la réponse définitive de la députation, la guerre avait recommencé.

Les Anglais guettaient le moment d'armer toute l'Europe contre la France. Le désastre d'Aboukir donna le signal de la seconde coalition, et Pitt en rassembla les éléments, la Russie, l'Autriche, Naples et les Turcs. La Russie en avait fini avec la Pologne et n'aspirait qu'à se montrer à l'Europe. Paul Ier accueillait les émigrés, recevait Louis XVIII à Mittau, et poussait les princes allemands à résister aux exigences du Directoire. Le czar, fanatique ennemi de la Révolution française, proscrivait nos livres et nos modes à Saint-Pétersbourg, comme la reine Caroline à Naples. Ce grand-maître des chevaliers de Malte promettait de les rétablir au siège de l'ordre, et joignait sa flotte à celle du sultan pour lui rendre les îles ioniennes.

L'Autriche, irritée des envahissements du Directoire et n'ayant pas obtenu l'agrandissement qu'elle espérait du côté de la Bavière, laissa le peuple de Vienne outrager impunément l'ambassadeur français Bernadotte et le drapeau tricolore. Dès lors décidée à la guerre, elle essaya par la Russie de se rapprocher de la Prusse; mais Sieyès, alors ambassadeur à Berlin, maintint les Prussiens dans la neutralité; la Prusse ménageait ses forces pour intervenir plus tard et à son heure entre les partis épuisés. A l'alliance de l'Autriche et de la Russie, qui fournissaient les armées de terre, l'Angleterre offrait son or et ses flottes. Il ne restait en dehors de la coalition que l'Espagne, qui n'osait rompre avec nous pour venger le pape, et le nouveau roi de Prusse Frédéric-Guillaume III, savourant son bonheur conjugal près de la reine Louise, que les Prussiens adoraient pour ses vertus et sa beauté, plus tard pour son patriotisme. Cette coalition monstrueuse d'États si différents de position, d'intérêts et de principes, ne dut qu'aux troubles intérieurs de la France un triomphe passager.

Le roi de Naples Ferdinand, en paix depuis l'an 1796, tremblait pour son royaume depuis la fondation de la république romaine. Livré d'ailleurs aux plaisirs de la chasse et de la pêche et à la société des lazzaroni, il laissait les affaires à la reine Caroline, sœur de Marie-Antoinette, gouvernée à son tour par l'ambassadeur anglais et sa femme, lady Hamilton. Caroline, ennemie passionnée de la France et des républicains régicides, et qui reçut Nelson en triomphe après le combat d'Aboukir, apprit avec joie la coalition qui se préparait. Avant que les alliés eussent déclaré la guerre à la France, Ferdinand appela tout le peuple aux armes, et poussa sur les États de l'Église une mauvaise armée mal commandée par l'autrichien Mack. Il semblait que ce *libérateur de l'Italie* dût renverser d'un coup les républiques romaine et cisalpine, affranchir la Toscane et le Piémont. Championnet, successeur de Berthier, recula devant ces masses indisciplinées pour atteindre Joubert et les renforts qui lui venaient du nord. Rome fut donc pillée par ses nouveaux libérateurs (nov. 1798). Mais la défaite de Civita-Castellana abattit le courage de Ferdinand (4 déc.). A l'exemple de son allié le roi de Sardaigne, alors chassé du Piémont par Joubert, il quitta le continent. Il se fit transporter en Sicile par Nelson avec sa famille et ses joyaux, brûla sa flottille et abandonna lâchement le peuple qu'il avait soulevé. Le gouverneur Pignatelli et Mack essayèrent d'arrêter les Français par une trêve dont le peuple et les prêtres rejetèrent les conditions, et par la promesse de livrer dix millions et les places fortes. Les lazzaroni, les paysans et les galériens défendirent bravement la capitale. Mack se réfugia dans le camp français. Championnet, maître de Naples après un siège de trois jours, organisa la *république parthénopéenne* (23 janvier 1799). L'élite de la population, les patriotes éclairés, acceptèrent franchement les secours et l'alliance des Français pour secouer le joug d'un clergé fanatique et d'une cour licencieuse. Ils comptaient sur la générosité de Championnet pour échapper aux rapines des commissaires. Mais le Directoire avait trop grand besoin d'argent pour approuver les scrupules de ses généraux en pays conquis. Il ne permit pas à ceux qui n'avaient pas le génie de Bonaparte, d'affecter sa fière indépendance. Il remplaça Championnet et Joubert par Macdonald et Schérer, chassa encore de ses États le grand-duc de Toscane comme Autrichien, et se crut maître de l'Italie.

Cependant la coalition armait contre nous 350,000 hommes, et pendant qu'on négociait encore à Rastadt, la guerre commençait partout. Deux armées russes, fortes chacune de 40,000 hommes, l'une venant se joindre sous Korsakow à l'archiduc Charles, l'autre avec Souwarow à Kray, étaient déjà parvenues aux frontières de la Moravie. Une armée de 110,000 Autrichiens était campée sur le Lech avec l'archiduc, et les Français s'emparaient d'Ehrenbreitstein. Le Directoire, refusant d'évacuer la Suisse et l'Italie et considérant tous ces mouvements de troupes comme autant d'hostilités, envoya sa déclaration de guerre à l'Autriche, et l'ordre à Jourdan de passer le Rhin. A ce moment la loi de la conscription, proposée par Jourdan lui-même (sept. 1798),

renforçait nos armées par une levée de 200,000 hommes.
Jourdan commandait sur le Rhin, Masséna en Suisse, Schérer
sur l'Adige, Brune en Hollande, et Macdonald à Naples. Il nous
fallait couvrir avec des forces inférieures en nombre une ligne
d'opérations qui s'étendait du Zuyderzée à Naples. Il fallait protéger toutes ces républiques faites à notre image, batave, helvétique, ligurienne, cisalpine, romaine et parthénopéenne. Masséna
et son lieutenant Lecourbe, avec l'armée d'Helvétie, devaient
séparer les armées autrichiennes du Danube et de l'Adige en se
reliant à Jourdan et à Schérer. Jourdan, arrêté et battu à Stockach
(26 mars), entre la Souabe et la Suisse, recula dans la Forêt-
Noire et jusqu'au Rhin. Le début des Autrichiens ne fut pas moins
heureux en Italie, malgré leur échec à Pastrengo. Schérer se flattait de les accabler avant l'arrivée des 30,000 Russes qui venaient
se joindre aux 60,000 Autrichiens de Mélas; il fut quatre fois
battu par Kray sur l'Adige, entre autres à Magnano (5 avril),
n'essaya pas même de défendre les lignes du Mincio et de l'Oglio,
et parvenu derrière l'Adda, se démit du commandement. Masséna,
découvert sur ses deux ailes par la retraite de Jourdan et de
Schérer, n'osa plus garder la ligne du Rhin, et se retrancha dans
une forte position derrière le lac de Zurich et la Limmat, contre
l'ennemi qui viendrait de l'Allemagne ou de l'Italie. On avait
réuni et concentré sous ses ordres les armées du Danube et de
l'Helvétie (mai 1799).

Souwarow avait rejoint Mélas et pris le commandement de
l'armée austro-russe d'Italie, pendant que Moreau, alors en disgrâce, prenait noblement celui de l'armée française au milieu de
sa retraite. Moreau perdit contre Souwarow la bataille de Cassano
(passage de l'Adda), le jour même où les négociateurs français
sommés de quitter Rastadt, Bonnier, Roberjot, Jean Debry,
étaient surpris en chemin et massacrés par des hussards hongrois
(28 avril). Le dernier survécut seul à cette violation inouïe du
droit des gens dont le Directoire accusa l'Autriche et qui demeura
impunie [1]. Moreau, après sa défaite, opéra sa retraite en bon ordre,

---

1. D'après le récit de Gagern (*Mon rôle politique* I, 91) et d'après Jomini (*His.
des guerres de la Révol.*, XI, 143), l'instigateur du meurtre fut le ministre autrichien comte de Lehrbach.

comme il savait faire, sur Turin et sur Gênes. Macdonald, rappelé de Naples où il risquait d'être isolé, remonta dans la vallée du Pô, mais n'eut pas le temps de rejoindre Moreau à Tortone et perdit sur la Trébie une bataille qui dura trois jours (17-19 juin). Il avait soutenu héroïquement la lutte avec 24,000 soldats contre 36,000 Austro-russes ; 10,000 hommes à peine purent rejoindre Moreau.

Pendant que le vainqueur de Lodi et son armée cherchaient la gloire en Égypte, tout ce qu'il avait créé naguère en Italie était détruit par Souwarow. Les alliés, maîtres de la République cisalpine, prirent successivement Milan, Turin, Florence, Mantoue. Enfin Joubert, ce jeune héros que quelques-uns regardaient comme un rival de Bonaparte, quoique noblement secondé par Moreau qu'il venait remplacer, périt à Novi (15 août), dans la plus sanglante bataille de la campagne. Moreau ne sauva que les débris de l'armée. L'Italie était perdue. Le farouche vainqueur d'Oczakoff, d'Ismaïl et de Praga, qui ne connaissait que la charge à la baïonnette, foulait sous ses pieds les nouvelles républiques. Milan et Turin le recevaient comme un libérateur. A la fin de l'année, les Français, encore battus avec Championnet par Kray et Mélas à Génola (4 nov.), chassés d'Ancône et des îles Ioniennes par les Russes et les Turcs, ne possédaient plus en Italie que Nice et Gênes.

A Rome, les hérétiques, les schismatiques et les infidèles, les Anglais, les Russes et les Turcs, aidaient les Autrichiens à relever la papauté. Quelques jours après la mort de Pie VI à Valence (août 1799), le général Burkard faisait son entrée à Rome, et les cardinaux, sous la protection des Autrichiens, élisaient Pie VII.

Naples s'était soulevé à plusieurs reprises contre les commissaires qui venaient détruire en un jour son passé, ses mœurs, sa religion, son histoire. Des bandes de paysans calabrais, ameutés par le belliqueux cardinal Ruffo, et des troupes régulières envoyées de Sicile, se jetèrent sur la république abandonnée par Macdonald. Après la lutte des républicains et des royalistes et d'horribles massacres, Naples capitula. Les républicains avaient stipulé la vie sauve et la retraite en France ; mais Nelson, le vainqueur d'Aboukir, ne rougit pas d'annuler le traité. La cour et le clergé procédèrent dans leurs vengeances comme la Terreur et le tribunal

révolutionnaire. Les juges et les bourreaux achevèrent l'œuvre
des lazzaroni. Plus de 4,000 personnes périrent sur l'échafaud ou
dans les prisons.

Les Français, refoulés dans les montagnes de la Suisse, s'y
défendirent mieux qu'en Italie, sous Masséna, Soult et Lecourbe,
grâce à la division des Autrichiens et des Russes, et aux lenteurs
de l'archiduc Charles ou du conseil de guerre qui siégeait à
Vienne. L'Autriche, jalouse des Russes en Italie, n'apprenait pas
sans dépit que Souwarow invitait le roi de Sardaigne à rentrer
dans ses États. Un décret du conseil aulique appela Souwarow
en Suisse. L'Autriche prétendait garder elle-même tout le nord de
l'Italie. L'archiduc Charles ne sut pas secourir à temps contre les
Français les partisans de l'ancienne Confédération que sa victoire
de Stockach avait partout soulevés. D'après le plan des cours alliées,
l'archiduc, deux fois vainqueur de Masséna (à Winterthur et à
Zurich) et qui pouvait délivrer la Suisse entière, fut rappelé sur
le Rhin pour défendre Philippsbourg et reprendre Mannheim, tandis que Souwarow, venant d'Italie par le col du Saint-Gothard
et les sources de la Reuss, devait rejoindre en Suisse, par Lucerne,
l'armée austro-russe commandée par Hotze et Korsakow, chasser
avec eux les Français de leur forte position de Zurich et leur couper
la retraite.

Cette double manœuvre de l'archiduc et de Souwarow et cette
marche de flanc imprudente à travers les montagnes laissaient
isolée pour quelques jours l'armée austro-russe de Hotze et de
Korsakow. A ce moment décisif, Masséna et Soult l'attaquèrent
près de Zurich, sur la Limmat et sur la Linth, et la détruisirent
entièrement après une lutte de deux jours (25-26 sept.), où elle
perdit 13,000 hommes. L'archiduc, vainqueur en Souabe, n'osa
passer le Rhin. Souwarow, arrivé trop tard par le Saint-Gothard
après d'incroyables souffrances, repoussé par Lecourbe et Molitor
des vallées de la Reuss et de la Muta, ne pouvait plus, avec les
18,000 hommes qui lui restaient, attaquer les deux généraux vic-
torieux, et fit devant eux avec ses débris dans le pays des Grisons
une retraite plus glorieuse que ses victoires (26 sept.-6 oct.). Ne
pouvant s'entendre avec l'archiduc, il passa le Lech, et Paul Ier
rappela son armée en Russie. Souwarow, que Paul Ier après la
victoire de Novi proclamait le plus grand capitaine de tous

les temps et de tous les pays du monde, mourut en disgrâce.

Le czar, mécontent des Autrichiens en Suisse, se plaignit des Anglais en Hollande. Il fallait détruire aussi la république batave et menacer la France par le nord. Le duc d'York et les généraux Abercromby et Hermann, à la tête d'une armée anglo-russe de 45,000 hommes, avaient d'abord surpris la flotte hollandaise au Texel (28 août), et ce brillant début semblait promettre les mêmes succès sur terre. Mais Brune et le Hollandais Daendels, par les victoires de Bergen et de Castricum (19 sept.-6 oct.), forcèrent le duc d'York de signer la capitulation d'Alkmaar et de se rembarquer, en délivrant sans échange 8,000 prisonniers français (18 oct.). Paul Ier, indigné de l'égoïsme des Anglais qui gardaient la flotte hollandaise et ne songeaient pas même aux prisonniers russes, se retira de la coalition, et l'Autriche se trouva seule contre la France, encore maîtresse de la Suisse, de la ligne du Rhin et de la Hollande.

IV. Coup d'État du 30 prairial (18 juin 1799). — Retour de Bonaparte (9 oct.). — Coup d'État du 18 brumaire (9 nov.) — Consulat provisoire. — Constitution de l'an VIII (15 déc. 1799).

Pendant les premiers revers de nos armées en Allemagne et en Italie, il s'était accompli en France une nouvelle révolution. Le peuple ne pardonnait pas au Directoire ses défaites. Il lui reprochait d'avoir déporté le vainqueur de Lodi et perdu ses conquêtes. Les élections de l'an VII se firent dans un sens républicain et démocratique. Le Directoire, vaincu par la coalition, n'osa plus les casser. Sieyès, son ennemi déclaré, remplaça Rewbell, son membre le plus énergique. Sieyès s'unit à Barras contre ses trois collègues, Laréveillère-Lépeaux, Treilhard et Merlin. Aussitôt les conseils commencèrent l'attaque contre ce gouvernement décrié. Lucien Bonaparte était le chef de l'opposition dans les Cinq-Cents. Ils annulèrent l'élection de Treilhard comme illégale, forcèrent les deux autres de se démettre à raison de leur mauvaise gestion, et les remplacèrent par trois hommes insignifiants, l'avocat Gohier, le général Moulins, ancien ami de Santerre, et le girondin Roger-Ducos, l'*ombre* de Sieyès. Le coup d'État du 30 prairial (18 juin 1799) ne laissait debout que Barras, le plus coupable et le moins attaqué. A leur tour les conseils avaient mutilé le Directoire et violé la constitution. Ce que les deux grands pouvoirs avaient fait, d'autres pouvaient le tenter. Vainement les Jacobins du *Manège* réclamèrent pour Treilhard et ses collègues; le peuple ne les soutenait plus. Fouché, ministre de la police, ferma leur club, dont Jourdan et Bernadotte faisaient partie. Barras, désespérant de la constitution de l'an III, correspondait avec le comte de Provence. Sieyès, Ducos, les Anciens et le parti modéré dans la nation s'entendaient pour avoir une constitution nouvelle. Gohier et Moulins soutenaient seuls le Directoire sur le conseil des Cinq-Cents, sur les débris des anciens clubs, et sur les républicains rigides. Le ministère n'était pas moins divisé. Des pouvoirs avilis, des emprunts forcés, des levées en masse, une odieuse fiscalité pesant sur toutes les propriétés et sur tous les actes, l'ennemi aux frontières, des armées découragées, les bandes royalistes désolant le nord et le midi, la Vendée reprenant les armes, telle était la situation. On accusait le Directoire de ruiner le pays qu'il ne savait pas défendre. La France semblait perdue sans un dictateur. Sieyès cherchait le général qui la sauverait. Hoche et Joubert étaient morts; Moreau était suspect à tous les partis depuis qu'il avait dénoncé Pichegru; on savait Bernadotte et Jourdan trop franchement républicains; Masséna n'était que général. Sieyès tourna ses regards vers Bonaparte et attendit ou provoqua son retour.

Bonaparte savait les revers de la France et la détresse du Directoire, ou par les journaux que les Anglais lui faisaient parvenir, ou par les soins de son frère Lucien. Dès qu'il sut la journée du 30 prairial, il n'hésita pas à partir pour la France. Laissant l'Égypte et son armée à Kléber, il s'embarqua sur la frégate la *Muiron* et vint débarquer à Fréjus, malgré les croisières anglaises (9 oct.). On apprit presque en même temps à Paris sa victoire d'Aboukir et son débarquement. Le Directoire n'osa point blâmer ce retour qui causait tant de joie. Ce passage d'Égypte en France, aussi hardi que celui du Rubicon, passionnait le peuple pour ce nouveau César. C'était lui d'ailleurs qui se plaignait de retrouver la France dans un pareil état et demandait compte de ses victoires. Il repoussa les sollicitations de tous les partis qui venaient sonner à sa porte et lui offraient le pouvoir; il répudia les Jacobins dont le temps était passé, les *pourris* de Barras, et les royalistes. Il parut s'enfermer dans sa petite maison de la rue Chantereine et dans les douceurs de la vie privée, près de sa femme Joséphine, ne voyant que ses généraux d'Italie et d'Égypte, quelques savants de l'Institut et quelques membres influents des deux conseils. Il n'admit que peu de confidents à ses grands desseins. Dans les conférences que Talleyrand et Rœderer lui ménagèrent avec Sieyès et Fouché, il eut bientôt pris son parti contre le Directoire. Sieyès répondait de Roger-Ducos et des Anciens; Bonaparte était sûr des généraux qui réclamaient leur part des profits de la Révolution. On convint pour le 18 brumaire de transférer les conseils hors Paris, de concentrer la force militaire aux mains de Bonaparte, de proroger le Corps législatif, et de créer trois consuls provisoires à la place des Directeurs.

Le 18 brumaire (9 nov. 1799), le conseil des Anciens convoqué de bonne heure, décrète en vertu de son droit constitutionnel, sur la proposition de Regnier et sous prétexte de conspiration jacobine, la translation des deux conseils à Saint-Cloud. Bonaparte, chargé de l'exécution du décret comme chef de la force armée, fait reconnaître ses pouvoirs par tous les généraux convoqués chez lui par Lefebvre, commandant de la garde directoriale. Le même jour les directeurs Sieyès, Roger-Ducos et Barras donnent leur démission; Gohier et Moulins qui refusent d'en faire autant, sont gardés à vue au Luxembourg par Moreau. Fouché a suspendu les douze municipalités de Paris. Le Directoire est dissous; il n'y a plus de pouvoir exécutif. Bonaparte l'accuse des maux de la patrie dans un manifeste dont le ton superbe étonne tous les patriotes. Le lendemain, les conseils sont réunis à Saint-Cloud, au milieu des baïonnettes. Les Cinq-Cents accusent les Anciens de trahison, et sur la motion énergique du patriote Delbrel, jurent de maintenir la constitution de l'an III. Lucien lui-même, qui préside, est sommé de renouveler le serment dans une séance qui rappelle les plus violents débats de la Convention. A cette nouvelle Bonaparte va conjurer les Anciens de sauver la liberté. Sommé par un membre de prêter lui-même le serment, il réplique après un moment de trouble que tout le monde a violé la constitution et que le salut de l'État veut de nouvelles garanties.

L'assemblée se déclare pour lui. Après cette seconde victoire il fallait gagner ou briser les Cinq-Cents. Le général, qui veut là comme au champ de bataille surprendre ses ennemis par sa vitesse, entre au milieu d'eux à la tête de ses grenadiers. Toute l'assemblée se lève et se récrie contre les baïonnettes : à bas le dictateur ! à bas le tyran ! hors la loi ! Les grenadiers l'entraînent hors de la salle. On dit même que les poignards républicains menacèrent sa vie. Lucien refuse de mettre aux voix la condamnation de son frère et la nomination de Bernadotte au commandement militaire. Il quitte son siège et va se mettre sous la protection des grenadiers. Il les harangue à cheval, l'épée à la main. Ceux-ci, croyant qu'on menace la vie de leur général, rentrent dans la salle au pas de charge. Le général Leclerc, beau-frère de Bonaparte, qui les commande, déclare le conseil dissous et somme les députés de se séparer. Les protestations de Jourdan et de quelques autres arrêtaient les grenadiers ; un second bataillon entre tambours battants, croise la baïonnette, et chasse les plus hardis par les fenêtres.

La nation qui sentait le besoin d'un gouvernement plus fort, pardonna sans peine à son favori ce mépris des lois, chose ordinaire depuis la chute de la monarchie. En moins de sept ans, elle avait vu neuf coups d'État. Personne ne songeait d'ailleurs à fonder un nouveau despotisme, et chaque parti comptait sur le héros du jour pour l'accomplissement de ses vœux. Tandis que les masses désiraient le repos, les vrais amis de la liberté attendaient du caractère élevé de Bonaparte et de sa merveilleuse fortune le triomphe définitif des idées libérales. La majorité croyait, comme Regnault de Saint-Jean-d'Angély l'écrivait, la révolution du 18 brumaire faite contre l'anarchie et *pour la propriété*. Les royalistes croyaient que ce nouveau Monk allait rétablir les Bourbons, et quelques-uns se pressèrent trop de lui faire dans ce sens des propositions qu'il repoussa avec mépris.

Le soir du 19 brumaire, le conseil des Anciens et la minorité des Cinq-Cents, malgré l'opposition énergique de quelques membres non convoqués aux précédentes réunions, proclamèrent la déchéance du Directoire, nommèrent provisoirement trois consuls, Bonaparte, Sieyès et Roger-Ducos, chargèrent deux comités de réformer la constitution, et s'ajournèrent jusqu'au 2 février suivant. Le nouveau gouvernement, établi sans effusion de sang, promulga sans délai des lois de réparation; il supprima l'emprunt forcé, la loi des otages et la fête du 21 janvier; il rappela les prêtres bannis, les proscrits de fructidor, à l'exception de Pichegru et de Villot, et diminua des neuf dixièmes la liste générale des émigrés. Environ 20,000 vieillards revirent leurs foyers. Mais le décret qui, sur la proposition de Fouché, déportait soixante Jacobins à Cayenne ou dans l'île de Ré, et parmi eux Jourdan, fut mal accueilli par l'opinion publique et bientôt rapporté. On supporta mieux la censure, la suppression ou la corruption des journaux. Il n'en resta que treize qui servirent d'organes au nouveau gouvernement.

Le travail de la constitution fut bientôt terminé. Bonaparte fit bon marché des longues méditations de Sieyès et de ses théories de gouvernement qui devaient réconcilier tous les partis et supprimer à jamais l'anarchie et la dictature. Il n'accepta ni son *Grand-Électeur*, chef suprême de l'État, doté de quelques millions et qu'il appelait un *porc à l'engrais*, ni son *collège des conservateurs*, absorbant par une sorte d'ostracisme intérieur tout citoyen devenu trop grand pour la liberté. Il retrancha du projet compliqué de Sieyès toutes les garanties du peuple, et renforça tous les droits du pouvoir. Au principe d'élection qui jusqu'alors avait prévalu, il substitua l'émancipation du pouvoir exécutif, selon le mot fameux que « la confiance doit venir d'en bas, l'autorité d'en haut. » La majorité des commissaires se rangea comme Ducos à l'avis de Bonaparte, et Sieyès n'osa pas défendre la constitution qu'il *tenait dans un nuage depuis dix ans*. Au sortir de la première séance il avait dit : « Nous avons un maître; il sait tout, il fait tout, et il peut tout. » Mais Bonaparte adopta volontiers la base du système électoral de Sieyès, les *listes de notabilités*, suffrage à quatre degrés, qui enlevait au suffrage universel le choix direct des fonctionnaires: *listes de notabilités communales* comprenant de 5 à 600,000 personnes élues par les assemblées primaires et formant les *listes de notabilités départementales*, d'environ 60,000 citoyens, lesquels à leur tour choisissaient les 6,000 citoyens de la *liste de notabilités nationales*. L'autorité devait prendre à trois degrés, sur ces trois listes, les fonctionnaires des communes, des départements et de l'État.

La constitution de l'an VIII (15 décem. 1799), votée par trois millions de citoyens contre 1561, attribuait le pouvoir exécutif à trois consuls, nommés pour dix ans et rééligibles, dont le premier avait seul le droit de proposer et de promulguer les lois, de commander les armées, de nommer, de révoquer à volonté les membres du Conseil d'État, les ministres, les ambassadeurs, les officiers de terre et de mer, et (sans droit de révocation) les juges criminels et civils. Les deux autres n'avaient que voix consultative. Les traités les plus importants étaient ratifiés par le Sénat et le Corps législatif. Les ministres devaient contresigner les actes du gouvernement.

Le *Conseil d'État*, divisé en cinq sections, agent direct du pouvoir exécutif, élaborait les projets de lois dont le premier consul avait l'initiative, rédigeait les règlements d'administration publique, et statuait sur le contentieux administratif et sur les conflits.

Les trois autres grands corps de l'État, investis à divers degrés du pouvoir législatif et formant la représentation nationale, étaient :

1° *Le Sénat conservateur*, composé de soixante membres à vie, âgés de quarante ans au moins, et dont les trente premiers, nommés par les consuls provisoires, se choisirent trente collègues. Il devait se recruter ensuite et se compléter par cooptation en choisissant lui-même à chaque vacance parmi les trois candidats présentés par le premier consul, le Tribunat et le Corps législatif. Il devait s'adjoindre en outre deux membres chaque année pendant dix ans. Il était chargé de maintenir la constitution, d'élire les consuls, et de choisir sur la liste des notabilités nationales ceux qu'on nommait les fonctionnaires du pouvoir législatif, les membres du Corps législatif, du Tribunat et de la Cour de cassation.

2° Le *Tribunat*, composé de cent membres, âgés au moins de vingt-cinq ans, que le Sénat choisissait sur la liste nationale. Il discutait publiquement les projets de loi, les soutenait ou les combattait devant le Corps législatif, et pouvait exprimer ses vœux sur les réformes nécessaires. C'était une sorte d'opposition officielle.

3° Le *Corps législatif*, composé de trois cents membres, âgés au moins de trente ans, élus par le Sénat sur la même liste que les tribuns, et renouvelés comme eux par cinquième tous les ans. Il votait les lois au scrutin secret et sans discussion, après le débat contradictoire de trois conseillers d'État et de trois tribuns. C'était une assemblée muette.

Bonaparte, premier consul, s'adjoignit comme collègues Cambacérès et Lebrun, l'un savant légiste et ancien conventionnel de la Plaine, l'autre ancien secrétaire de Maupeou. Les consuls s'installèrent aux Tuileries, avec une garde consulaire. Le Sénat, composé des hommes les plus illustres en tout genre, Kellermann, Sérurier, Berthollet, Monge, Lacépède, Volney, Cabanis, Destutt de Tracy, Sieyès, Roger-Ducos, etc., s'installa au Luxembourg. Le Tribunat où l'on voyait Joseph Chénier, Benjamin Constant, Daunou, Jean-Baptiste Say, etc., s'installa au Palais-Royal avec le Conseil d'État, et le Corps législatif au Palais-Bourbon.

La constitution de l'an VIII, à la différence des précédentes, divisait le pouvoir législatif et concentrait le pouvoir exécutif jusqu'à rétablir de fait la monarchie sous des noms romains, consuls, sénateurs, tribuns, préfets. Le premier consul nommait à tous les emplois que l'élection conférait directement depuis 1791, les notables n'étant plus que des candidats proposés par le peuple. La constitution nouvelle ne parlait point de la liberté de la presse. L'article 75, resté en vigueur jusqu'à ces derniers temps, disait que les agents de l'autorité ne seraient poursuivis pour faits relatifs à leurs fonctions qu'en vertu d'une autorisation du Conseil d'État. Le pays était donc tout entier dans la main du pouvoir exécutif.

CHAPITRE VIII

LE CONSULAT. — PAIX DE LUNÉVILLE ET D'AMIENS

SOMMAIRE.

1. — Le premier consul, pacifiant les partis, réorganise l'administration départementale par les préfectures, celle des finances par les perceptions et les recettes générales et particulières, l'ordre judiciaire par l'institution des cours d'appel et l'inamovibilité des juges, l'ordre militaire par la distribution de l'armée en vingt-cinq divisions. Le pouvoir central a dans les mains toutes les forces du pays. Le crédit public est ranimé par la fondation de la Banque de France.

2. — La coalition refusant de traiter, Bonaparte envoie Moreau sur le Danube avec 100,000 hommes, et forme à Dijon l'armée de réserve qui doit délivrer Masséna, bloqué dans Gênes, et recouvrer l'Italie (mai 1800). Déjà Moreau, après cinq victoires, occupe Augsbourg et Munich, et par l'armistice de Parsdorf presque toute la Bavière (15 juin). Avec l'armée de réserve portée à 60,000 hommes, Bonaparte franchit les Alpes au Grand Saint-Bernard, fait son entrée à Milan derrière les Autrichiens qui ont pris Gênes, et par les victoires de Montebello et de Marengo (14 juin), recouvre l'Italie jusqu'à l'Adige. Masséna rentre à Gênes. De son côté Moreau frappe de plus près l'Autriche à Hohenlinden (3 décembre), et Brune va le rejoindre par les Alpes Styriennes. La coalition est réduite à compter sur les complots ourdis contre Bonaparte (machine infernale, 24 décembre). L'Autriche épuisée signe la paix de Lunéville qui réunit le Piémont à la France, lui rend la Belgique et la rive gauche du Rhin, et rétablit les républiques italiennes (9 février 1801).

3. — L'Angleterre, continuant seule la guerre, s'effraie de voir la Russie reprendre sur les mers le système de Catherine II. Pitt quitte le pouvoir. Ses successeurs frappent la ligue armée des neutres par le bombardement de Copenhague (2 avril), et rassurés par la mort tragique du czar Paul Ier, enlèvent à la France l'Egypte, que la bataille d'Héliopolis (mars 1800) avait rendue à Kléber. Menacée déjà par le camp de Boulogne, l'Angleterre se résigne enfin au traité d'Amiens, qui nous rend toutes nos colonies, mais lui laisse la Trinité et Ceylan (25 mars 1802).

4. — Au dedans Bonaparte ferme les plaies de la Révolution et fonde au-dessus des partis un pouvoir impartial qui favorise tous les travaux de la paix. Sage médiateur entre les anciennes croyances et l'esprit moderne, il rétablit par le Concordat la re-

ligion catholique, mais soumet l'Église à l'État, consacre la vente des biens ecclésiastiques et garantit la liberté des cultes. La création des lycées et des facultés ramène l'enseignement sous le contrôle de l'État. La *Légion d'honneur* crée une nouvelle noblesse sans porter atteinte à l'égalité. Le *Code civil*, préparé par une commission de jurisconsultes, soumis à l'examen des tribunaux et du Conseil d'État, et promulgué en 1804, confirme les principes de la Révolution. Au milieu de ces glorieux travaux, le consulat de Bonaparte, prorogé pour dix ans, est transformé en consulat à vie par la constitution de l'an X (août 1802), qui brise toute opposition des grands corps de l'État et prépare les cadres d'une monarchie héréditaire.

5. — L'Europe subit de même l'ascendant de Bonaparte, nommé *président de la République italienne* (janvier 1802). Il intervient souverainement dans les affaires d'Italie et de Hollande, se fait le médiateur de la Suisse (février 1803), et achève de concert avec la Russie la reconstitution de l'Allemagne par les sécularisations stipulées au traité de Lunéville (1802-1803). La France, prépondérante sur le continent, cherche en même temps à relever sa marine et ses colonies ; mais la désastreuse expédition de Saint-Domingue (février 1802) échoue par la rupture de la paix d'Amiens.

1. Le Consulat. — Réorganisation administrative, financière et judiciaire. — Fondation de la Banque de France.

Le premier consul, vrai chef d'une monarchie militaire, prit ses fonctionnaires dans tous les partis. Il choisit pour le ministère et le conseil d'État des hommes de talent et d'expérience, de manière à combiner l'élégance et la souplesse de l'ancien régime avec l'énergie et l'activité de la Révolution. Il croyait par Cambacérès et Fouché rallier les républicains, par Lebrun et Talleyrand les royalistes. Il mit Fouché à la police, Talleyrand aux affaires étrangères, Gaudin aux finances, et Carnot à la guerre. Maret était secrétaire général. La nation, privée de l'élection directe, cessait de vivre sur la place publique comme les citoyens des anciennes républiques, et se renfermant dans ses intérêts privés, laissait au nouveau pouvoir le soin de la conduire.

Bonaparte songea d'abord à pacifier les partis. « Qu'il n'y ait plus, disait-il, ni Jacobins, ni modérés, ni royalistes, mais partout des Français. » Et les conventionnels, Barère, Vadier, rentraient en France comme les proscrits de fructidor, Portalis, Pastoret, Boissy-d'Anglas. Les consuls provisoires avaient déjà supprimé la loi des otages et l'impôt progressif. Les églises furent

rouvertes au culte catholique et les prêtres réfractaires élargis.
On accorda la liberté à des émigrés que la tempête avait jetés
sur la côte de Calais. La liste de l'émigration était fermée, amnistie entière accordée à tous ceux des 145,000 émigrés qui ren-
treraient dans le délai d'un an. Les ci-devant nobles étaient déclarés admissibles à tous les emplois publics. Le prétendant
Louis XVIII, réfugié alors à Mittau, crut si bien que Bonaparte
allait jouer le rôle de Monk, qu'il lui offrit, dit-on, l'épée de connétable.

Des lois organiques réglèrent sans délai l'administration proprement dite. On établit dans chaque département, par la loi du
28 pluviôse an VIII, à la place des directoires électifs ou commissions départementales, un *préfet*, agent direct du pouvoir
central, qui rappelait les intendants de Richelieu, avec un *conseil
de préfecture*, premier ressort de justice administrative ; dans
chaque arrondissement un *sous-préfet* ; et dans chaque commune
un maire nommé par le pouvoir exécutif, par le préfet dans les
villes de moins de 5,000 habitants, par le chef de l'État dans
les autres. Les *conseils généraux* ou de département, les *conseils
d'arrondissement* et les *conseils municipaux*, dont les membres
étaient tous nommés par le premier consul sur les listes de notabilités, avaient la mission de répartir l'impôt direct entre les arrondissements, les communes et les habitants.

Après tous les désordres financiers de la Convention et du Directoire, les abus et le discrédit du papier-monnaie, il importait
d'assurer le recouvrement des impôts et les ressources du trésor
public. Dans chaque département un *directeur des contributions
directes*, assisté de *contrôleurs*, fut chargé de confectionner tous
les ans les rôles de chaque commune, auparavant dressés par les
administrations locales. Il y eut dans chaque département un
receveur général, qui centralisait dans sa caisse toutes les recettes
du trésor, et leur donnait l'emploi ordonné par le ministre des
finances ; vrai banquier de l'État qui touchait l'intérêt des sommes
qu'il lui avançait par ses obligations, et lui payait l'intérêt des
sommes encaissées en son nom. Un *receveur particulier* centralisait de même les recettes dans chaque arrondissement, par les
soins des *percepteurs* répartis dans les cantons et les communes.
Un *payeur général*, au chef-lieu du département, acquittait les

dépenses publiques. C'était la même organisation pour l'*Enregistrement et les domaines*, les *Douanes*, les *Eaux et forêts*. Ainsi fut complétée, d'après les plans du ministre Gaudin, l'administration financière du pays. Une *caisse d'amortissement* destinée à recevoir les dépôts et consignations, reçut d'abord les cautionnements des receveurs généraux et particuliers. Ce n'est qu'en 1807 que fut créée ou rétablie la Cour des comptes, pour examiner et juger les opérations de tous les agents comptables.

Le premier consul arrêta par une sage mesure en 1801 la vente ou plutôt le gaspillage des biens nationaux. Il aimait mieux subvenir aux besoins du trésor par la création des rentes ; et des 400 millions de domaines fonciers que l'État conservait, il en affecta près du quart à la caisse d'amortissement qui devait servir au rachat des rentes. Il indemnisa par ces rentes ceux auxquels le Directoire avait fait la banqueroute des deux tiers. L'État put servir sans embarras 100 millions de rentes annuelles.

On améliora sur deux points importants le système judiciaire de l'Assemblée constituante. Au-dessus des *tribunaux de première instance* établis dans chaque arrondissement, furent créées vingt-neuf *cours d'appel* qui formèrent un second degré de juridiction, et les juges, nommés désormais par le premier consul sur les listes de notabilités, furent déclarés inamovibles, à moins de forfaiture, et à l'exception des juges de paix. On a vu que le Sénat nommait les conseillers de la Cour de cassation. Pour les affaires criminelles soumises au jury, des *assises* trimestrielles furent présidées dans chaque département par un conseiller de la cour d'appel du ressort. Un *procureur général* en chaque cour était chef du parquet et de l'administration judiciaire. En vertu du même principe d'autorité partout rétabli, on réorganisait les corporations des notaires, des avoués, des avocats, des agents de change. Par toutes ces institutions, préfets, receveurs généraux, procureurs généraux, et par les vingt-cinq *divisions militaires*, le premier consul tenait sous sa main toutes les forces du pays, et il voulait en développer toutes les richesses.

Dans un temps où la rente était tombée à six francs, et quand l'escompte des effets de commerce était de 3 à 4 p. 0/0 par mois, un des premiers soins de Bonaparte fut de restaurer le crédit. Le lendemain du 18 brumaire, sept banquiers, en tête Perrégaux, s'associaient pour fonder la *Banque de France* au capital de 30 millions. Leurs premières opérations, facilitées par Bonaparte qui leur confia les fonds de la caisse d'amortissement et leur ouvrit un compte courant au trésor, firent bientôt baisser l'escompte à 6 p. 0/0 par an. Le premier consul leur accorda le privilége exclusif du papier-monnaie, mais à la condition d'escompter tous les bons effets de commerce, sans privilège pour les actionnaires. Plus tard l'empereur, pour surveiller plus rigoureusement les opérations de la Banque dont le capital fut porté à 90 millions, établit trois receveurs généraux au conseil de régence et se réserva d'en nommer le gouverneur et les deux sous-gouverneurs. Il força les régents à créer des succursales à Rouen et à Lyon. Il ordonnait dans le même temps la création de chambres de commerce dans les principales villes et d'un conseil général de commerce à Paris. Toutes ces réformes assuraient les services publics et relevaient l'industrie. On le vit bien aux Expositions de 1801 et 1802, comparées à celles du Directoire.

Paris qui s'effrayait d'apprendre, aux derniers jours du Directoire, un nouveau soulèvement des provinces de l'ouest, la prise du Mans ou de Nantes par les Vendéens et les chouans, apprit bientôt que l'abbé Bernier, curé de Saint-Laud d'Angers, un des chefs du parti royaliste, avait décidé les autres (Bourmont, d'Autichamp) à signer la paix de Montfaucon (janvier 1800). Bonaparte ordonnait pour la mort de Washington une grande fête militaire et patriotique (mars 1800). Ainsi s'ouvrait le dix-neuvième siècle.

II. Campagne de 1800. — Bonaparte en Italie; victoire de Marengo (14 juin.) — Moreau en Allemagne; victoire de Hohenlinden (3 déc.). — La machine infernale (24 déc.) — Traité de Lunéville (9 fév. 1801).

Parmi tous ces grands travaux de la paix, il fallait préparer la guerre. A peine installé aux Tuileries, Bonaparte avait écrit de sa main au roi d'Angleterre et à l'empereur, et demandé la paix au nom de l'humanité. Cette diplomatie d'un nouveau genre eut peu de succès; les deux puissances exigeaient pour traiter le rétablissement des Bourbons et des anciennes limites de la

France. Le contraste entre la franche cordialité de Bonaparte et la froideur dédaigneuse des cabinets de Londres et de Vienne excita l'indignation. Le premier consul put dans un manifeste éloquent rejeter sur l'Angleterre et sur l'Autriche la responsabilité d'une nouvelle lutte. La guerre devenait pour la France une question d'honneur et de nécessité. Il fallait vaincre cette coalition, dont la Prusse n'avait pas voulu et dont la Russie s'était retirée, mais qui menaçait encore le territoire français par le Rhin et par la Provence, avec deux grandes armées, celle de Kray sur le Rhin, et celle de Mélas en Italie, que devaien rejoindre 20,000 Anglais assemblés à Minorque. Bonaparte avait par la conscription 200,000 soldats; il rappela de leurs foyers 30,000 vétérans et réorganisa l'artillerie et le génie. Il envoya Masséna rallier à Gênes les débris de nos armées, rassembla des troupes d'élite aux environs de Genève, tandis qu'à Dijon l'armée de réserve organisée par Berthier, et dont Mélas et les Anglais affectaient de rire, devenait une armée sérieuse. Moreau fut placé sur le Rhin avec une magnifique armée de 100,000 hommes, pour opérer contre le maréchal Kray sur le Danube, tandis que Bonaparte irait sur le Pô attaquer Mélas.

Masséna n'avait que 38,000 soldats contre 130,000 Autrichiens; mais l'*Enfant chéri de la Victoire* valait à lui seul une armée. Mélas, prenant l'offensive, coupa en deux l'armée de Masséna (5 avril), le refoula dans Gênes avec 18,000 hommes, occupa Nice et rejeta Suchet derrière le Var. L'amiral Keith bloqua Gênes par mer. Dès que Gênes serait prise, les Autrichiens et les Anglais envahiraient la Provence, et feraient leur jonction dans la vallée de la Saône avec les armées venues par le Rhin. Bonaparte attendit, pour voler au secours de Masséna, les premiers succès de Moreau, qui franchit le Rhin, battit les Autrichiens en trois rencontres (Engen, Stokach, Mœsskirch) et les enferma dans leur camp retranché d'Ulm (1er-5 mai). Alors, à la tête d'une armée de 40,000 hommes, dont la rapide organisation tenait du prodige, il courut de Dijon à Genève, et passa les Alpes en quatre colonnes (14-20 mai 1800). Avec le gros de l'armée, il franchit le Grand Saint-Bernard. A gauche Moncey, avec 20,000 hommes détachés de l'armée de Moreau, prit la route du Saint-Gothard. A droite Turreau, avec 6,000 hommes du corps de Suchet, passa le mont

Cenis. On sait toutes les difficultés de ce passage des Alpes à travers les précipices ; Lannes et les six régiments de l'avant-garde partant dès minuit pour éviter la chaleur du jour et les avalanches ; les hommes s'attelant aux canons démontés et enveloppés dans des troncs d'arbre ; le fort de Bard qui fermait la vallée de la Doire, tourné par un sentier de chèvres ; l'artillerie traînée à bras pendant la nuit sous le feu même des Autrichiens, etc. En quelques jours toute l'armée débouchait en Piémont par la vallée d'Aoste ; au bout de trois semaines Bonaparte ralliait 60,000 hommes, faisait son entrée à Milan aux acclamations d'un peuple enthousiaste (2 juin) et ressuscitait la république cisalpine. Déjà Lannes et Murat avaient franchi le Pô et surpris les immenses magasins de Plaisance ; Suchet, repassant le Var, recouvrait Nice et les Alpes-Maritimes. À ce moment, quand Mélas, craignant d'être pris entre deux feux, ordonnait au général Ott de laisser là Gênes et de revenir à lui, Masséna et Soult, après avoir lutté pendant deux mois contre la famine et perdu 15,000 hommes, étaient réduits à capituler (4 juin). Leur défense héroïque avait retenu au sud l'armée autrichienne et laissé à Bonaparte le temps de préparer sa seconde campagne d'Italie. Masséna put rejoindre Suchet avec ses débris et continuer la guerre.

Mélas, craignant d'être affamé à son tour, se repliait sur Turin. Mais cinq jours après la reddition de Gênes, Lannes battait son avant-garde à Montebello (9 juin), et Suchet reprenant l'offensive lui tuait 9,000 hommes à Céva. On lui barra trois fois le passage au pont de Plaisance. Bonaparte, après l'avoir attendu sur sa ligne de retraite dans son camp de Stradella, courut à sa rencontre, et Mélas, enfermé entre le Pô, l'Apennin et l'armée française, était forcé de livrer bataille près d'Alexandrie, entre les villages de San Giuliano, de Castel-Ceriolo et de Marengo (14 juin). Il y eut là trois batailles en un jour. L'armée française perdit les deux premières. Lannes et Victor, accablés par le nombre, furent chassés du village de Marengo. Bonaparte n'arrêta qu'un moment la déroute avec la garde consulaire. Déjà Mélas, rentré dans Alexandrie, envoyait des messages de victoire à tous les cabinets de l'Europe. Mais Desaix revenu d'Égypte, détaché la veille sur Novi et rappelé par le canon, ramenait sur le champ de bataille 6,000 hommes de troupes fraîches. Bonaparte engagea la troisième bataille. Desaix, lancé contre la colonne autrichienne qui s'ouvrait la route de Plaisance, tomba frappé à mort dès les premiers coups, mais l'élan qu'il avait donné à ses troupes, l'artillerie démasquée à propos par Marmont, une charge de cavalerie vivement conduite par Kellermann, décidèrent la victoire. La bataille de Marengo, qui coûtait 12,000 hommes aux Autrichiens, nous donnait la Lombardie, le Piémont, la Ligurie et toute la Cisalpine. Elle s'était livrée au lieu même que Bonaparte avait marqué sur la carte à Paris. Le surlendemain Mélas, par la trêve d'Alexandrie, se retirait derrière le Mincio. Dix-huit jours après, Bonaparte, laissant Masséna en Italie, était de retour à Paris. Il a reconquis dans une seule journée « l'Italie qui, deux ans auparavant, lui avait coûté 12 batailles et 60 combats, tandis que Moreau met six mois à s'approcher de Vienne. » (Thiers.)

Moreau, encore vainqueur à Biberach, à Memmingen, à Hochstædt (mai 1800), avait traversé la Souabe et la Bavière. Il n'accorda l'armistice de Parsdorf (juin) qu'après avoir occupé Munich, Neubourg, où périt La Tour d'Auvergne, le *premier grenadier de France*, et Ratisbonne. Il donnait la main à l'armée d'Italie par sa jonction avec Lecourbe, le héros de la guerre de montagnes, maître du Vorarlberg et du pays des Grisons. Mais la cour de Vienne n'osant traiter sans l'Angleterre, et Bonaparte refusant d'admettre les Anglais aux conférences, à moins que toute hostilité ne cessât sur mer, la guerre continua. Moreau, maître de Munich, occupait toute la ligne de l'Isar ; les Autrichiens à Braunau gardaient celle de l'Inn. Les Autrichiens eurent d'abord l'avantage à la journée d'Ampfing (1er déc.), où l'archiduc Jean surprit Grenier et l'aile gauche. La bataille décisive fut livrée dans la vaste forêt qui s'étend d'une rivière à l'autre et dont le village de Hohenlinden occupe le centre. Les habiles manœuvres de Moreau attirèrent l'ennemi dans la forêt. Richepanse, par une attaque hardie au centre, coupa leurs deux ailes, et la bravoure de Ney fit le reste. Les Autrichiens avaient perdu 8,000 tués ou blessés, nous laissaient 12,000 prisonniers et 87 canons (3 décembre 1800). Dans les jours suivants, Moreau, franchissant l'Inn et la Salza, occupait Lintz sur le Danube et Steyer sur l'Ens. Avec

Augereau venant du Haut-Rhin et surveillant la Souabe et la Franconie, Macdonald et Moncey escaladant les Alpes des Grisons et ramenant à Moreau son corps détaché de 20,000 hommes, Brune et l'armée d'Italie forçant les passages du Mincio et de l'Adige (victoire de Pozzolo), le plan de Carnot se fût mieux réalisé qu'en 1796. D'autre part 6,000 Français ou Cisalpins envahissaient la Toscane, et Murat chassait les Napolitains des États de l'Église. Le roi de Naples fermait ses ports aux Anglais par le traité de Foligno. L'Autriche demanda et obtint l'armistice de Steyer (25 déc.).

La coalition naguère victorieuse était réduite à compter maintenant sur les complots ourdis contre Bonaparte par les Jacobins ou par le comité royaliste de Londres. Il y eut d'abord la conspiration du 10 octobre dont les meneurs, républicains exaltés, le Corse Aréna, le sculpteur Ceracchi, Demerville, le peintre Topino-Lebrun, périrent sur l'échafaud. Il y eut le fameux complot de la *machine infernale*, auquel le vainqueur de Marengo n'échappa que par miracle et qui tua ou blessa cinquante-deux personnes (24 déc.). Les vrais coupables étaient d'anciens chouans, poussés par le comité royaliste, Saint-Réjant, Carbon. qui furent exécutés, Limoëlan qui s'échappa. Le premier consul, plus hostile aux démocrates qu'aux royalistes, affecta d'en accuser encore les Jacobins. Par un sénatus-consulte et sans forme de procès, il en fit déporter 130 à Cayenne. En même temps il instituait dans les départements des cours spéciales, dont les membres choisis par lui-même, et le plus souvent parmi les officiers, devaient juger sans appel tous les complots contre la sûreté de l'État. Vainement quelques voix courageuses protestèrent : Lanjuinais, Grégoire, Garat au Sénat ; Isnard, Benjamin Constant, Bailleul, Daunou dans le Tribunat. Le premier consul frappa ce fantôme de la représentation nationale à propos du Code civil.

Tous ces complots rendaient Bonaparte plus cher à la nation et faisaient plus vivement désirer la paix, qui fut enfin signée à Lunéville par le comte de Cobentzel et Joseph Bonaparte (9 fév. 1801). Par ce traité, la France gardait la Belgique et la rive gauche du Rhin depuis la Suisse jusqu'à la Hollande, et continuait d'occuper la Savoie et le Piémont, divisé en six départements. L'Autriche conservait le territoire de Venise à l'est de l'Adige. L'indépendance de la république cisalpine, du Tanaro et de la Sésia à l'Adriatique, et des républiques ligurienne, helvétique et batave était reconnue et garantie. Le pape Pie VII était rétabli dans ses États. La Toscane, enlevée au grand-duc Ferdinand, frère de l'empereur, était cédée à la France qui devait l'ériger en royaume d'Étrurie pour le fils du duc de Parme, Modène et Parme étant réunies à la république cisalpine. A la différence du traité de Campo-Formio, base du traité nouveau, l'empereur d'Allemagne avait stipulé pour l'Empire, et pour la première fois la diète ratifia le traité dans une seule séance (9 mars). Le corps germanique renonçait comme l'empereur à tous droits sur la rive gauche du Rhin et sur les anciens fiefs d'Italie, et promettait de séculariser les États ecclésiastiques et de médiatiser les villes libres, pour indemniser sur la rive droite du Rhin les princes dépossédés, sous la médiation de la France et de la Russie.

La France ne fit pas payer si cher aux autres puissances la paix continentale. Le roi de Naples, menacé par Murat, confirma le traité de Foligno, et par la paix de Florence (18 mars 1801), céda l'île d'Elbe, les présides de Toscane et Piombino. Soult avec 10,000 hommes occupa Tarente, Otrante et Brindisi. La Russie, par les articles secrets du traité de Paris, assurait son intervention dans les affaires d'Allemagne et d'Italie, et des indemnités au roi de Sardaigne. La France, dans son traité avec la Porte, reconnut la république des sept îles Ioniennes. Singulière création d'une république par le czar et le sultan, et d'un royaume d'Étrurie par la République française !

III. Lutte avec l'Angleterre. — Ligue armée des neutres. (déc. 1800). — Bombardement de Copenhague (avril 1801). — Assassinat du czar Paul Ier (mars). — Perte de l'Égypte (sept.). — Paix d'Amiens (25 mars 1802).

Il était plus difficile d'imposer la paix à l'orgueil britannique. L'Angleterre, malgré les éloquents discours de Fox et de Shéridan, restait seule en guerre contre la France. Elle avait gagné sur mer et dans les colonies autant que sa rivale sur le continent. Les Anglais avaient pris, bloqué ou détruit les flottes enne-

mies. Une escadre sortie de Gibraltar avait conquis Minorque.
Mais l'Angleterre avait ses déchirements intérieurs. Pour dompter enfin l'Irlande soulevée par une longue tyrannie, Pitt avait
opéré l'union des deux parlements (1800). L'Irlande envoya cent
députés aux Communes, quatre pairs ecclésiastiques et vingt-
huit laïques à la Chambre des lords, et dut payer les deux sep-
tièmes des charges publiques. Mais le ministre tout-puissant ne
put achever son œuvre, ni obtenir, par compensation, du parlement et du roi l'émancipation des catholiques irlandais. Pour faire
la guerre à la France et soudoyer deux coalitions, l'Angleterre
avait sans cesse augmenté les impôts, et en six ans accru sa dette
de 200 millions de livres sterling. Le seul paiement d'une dette
de 500 millions de livres sterling (12 milliards) absorbait déjà
la moitié de ses revenus. La masse de la nation, ruinée par la
taxe des pauvres et par les banqueroutes qu'amenait la guerre,
se plaignait d'être écrasée au profit des privilégiés. *L'income-tax*,
impôt sur tous les revenus, ne fut qu'une médiocre ressource.
C'était toujours le contraste de l'extrême opulence et de la misère
extrême. Les bons citoyens demandaient la réforme parlementaire,
et l'égoïsme des nobles la repoussait. Il fallait, pour étouffer les
plaintes, suspendre fréquemment *l'habeas corpus*, accroître les
prérogatives de la couronne, exagérer la corruption dans le parlement, et renforcer l'armée permanente.

La puissance maritime et commerciale qui devait compenser
tant de maux, était de nouveau menacée par l'opposition des
neutres et par la coalition des marines secondaires. Le Danemark
et la Suède se plaignaient du droit barbare que s'arrogeait l'Angleterre, malgré les progrès de la civilisation, de visiter même les
vaisseaux sous convoi, et de sa théorie du blocus fictif. La République, après avoir été contrainte d'user de représailles contre
l'Angleterre et contre les neutres qui subissaient sa tyrannie,
avait levé l'embargo sur les bâtiments neutres retenus dans nos
ports, et déclaré qu'elle revenait aux principes de 1780. Un traité
signé par elle avec les États-Unis (oct. 1800) affirmait les nouveaux
principes du droit maritime. L'Angleterre brava d'abord tous ses
ennemis et crut les effrayer par le déploiement de toutes ses
forces. Elle avait alors 195 vaisseaux de ligne, 250 frégates, 300
bâtiments, et plus de 100,000 marins. Elle envoyait 25 vaisseaux

menacer Copenhague, une flotte bombarder le Ferrol et Cadix, une autre bloquer Gênes, insulter les côtes de la Hollande, porter une armée en Égypte et réduire Malte assiégée depuis deux ans, que Vaubois, manquant de vivres, rendit le 5 septembre 1800.

Mais dans le même temps Paul Ier, auquel les Anglais refusaient de rendre Malte que Bonaparte lui avait cédée, proposait aux États du Nord de rétablir la *neutralité armée* de 1780, mettait l'embargo dans ses ports sur tous les vaisseaux anglais, internait leurs matelots, et levait les contingents de plusieurs provinces. Paul Ier, admirateur de Bonaparte qui lui avait renvoyé ses prisonniers sans rançon, menaçait de la guerre les ennemis de la France, tout en proscrivant les livres français. On dit qu'il proposait de conduire une armée de 40,000 Russes et de 30,000 Français dans l'Inde par le Caucase et la Perse. La Suède, la Prusse et le Danemark lui-même, quoique avec plus d'hésitation, signèrent l'alliance avec la Russie (déc. 1800). La Prusse occupa Brême et les villes maritimes du Hanovre, les Danois Hambourg, afin de fermer l'Allemagne aux Anglais.

Pitt s'effraya de voir ainsi l'Europe s'unir à la France au nom de la liberté des mers. Sentant la nécessité prochaine de faire la paix pour ajourner le péril, il donna sa démission le 8 février 1801, la veille de la signature du traité de Lunéville, et laissa le pouvoir à des tories plus modérés, Addington, Hawkesbury, qui pourraient traiter sans répugnance et sans déshonneur. Ceux-ci se hâtèrent de frapper la Confédération du Nord pour l'isoler de la France. Ils irritèrent contre le czar la noblesse, jalouse de ses privilèges, et corrompirent la Suède. Une flotte de 54 vaisseaux, commandée par Parker et Nelson, força le passage du Sund et reparut devant Copenhague. La capitale du Danemark fut bombardée (2 avril). Les Danois, quoique abandonnés par la Suède, soutinrent bravement l'attaque et ne cédèrent qu'à la supériorité du nombre. Une trêve offerte par Nelson suspendit la neutralité. La flotte victorieuse allait chercher dans la Baltique la flotte russe et suédoise, lorsqu'elle apprit la fin tragique de Paul Ier, assassiné dans sa cour et par ses ministres (25 mars 1801). Le premier acte de son fils Alexandre fut de signer la paix avec l'Angleterre, et d'abandonner sans réserve les principes de la neutralité armée, ainsi que toute prétention sur l'île de Malte et sur la grandemaîtrise. Son exemple entraîna les autres puissances du Nord.

Bonaparte, dont tous les plans étaient renversés, accusa publiquement les Anglais d'avoir poussé les assassins du czar et forma son camp de Boulogne pour une descente en Angleterre. Il couvrit les côtes depuis Cherbourg jusqu'à Dunkerque d'une immense flottille de bâtiments de transport et de chaloupes canonnières qui brava deux fois les menaces de Nelson. Quoiqu'on affectât de rire à Londres de ces coquilles de noix, on y ouvrit les pourparlers pour la paix dès le mois d'avril 1801. La France poussa vivement la guerre contre les alliés de l'Angleterre au midi, les Portugais et les Ottomans. Une armée de 40,000 Espagnols força le Portugal de fermer ses ports aux Anglais. Restait l'Égypte.

En Égypte, le départ de Bonaparte avait découragé nos soldats. Kléber, chargé de défendre une conquête qu'il avait désapprouvée, en négocia l'abandon avec les Turcs, quoiqu'il eût 25,000 hommes d'élite, 100 pièces d'artillerie de campagne et 1400 bouches à feu de tout calibre ; mais la terre d'Égypte lui *brûlait les pieds*. On convint par la capitulation d'El-Arisch (24 janvier 1800) que les troupes françaises seraient transportées en France sur les vaisseaux anglais, et déjà Kléber avait remis aux Turcs les places principales. Mais les Anglais, interceptant la lettre où Kléber peignait sa détresse au Directoire, désavouèrent la convention. Sommé par eux de se rendre prisonnier de guerre, Kléber répondit par la sanglante bataille d'Héliopolis qui lui rendit le Caire et l'Égypte (19 mars). Kléber, à la tête d'une armée habilement recrutée parmi les Grecs, les Syriens et les Nubiens, espérait s'affermir en Afrique, lorsqu'il périt au Caire sous les coups d'un fanatique, le même jour où Desaix succombait à Marengo (14 juin). Menou, qui lui succéda par droit d'ancienneté, n'avait point d'autorité sur le peuple ni sur l'armée. Les Égyptiens ne lui savaient point gré de son nom arabe, de sa dévotion musulmane et de ses projets sérieux de colonisation. Les Français lui reprochaient de parodier avec un extérieur grotesque les allures orientales de Bonaparte. Pourtant les Français, animés par leur brillante victoire et par les nouvelles d'Europe, n'acceptèrent plus la capitulation offerte par les Anglais. Il leur semblait possible de se maintenir en Égypte et d'y fonder une colonie puissante qui nous donnerait le commerce et le protectorat de l'Orient. L'Angleterre envoya

pour les accabler l'amiral Keith, le général Abercromby, et les
20,000 soldats de Minorque, renforcés par 7,000 Indous ou Ci-
payes qui venaient des Indes orientales par la mer Rouge, et par
les Turcs venant de Syrie. Bonaparte, qui n'oubliait pas ses compagnons d'armes, leur envoya Ganteaume avec sept vaisseaux
et 5,000 hommes ; d'autres renforts devaient suivre. Mais Ganteaume perdit trois mois à courir la Méditerranée et ramena son
escadre à Toulon. L'amiral Linois, avec trois vaisseaux qui devaient
rallier une escadre espagnole à Cadix, livra le 6 juillet le brillant
combat d'Algésiras à six vaisseaux anglais dont deux furent détruits,
mais sans profit pour nos soldats d'Égypte. Ceux-ci, vaincus à
Canope par Abercromby qui périt dans la bataille (21 mars), avaient
perdu courage. Belliard signait la capitulation du Caire (25 juin)
et Menou celle d'Alexandrie (2 sept). Les Français, avec leurs
armes et leurs collections précieuses de l'Institut, étaient ramenés en France sur la flotte anglaise. Ainsi finit l'expédition
d'Égypte. On sait que Malte avait capitulé depuis un an.

Alors l'Angleterre, triomphante sur toutes les mers, conclut la
paix avec la France. Le jour même où l'Europe apprenait l'évacuation de l'Égypte, les puissances signaient les préliminaires de
Londres (1er oct.), et six mois plus tard (25 mars 1802), on con-
cluait la paix définitive au congrès d'Amiens, où parurent Corn-
wallis pour l'Angleterre, Joseph Bonaparte pour la France, Azara
et Schimmelpenninck pour l'Espagne et la Hollande. L'Angleterre
reconnaissait les acquisitions continentales de la France et les
républiques fondées et rétablies par ses victoires, restituait toutes
ses conquêtes, excepté Ceylan et la Trinité que lui cédaient la
Hollande et l'Espagne, et promettait de rendre la colonie du Cap
aux Hollandais et l'île de Malte aux chevaliers de l'ordre. De
son côté la France devait retirer ses troupes des États de l'Église,
du royaume de Naples et du Portugal, reconnaître l'indépendance des îles Ioniennes sous le protectorat de la Russie. L'Angleterre lui rendait son droit de pêche à Terre-Neuve et dans la
baie du Saint-Laurent. La maison d'Orange serait indemnisée
sans aucun dommage pour la République batave. La Porte
ottomane recouvrait l'Egypte.

Glorieuse époque pour la France et pour son chef, qui croyaient
les guerres de la Révolution à jamais finies ! Le pays, sauvé de

l'anarchie et soumis aux vrais principes de la Révolution, déve-
loppait son bien-être et sa fortune, construisait partout des canaux
et des routes. La nation était réconciliée avec l'Europe par de glorieux traités, avec la religion et ses propres souvenirs par le
Concordat. L'aristocratie anglaise déplorait ce triomphe du jaco-
binisme, dont les ministres eux-mêmes rougissaient; mais le
peuple anglais criait : Vive Bonaparte!

IV. Institutions du Consulat. — Le Concordat. — L'Université. — La Légion d'honneur. — Le Code civil. — Consulat à vie (2 août 1802).

On a vu que Bonaparte n'avait pas attendu les traités de Lunéville et d'Amiens pour fermer au dedans toutes les plaies de la
révolution. Ce n'était plus une faction victorieuse, mais un gouvernement supérieur à toutes les factions, qui dirigeait les destinées de la France. Aussi les masses n'avaient plus ni le désir,
ni le courage de la révolte. L'agriculture, animée par le morcellement des grandes propriétés, l'industrie à laquelle la guerre ou
le système protecteur assurait tous les marchés intérieurs, le commerce qui ne craignait plus les croisières des Anglais, se partageaient les faveurs d'un pouvoir impartial. Les impôts étaient
modérés, et le budget en équilibre. Les honneurs et les récom-
penses excitaient l'esprit de découverte et l'enseignement des arts
et des sciences qui relèvent de l'économie politique. L'Institut réfor-
mait ses académies, et Cuvier était chargé de tracer un tableau
général de l'état des sciences depuis 1789 jusqu'en 1801. On offrait 600,000 francs aux savants pour le perfectionnement de la
pile de Volta et les progrès de l'électricité. Les grandes fondations, routes, canaux, ponts, ports, qui signalèrent tout le règne
de Bonaparte consul ou empereur, commençaient par les routes
ouvertes à la fois dans le Simplon, le mont Cenis, le mont Gene-
vre, et par les canaux de Saint-Quentin et d'Aigues-Mortes, aux
deux extrémités de l'empire. A Paris trois ponts étaient jetés sur
la Seine, le pont des Arts et ceux que les victoires d'Austerlitz et
d'Iéna allaient baptiser. Au milieu même de la guerre, du sein des
camps ou des villes conquises, le premier consul promulguait vo-

lontiers ces ordonnances concernant les travaux de la paix, qui devaient par leur date attester à jamais sa double activité.

Tous ces travaux eussent été plus glorieux, si Bonaparte n'eût pas semblé croire que le despotisme en était le prix légitime. Il ne lui suffisait pas d'être le chef puissant et respecté d'un peuple libre. Comme il se sentait capable de tout voir et de tout faire, il ne souffrait point de force ni de puissance en dehors de lui-même. Il affecta de confondre, chez un peuple las de violences et d'anarchie, son pouvoir avec la gloire et la vie même de la France. Il enchaîna la presse. Il n'admettait point la discussion ni le contrôle, et ne les croyait pas nécessaires. On connaît la fameuse police de Fouché, qu'on accusait d'avoir préparé les conspirations qu'il découvrait. On a vu le complot d'Aréna et de Céracchi, puis la machine infernale, entre les traités de Lunéville et d'Amiens, et comment, par un sénatus-consulte, on déporta sans jugement les derniers terroristes. Bonaparte ne ménagea pas davantage les républicains modérés ou constitutionnels. Un coup d'État lui fit raison des opposants dans les deux chambres législatives. En 1801 (12 mars), le Sénat, au lieu du sort, désigna le cinquième sortant du Corps législatif et du Tribunat. L'opposition lui semblait un crime d'État.

Dans les six semaines qui suivirent la paix d'Amiens, il entassa la plupart des actes qui devaient dans ses plans reconstituer la société, refaire les classes ou les corps intermédiaires entre le peuple et le pouvoir, et jeter sur le sol quelques *masses de granit*. Le Concordat, l'Université, la Légion d'honneur, le Code civil, toutes ces institutions sont de cette époque féconde ou s'y rattachent par leurs origines.

Ce fut un des premiers soins de Bonaparte de restaurer la religion catholique et de mettre fin au schisme né de la constitution civile du clergé. Deux conciles tenus à Paris par les soins de l'évêque Grégoire (1797-1801) n'avaient guère avancé la question, le clergé réfractaire ayant refusé d'y paraître. Bonaparte s'adressa pour la résoudre au pape lui-même. Après avoir aboli les fêtes républicaines et rétabli la célébration du dimanche, il ouvrit avec le vertueux Pie VII les négociations d'où sortit, dès le 15 juillet 1801, le Concordat, bientôt complété par les articles organiques (8 avril 1802). Aux termes convenus entre le cardinal

Consalvi d'une part, et de l'autre Portalis, le conseiller d'État Cretet et l'abbé Bernier, le catholicisme était proclamé religion de l'État et de la majorité des Français. Une nouvelle division des diocèses établissait dix archevêques et cinquante évêques, nommés et soldés par l'État, mais qui recevaient du pape l'institution canonique. Les curés étaient nommés par les évêques, mais avec l'approbation du gouvernement, qui leur assurait un traitement convenable. Le nombre des jours de fêtes était fixé. On confirmait la vente des biens du clergé et la suppression des vœux perpétuels. Les prêtres excommuniés comme assermentés et mariés étaient réconciliés avec l'Église, mais forcés de résigner leurs charges, sécularisés et pensionnés. A 48 sièges nouveaux sur 60, le premier consul nomma des prêtres réfractaires, qui lui en témoignèrent peu de reconnaissance. Par la loi du 18 germinal an X qu'on appelle les *articles organiques*, promulguée sans l'intervention de la cour de Rome et consacrant la liberté des cultes, le premier consul réglait la police du culte catholique et des cultes dissidents, et reconstituait l'Église gallicane de Louis XIV : interdiction des cérémonies du culte catholique en dehors des églises là où il existe plusieurs communions ; le mariage civil précède le mariage religieux ; les actes de l'état civil sont réservés aux officiers municipaux ; défense de publier sans autorisation du gouvernement les bulles pontificales et les décrets des conciles ; défense au clergé de posséder des immeubles à titre de communautés religieuses.

Le Corps législatif accepta le Concordat malgré l'opposition des tribuns, et le jour de Pâques, 18 avril 1802, le premier consul assista en grande pompe au *Te Deum* chanté à Notre-Dame pour célébrer la paix générale et la réconciliation avec l'Église. Tandis que les républicains s'indignaient de ce triomphe de la contre-révolution et de cette *capucinade*, un livre fameux, le *Génie du christianisme*, exprimait poétiquement ce retour des esprits à l'ancien culte.

On a dit que Bonaparte avait fait le Concordat par politique et pour détacher le clergé de la coalition et du parti royaliste. La politique en effet, si l'on entend par ce mot la plus élevée et la plus difficile de toutes les sciences, et non pas un calcul d'ambition vulgaire, inspirait tous les actes du premier consul. La restauration des études classiques et la fondation des premières assises de l'Université datent de 1802. Une loi du 1er mai remplaça les écoles centrales de la Convention par quarante *lycées*, dotés de 6.400 bourses, où les pensionnats étaient contraints d'envoyer leurs élèves, et dont le gouvernement nommait les professeurs. L'éducation nationale se trouva soumise à l'État. Pour l'instruction supérieure, dix écoles de droit et trois nouvelles écoles de médecine furent fondées ; puis l'École des ponts et chaussées, annexe de l'École polytechnique ; l'École des arts et métiers à Compiègne, et l'École militaire, d'abord établie à Fontainebleau (1803), plus tard à Saint-Cyr.

L'ordre de la *Légion d'honneur*, institué le 15 mai 1802 pour la récompense des services civils et militaires, ne fut pas une des moins heureuses créations du Consulat. A l'ancienne noblesse qui rentrait en foule, Bonaparte opposait par là une noblesse nouvelle et d'origine révolutionnaire, sans porter atteinte à l'égalité. La Légion, comprenant 6,800 membres, était divisée dans le principe en 15 cohortes, dont chacune comptait 7 grands-officiers, 20 commandeurs, 30 officiers et 350 légionnaires.

Mais l'œuvre capitale du premier consul fut le *Code civil*. Dès les premiers jours du Consulat, il reprit ce grand projet dont la Convention avait chargé Cambacérès. Une commission composée de Tronchet, Portalis, Malleville et Bigot de Préameneu, fut chargée de le rédiger. Son travail, terminé en quatre mois, fut soumis à l'examen de la Cour de cassation et des Cours d'appel, puis à la révision sévère et scrupuleuse du Conseil d'État. Le Code s'acheva sous les yeux de Bonaparte, dans les discussions des plus savants jurisconsultes, qu'il éclairait de son génie et dirigeait souvent par la force et la justesse de sa pensée. L'opposition du Tribunat et du Corps législatif en retarda longtemps le vote définitif. Le Code civil ou *Code Napoléon*, promulgué seulement en 1804, consacra les grands principes de la Révolution, l'égalité de tous dans l'État et dans la famille. « La Révolution, disait Bonaparte, est fixée aux principes qui l'ont commencée. » Après avoir tant détruit, la Révolution organisait ; à la France épuisée par les passions politiques, elle assurait les libertés civiles. « La liberté, disait encore Bonaparte dans le premier enthousiasme de son œuvre, c'est un bon Code civil, et les nations modernes ne se soucient que de la propriété. »

Au milieu de ces travaux multiples, Bonaparte marchait vite à son but. La cour du premier consul aux Tuileries rappelait déjà l'étiquette, l'élégance et les mœurs de l'ancienne monarchie. Sa femme Joséphine, ses deux enfants Eugène et Hortense Beauharnais, les sœurs de Bonaparte, Élisa Bacciochi, Pauline Leclerc (plus tard princesse Borghèse), Caroline Murat, tous brillants de jeunesse et de beauté, secondaient ses projets. Les émigrés rentrés prenaient du service. L'ancienne société semblait revivre dans le cercle de Mme de Staël, où brillait Benjamin Constant qu'elle appelait le second Mirabeau. La vanité française se prêtait volontiers au retour des ordres et des titres. Les républicains et les royalistes ne dédaignèrent pas longtemps les rubans de la Légion d'honneur. Bonaparte lui-même avait quitté pour la pompe de l'ancienne cour la simplicité républicaine de Washington et de Kosciusko. Le premier citoyen de la République s'exerçait dès lors à jouer avec grâce et dignité un rôle plus majestueux. Les nouveaux prélats, choisis presque tous parmi les réfractaires, les émigrés revenus au nombre de cent mille, et que plus tard il se repentit d'avoir rappelés si vite, flattaient perfidement son ambition. La masse de la nation, plus sincère dans son admiration, était disposée à fixer le pouvoir dans ses mains.

Dès la paix d'Amiens, le tribun Chabot (de l'Allier) avait proposé d'offrir au premier consul un témoignage signalé de la reconnaissance publique. Sur ce vœu du Tribunat, le Sénat prorogea pour dix ans le consulat de Bonaparte. Quelques mois plus tard la nation, consultée par ses deux collègues et sur sa demande, lui donnait par 3,577,000 suffrages contre 11,000 le consulat à vie, avec le droit de faire grâce, de choisir son successeur et de proposer les deux consuls, et une liste civile de six millions. Deux jours après, un sénatus-consulte organique de la constitution de l'an X (16 thermidor, 4 août 1802), porté sur la proposition du Conseil d'État et sans communication au Corps législatif, changeait sommairement la constitution de l'an VIII. Ces changements, œuvre de Bonaparte, transportaient tous les pouvoirs au premier consul, qui ratifiait les traités dans son conseil privé[1], rédigeait

---

1. Composé des consuls, des ministres, de deux sénateurs, deux conseillers d'État, et deux grands-officiers de la Légion d'honneur.

les sénatus-consultes organiques, présentait trois candidats pour chaque place vacante au Sénat et nommait directement quarante sénateurs. Le Sénat put désormais, après la discussion préalable du conseil privé et sur la proposition des consuls, *changer les institutions*, dissoudre le Corps législatif et le Tribunat, mettre les départements hors la loi, y suspendre la constitution ou le jury, casser les jugements des tribunaux. Les électeurs étaient nommés à vie par les assemblées primaires pour les collèges d'arrondissement et de département. Le Tribunat fut réduit à cinquante membres par l'exclusion des plus hardis (Chénier, Daunou, Benjamin Constant, etc.), et le Conseil d'État renforcé jusqu'au même nombre. Le Tribunat et le Corps législatif n'avaient plus rien à voir dans les traités. Cette monarchie élective et viagère de l'an X préparait tous les cadres de la monarchie héréditaire. Bonaparte écartait de ses conseils ou poursuivait de ses sarcasmes les *idéologues*, ainsi qu'il appelait ceux qui ne comprenaient point les nécessités de sa politique et rappelaient trop souvent les principes de 89.

V. Intervention de Bonaparte en Europe. — Les sécularisations en Allemagne (1802-1803). — Expédition de Saint-Domingue (fév. 1802).

L'intervention de Bonaparte dans les affaires de l'Europe n'était pas moins impérieuse que sa politique en France. Sans respect pour les traités qui garantissaient l'existence des nouvelles républiques, il fortifiait le pouvoir exécutif en Hollande, en se réservant de ratifier tous ses actes ; il changeait les lois et le nom de la république cisalpine, et se faisait nommer pour dix ans, par la *Consulta* convoquée à Lyon, *président de la république italienne* (janv. 1802). Législateur de Lucques et de Gênes, il incorporait le Piémont à la France, il occupait l'île d'Elbe et les États du duc de Parme, auquel il avait promis le royaume d'Étrurie, en vertu d'une convention secrète avec l'Espagne qui lui cédait la Louisiane. En Suisse les vieux cantons, excités par les intrigues des nobles et des prêtres partisans de l'Autriche, mais soulevés surtout par le patriotisme, le regret de l'ancienne indépendance et l'horreur du joug étranger, rejetaient les lois venues de Paris et le gouvernement qui les acceptait. Bonaparte intervint au nom de la grande nation en faveur des fédéralistes contre les unitaires. D'après l'*acte de médiation* apporté par le général Rapp et imposé par Ney à la tête de 20,000 hommes (11 fév. 1803), la république une et indivisible redevint, suivant l'ancienne forme, une Confédération de dix-neuf cantons, indépendants pour leurs affaires particulières, et soumis alternativement pour les affaires générales à la direction successive des six principaux, Fribourg, Berne, Soleure, Bâle, Zurich et Lucerne. Les privilèges des cantons, des classes et des familles demeuraient abolis, sauf quelques avantages accordés dans l'intérieur des cantons à l'aristocratie et même à la richesse. Le médiateur de la Suisse en était le vrai souverain. La Suisse renouvela les anciennes capitulations et fournit 16,000 hommes à l'armée française. Le Valais était détaché de la Confédération comme État indépendant, et la France gardait la route du Simplon.

En Allemagne, Bonaparte se montra plus empressé que l'empereur de régler les indemnités promises par le traité de Lunéville, aux dépens des villes libres et des principautés ecclésiastiques. Il s'agissait, comme au traité de Westphalie, de gagner à la France tous les princes qu'on aurait fortifiés contre la maison d'Autriche. Il fit la part à chacun des princes voisins de nos frontières, en dehors de l'empereur et avant la diète, de concert avec la Russie. La Prusse, ayant perdu Clèves, obtint pour sa part des dépouilles de l'Église catholique, Münster, Erfurt et les domaines du diocèse de Mayence en Thuringe, en tout quatre évêchés, six abbayes et cinq villes impériales. La Bavière, pour ses domaines de Juliers et de Deux-Ponts, reçut quatre évêchés, Wurtzbourg, Bamberg, Augsbourg, Passau, douze abbayes et quinze villes libres. Même agrandissement pour le margrave de Bade, pour le duc de Wurtemberg, pour Hesse-Cassel, Hesse-Darmstadt, Nassau, le Hanovre, etc. L'ancien stathouder eut les abbayes de Fulde et de Corvey, avec une ville libre, Dortmund. Les deux électorats ecclésiastiques de Cologne et de Trèves étaient confisqués. L'électeur de Mayence, Dalberg, devenait prince primat de Germanie à Ratisbonne, avec Aschaffenbourg, Wetzlar, et une rente sur les octrois du Rhin. La maison d'Autriche sécularisait les évêchés de Trente et de Brixen. Le grand-duc de Toscane s'indemnisait sur les prélatures de Salzbourg et d'Eischtœdt, le duc de Modène sur le Brisgau et l'Ortenau. Sur 52 villes libres, quatre étaient données à la France, Aix-la-Chapelle, Cologne, Worms et Spire ; 42 sécularisées ; les six qui restaient, Hambourg, Lübeck, Brême (hanséatiques), Augsbourg, Nuremberg et Francfort, étaient déclarées neutres.

L'Allemagne avait perdu sur la rive gauche du Rhin, en comptant la Belgique environ 1,200 lieues carrées et 4 millions d'habitants qui furent soumis aux lois françaises. Elle eut six électorats protestants sur dix, dont quatre nouveaux qui n'exercèrent jamais leur droit, Wurtemberg, Hesse-Cassel, Bade et Salzbourg. Les protestants avaient dans le collège des princes 27 voix de plus que les catholiques. Il n'y avait plus que 142 voix dans la diète, au lieu de 240 comme en 1648. Le titre d'empereur était plus que jamais purement honorifique.

Les princes laïques sécularisaient volontiers tous les biens ecclésiastiques, afin de grossir à leur profit la masse des lots d'indemnité. On demandait un avis à Saint-Pétersbourg, une décision à Paris. Le premier consul, très favorable à la Prusse et à la Bavière contre la maison d'Autriche, affectait pour l'équilibre allemand le même zèle que pour l'équilibre européen. Quand la statistique, encore incertaine, aidait mal le travail des indemnités et ne disait pas clairement les revenus d'un pays, sa population et son étendue, la politique tranchait les difficultés. Le czar, allié par sa mère au Wurtemberg et par sa femme aux maisons de Bade et de Bavière, prenait à cœur les indemnités de ces trois maisons.

Ainsi l'Allemagne était poussée par la révolution française à l'unité politique. Le traité de Lunéville, balayant toutes les ruines du moyen âge et sécularisant tous ces riches domaines de l'Église pour indemniser tout prince dépossédé par les armées françaises, acheva pour l'Allemagne l'œuvre du traité de Westphalie. Il réduisit les anciens princes d'empire à la simple condition de prêtres salariés. Il effaça de la longue liste des États souverains ceux qui s'étaient montrés le plus dévoués à l'empire, les villes impériales et les principautés ecclésiastiques. Pour ce long travail d'indemnités territoriales, la députation de la diète n'eut qu'à souscrire (18 août 1803) les arrangements convenus dans le cabinet du prince de Talleyrand ou chez le chef de bureau Matthieu, ancien député de la Législative, avec les représentants de la Russie et de la Prusse. Les princes, grands et petits, envoyaient des troupes et des commissaires prendre possession des territoires que la France et la Russie leur assignaient, sans même attendre la ratification de l'empereur et de l'empire.

La France, ainsi forte et prépondérante sur le continent, songeait dans le même temps à relever sa marine et ses colonies. Bonaparte envoyait Sébastiani dans le Levant, le général Decaen et Linois aux Indes orientales, et du côté de l'Amérique, où il vendait la Louisiane aux États-Unis, pour avoir un jour, comme il disait, des alliés et des vengeurs, il entreprit la fatale expédition de Saint-Domingue. Poussé par les anciens colons, il espéra recouvrer cette grande colonie, où la proclamation des droits de l'homme et de l'indépendance coloniale par l'Assemblée constituante et les décrets de la Convention contre l'esclavage avaient causé d'affreux soulèvements. Les nègres, poussés par les hommes de couleur, avaient massacré leurs maîtres. Le noir Toussaint-Louverture, qui s'appelait lui-même le *Bonaparte des noirs*, ayant vaincu les mulâtres, eut le grand mérite de mettre fin aux massacres et de défendre l'île contre les Anglais appelés par les blancs. En 1801 il prit possession de la partie orientale, cédée à la France par les Espagnols en 1795. Bonaparte le nomma commandant en chef de l'île. Mais Toussaint, voyant les mulâtres abandonnés par la métropole, se fit nommer président à vie de cette république de nègres. C'était rompre avec la France.

La flotte de l'amiral Villaret-Joyeuse, qui comptait 33 vaisseaux de ligne et 21 frégates, porta dans les Antilles 21,000 hommes choisis à dessein dans l'armée républicaine du Rhin et la légion polonaise, commandés par le beau-frère de Bonaparte, le général Leclerc, et sous lui par son frère Jérôme, Rochambeau, Richepanse (fév. 1802). Toussaint refusa de reconnaître l'autorité de Leclerc sans conditions préalables et sans garanties pour les noirs. Il brûla le Cap, où il n'aurait pas pu se défendre, et se retira dans les mornes. Huit fois vaincu, abandonné par ses lieutenants Christophe et Dessalines qui traitaient sans lui, il fit sa soumission (mai). Mais les noirs de Saint-Domingue, apprenant que l'esclavage était rétabli par Richepanse à la Guadeloupe, craignirent le même sort et reprirent les armes. Toussaint, pris en trahison et conduit en France (août), mourut l'année suivante au fort de Joux (mai). Mais la fièvre jaune tua la plupart de nos soldats et matelots, le chef de l'expédition et le brave Richepanse. Rochambeau prit le commandement (nov. 1802). Bientôt la rupture de la paix avec l'Angleterre enleva tout espoir de reconquérir Saint-Domingue. Les débris de l'armée française, enfermés au Cap, durent capituler avec le nègre Dessalines, et se constituer prisonniers de guerre à bord d'une escadre anglaise (nov 1803). Le général Ferrand se maintint seul dans la ville de Saint-Denis.

Dessalines, nommé président à vie de la république de Haïti, signala son avènement par le massacre de 5,000 blancs, et se fit proclamer empereur peu après Bonaparte, sous le nom de Jacques Ier (1805). Toutes les propriétés des Français étaient confisquées, et les blancs, à l'exception des Allemands et des Polonais, déclarés incapables de posséder des biens-fonds. Dessalines périt en 1806 dans une émeute. Dans les troubles qui suivirent, les Anglais prirent la ville de Saint-Denis (1809), en même temps que la Martinique et la Guadeloupe. Il y eut la monarchie militaire des nègres avec Christophe (Henri Ier), et la république des mulâtres avec Pétion, plus tard en 1820 une seule république avec le président Boyer, qui demeura seul chef de la république de Haïti.

CHAPITRE IX

L'EMPIRE. — LA TROISIÈME COALITION. —

TRAITÉ DE PRESBOURG

SOMMAIRE.

1. — L'Angleterre, s'autorisant des envahissements de Bonaparte, refuse de restituer Malte, et la paix d'Amiens est rompue (mai 1803). Bonaparte se venge de la capture de nos bâtiments par la conquête du Hanovre, et des complots que favorisent les Anglais (Cadoudal et Pichegru) par l'éxécution du duc d'Enghien (21 mars 1804). Sur le vœu du Tribunat, un sénatus-consulte ratifié par l'immense majorité du peuple, lui décerne la dignité impériale héréditaire dans sa famille (28 floréal an XII, 18 mai 1804).

2. — La création des six grands dignitaires de l'empire, de vingt maréchaux, des grands-officiers civils et militaires, relève l'éclat de la nouvelle cour. Le Sénat, le Corps législatif et le Tribunat, dans leurs attributions conservées ou modifiées, ne sont plus que les instruments d'un pouvoir absolu. Napoléon, sacré par le pape (2 décembre 1804), se fait roi d'Italie (26 mai 1805), réunit Gênes à la France, et prépare la Hollande à la monarchie. Il a continué, au milieu des fêtes de son couronnement, ses préparatifs pour l'invasion de la Grande-Bretagne. Villeneuve et Missiessy doivent sortir de Toulon et de Rochefort pour dégager la Manche en attirant les flottes anglaises vers les Antilles. Villeneuve livre bataille au cap Finistère, mais au lieu de rallier Missiessy pour débloquer la flotte de Brest, se laisse enfermer à Cadix et renverse les plans de Napoléon. L'Angleterre a d'ailleurs suscité sur le continent la troisième coalition. L'Autriche, assurée du secours de la Russie et comptant sur la Prusse en cas de succès, attire de son côté toutes les forces de la France en attaquant la Bavière (août 1805).

3. — Attaquée par les sept corps de la Grande Armée et perdue par l'indécision de la Prusse dont la neutralité n'est pas respectée, l'Autriche subit, après ses défaites partielles (Wertingen, Memmingen, Elchingen et Albeck), la fameuse capitulation d'Ulm (20 octobre). Malgré l'arrivée de 100,000 Russes sur le Danube, les victoires d'Amstetten et de Dirnstein conduisent Napoléon à Vienne (13 novembre). Masséna, d'abord arrêté à Caldiero, a forcé les lignes de l'Adige, chassé les Autrichiens du Tyrol et rejoint l'armée d'Allemagne en Carinthie. Les Autrichiens et les Russes, poursuivis sur la rive gauche du Danube, sont vaincus à Austerlitz (2 décembre). La Prusse, forcée de traiter sans avoir combattu, se laisse imposer le Hanovre par le traité de Schœnbrunn

(16 décembre). L'Autriche, se séparant de la Russie par le traité de Presbourg (26 décembre), renonce à ses possessions italiennes, et agrandit à ses dépens les nouveaux royaumes d'Italie, de Bavière et de Wurtemberg. Mais l'Angleterre a triomphé sur mer, et la défaite de Trafalgar (21 octobre) a ruiné la marine de la France et de l'Espagne.

— Napoléon, doublant son empire par la création de monarchies vassales, fait ses frères Joseph et Louis rois de Naples et de Hollande (mars-juin 1806), Murat grand-duc de Berg, ses ministres et ses généraux princes ou ducs. Il fonde des majorats pour ses compagnons d'armes, et dote la nouvelle noblesse sur les revenus des pays conquis. Il a effacé jusqu'aux dernières traces de la République (abolition du calendrier républicain, 1er janvier 1806). Il renverse l'empire germanique, et sous le nom de Protecteur, s'érige en maître de la *Confédération du Rhin* et des petits princes d'Allemagne (12 juillet 1806).

Rupture de la paix d'Amiens (mai 1803). — Conspiration de Cadoudal et de Pichegru. — Exécution du duc d'Enghien (21 mars 1804). — Napoléon empereur (18 mai 1804).

Malgré ce grand désastre de Saint-Domingue où la France perdit 48,000 de ses meilleurs soldats, l'Angleterre était jalouse de notre prospérité. Elle refusait de rendre, aux termes du traité d'Amiens, l'île de Malte et le Cap de Bonne-Espérance, et pour justifier ses refus, elle accusait Bonaparte d'avoir incorporé l'île d'Elbe et le Piémont, de retenir les États de Parme et l'Étrurie, de traiter la Hollande, la Suisse, les républiques italienne et ligurienne en provinces françaises, de créer la petite république du Valais pour s'assurer les principaux passages des Alpes par le Saint-Bernard et le Simplon, et de pousser dans tous les ports de la Hollande et de la Manche les formidables apprêts d'une expédition maritime. La presse anglaise, mécontente de la paix d'Amiens, dénonçait tous les jours et dans les termes les plus violents ce protectorat de Bonaparte sur les pays voisins. Bonaparte s'irrita contre cette liberté de la presse qu'il avait détruite en France, mais qui faisait partie de la constitution anglaise. Au nom des lois du pays le ministère Addington refusait d'expulser les Bourbons du territoire britannique et de supprimer les journaux publiés à Londres par les émigrés, le *Courrier de Londres*, l'*Ambigu* de Peltier. Le premier consul répondit de sa main dans le *Moniteur*

aux plus violentes attaques, et poussa la colère jusqu'à défendre
en France la lecture des journaux anglais. Il déclara qu'il ne souffrirait pas qu'à tout propos l'Angleterre intervînt dans les affaires
du continent au sujet de la paix d'Amiens.

L'activité de nos ports et la mission de Sébastiani en Orient
annonçaient des projets sérieux contre l'Angleterre. Au dernier
moment toutefois, Bonaparte offrit pour Malte l'arbitrage de la
Russie. Mais l'Angleterre avait résolu de brusquer les hostilités
et rappela son ambassadeur (13 mai 1803). Aussitôt l'amirauté
britannique mit l'embargo sur les vaisseaux français et bataves,
et fit capturer par ses escadres 1,200 bâtiments, d'une valeur
de 200 millions. Bonaparte fit arrêter comme otages tous les
Anglais qui se trouvaient en France, ferma nos ports au pavillon
britannique, et reprit toutes les positions qu'il avait quittées en
signant la paix d'Amiens. 15,000 hommes, conduits par
Gouvion Saint-Cyr, rentrèrent dans le royaume de Naples. Mortier, à la tête de 25,000 hommes, conquit le Hanovre au pas de
course, sans égard pour le protectorat de la Prusse ou pour la
neutralité de l'Allemagne. Bonaparte ne respecta pas même celle
de Hambourg. Il commençait contre les Anglais le blocus continental en leur fermant l'Elbe, l'Ems et le Weser. La Prusse, quoique
représentant les intérêts politiques et militaires du nord de l'empire, n'osa pas occuper le Hanovre, compris dans la ligne de
démarcation tracée en 1795, comme elle avait fait deux ans auparavant sur les instances de la Russie, ni protester contre cette première violation de sa neutralité. Elle se contenta de demander
que Bonaparte n'augmentât pas le nombre des troupes occupant
le pays où il remontait sa cavalerie. Bonaparte forçait les républiques batave, cisalpine et ligurienne de combattre pour lui,
rançonnait le pape et le roi d'Etrurie, et contraignait ceux-là même
qui se disaient neutres de l'aider contre les tyrans de la mer. Le
Portugal paya 12 millions pour sa neutralité ; et l'Espagne, notre
alliée, nous donna par an 72 millions, et plus tard 30 vaisseaux
de ligne. La république batave dut fournir 5 vaisseaux et 16,000
soldats, la Suisse un contingent de 28,000 hommes. Bonaparte se
plaignait qu'on le forçât de conquérir l'Europe. Reprenant ses
projets de descente en Angleterre, il rassemblait au camp de
Boulogne une armée qu'il eût dirigée en personne. C'était

150,000 hommes répartis depuis Brest jusqu'aux bouches de
l'Escaut. On célébrait la fête de Jeanne d'Arc à Boulogne, et l'on
érigeait la statue de Jean-Bart à Dunkerque. Bonaparte comptait
rallier nos trois flottes sur les côtes de la Manche, avec les vaisseaux de la Hollande et de l'Espagne. Toutes les ressources que
la Révolution avait créées et développées, servaient désormais
l'ambition d'un seul homme. Si la République, déchirée au dedans,
avait triomphé de l'Europe conjurée, la France organisée par le
génie militaire de Bonaparte était bien autrement formidable. Le
projet d'une descente en Angleterre était une entreprise moins
chimérique en 1803 qu'au temps de Tourville et de Choiseul, si
Bonaparte ou plutôt sa commission de savants eût su comprendre
et accepter la nouvelle machine que Fulton lui montrait sur la
Seine, le bateau à vapeur.

L'Angleterre, réduite à trembler pour ses côtes malgré ses prodigieux armements et sa levée en masse, rechercha sur le continent les éléments d'une troisième coalition, et sa haine fanatique
ne recula pas même devant l'odieux moyen de l'assassinat. George
Cadoudal et Pichegru, jetés par les Anglais sur les côtes de France,
ourdirent le complot fameux où Moreau se laissa entraîner par
sa femme. Il paraît prouvé qu'il eut plusieurs entrevues avec
Pichegru, mais en refusant toujours de prendre part au complot.
Il fut donc leur confident plutôt que leur complice. Il eût d'ailleurs
en conspirant travaillé pour lui-même, non pour les Bourbons.
Un traître livra les conjurés (février 1804). Bonaparte se vengea
cruellement de ces complots sans cesse renaissants, et résolut de
renvoyer aux Bourbons la terreur jusque dans Londres. Le
duc d'Enghien, le dernier des Condés, qui devait, d'après l'aveu
des conjurés, marcher sur Paris avec les royalistes de l'Est, fut
par ses ordres enlevé sur le territoire badois, à Ettenheim, à
quatre lieues de la frontière, amené à Vincennes, condamné par
une commission militaire comme émigré portant les armes contre
la France, et fusillé dans les fossés du château (21 mars 1804).
On croit que les anciens Jacobins, devenus sous le premier consul de hauts fonctionnaires, lui conseillèrent ce meurtre pour l'associer à leur passé et le brouiller à tout jamais avec les Bourbons. « Maintenant, disait-il, on ne dira plus que je veux jouer
le rôle de Monk. » Bonaparte crut se justifier de cet attentat contre

le droit des gens en publiant les lettres des agents anglais de
Munich et de Stuttgard qui prouvaient la complicité du cabinet
britannique; et le ministère anglais se défendit publiquement
d'avoir autorisé ses agents à comploter en pays neutre contre la
vie du premier consul, mais réclama d'ailleurs pour toute puissance belligérante le droit de profiter des troubles dans le pays
ennemi, comme faisait la France en Irlande.

Pichegru, Moreau, Cadoudal et leurs complices furent traduits
devant le tribunal criminel de Paris. Bonaparte avait fait suspendre par un sénatus-consulte le jury dans le département de la
Seine. Pichegru s'étrangla dans sa prison (6 avril). Moreau, protégé par l'opinion publique et par le souvenir de ses victoires,
fut condamné à deux ans de détention et par grâce déporté aux
États-Unis. Cadoudal et dix de ses compagnons furent exécutés
(26 juin). Armand de Polignac, Bouvet de Lozier, Rivière et quelques autres furent graciés.

La nation s'obstinait dans son enthousiasme pour Bonaparte
comme l'Angleterre dans sa haine. Le premier consul reçut de
toutes les parties de la France, et de toutes les autorités des
départements et des armées, des adresses de félicitations et des
vœux pour l'établissement d'un pouvoir héréditaire. « Rien n'in-
terrompra vos desseins, lui disait Fontanes; vous suivrez tran-
quillement le cours de vos destinées qui semblent entraîner celles
de l'univers. La nouvelle époque du monde que vous devez fixer,
aura le temps de recevoir de vous son éclat, son influence et sa
grandeur. » Cromwell, en paix avec l'Europe, mais craignant le
parti républicain, avait refusé la couronne offerte par le parlement:
Bonaparte, plus hardi que Cromwell, en face d'une nouvelle coalition, mais sûr des suffrages de la France, osa monter sur le
trône. Il était, comme Auguste après les deux triumvirats, comme
Henri VII après la guerre des Deux Roses, et Louis XIV après la
Fronde, l'heureux héritier des guerres civiles. Les royalistes aidaient volontiers à relever le trône et comptaient pour un premier
triomphe de leurs doctrines ce retour à la monarchie. Les républicains adroits sauvaient du naufrage de la république la position qu'ils lui devaient. Les meilleurs se lassaient d'une opposition
inutile, et la gloire les consolait de la liberté perdue. Les plus
désabusés acceptaient ce despotisme sans la terreur.

Au sujet du dernier complot, le Sénat, poussé par Fouché, avait sollicité Bonaparte, dans le style de Fontanes, d'affermir son pouvoir par l'hérédité et de rendre « son ouvrage immortel comme sa gloire. » Le Tribunat, sur la motion de Curée et malgré Carnot, le Corps législatif à l'unanimité, craignant d'être devancés par l'armée, émirent le même vœu, et le Sénat, malgré l'opposition de Grégoire, en vertu des pouvoirs que lui conférait le décret du 4 août 1802, proclama le 18 mai 1804 (28 floréal an XII) Napoléon Bonaparte *Empereur héréditaire des Français* « par la grâce de Dieu et les constitutions de la république. » Le peuple ratifia par plus de trois millions de suffrages, contre environ 2500, la constitution impériale ou le sénatus-consulte organique de l'an XII.

Ainsi la France avait parcouru en quinze ans le cycle des révolutions, par toutes les phases d'anarchie, d'ochlocratie, de démocratie, d'aristocratie, d'oligarchie, de quinquennat et de triumvirat, que l'ancienne Rome n'avait traversées qu'en cinq siècles [1].

II. La constitution impériale. — Napoléon roi d'Italie (26 mai 1805). — Le camp de Boulogne. — Projet de descente en Angleterre. — La troisième coalition (avril-sept. 1805).

Il semble que le nouvel empereur, enchaînant cette liberté furieuse dont le monde s'était effrayé, aurait dû s'entendre avec l'Europe monarchique. Mais le trône de Napoléon était dressé par la Révolution et par la volonté nationale. La nouvelle noblesse était d'origine révolutionnaire. Il n'y avait pas là de quoi satisfaire et rassurer l'Europe monarchique et nobiliaire. A ses yeux le costume était changé, non l'esprit, et l'usurpateur qui faisait bon marché des libertés politiques, l'effrayait encore par le maintien et la consécration des conquêtes civiles de la Révolution.

Napoléon s'entoura d'une cour brillante où reparurent l'étiquette et les anciens titres de noblesse. Ses deux frères Joseph et Louis furent déclarés princes français, aptes à lui succéder ; ses sœurs Élisa, Pauline et Caroline princesses du sang, avec un million

----

1. Bœttiger. *Hist. d'Allemagne.*

de dotation. Six grands dignitaires inamovibles, qui pouvaient remplacer partout l'empereur absent, formaient avec lui le conseil de l'empire et de la Légion d'honneur, en cas de minorité le conseil de régence, et en cas d'extinction de la dynastie le conseil d'élection. C'étaient le grand-électeur, Joseph Bonaparte, qui convoquait le Corps législatif, le Sénat et les collèges électoraux; l'archichancelier d'empire, Cambacérès, chef suprême de l'ordre judiciaire; l'archichancelier d'État, chef de la diplomatie, Eugène Beauharnais; l'architrésorier, Lebrun; le connétable, Louis Bonaparte; le grand-amiral, Murat. Il y eut vingt maréchaux, dont quatre honoraires, Kellermann, Lefèbvre, Pérignon et Sérurier, et seize dans l'armée active, dont quatorze aussitôt nommés, Jourdan, Berthier, Masséna, Augereau, Lannes, Ney, Brune, Murat, Bessières, Moncey, Mortier, Bernadotte, Soult et Davout. Trois classes de grands-officiers militaires et civils complétaient la nouvelle cour des Tuileries. Talleyrand était grand-chambellan, le cardinal Fesch grand-aumônier, Caulaincourt grand-écuyer, Berthier grand-veneur, le comte de Ségur grand-maître des cérémonies. Les fleurs de lis des Bourbons et le coq gaulois de la République étaient remplacés dans les armes de la France par l'aigle impériale. La liste civile de l'empereur était fixée à 25 millions.

Le Sénat, composé des 80 membres élus par lui-même, des six grands dignitaires, des princes français âgés de dix-huit ans, et des citoyens que l'empereur y nommait, gardait les prérogatives qu'il avait reçues en l'an X, et continuait de donner une forme légale aux volontés du maître. Il votera seul et souvent les conscriptions demandées par l'empereur. Chargé de maintenir la liberté individuelle et la liberté de la presse non périodique, toujours investi du droit de nommer les membres des autres corps, il acquérait de plus le droit de casser les opérations des collèges électoraux qu'il jugeait contraires à la constitution. L'empereur se proclamait le premier représentant de la nation; le Sénat, le Conseil d'État, qui venait après lui dans l'ordre prescrit par le maître, avaient les attributions essentielles du pouvoir législatif, les députés et les tribuns n'ayant plus que voix consultative. Les délibérations du Corps législatif dont l'empereur nommait le président et les questeurs, et celles du Tribunat, divisé en trois sections (législation, intérieur et finances), cessaient d'être publiques, à moins que, dans la première de ces assemblées, l'orateur du gouvernement ne réclamât la publicité. La parole n'était rendue à ses membres que dans les comités secrets. Une haute cour où siégeaient 60 sénateurs, 20 conseillers d'État, 20 conseillers de la Cour de cassation, les grands dignitaires et les grands officiers, devait connaître des crimes de haute trahison, et des délits commis par les ministres ou leurs agents.

La nation accepta ce pouvoir dangereux par son excès même pour celui qui s'en emparait, mais ce pouvoir d'un grand homme qui lui garantissait les principales conquêtes de la Révolution, l'égalité devant la loi, l'égale répartition des charges. L'homme des basses classes et le paysan, avec leur nouveau droit de propriété et le sentiment de la liberté personnelle, supportèrent volontiers les conscriptions ordonnées par le Sénat, les impôts non discutés par le Corps législatif, les contributions indirectes ou *droits réunis*, et les souffrances passagères du système continental. Au dedans le commerce était libre et l'argent abondait. L'industrie marchait à pas de géant, et de nouvelles écoles formaient d'habiles artisans dont la prospérité générale assurait le travail et l'aisance. Les sciences pratiques, la poésie même et l'art dramatique rehaussaient la gloire du nouveau règne. Jamais Paris et le Louvre ne brillèrent d'un plus vif éclat.

À l'exception de l'Angleterre, de la Russie, de la Suède et de la Porte, les puissances étrangères reconnurent le nouvel empereur, sans s'arrêter à la protestation du comte de Provence, alors réfugié à Varsovie. Mais François II, prévoyant dès lors la fin prochaine de l'empire germanique, se fit sacrer par l'archevêque de Vienne, dans sa chapelle, empereur héréditaire d'Autriche (1804).

Napoléon fit trève aux fêtes de Paris pour aller à Boulogne inspecter sa flottille, et célébrer avec la Grande Armée une fête plus brillante, la première distribution des croix de la Légion d'honneur (6 août 1804), en vue de la flotte anglaise. L'Angleterre croyait l'invasion imminente et déployait toutes ses forces navales. Mais Napoléon songeait d'abord à réunir toutes ses escadres avec les vaisseaux des alliés pour éloigner à tout prix la flotte anglaise de la Manche et rester maître du détroit pendant six heures. Pie VII vint le sacrer à Paris (2 décembre 1804), et trois

10.

jours après cette pompeuse cérémonie où il s'était couronné lui-même, l'armée et les gardes nationales recevaient de sa main les aigles impériales. Le nouveau Charlemagne alla ceindre à Milan la couronne de fer des rois lombards, offerte par la République italienne (26 mai 1805). Il passa une revue à Marengo, pensionna le peintre Appiani, l'astronome Oriani, le physicien Volta, promit à ses compatriotes l'indépendance et l'unité, et les soumit d'abord aux lois françaises. Eugène Beauharnais fut nommé vice-roi d'Italie, Joseph Bonaparte ayant refusé d'en être le roi. La République de Gênes demanda sa réunion à l'empire (4 juin), et forma trois départements nouveaux (Gênes, Montenotte et les Apennins). La France eut alors 110 départements. L'incorporation de Parme et de Plaisance suivit de près. Les principautés de Piombino et de Lucques furent données comme fiefs français au mari d'Élisa, Félix Bacciochi, en attendant la Toscane. La République batave était préparée à la monarchie par le gouvernement du grand pensionnaire Schimmelpenninck, assisté d'un Corps législatif de 19 membres qu'il choisissait lui-même.

Pendant ce voyage d'Italie, Napoléon hâtait les derniers préparatifs de sa descente en Angleterre, et il en faisait déjà frapper des médailles. Il avait perdu en 1798 un grand marin, l'amiral Brueys ; il eut le malheur de perdre encore à ce moment-là celui auquel il destinait le commandement de l'expédition, Latouche-Tréville, qu'il remplaça par Villeneuve. Celui-ci, bien inférieur par le talent et surtout par le caractère, ayant peu de confiance dans nos marins, sortit de Toulon le 20 mars, et ralliant les Espagnols à Cadix, cingla vers les Antilles pour éloigner de la Manche la flotte anglaise. Il en repartit le 14 juin, sans y avoir rencontré les flottes de Rochefort et de Brest, commandées par Missiessy et Ganteaume, qui devaient revenir avec lui dans le Pas-de-Calais, selon les plans de Napoléon, et protéger le départ de la flottille. Après avoir livré une bataille indécise à l'amiral Calder qui lui barrait le passage à la hauteur du Ferrol, Villeneuve se réfugia d'abord à la Corogne, puis à Cadix, quand l'empereur le pressait de venir dégager au plus vite Missiessy à Rochefort, et avec lui Ganteaume bloqué à Brest par les Anglais et par les vents contraires. Napoléon inspectait pour une dernière fois sa flottille, ses 2,293 bâtiments munis de 5,000 bouches à feu, sa belle armée de

150,000 hommes, de 14,000 chevaux et de 572 canons, répartie dans les trois camps de Boulogne, d'Ambleteuse et de Montreuil, quand il apprit le combat du Ferrol et la retraite de Villeneuve à Cadix, où il était bloqué par Nelson. Il rugit de colère contre l'homme dont les fautes déjouaient sa plus grande manœuvre, et tourna sa grande armée contre l'Autriche.

Cependant Pitt, rentré au ministère en signe de guerre à outrance (janvier 1805) avec Eldon, Melville (Dundas), Canning, Harrowby, Hawkesbury, Camden, Castlereagh, repoussait les propositions pacifiques de Napoléon, et refusant de traiter sans les autres puissances, formait contre la France une troisième coalition. Il y fit entrer d'abord le roi de Suède Gustave-Adolphe IV, prince chevaleresque et fantasque, illuminé d'une sorte de mysticisme luthérien, qui se croyait appelé à venger l'Europe du général Bonaparte; puis l'empereur de Russie qui portait le deuil du duc d'Enghien, et qui se plaignait du refus de Napoléon d'évacuer le royaume de Naples et le Hanovre, et d'indemniser le roi de Sardaigne. En réponse à ces exigences, le *Moniteur* rappela tout ce que les Russes avaient usurpé en Europe et les Anglais aux Indes. Par le concert de Saint-Pétersbourg (11 avril 1805) l'Angleterre et la Russie convinrent d'armer toute l'Europe contre la France et de rétablir en tout l'ancien régime. On eut raison des hésitations de l'Autriche qui formulait les mêmes griefs que la Russie, mais d'abord offrait comme la Prusse sa médiation. Napoléon l'accusa d'opérer par ses armements une diversion en faveur des Anglais et lui déclara la guerre.

L'Autriche comptait mettre sur pied plus de 300,000 hommes. Elle en rassemblait 80,000 sur l'Inn avec l'archiduc Ferdinand et Mack, 100,000 sur l'Adige sous l'archiduc Charles, environ 50,000 sous l'archiduc Jean dans le Tyrol. La Russie promettait quatre armées; l'une avec les Autrichiens, sur l'Inn, envahirait la France; la deuxième irait se joindre aux Anglais à Naples, la troisième aux Suédois en Poméranie, et la quatrième en Pologne entraînerait la Prusse. Les opérations de la guerre s'étendraient de Stralsund à Naples. L'Angleterre devait payer à ses alliés un subside annuel de 15,000 livres sterling par 10,000 hommes. Mais l'Autriche oubliait dans ses calculs le génie de Marengo, l'énergie de la France et la vitesse des opérations qui doublait sa force. L'opiniâtre neutralité du roi de Prusse, vainement sollicité par la reine Louise et par le prince Louis-Ferdinand, chefs du parti de la guerre, était d'un mauvais présage pour l'Autriche, éloignée des secours de l'Angleterre et de la Russie. Avant d'avoir rompu avec la France, l'Autriche envahit la Bavière et somma l'électeur de joindre ses troupes aux siennes. L'électeur négocia pour se donner le temps de fuir à Wurtzbourg avec son armée.

III. Campagne de 1805. — Capitulation d'Ulm (19 octobre). — Napoléon à Vienne (15 novembre). — Austerlitz (2 décembre). — Traité de Presbourg (26 décembre). — Trafalgar (21 octobre).

Au moment où l'Autriche croyait Napoléon occupé de sa descente en Angleterre, il leva le camp de Boulogne (27 août) et dirigea brusquement sept corps d'armée sur le Danube. « L'ordre des marches, dit Daru auquel il dictait son plan, leur durée, les lieux de convergence et de réunion des colonnes, les surprises et les attaques de vive force, les mouvements divers de l'ennemi, tout fut prévu, la victoire assurée dans toutes les hypothèses. Telles étaient la justesse et la vaste prévoyance de ce plan, que, sur une ligne de départ de 200 lieues, des lignes d'opération de 300 lieues de longueur furent suivies d'après les indications primitives, jour par jour, lieue par lieue, jusqu'à Munich. Au delà de cette capitale, les époques seules éprouvèrent quelque altération, mais les lieux furent atteints et l'ensemble du plan fut couronné d'un plein succès. »

Marmont conduisait vers le Danube l'armée de Hollande, Bernadotte celle du Hanovre, Davout, Soult, Lannes et Ney les autres divisions, Murat la cavalerie. Augereau amenait de Brest une forte réserve. 300,000 hommes marchèrent sur l'Autriche; 50,000 vieux soldats avec Masséna formaient l'armée d'Italie contre l'archiduc Charles. On passa le Rhin à Strasbourg, à Mayence et sur d'autres points (24-25 septembre). Au bout de vingt jours 190,000 hommes s'échelonnaient du pont de Kehl à Wurtzbourg. Bernadotte, qui venait du Hanovre, rallia l'armée bavaroise à Wurtzbourg, plus loin celles de Wurtemberg et de Bade. Napoléon, feignant de menacer Mack dans sa forte position d'Ulm par les débouchés de la Forêt-Noire et des Alpes Souabes, le débordait par une marche rapide au nord-est et sur le flanc droit des Autrichiens. Mack, qui commandait sous l'archiduc Ferdinand, recula jusqu'à l'Iller et choisit sa position entre Ulm et Memmingen pour attendre les Russes qui n'arrivaient pas. Il avait laissé son lieutenant Kienmayer à Munich avec 20,000 hommes.

Le czar semblait annoncer plutôt que demander le passage des troupes russes à travers la Prusse pour atteindre au nord et au sud le Hanovre et les Autrichiens. La Prusse se souciait peu d'être traitée par la Russie comme la Bavière par l'Autriche. En même temps le roi de Suède, en sa qualité de garant du traité de Westphalie, demandait qu'on lui permît d'aller directement chasser les Français du Hanovre, avec une armée qui partirait de la Poméranie suédoise. Tandis que la Prusse portait ses armées sur les frontières orientales et jusqu'à la Vistule pour barrer le passage aux Russes et retardait leur marche d'un mois, à l'ouest Bernadotte, sans égard pour la neutralité prussienne (ligne de démarcation), violait le territoire d'Anspach pour marcher avec Marmont sur Ingolstadt. 100,000 Français arrivèrent derrière Mack et le coupèrent de l'Autriche et des Russes. Pendant qu'il observait Ney, resté seul en vue des Autrichiens à Stuttgard, Bernadotte ramenait l'électeur à Munich; Lannes et Murat passant le Danube à Donauwerth culbutaient les Autrichiens à Wertingen (8 octobre), Soult battait Jellachich à Memmingen. Ney, qui par la prise de Günzbourg, avait réduit Mack à s'enfermer dans Ulm, lui porta le dernier coup à la journée d'Albeck, où brilla Dupont, et à celle d'Elchingen (14 octobre). Mack, enveloppé de toutes parts, signa la fameuse capitulation d'Ulm (20 octobre). 33,000 Autrichiens, dont 18 généraux, se rendirent prisonniers de guerre avec 40 drapeaux et 60 canons. L'archiduc Ferdinand avec la cavalerie, Schwarzenberg et 25,000 hommes environ purent s'échapper vers la Bohême. Les Autrichiens avaient perdu 15,000 morts ou blessés, 45,000 prisonniers, 5,000 chevaux, 200 canons, 80 drapeaux. On dit que Napoléon n'avait perdu que 3,000 hommes pour détruire ou disperser en trois semaines une armée de 85,000 hommes. « L'empereur, disaient nos soldats, ne fait plus la guerre avec nos bras, mais avec nos jambes »

Dans un premier mouvement de colère et au milieu des cla-

meurs du parti de la guerre, le roi de Prusse osa déclarer aux
envoyés français qu'il se regardait comme affranchi désormais
des devoirs de la neutralité et libre d'offrir le passage à nos ennemis. La visite de l'empereur Alexandre et de l'archiduc Antoine
lui fit faire un pas de plus. Il s'engagea par le traité de Potsdam
(3 novembre) à déclarer la guerre à la France au 15 décembre, si
Napoléon n'avait signé à cette époque une paix qui garantît l'entière indépendance de l'Allemagne, de l'Italie, de la Suisse et de
la Hollande. Le baron Haugwitz alla porter à Napoléon les réclamations de la Prusse et la sommation convenue à Potsdam.
Elles supposaient pour être acceptées une grande victoire de la
coalition au lieu d'un grand désastre.

La nouvelle de la capitulation d'Ulm avait forcé à la retraite les
armées autrichiennes d'Italie et du Tyrol. L'archiduc Charles,
qui jusqu'alors avec la première avait maintenu contre Masséna
ses lignes de l'Adige et repoussé trois attaques en trois jours,
passa les Alpes Juliennes après sa défaite à Caldiero (30 octobre)
et se retira par Goritz et Laybach jusqu'aux frontières de la Hongrie. Ney, appuyé par Augereau, dispersa l'armée du Tyrol.
6,000 fuyards avec Jellachich étaient désarmés à Fussen par Augereau, 5,000 autres avec Rohan à Castel-Franco par Gouvion-
Saint-Cyr, que Masséna avait rappelé de Naples contre Venise.
L'archiduc Jean, chassé du Tyrol, rejoignit son frère Charles par
la Carinthie, et tous deux se rapprochèrent du principal théâtre
de la guerre. Mais la grande armée, dont Ney et Masséna couvraient
les opérations du côté du Tyrol et de la Carinthie, pouvait marcher sur Vienne.

Les Russes arrivèrent trop tard avec Kutusow et Bagration
pour arrêter cette marche victorieuse. Murat et Lannes culbutèrent leur arrière-garde au combat d'Amstetten (3 novembre).
Ils repassèrent le Danube à Krems, et Mortier et Dupont avec
5,000 hommes soutinrent bravement leur choc à Dirnstein. Murat
entrait dans Vienne le 13 novembre. Le même jour les Français
passèrent sur la rive gauche, et poursuivirent les Russes et les
Autrichiens sur la route de Moravie (combat de Hollabrünn,
16 novembre). Napoléon fit son entrée à Vienne deux jours après
Murat (15 novembre).

Napoléon, impatient d'effrayer et de prévenir par une autre

victoire les projets de la Prusse, marchait sur Olmütz, couvert du
côté de la Bohême par le corps de Bernadotte, du côté de la Hongrie et de la Carinthie par Davout et Marmont. Campé en face
des deux empereurs sur un champ de bataille où il sut les amener en feignant de reculer et de négocier, il eut le temps de rallier toutes ses forces et de gagner sa fameuse bataille d'Austerlitz, le 2 décembre, jour anniversaire de son sacre. Les empereurs d'Autriche et de Russie ne doutaient pas de la victoire.
Alexandre, fier de sauver l'Autriche, crut qu'il lui suffirait d'une
habile manœuvre avec ses 90,000 hommes pour envelopper les
65,000 hommes de Napoléon, leur fermer le chemin de Vienne, et
les rejeter sur la Bohême où les Prussiens viendraient les accabler. Le czar, mal conseillé par des jeunes gens, donna dans
tous les pièges que lui tendait le génie de son adversaire. Le
2 décembre, avant que le *soleil d'Austerlitz* eût dissipé le brouil-
lard, la gauche russe sous Buxhowden descendait du plateau de
Pratzen en trois colonnes pour envelopper notre droite commandée
par Davout, qui, en se repliant, l'attira dans les défilés marécageux du Goldbach. Dès qu'elle y fut engagée, Soult avec 18 bataillons occupa le plateau, en repoussa Kutusow qui tentait de le
reprendre, et sépara de lui tout le corps de Buxhowden. En
même temps, sur un signal de Napoléon qui n'inspira jamais plus
habilement et plus heureusement ses généraux, notre gauche,
conduite par Lannes et Murat, culbutait l'aile droite ennemie.
Malgré les efforts et la bravoure d'Alexandre qui ramenait lui-
même au feu sa garde, sa noblesse et tous ses corps d'élite contre les réserves de Nansouty, de Bessières et de Rapp, un des
héros de la journée, le centre de l'armée russe était refoulé en
désordre sur le château d'Austerlitz et coupé de la route d'Olmütz.
Soult et Davout, qui reprit l'offensive, achevèrent la victoire
contre les divisions de Buxhowden prises entre deux feux. Plus
de 4,000 Russes furent noyés en se sauvant sur les étangs de
Telnitz dont l'artillerie des vainqueurs brisait la glace. Dans cette
journée *des trois empereurs*, on évalua la perte des alliés à
15,000 morts, 10,000 prisonniers, et 280 canons. Les Français
n'avaient perdu que 7,000 hommes morts ou blessés. Napoléon
pouvait donc vanter bien haut le glorieux baptême des aigles.
Rien n'était perdu pour l'empereur d'Autriche. L'armée de l'ar-

chiduc Charles était près de Vienne, et la Hongrie et la Bohême
allaient se lever en masse. Les Russes attendaient de nouveaux
renforts et l'on disait la Prusse enfin décidée à venger ses affronts.
Mais l'Autriche ne croyait pas plus que Napoléon à la sincérité de
la Prusse, quoique son roi offrît le passage aux Russes, portât
ses troupes de l'est au Rhin, formât trois armées avec de nombreuses réserves et promît d'ouvrir la campagne au 15 décembre.
Le baron Haugwitz avait paru à Vienne et au quartier général de
Napoléon, avant la bataille d'Austerlitz, moins en médiateur qu'en
observateur des événements. Après la bataille il n'osa plus s'acquitter de sa mission et conclut le traité de Schœnbrunn (16 décembre). La Prusse cédait le margraviat d'Anspach à la Bavière,
Clèves, le duché de Berg et Neuchatel à la France, et prenait en
retour le Hanovre, avec l'obligation de fermer l'Elbe au commerce
anglais. Vainement le roi réclama contre un échange qui le brouil-
lait avec l'Angleterre. L'Autriche à son tour tra a si vite, que la
Prusse dut subir le traité de Schœnbrunn et se résigner à joindre par le Hanovre ses domaines de Brandebourg à ceux de Westphalie. Elle signait ce traité le jour même où elle avait promis de
prendre les armes.

Au lieu de se fier à la Prusse et d'attendre les renforts des
Russes, François II visita Napoléon dans son camp deux jours
après sa défaite, négocia d'abord une trêve, qui forçait les Russes
à la retraite, et signa le 26 décembre la paix de Presbourg qui
livrait l'Autriche et le continent à la France. L'Autriche abandonnait les États vénitiens au royaume d'Italie, l'Istrie et la Dalmatie jusqu'aux bouches du Cattaro à l'empire français, le Tyrol et
le Vorarlberg à l'électeur de Bavière devenu roi; une partie du
Brisgau et de la Souabe autrichienne au duc de Wurtemberg
revêtu du même titre; l'Ortenau, le reste du Brisgau et de la
Souabe autrichienne avec Constance au margrave de Bade
qui devenait grand-duc. En outre plusieurs évêchés, Brixen,
Trente, Passau, Eichstœdt, etc., étaient sécularisés pour la Bavière. Ferdinand, l'ancien grand-duc de Toscane, dépouillé de Salzbourg au profit de l'Autriche, recevait l'électorat nouveau de
Würtzbourg. Le prince Eugène épousait la princesse Auguste,
fille du roi de Bavière, le prince Jérôme la princesse Catherine,
fille du roi de Wurtemberg, et le prince électoral de Bade Sté-

phanie Beauharnais, cousine de Joséphine et fille adoptive de Napoléon.

L'Autriche éloignée du Rhin, de la Suisse, de l'Italie et de la mer, perdait 4 millions de sujets. Nous avions tiré des arsenaux de Vienne 100,000 fusils et 2,000 pièces de canon ; du bronze pris à l'ennemi on fit la colonne de la place Vendôme. On suspendit 120 drapeaux pris dans cette guerre aux voûtes de Notre-Dame, de l'hôtel de ville et du palais du Sénat.

Pendant que Napoléon triomphait sur le continent, l'Angleterre s'assurait par une grande victoire le sceptre des mers. Le jour même où Mack sortait d'Ulm (21 octobre 1805), Villeneuve, impatient de réparer ses fautes, livrait cette bataille de Trafalgar que les Anglais appelèrent leur Austerlitz. Les flottes combinées de France et d'Espagne y perdirent 18 vaisseaux sur 33 ; 7,000 hommes, les deux amiraux espagnols Gravina et Magon, et Villeneuve qui se tua de désespoir dans une auberge de Rennes. L'Angleterre y perdit Nelson, mais elle avait frappé à mort la marine espagnole et française, et elle poursuivit ses conquêtes sur toutes les mers. Naguère avec 10 vaisseaux l'amiral Missiessy parti de Rochefort avait bravé les Anglais aux Antilles, renforcé les garnisons de la Martinique et de Saint-Domingue, et regagné l'île d'Aix avec un riche butin ; ce furent les derniers exploits de notre marine. La France perdit deux escadres aux Antilles, et celle du brave amiral Linois aux Indes orientales. Dans l'année 1806 les Français perdirent onze vaisseaux de ligne et 43 frégates ou bâtiments inférieurs, et David Baird reconquit sur les Hollandais la colonie du Cap. Et pourtant la paix de Presbourg consterna l'Angleterre. Pitt mourut moins de deux mois après la bataille d'Austerlitz, le 23 janvier 1806, plein de doutes sur l'issue de la guerre où il avait entraîné son pays.

IV. Les États vassaux de l'empire et la nouvelle noblesse. — Royaumes de Naples et de Hollande. — Confédération du Rhin (12 juillet 1806). — Fin de l'empire d'Allemagne.

Le traité de Presbourg eut bien d'autres conséquences que l'abaissement de l'Autriche et l'agrandissement des alliés de la

France en Allemagne, Napoléon poursuivit plus hardiment sur le
continent même la guerre contre l'Angleterre et ses alliés. Peu de
jours avant la bataille d'Austerlitz, le roi de Naples avait reçu
dans ses ports une flotte anglo-russe. De Schœnbrünn Napoléon
lui déclara la guerre et le condamna par cette fameuse formule :
la maison royale de Naples a cessé de régner. Il envoya son
frère Joseph, aidé de Masséna, prendre possession du pays et le
nomma roi de Naples (30 mars 1806). Il y eût joint volontiers la
Sicile en offrant aux Anglais la restitution du Hanovre. Il avait
donné naguère à son beau-frère Murat le grand-duché de Berg
(Clèves cédé par la Prusse, Juliers et Berg cédés par la Bavière),
au maréchal Berthier la principauté de Neuchatel. Bientôt il
nomma son frère Louis roi de Hollande (juin 1806), malgré la répugnance du pays et de son frère lui-même, et malgré la résistance loyale de Schimmelpenninck. Il déclarait que la Hollande
était le premier intérêt politique de la France, mais ne lui garantissait qu'à ce prix l'intégrité de son territoire et le recouvrement
de ses colonies. Louis garda comme Joseph ses droits éventuels
au trône de France. On sait que le prince Eugène était vice-roi d'Italie. Élisa Bacciochi, sœur de Napoléon, devint duchesse de Lucques,
Massa et Carrare ; son autre sœur, Pauline Borghèse, duchesse
de Guastalla ; Talleyrand prince de Bénévent, et Bernadotte prince
de Ponte-Corvo. Toute l'Italie, moins Rome et l'Étrurie, était sous
la loi française. Ainsi commençait le système des États fédératifs
auquel Napoléon se disait contraint par la mauvaise foi des puissances.

Napoléon avait dès lors environ 40 millions de sujets, soit
dans son empire direct, composé de la France et des pays incor-
porés, soit dans son empire indirect, qui comprenait les États gouvernés par sa famille ou par ses grands-officiers et régis par nos
lois. Il trouvait dans les provinces de l'empire indirect, en Italie
surtout, les moyens de doter sa famille et ses généraux sans rien
demander à la France. Il créa dans l'ancien territoire de Venise
des duchés pour ses maréchaux et ses ministres, Soult fut duc
de Dalmatie, Bessières duc d'Istrie, Duroc duc de Frioul, Victor
duc de Bellune, Moncey duc de Conegliano, Mortier duc de
Trévise, Clarke duc de Feltre, Maret duc de Bassano, Caulaincourt duc de Vicence, Arrighi duc de Padoue, Savary duc de

Rovigo. Plus tard il créa le duché de Montebello pour Lannes, de Reggio pour Oudinot, de Tarente pour Macdonald, d'Auerstadt pour Davout (prince d'Eckmühl), de Rivoli pour Masséna (prince d'Essling), d'Abrantès pour Junot, d'Elchingen pour Ney (prince de la Moskowa), d'Albuféra pour Suchet, de Raguse pour Marmont, de Valmy pour Kellermann, de Castiglione pour Augereau, de Danzig pour Lefebvre, de Parme pour Cambacérès, de Plaisance pour Lebrun, de Massa pour Regnier, de Gaëte pour Gaudin, d'Otrante pour Fouché, de Cadore pour Champagny. On s'étonne de ne point voir parmi les ducs Pérignon, Sérurier, Jourdan et Brune. Les généraux et ministres du second rang et les grands fonctionnaires des divers ordres furent comtes et barons. Dès 1806 Napoléon annonçait qu'il autoriserait les substitutions des biens libres pour former la dotation des titres héréditaires. Il réserva pour les ducs et les comtes 30 millions de revenus dans la Vénétie, 4 millions à Lucques, 1,200,000 francs dans le royaume d'Italie, un million dans celui de Naples. C'était le quinzième des revenus du pays. Plus tard il réserva encore pour le même emploi 20 millions de domaines en Pologne, 30 millions en Hanovre, 100 millions en Westphalie. On conçoit qu'à ce prix Napoléon pût donner à Lannes un million comptant et 328,000 francs de revenu, à Berthier 500,000 francs comptant et 405,000 francs de revenu, distribuer à la fin d'une rude campagne (1807) 6 millions aux officiers de la grande armée, 12 millions aux soldats, et faire la part des blessés et des amputés.

Dans le même temps qu'il fondait la nouvelle noblesse, qui n'avait ni marquis ni vicomtes, Napoléon s'efforçait de réconcilier avec son pouvoir l'ancienne aristocratie. Les biens non vendus et de vastes forêts étaient rendues aux émigrés. Les anciennes charges d'agent de change, de courtier de commerce, et les chambres syndicales étaient rétablies pour refaire les grandes fortunes, une sorte d'aristocratie bourgeoise et financière, et ce que Napoléon appelait les *corps intermédiaires*.

Il réorganisait vers la même époque la Banque de France et le corps des ingénieurs des ponts et chaussées, créait les maisons d'éducation pour les filles des militaires de la Légion d'honneur, des conseils de prud'hommes, des prix décennaux pour les arts et les sciences. La loi constitutive du 10 mai 1806 annonçait déjà l'Université impériale. On construisait les routes du Mont-Cenis et de la Corniche, on améliorait la navigation de dix-huit rivières. Deux monuments devaient rappeler à jamais la gloire de Napoléon le Grand, la colonne de la place Vendôme et l'arc de triomphe de l'Étoile. Il abolissait le calendrier républicain (1er janvier 1806) et le nom même de la République. Le Panthéon était rendu au culte catholique, la basilique de Saint-Denis à la sépulture des rois et des empereurs. Un nouveau catéchisme enseignait dans les écoles primaires la puissance de Napoléon comme un dogme, et la conscription comme une institution divine. La Saint-Napoléon s'ajoutait à l'ancien calendrier, le 15 août, jour anniversaire de la signature du Concordat. Un statut fixait les rapports de la famille impériale avec son chef. Tous les princes de sa famille demeuraient sous sa tutelle sans espoir d'émancipation. Il réglait leurs mariages, leur résidence, l'éducation de leurs enfants, leurs devoirs envers la France et lui-même.

On disait dans les journaux de Napoléon que l'indépendance et l'égalité des États et le système de l'équilibre européen étaient de vaines chimères, dont les puissances avaient trop longtemps bercé le monde. Une puissance prépondérante était nécessaire pour maintenir entre les divers États l'ordre et la paix. La France était déjà le centre des monarchies vassales, et devait devenir le centre commun de l'Europe et du monde civilisé. C'était réaliser par la Révolution les projets de Louis XIV.

L'Allemagne était soumise aussi bien que l'Italie à cette prépondérance qui se disait nécessaire au monde. Le 12 juillet 1806, seize princes allemands de l'ouest et du sud, les rois de Bavière et de Wurtemberg, le prince primat de Germanie Dalberg, les grands-ducs de Bade et de Berg, le landgrave de Hesse-Darmstadt, les deux branches des princes de Nassau, de Hohenzollern et de Salm, les princes d'Isenbourg, de Lichtenstein, d'Arenberg, etc., formaient la *Confédération du Rhin* sous le protectorat de l'empereur Napoléon, dans les territoires situés entre la Sieg, le Main, le Danube et l'Inn. Ces seize États, reconnus souverains par la France en matière d'impôts, de conscription, de législation et de haute justice, médiatisèrent d'abord deux villes libres, Francfort et Nuremberg; la première fut donnée, pour avoir trafiqué des marchandises anglaises, au prince-primat qui prit pour coadjuteur le cardinal Fesch, oncle de Napoléon ; la seconde fut occupée par la Bavière après qu'on eût fusillé Palm, un de ses libraires, convaincu d'avoir publié des pamphlets contre l'empereur. On médiatisa de même les princes du second rang, Furstenberg, Lœwenstein, Wertheim, Leiningen, Schwarzenberg, Hohenlohe, Thurn et Taxis, Fugger, Truchsess, Hesse-Hombourg, Solms, Bentheim, Metternich, etc., et toute la chevalerie ou petite noblesse des pays de Franconie, de Souabe et du Rhin. Les seigneurs médiatisés gardaient, sous le nom de biens particuliers ou patrimoniaux, les menus droits féodaux, moyenne et basse justice, droit de chasse et de pêche, dîmes, corvées, etc. Darmstadt devenait grand-duché comme Bade et Berg ; et Nessau duché. Le prince-primat, désormais choisi par le protecteur, présidait la diète divisée en deux collèges, celui des rois et celui des princes. La confédération, ouverte aux autres princes, était tenue d'abord de fournir à la France dans toute guerre continentale un corps de 63,000 hommes. Dès l'année suivante, après le traité de Tilsitt, elle allait compter dans ses deux collèges quatre rois, quatre grands-ducs, trente princes ou ducs, couvrir un territoire de 5,000 lieues carrées avec une population de 13 millions d'âmes, et mettre sur pied 120,000 hommes.

Ainsi la vieille constitution qui n'existait plus de fait depuis la paix de Presbourg, ou même depuis le traité de Bâle et la ligne de démarcation, était formellement détruite. Napoléon faisait déclarer d'ailleurs à la diète de Ratisbonne qu'il ne reconnaissait plus l'empire germanique. La confédération du Rhin, qui rappelle celle de Mazarin, formait comme au temps de Charlemagne une France orientale. C'était pour Napoléon comme une alliance permanente contre la Prusse et l'Autriche. François II ne fit pas attendre une abdication qu'il avait prévue, et s'appela désormais François Ier, empereur d'Autriche. Les princes confédérés, le roi de Wurtemberg et les autres, abolirent partout les états provinciaux, soit par des édits, soit par désuétude. Les peuples, tant de fois échangés et partagés, s'irritèrent de ce nouveau changement, d'ailleurs plus funeste à l'aristocratie qu'aux masses, et qui préparait dans ces gouvernements moins nombreux et plus simples la centralisation et l'unité politique.

CHAPITRE X

LA QUATRIÈME COALITION. — TRAITÉ DE TILSITT. —

GUERRE D'ESPAGNE

SOMMAIRE.

1. — La Prusse, brouillée par Napoléon avec l'Angleterre au sujet du Hanovre, puis offerte par sa politique à la vengeance des Anglais pendant le court ministère de Fox, et contrariée dans son protectorat sur l'Allemagne du Nord, se rapproche de l'Angleterre, de la Suède et de la Russie pour former la quatrième coalition, dont elle supporte d'abord tout le poids. Napoléon, sommé d'évacuer l'Allemagne et de reconnaître la Confédération du Nord, écrase les Prussiens à la double bataille d'Iéna et d'Auerstadt (14 octobre 1806), qui porte ses armes jusqu'à Berlin (25 octobre). Prise d'Erfurt, de Leipzig, de Magdebourg. Capitulation de Hohenlohe à Prenzlow et de Blücher à Lubeck.

2. — Le décret de Berlin (21 novembre) établit le blocus continental. Mortier contient les Suédois à Stralsund. Lefebvre attaque Danzig. Jérôme soumet la Silésie, et Napoléon marche en Pologne contre les Russes. Par crainte de l'Autriche il ajourne la délivrance de la Pologne. Vainqueur de Benningsen à Eylau (8 février 1807) et à Friedland (14 juin), il dicte sur le Niémen le traité de Tilsitt (8 juillet) qui fait son frère Jérôme roi de Westphalie, dépouille la Prusse de ses provinces polonaises en faveur du nouveau roi de Saxe (grand-duché de Varsovie), et impose à la Russie comme à la Prusse le blocus continental. La Turquie et la Suède sont livrées à l'ambition du czar.

3. — Napoléon redouble d'efforts contre l'Angleterre, qui s'aliène toute l'Europe par le bombardement de Copenhague (septembre 1807). Tandis que les Suédois, chassés de Stralsund par Brune, restent seuls dans le nord fidèles aux Anglais, il se tourne vers le midi pour soumettre à sa politique l'Espagne, le Portugal et toute l'Italie. De concert avec l'Espagne, il envahit le Portugal, et 25,000 Français, commandés par Junot, détrônent la maison de Bragance qui se réfugie au Brésil (novembre 1807). Bientôt le pape, qui résiste au blocus continental, est dépouillé de quatre légations qu'on ajoute au royaume d'Italie, et le général Miollis occupe Rome (février 1808).

4. — Napoléon profite de l'entrée des Français en Espagne et à Madrid avec Murat, et des divisions de Charles IV et de son fils Ferdinand, pour les attirer aux conférences de Bayonne où il les force d'abdiquer (6 mai 1808), et place sur le trône d'Espagne son

frère Joseph, remplacé à Naples par Murat. Une partie des classes éclairées se rallie au nouveau gouvernement, mais la masse du peuple, soulevée par les prêtres, dirigée par la junte centrale de Séville et soutenue par les Anglais, commence une guerre nationale. D'abord vaincue sur les champs de bataille, elle se relève par les capitulations de Baylen (20 juillet) et de Cintra (30 août), qui chassent les Français d'Espagne et de Portugal. Napoléon, forcé de paraître sur le théâtre de la guerre, après avoir resserré son alliance avec la Russie au congrès d'Erfurt (septembre-octobre), rétablit Joseph à Madrid par trois victoires, Burgos, Tudela, Espinosa, par la défaite des Anglais à la Corogne (janvier 1809) et par la réduction de Saragosse deux fois assiégée, mais sans pouvoir dompter ni l'Espagne ni le Portugal.

I. Rupture avec la Prusse. — La quatrième coalition. — Campagne de 1806. — Iéna et Auerstadt (14 octobre). — Napoléon à Berlin.

La Prusse, effrayée des conséquences du traité de Presbourg et de la formation de la Confédération du Rhin, et voyant Napoléon traiter l'Allemagne à la façon de l'Italie et de la Hollande, résolut de former une autre confédération du Nord, sous sa direction personnelle et celle des deux électeurs de Hesse et de Saxe. Napoléon contraria ce projet qu'il avait paru d'abord approuver, et déclara qu'il réservait pour lui-même le protectorat des villes hanséatiques. D'autre part la Prusse, attaquée par l'Angleterre et par la Suède pour avoir pris le Hanovre, et perdant plus de 1200 navires marchands, apprit que Napoléon, négociant la paix avec l'Angleterre après la mort de Pitt et pendant le court ministère de Fox, avait proposé de rendre le Hanovre aux Anglais, en échange de la Sicile qu'on eût donnée à son frère Joseph pour compléter son royaume de Naples. A ce moment-là Napoléon essayait de séparer, par des négociations particulières et souvent contradictoires, la Russie qui désavoua son ambassadeur (Oubril), l'Angleterre qui ne croyait pas à sa bonne foi, et la Prusse étonnée tour à tour de ses flatteries et de sa colère.

Il est bien certain que Napoléon songea d'abord à lier la Prusse à ses destinées et à se faire à Berlin une alliance continentale qui déjouerait les coalitions. Alors, et pour disposer le roi de Prusse à rendre le Hanovre, il lui proposait à sa grande surprise la couronne impériale ou la confédération des États du Nord sous sa présidence. Plus tard il changea de ton et rapprocha des frontières prussiennes l'armée qu'il avait laissée en Allemagne, soit qu'il se défiât du parti de la guerre à Berlin, soit que la mauvaise tournure de ses pourparlers avec l'Angleterre eût déjà refroidi son amitié pour la Prusse, et que voyant le parti de Pitt revenir au pouvoir après la mort de Fox, il désespérât de gagner l'Angleterre par la restitution du Hanovre et même par l'abandon des colonies conquises sur la France et ses alliés. Le roi de Prusse n'avait appris que par le *Moniteur* l'avénement de Louis, roi de Hollande. Il n'était pas plus respecté ni consulté dans les affaires d'Allemagne, quand l'empereur des Français annonçait la fin de l'empire germanique à la diète de Ratisbonne, en lui reprochant tous les vices d'organisation qui l'aidaient à le renverser. C'était alors à qui insulterait la Prusse. Les princes de la confédération du Rhin déclaraient qu'en détruisant l'empire, ils ne faisaient que suivre l'exemple donné par la Prusse en 1795.

La Prusse, ainsi humiliée et traitée comme une alliée sans importance ou comme une ennemie peu dangereuse, préféra la guerre à la paix honteuse qu'on lui faisait, et s'enhardit par le retour des amis de Pitt au pouvoir. Son armée de Silésie, sous le prince de Hohenlohe, passa l'Elbe à Dresde et vint camper sur la Saale devant les défilés du Frankenwald. Le roi de Prusse, n'osant prendre le commandement de sa principale armée, eut la malheureuse idée de la confier au vieux duc de Brunswick et d'opposer au plus hardi des capitaines un vieillard irrésolu. Brunswick ne suivit point les conseils que lui envoyait Dumouriez, son vainqueur de Valmy, et descendit de Magdebourg sur la forêt de Thuringe. Rüchel et Blücher amenaient 40,000 hommes du Hanovre et de la Westphalie. L'armée de réserve se formait sous le prince Eugène de Wurtemberg entre Halle et Berlin. Brunswick et Hohenlohe se flattaient de surprendre les Français à Wurtzbourg. L'Angleterre et la Suède offraient la paix à la Prusse; la Russie lui promettait ses secours et levait deux armées; mais les plus fougueux partisans de la guerre, dans l'entourage de la reine, ne croyaient pas qu'on dût les attendre. Ils se disaient suffisants pour venger l'honneur de la Prusse, et n'avaient besoin de personne pour refaire les journées de Rosbach et de Minden. L'électeur de Saxe entrait malgré lui dans cette quatrième coalition, mais la Hesse se déclarait neutre. L'Autriche, sollicitée en sens contraire par la Russie et par Napoléon, n'osa pas encore briser les chaînes de Presbourg ; Napoléon, lui reprochant d'avoir livré aux Russes les bouches de Cattaro, avait gardé Braunau par représailles et cantonné son armée dans la Bavière et le Wurtemberg.

La Prusse, dans son ultimatum, avait sommé fièrement Napoléon d'évacuer l'Allemagne et de respecter la confédération du Nord. Pour toute réponse Napoléon, concentrant son armée à Bamberg, porta brusquement la guerre avec 170,000 hommes au cœur de la Saxe et de la Thuringe par les défilés de Bayreuth, de Kronach et de Cobourg. Son plan était d'arriver plus vite que ses ennemis sur l'Elbe et de les couper ainsi de Berlin et des Russes en occupant tous les passages de la Saale. Les Prussiens débordés sur leur gauche, comme naguère les Autrichiens, virent tout à coup l'ennemi derrière eux, et pour le combattre, firent face à l'Elbe, tournant le dos au Rhin. Le combat de Saalfeld (10 octobre 1806), où périt leur prince Louis-Ferdinand, neveu de Frédéric le Grand, leur annonça tristement la double défaite d'Iéna et d'Auerstadt.

Brunswick, effrayé de la concentration des forces ennemies à Géra, au milieu même de la Saxe, se repliait sur l'Elbe et manœuvrait pour repasser la Saale. Hohenlohe, qui devait masquer sa retraite en prenant position au défilé d'Iéna, y fut d'abord enveloppé et défait par Napoléon, et perdit 12,000 morts ou blessés et 200 canons (14 octobre). Davout, mal servi par Bernadotte, mais admirablement bien soutenu par les divisions Gudin, Friant et Morand, gagna la seconde bataille sur Brunswick auquel il barrait le passage de la Saale, avec 32,000 hommes contre 60,000. Le duc de Brunswick et ses lieutenants Schmettau et Mollendorf, autre vétéran de la guerre de Sept ans, étaient blessés à mort. Les Prussiens n'avaient pas prévu le cas d'une retraite. Dès le lendemain 15 octobre, Erfurt livrait 15,000 prisonniers. Soult culbutait le corps de Kalkreuth à Greussen. Le 17, pendant que Ney, Soult et Murat serraient de près Hohenlohe en retraite sur Magdebourg, Bernadotte, réparant la faute d'Auerstadt, enlevait la réserve prussienne à Halle. Tous nos maréchaux passaient l'Elbe, et Lannes prenait Spandau (25 octobre), le même jour où Davout entrait le premier à Berlin, trois jours avant Napoléon qui lui en laissa l'honneur. Le 28, tandis que l'empereur

l'y rejoignait, après avoir été prendre à Potsdam de son plein
droit l'épée de Frédéric II, Hohenlohe mettait bas les armes à
Prenzlow avec 15,000 hommes. Un régiment de hussards prenait
Stettin. On enlevait les places avec de la cavalerie. Blücher,
autre vétéran de Frédéric le Grand, courait vers l'Oder avec deux
divisions encore intactes; prévenu et rejeté sur l'Elbe, il livra
bataille dans les rues de Lubeck et fut pris avant d'atteindre le
Danemark (7 novembre). Le lendemain Magdebourg se rendait.
D'autre part Mortier et le roi Louis de Hollande dépouillaient de
leurs états les alliés de la Prusse, l'électeur de Hesse-Cassel, le
prince de Fulde-Orange, le duc de Brunswick, qui mourut de ses
blessures en Danemark, les ducs d'Oldenbourg et de Mecklembourg. L'électeur de Saxe, plus heureux que ses alliés et salué
roi par Napoléon, entrait dans la confédération du Rhin. Le
prince Jérôme et Vandamme marchaient par Dresde sur la Silésie.

Napoléon, entré à Berlin, pouvait dire à son armée : « Soldats,
une des premières puissances militaires de l'Europe, qui osa
naguère nous proposer une honteuse capitulation, est anéantie.
Les défilés, les forêts de la Franconie, la Saale, l'Elbe, que nos
pères n'eussent pas traversés en sept ans, nous les avons traversés
en sept jours, et livré dans l'intervalle quatre combats et une
grande bataille. Nous avons précédé à Potsdam et à Berlin la
renommée de nos victoires. Nous avons fait 60,000 prisonniers,
pris 65 drapeaux, parmi lesquels ceux des gardes du roi de
Prusse, 600 pièces de canon, 3 forteresses, plus de 20 généraux.....
Les Russes se vantent de venir à nous; nous leur épargnerons
la moitié du chemin. Ils retrouveront Austerlitz au milieu de la
Prusse. »

**II. Campagne de 1807. — Napoléon en Pologne. — Eylau
(8 février). — Friedland (14 juin). — Paix de Tilsitt
(8 juillet).**

L'Angleterre, par un excès de cette tyrannie maritime que les
États-Unis seuls osaient déjà braver et châtier, avait dénoncé
naguère le blocus des côtes de Brest à Hambourg. À son tour
Napoléon déclara le blocus des îles britanniques. Il data de Berlin,
le 21 novembre 1806, ce fameux décret du blocus continental qui

rompait tout commerce entre l'Angleterre, la France et les pays
alliés ou soumis. Il avait résolu d'en finir avec ce blocus de papier
dont l'Angleterre abusait et de vaincre la mer par la terre.
Tous les Anglais arrêtés en France ou chez ses alliés étaient
prisonniers de guerre, et toutes leurs marchandises confisquées.
Mais pour fermer ainsi tous les ports aux Anglais, il fallait vaincre
toute l'Europe, et Napoléon ne vit pas qu'il allait devenir par son
système un plus grand mal que l'Angleterre. Et ce n'était pas à
Berlin seulement que Napoléon frappait sa redoutable ennemie. Il
chargeait Sébastiani d'aller à Constantinople encourager les
réformes de Sélim III et de son vizir Barayctar, et Marmont, posté
à Raguse, d'envoyer des officiers et des armes aux pachas de
Bosnie et de Scutari. Le sultan réclamait sa suzeraineté sur les
provinces danubiennes, et le czar, au moment même où le roi de
Prusse réfugié à Kœnigsberg l'attendait pour continuer la guerre,
envoyait Michelson et 80,000 hommes à Bucharest. D'autre part
80,000 Russes, commandés par Kaminski et Bennigsen, marchèrent
sur la Vistule. Napoléon, arrivé sur la Wartha, appelait les Polonais à la liberté.

Ce cri de vengeance et de liberté, parti de Posen où Davout
avait pénétré de bonne heure (3 novembre), retentit dans les murs
de Varsovie, sur les pas de Murat, et jusqu'au delà de la Vistule.
Dombrowski, Wybicki, Zayonzek et Joseph Poniatowski amenaient
des armées sous les drapeaux français. Napoléon lui-même fit son
entrée à Varsovie le 15 décembre, aux acclamations du peuple. Il
encouragea le dévouement des Polonais sans s'expliquer sur le
rétablissement de la Pologne. La noblesse le suppliait de proclamer
la Pologne indépendante sous un roi de sa famille, et Napoléon
voulait qu'elle-même se reconstituât par une insurrection générale.
Il allégua pour ajourner cette grande question les divisions de la
noblesse, de la capitale et des provinces, et craignait surtout,
comme il l'avouait, de se mettre encore l'Autriche sur les bras.
Kosciusko refusa de quitter sa retraite et de servir cette politique
ambiguë qui soulevait la Pologne sans l'affranchir.

Alexandre ordonnait dans son empire une levée de 600,000
hommes ; Napoléon appelait de son côté les conscrits de la France,
de l'Allemagne et de l'Italie, et leur promettait des victoires égales
à celles d'Austerlitz et d'Iéna. Il annonçait dans ses proclamations

le châtiment des Russes après celui des Prussiens, et se vantait
d'avoir conquis sur l'Elbe et l'Oder les établissements anglais des
Indes, le cap de Bonne-Espérance et les colonies espagnoles. Les
maisons ducales de Saxe et les principautés d'Anhalt, de Schwarz-
bourg, de Lippe et de Waldeck entraient dans la confédération du
Rhin, à l'exemple du nouveau roi de Saxe.

A l'approche des Français, Bennigsen avec ses 80,000 hommes
s'était replié de Varsovie sur le Bug et la Narew. Après de sanglants combats livrés au cœur de l'hiver (Czarnovo, Soldau,
Golymin, Pultusk, décembre 1806), les Russes avaient reculé
derrière la Narew, et l'armée française s'était cantonnée entre le
Bug et l'Ukra ; Bernadotte couvrait sa gauche. Bennigsen
renforcé manœuvra pour secourir Danzig assiégée par Lefebvre.
Quoique vainqueur au combat de Mohrungen (25 janvier 1807),
Bernadotte devait, suivant les ordres envoyés par Napoléon, reculer
jusqu'à la Vistule, pour placer entre deux feux les Russes engagés
à sa poursuite. Bennigsen, averti de la ruse par une dépêche
interceptée, se replia sur la route de Kœnigsberg, et comptant sur
la supériorité de ses forces, accepta la furieuse bataille d'Eylau
(8 février). Le corps d'Augereau, égaré et aveuglé par la neige,
fut dans le premier choc à moitié détruit, et les Russes arrivaient
déjà jusqu'au cimetière d'Eylau où se tenait Napoléon. Murat,
perçant deux fois les lignes ennemies à la tête de 80 escadrons,
dégagea par une prodigieuse manœuvre de cavalerie le corps
d'Augereau, et massacra les 4,000 grenadiers russes qui menaçaient le cimetière. Le centre de l'ennemi était rompu ; Davout et
Ney, débordant ses deux ailes, achevèrent la victoire de Murat.
A la faveur de la nuit, Bennigsen, rejoint par le corps prussien
de Lestocq, opéra sa retraite en bon ordre derrière la Prégel, et
Napoléon rentra dans ses quartiers de la Narew. Les deux partis
qui comptaient 30,000 morts et 50,000 blessés, s'attribuaient la
victoire en reculant. Lannes, vainqueur d'Essen à Ostrolenka,
dernière bataille de l'hiver (18 février), couvrit Varsovie.

Cependant Jérôme, avec les contingents du Rhin, achevait la
conquête de la Silésie ; Mortier imposait l'armistice de Stralsund
aux Suédois après leur défaite d'Anklam (mars 1807), et Lefebvre
réduisait Danzig à capituler après la longue et savante défense
de Kalkreuth (26 mai). D'autre part Sélim III, enhardi par l'en-

trée des Français en Pologne, avait déclaré la guerre à la Russie.
Sébastiani forçait la flotte anglaise qui venait demander son rappel, de repasser les Dardanelles avec perte. Les Anglais étaient
battus en Calabre, et chassés d'Égypte par Méhémet-Ali. Napoléon leur préparait d'autres ennemis en Orient ; il recevait un
envoyé persan à Elbing et chargeait le général Gardanne d'une
célèbre ambassade en Perse. Après la déposition de Sélim (mai
1807), Mustapha IV auquel Napoléon envoya les généraux Foy,
Haxo et Sorbier, continua la guerre contre les Russes.

Napoléon brusqua le dénouement de cette lutte où la France
entretenait si loin de ses frontières des armées si coûteuses, dans
un pays froid et marécageux et sur une terre de boue. L'armée
russe, portée à 180,000 hommes, avait repris l'offensive. Ney,
qu'elle tenta de surprendre, lui porta les premiers coup à Amskerdorf et à Deppen. Napoléon, maître des passages de la Vistule par
Dantzig, Thorn et Praga, et rejoint par Lefebvre, prépara pendant
dix jours par de savantes manœuvres et par des engagements
partiels la sanglante bataille qui mit fin à la guerre. Après la
furieuse journée de Heilsberg qui coûta 18,000 hommes aux deux
partis (10 juin), Bennigsen reculait par la rive droite de l'Alle en
découvrant Kœnigsberg ; aussitôt Murat, Davout et Soult allèrent
le bloquer. Le général russe, enhardi par la division de nos forces,
passa l'Alle à Friedland et déboucha par trois ponts sur la rive
gauche avec 78,000 hommes (14 juin). Ils osent nous attaquer,
disait Napoléon, à l'anniversaire de Marengo ! Lannes et Mortier,
qui n'avaient d'abord que 26,000 hommes, continrent pendant
onze heures la droite et le centre de l'ennemi ; Napoléon eut le
temps d'arriver avec Ney, Victor et sa garde. Ney culbuta la gauche
de Bennigsen, séparée de lui par un étang, entra dans Friedland,
et brûlant la ville et les ponts, coupa la retraite aux deux corps
que Lannes et Mortier poussaient dans la rivière. Les Russes
avaient perdu plus de 25,000 hommes. Kœnigsberg capitula le
même jour, et trois jours après, la grande armée atteignait le
Niémen, frontière de la Russie.

Alexandre, voyant la guerre aux portes de son empire, demanda
la paix, qui fut conclue dans l'entrevue de Tilsitt. Un radeau construit sur le Niémen reçut les deux empereurs. « Je hais les Anglais
autant que vous, dit Alexandre embrassant son vainqueur. — En

ce cas, répondit Napoléon, la paix est faite. » Il ne traita d'ailleurs qu'avec la Russie et fit savoir ses volontés à la Prusse. Par le traité qui sortit de ces longues conférences (8 juillet 1807), il rendit au roi de Prusse, par égard pour son allié, la Poméranie, le Brandebourg, la vieille Prusse et la Silésie, dont l'occupation ne devait cesser qu'après l'acquittement des contributions de guerre fixées à 600 millions de francs. Les possessions occidentales du roi de Prusse entre l'Elbe et le Rhin, avec la Hesse électorale, le Brunswick et le sud de l'ancien Hanovre, formèrent le royaume de Westphalie pour Jérôme Bonaparte, à la charge d'entretenir pour la France un corps de 12,000 hommes et d'abandonner à son frère la moitié des domaines de la couronne. Le roi de Saxe reçut les provinces polonaises de la Prusse sous le nom de grand-duché de Varsovie, avec une constitution française, mais en laissant la province de Bialystok à la Russie et en réservant sur les biens du grand-duché 20 millions de dotation pour les généraux français. Un article secret stipulait que le royaume de Pologne ne serait point rétabli. Les grands-ducs d'Oldenbourg et de Mecklembourg recouvraient leurs états, mais Napoléon occupait leurs ports jusqu'à la paix générale. L'Ost-Frise était réunie à la Hollande; Munster, Marck, Lingen au grand-duché de Berg. Danzig était déclarée ville libre sous le protectorat de la Prusse et de la Saxe, mais en réalité sous la main de Napoléon qui s'assurait le point le plus important de la Baltique, au milieu de la Prusse et sur les frontières de la Russie. Raguse et les bouches de Cattaro rendues par les Russes étaient réunies au royaume d'Italie, les îles Ioniennes à la France. La Prusse et la Russie adhéraient au système continental et reconnaissaient la Confédération du Rhin ainsi que les royaumes créés par Napoléon.

Il était dit par un traité secret que si l'Angleterre n'avait pas reconnu la liberté des mers au 1er novembre, la Russie devait faire cause commune contre elle avec la France et entraîner les cours de Lisbonne, de Stockholm et de Copenhague. Il était dit d'autre part que si la Porte ottomane n'acceptait pas la médiation de la France et n'accordait pas une paix avantageuse aux Russes après la trève de Slobosia (12 août) qui leur laissait provisoirement les provinces danubiennes, la France ferait cause commune avec la Russie contre la Porte, et que les deux hautes puissances contraclantes s'entendraient pour affranchir de la tyrannie des Turcs et partager toutes les provinces au nord des Balkans, en leur laissant seulement la Roumélie et Constantinople.

Ainsi, par-dessus l'Autriche et la Prusse abattues, dont chacune était tenue en échec par deux nouveaux royaumes, Napoléon offrait son alliance et le partage du monde à la Russie. Il ajournait l'ambition moscovite sur les provinces danubiennes, et lui laissait d'abord contre la Suède la liberté que lui-même se réservait contre l'Espagne (1).

III. Le blocus continental. — Bombardement de Copenhague par les Anglais (septembre 1807). — Conquête du Portugal (novembre). — Occupation de Rome (février 1808).

Napoléon, de retour à Paris après une absence de dix mois qui avait paru bien longue, animait de sa présence tous les travaux de la paix et mettait la dernière main à l'édifice impérial. Il accrut le nombre des grands dignitaires, modifia les ministères, supprima le Tribunat, qui fut remplacé par des comités délibérants tirés du Corps législatif (19 août 1807), et organisa définitivement la Cour des comptes (6 septembre). Le bon ordre et la prospérité des finances, confiées au comte Mollien, le plus savant des économistes et le plus intègre des administrateurs, les contributions de guerre, les ressources fournies à l'État par la caisse de l'armée qui lui prêtait plus de cent millions, tels étaient les moyens puissants de relever notre marine et de suffire aux grands travaux qui furent commencés ou continués pour les routes, les canaux, les ports, l'embellissement de Paris et le développement de l'industrie nationale. Napoléon créa vers la même époque, par le décret du 17 mars 1808, l'Université impériale, annoncée déjà, avons-nous

1. Le prétendant Louis XVIII, se croyant tenu de quitter la Russie après la paix de Tilsitt, se rendit de Mittau, avec le duc et la duchesse d'Angoulême, à Gothenbourg où le duc de Berry l'attendait. Une frégate anglaise vint le chercher en Suède pour le transporter en Angleterre, où on lui offrit la résidence de Hartwell. Napoléon, informé par le czar que Louis XVIII allait quitter ses États, lui répondit que cette affaire l'intéressait fort peu, et que si le comte de Lille était las de vivre en Russie, il pouvait venir à Versailles où il serait pourvu à tous ses besoins. *Mém. de Rovigo*, 3, 157.

dit, par la loi constitutive du 10 mai 1806. Enfin l'empereur crut rehausser encore l'éclat de son trône et de la société française en proclamant l'hérédité des dotations, majorats, titres de noblesse, qu'il distribuait à tous les rangs de la hiérarchie civile et militaire (décrets du 1er mars 1808). Les grands dignitaires portaient le titre de prince et d'*Altesse sérénissime*; les ministres, sénateurs, conseillers d'État à vie, présidents du Corps législatif et archevêques prenaient le titre et le rang de comtes; les présidents des collèges électoraux, les premiers présidents et procureurs généraux de la Cour de cassation, de la Cour des comptes et des Cours d'appel, les évêques, les maires des 37 *bonnes villes*, étaient nommés barons de l'empire, et les membres de la Légion d'honneur s'appelaient chevaliers. Les fils aînés des grands dignitaires pouvaient prendre le titre de duc, si l'on fondait pour eux un majorat de 200,000 livres de rente, inaliénable et insaisissable; les fils ou neveux des comtes gardaient ce titre avec un majorat de 30,000 livres de rente, les fils des barons avec un majorat de 15,000 livres. Les fils mêmes des simples légionnaires pouvaient s'appeler chevaliers avec un majorat de 3,000 livres, et les simples *sujets* eux-mêmes avaient le droit de se faire autoriser par le gouvernement à constituer des majorats. Quelques-uns seulement se scandalisèrent de voir affubler d'un blason féodal les fils de la Révolution, les parvenus de la République, et réclamèrent pour le principe d'égalité qui domine le Code civil. La majorité de la nation, éblouie par l'éclat de ces nouveaux titres, était fière de ses ducs, comtes et barons. Les plébéiens semblaient rassurés par le langage de Cambacérès au Sénat : «Ces nuances régulières ne portent point atteinte aux droits qui rendent tous les Français égaux en présence de la loi... la carrière reste toujours ouverte aux vertus et aux talents utiles. » Cette noblesse militaire et ministérielle n'avait d'autre privilège en effet que ses richesses.

Au milieu de ces travaux et de ces grandes institutions, Napoléon poursuivait sa guerre contre les Anglais. Au décret de Berlin qui séquestrait tous les biens des Anglais en France et défendait tout commerce avec l'Angleterre, Canning et Castlereagh avaient répondu par l'ordre de saisir tout navire neutre qui sortait d'un port français ou d'un pays allié de la France. Napoléon répliqua par le décret de Milan (décembre 1807) qui déclarait dénationalisé et de bonne prise tout navire admis dans les ports anglais ou qui se laissait visiter par les Anglais. L'Angleterre, maîtresse des mers et en possession du commerce des autres parties du monde, souffrait moins du système continental que les pays de l'Europe, privés de tout commerce maritime et de toute denrée coloniale. Mais l'Angleterre, avec sa politique égoïste et violente et ses attentats contre les neutres, avait soulevé tant de haines, que Napoléon comptait lui fermer tout le continent. Les souverains, mal secondés contre la France dans les guerres de 1805 et de 1806, se lassaient d'être les Numides de cette nouvelle Carthage. Tous les pays alliés de la France, la Russie, la Prusse, le Danemark et même l'Autriche, fermèrent leurs ports aux Anglais. La Suède, la Porte, la Sicile, la Sardaigne et le Portugal refusèrent seuls d'adhérer au blocus continental.

Le roi de Suède Gustave-Adolphe IV, se croyant toujours destiné par le ciel à renverser la *bête de l'apocalypse*, chassa de sa cour les ambassadeurs de la Prusse et de la Russie après le traité de Tilsitt, et continua la guerre contre le *général Bonaparte*. Les Français lui prirent Stralsünd, l'île de Rügen et la Poméranie. Le danger était grand pour les Anglais, si la France établie sur la mer Baltique, et imposant son alliance au Danemark, leur fermait le Sund, et pouvait joindre à Copenhague sa marine à celle des Danois et des Russes. Ainsi forcés de soutenir la folie de Gustave IV, les Anglais sommèrent le Danemark de s'unir à eux et de leur livrer sa flotte. Sur le refus des Danois, une flotte anglaise parut dans le Belt, bombarda Copenhague pendant trois jours et trois nuits et captura la flotte danoise, 18 vaisseaux de ligne et 15 frégates (7 septembre 1807). Les Anglais firent là une terrible expérience de leur invention récente, les fusées à la congrève. Toute l'Europe s'indigna de ce nouvel attentat contre le droit des gens. La Russie rompit toute relation avec la cour de Londres, et la France n'eut point dès lors d'allié plus dévoué que le Danemark.

La Russie se chargea volontiers de venger les Danois sur la Suède par la conquête de la Finlande, et Napoléon les vengea sur le Portugal. Il somma le Portugal, asservi à l'Angleterre par le traité de Methuen, de lui fermer ses ports et de confisquer les marchandises et les propriétés anglaises. Jean VI, alors ré-

gent du royaume au nom de sa mère dona Maria, atteinte de folie,
céda sur tous les points, sauf la confiscation des propriétés
anglaises ; Napoléon, sûr de l'alliance espagnole, confisqua le Portugal. Une armée de 25,000 hommes, commandée par Junot, et
que devait soutenir un nombre égal de soldats espagnols, traversa
rapidement l'Espagne et s'approcha du Portugal. Avant son arrivée à Lisbonne (30 novembre 1807), la famille royale s'embarqua
pour le Brésil avec tous ses trésors et toute sa noblesse, sur des
vaisseaux anglais. Junot, nommé duc d'Abrantès, et maître du
Portugal avec sa petite armée de conscrits, occupa toutes les
places fortes, sans y recevoir les Espagnols, et déclara au nom de
son maître que la maison de Bragance avait cessé de régner. D'a-
près le traité de Fontainebleau, conclu avec l'Espagne dès le
mois d'octobre, le midi du Portugal ou les Algarves devait être
donné au prince de la Paix, le nord au roi d'Étrurie Louis de
Parme, en échange de son royaume, et Napoléon se réservait de
disposer du centre. La régente d'Étrurie, infante d'Espagne,
livra le royaume de son fils aux Français, et Godoï leur ouvrit
l'Espagne.

Moins de deux mois après cette occupation du Portugal, un
sénatus-consulte réunissait Flessingue, Wesel, Cassel et Kehl à
l'empire français. Alexandre déclarait la Finlande acquise à la
Russie, et la flotte de Boulogne, sans cesse accrue et perfectionnée,
préparait toujours la descente en Angleterre. Les Anglais, ainsi
chassés du continent et qu'on menaçait de forcer dans leur île,
furent sauvés de Napoléon par l'étendue et la violence de ses entreprises. Il allait commencer sa guerre contre le pape et contre
l'Espagne.

C'était peu que Napoléon eût refusé de restituer à Pie VII,
après le sacre, les légations enlevées par le Directoire ; il le forçait d'adhérer aussi au blocus continental et de fermer ses ports
aux Anglais. Ne ménageant pas plus l'autorité spirituelle du pape
que son pouvoir temporel, et parlant de révoquer au besoin la
donation de Charlemagne, il le sommait d'admettre le code Napoléon et le Concordat dans les provinces italiennes et jusque dans
les États de l'Église, de réformer l'épiscopat, d'abolir les ordres monastiques et le célibat des prêtres, et de nommer trente cardinaux
français. C'était l'une des pensées favorites de Napoléon, telle que

lui-même l'a révélée plus tard, d'avoir le pape à Paris sous sa main, d'agir par lui sur toutes les nations ou populations catholiques de l'Europe, Espagne, Italie, Pologne, Irlande, Prusse, Autriche, Hongrie, Russie, et de resserrer ainsi les liens fédératifs de son vaste empire (1). Napoléon, irrité de la résistance du pape, l'accusa de lui déclarer la guerre et lui confisqua ses quatre provinces d'Urbin, de Macerata, d'Ancône et de Camerino, sa capitale et son armée. Le général Miollis occupa Rome avec 8,000 hommes (2 février 1808). Ces violences contre un vieillard et des prêtres scandalisèrent les catholiques en Europe et même en France. On plaignait le pape et on admira son *inflexible douceur*.

IV. Guerre d'Espagne. — Abdication de Charles IV et de Ferdinand (6 mai 1808). — Joseph à Madrid. — Capitulations de Baylen (29 juillet) et de Cintra (30 août) — Entrevue d'Erfurt (sept.-oct.). — Napoléon en Espagne (nov. 1808-janv. 1809).

Napoléon avait su le lendemain de la bataille d'Iéna que la cour d'Espagne armait et par certain manifeste d'un sens équivoque appelait les Espagnols à la défense de la patrie et de la religion. Il comprit quel danger il eût couru sur les Pyrénées en cas de revers sur la Vistule, et résolut dès lors de prendre ses précautions contre les Bourbons d'Espagne. Vainqueur de la Prusse et de la Russie, il vit Godoï plus dévoué que jamais à sa politique, et feignit de croire qu'il avait armé contre le Portugal et le Maroc, mais demanda pour sa guerre contre la Suède un corps de 16,000 hommes d'élite, qu'il envoya en Danemark sous la conduite de la Romana. Les patriotes accusaient le favori de prodiguer à la France l'or et le sang de l'Espagne, et de brouiller Charles IV avec son fils Ferdinand. Pendant que les Espagnols combattaient pour Napoléon en Portugal et en Danemark, 100,000 Français occupaient le nord de l'Espagne et les places fortes, Pampelune, Saint-Sébastien, Figuères et Barcelone; Murat établissait son quartier général à Burgos. Napoléon offrait le Portugal pour avoir les provinces de la rive gauche de l'Èbre qu'il déclarait nécessaires à

____

1. *Mémoires de Napoléon*. Notes et mélanges écrits par Montholon, I, p. 132.

son empire. Le prince de la Paix, craignant les Français autant
que les Espagnols, résolut de fuir avec la cour à Séville et de
passer en Amérique. Sur le bruit qui s'en répandit, le peuple
d'Aranjuez se souleva, pilla le palais du favori et faillit le tuer.
Charles IV abdiqua en faveur de son fils pour sauver son *pauvre
ami* (19 mars 1808). L'armée française parut devant Madrid (22
mars), un jour avant le nouveau roi Ferdinand. Murat, songeant
peut-être pour lui-même au trône d'Espagne, n'avait pas attendu les
ordres de son beau-frère, qui n'arriva que plus tard à Bayonne
(15 avril). En vain Ferdinand se flattait de plaire à Napoléon et
d'épouser une de ses nièces. La fuite des Bourbons eût bien
mieux convenu à l'empereur que cet avènement d'un prince populaire. Il avait promis de reconnaître Charles IV pour empereur
des deux Amériques. Murat poussa Charles IV à rétracter son
abdication, et Ferdinand, qu'il refusait de reconnaître, s'en alla,
par ses conseils, après avoir organisé une régence, implorer à
Bayonne l'arbitrage de Napoléon (20 avril). Ferdinand, arrivé à
Bayonne malgré le peuple qui détenait sur la route les chevaux
de sa voiture, s'entendit proposer le royaume d'Étrurie pour celui
d'Espagne. Bientôt Charles IV et le prince de la Paix, délivrés
par les soins de Murat, vinrent le rejoindre à Bayonne (30 avril).
Charles IV s'était proclamé seul roi légitime, avec Murat pour
lieutenant. La nouvelle d'un soulèvement du peuple de Madrid contre les Français, cruellement châtié par Murat, décida Napoléon à
précipiter l'exécution de ses projets. Ferdinand céda à la sommation de son père (6 mai), et Charles IV ne recouvra son pouvoir
que pour transmettre à Napoléon tous ses droits sur la couronne
d'Espagne et des Deux-Indes. Il ne réservait que l'indépendance
de l'Espagne et le maintien de la religion catholique. Il alla vivre
à Compiègne avec une liste civile de 7 millions, et son fils à Va-
lençay, chez M. de Talleyrand.

Quelques jours après cette double abdication, la junte de régence,
le conseil de Castille et la ville de Madrid demandaient pour ce
trône vacant un prince de la maison impériale. Napoléon, sur le
refus de son frère Louis, roi de Hollande, leur donna pour roi son
frère Joseph (6 juin), avec une constitution qui se rapprochait
des anciennes cortès, et un bon système judiciaire, mais sans la
liberté des cultes. Murat remplaçait Joseph à Naples.

La formidable émeute de Madrid, où périrent 1,200 Français, avait prouvé que le peuple n'abdiquerait pas aussi facilement que son roi. Le clergé, déjà menacé par Murat de la confiscation de ses biens, ameutait le peuple contre les Français, ennemis de l'autel et du trône, et contre leurs partisans les *Josephinos*. Ces Espagnols, étrangers aux passions philosophiques du siècle, et qui vivaient sur leur vieille gloire et leurs vieilles mœurs, sous l'autorité de leurs prêtres et de leurs alcades librement élus, se croyaient toujours le premier peuple du monde, comme au temps de Charles-Quint et de Philippe II. On eut beau proclamer le règne exclusif de la religion catholique, réserver le banc des prêtres dans l'assemblée qui serait tenue tous les trois ans, et rétablir les combats de taureaux qui passaient de mode ; la junte centrale de Séville appela tous les Espagnols aux armes, et l'Europe vit le spectacle nouveau d'un peuple armé pour sa liberté contre la Révolution française. Le jour de la Saint-Ferdinand toute l'Espagne sonna contre les Français des *Vêpres siciliennes*. Quand le roi Joseph mit le pied en Espagne, déjà l'Estramadure, l'Aragon, les deux Castilles, Léon, les Asturies, la Biscaye et la Galice étaient soulevées contre lui. Les provinces du nord-est, les moins dévouées aux Bourbons, l'Aragon et la Catalogne, furent les plus acharnées à défendre, sinon leurs rois, au moins leur indépendance.

Les Espagnols étaient commandés en Aragon par Joseph Palafox, en Andalousie par Castanos, dans les Asturies par le vieux de la Cuesta, que Bessières battit d'abord à Rio-Seco (14 juillet). Cette victoire que Napoléon comparait à celle de Villaviciosa, ouvrit les portes de Madrid à Joseph. Mais les Espagnols eurent bientôt pris leur revanche. Ils repoussèrent Moncey qui marchait sur Valence, et détruisirent le corps d'armée du général Dupont en Andalousie. Cette armée de 16,000 hommes, lancée de Madrid sur Cadix, qui franchissait la Sierra-Morena et le Guadalquivir, pillait Cordoue et forçait le camp de Jaen, se vit tout à coup, dans sa marche trop rapide et trop confiante, enveloppée d'ennemis acharnés et nombreux, habilement conduits par Castanos et Reding. Le général Dupont songea trop tard à la retraite. Après avoir essayé sept fois de s'ouvrir un passage et de rejoindre son lieutenant Vedel, le héros d'Albeck et de Dirnstein, à la veille d'être maréchal, mit bas les armes, le jour même de l'entrée de Joseph à Madrid (20 juillet). Au mépris de la capitulation la junte de Séville envoya mourir sur les pontons de Cadix ou sur les rochers de Cabrera nos soldats qu'elle avait promis de rapatrier. Napoléon pouvait déjà comprendre, mais n'avouait pas, comme il a fait plus tard, qu'il en coûtait cher pour avoir ainsi provoqué ce peuple fanatique par ce qu'il appelle *un immense coup d'État*, et détrôné ces Bourbons qu'il eût si facilement ralliés à sa cause contre les Anglais. Ces généraux qu'on avait lancés imprudemment jusqu'au fond de l'Espagne, parmi ces guérillas si bien défendues par leur fanatisme et par un chaos de montagnes arides, Dupont et son lieutenant Vedel compris malgré lui dans la capitulation, furent jetés en prison. On leur adjoignit Marescot, auquel Napoléon avait réservé la direction du siège de Cadix, et que Dupont avait prié de négocier la capitulation. Regnault de Saint-Jean-d'Angély et trois hauts magistrats furent chargés d'une enquête dont le public ne sut jamais un mot, et les trois prisonniers ne furent rendus à la liberté qu'en 1814.

Cette capitulation de Baylen, le plus grand désastre des armes françaises depuis 1792, au moins par ses conséquences morales, doubla la force des Espagnols et donna du cœur aux plus timides. L'Angleterre, devenue leur alliée, se hâta de venir à leur secours. Sa flotte, qui croisait devant Cadix, leur livra d'abord six vaisseaux français réfugiés dans le port depuis la journée de Trafalgar. Que l'Angleterre nous donne des armes et de l'argent ; nous ne manquons pas de soldats, disaient les juntes de Galice et d'Oporto aux alliés hérétiques qui leur venaient sous la conduite d'Arthur Wellesley. L'Anglerre leur envoya sans tarder plusieurs régiments, 200.000 fusils, 200 canons et 76 millions. Les Anglais que Napoléon avait chassés du continent, y rentraient par l'Espagne, et s'assuraient tout le commerce de ses vastes colonies. Un secours inattendu vint aux Espagnols du même côté. La Romana, qui commandait 10,000 Espagnols dans l'île de Fionie, apprenant l'affaire de Baylen, les embarqua sur des vaisseaux anglais et revint défendre avec eux son pays. 8,000 autres dans l'île de Seeland furent désarmés par les Danois et conduits en France. Le désastre de Baylen chassa Joseph de Madrid dix jours après son entrée (29 juillet) et délivra Saragosse assiégée depuis six semaines.

Presque en même temps le Portugal était perdu pour les Français. Junot, battu par les Anglais à Vimeiro, enveloppé de tous côtés par les Espagnols et les Portugais, signa la capitulation de Cintra (30 août) L'armée française était transportée en France par les vaisseaux anglais. Une flotte russe de 9 vaisseaux de ligne était capturée dans le Tage et conduite en Angleterre.

Napoléon, à la nouvelle de ces désastres, fit de nombreuses levées et résolut d'aller venger en personne les armes françaises. Il fit venir ses contingents du Rhin pour combattre par les Allemands la légion allemande ou hanovrienne des Anglais. Mais avant de passer les Pyrénées, Napoléon resserra son alliance avec la Russie dans ce fameux congrès d'Erfurt (sept.-oct. 1808), où quatre rois et trente-quatre princes vinrent saluer les deux grands souverains du continent, et Wieland et Gœthe recevoir de ses mains la croix de la Légion d'honneur. Le roi de Prusse n'osa paraître à ce congrès de rois où l'empereur d'Autriche ne fut pas admis. Napoléon, par convention secrète, abandonna aux Russes la Finlande, la Moldavie et la Valachie, et promit de ne pas agrandir le duché de Varsovie. Il sacrifiait trois alliés naturels de la France, la Suède, la Turquie et la Pologne. L'Angleterre accusait la mauvaise politique de la Russie. Ses journaux rappelaient au czar que jadis Octave avait partagé le monde avec Antoine, mais pour le tromper et le perdre. La Russie obtint quelques adoucissements au sort de son ancienne alliée la Prusse. Après avoir payé 120 millions, la Prusse vit les Français évacuer enfin les provinces qu'on lui laissait, moins trois places fortes, Glogau, Custrin et Stettin. Napoléon tirait de l'Allemagne 100,000 vieux soldats pour sa guerre d'Espagne.

Les deux empereurs offrirent pour la dernière fois la paix à l'Angleterre, et forts de leur étroite union pour la guerre et la paix, ils proposaient pour base d'un traité l'état présent de l'Europe. L'Angleterre, enhardie sous main par un envoyé du czar, refusa de traiter avant qu'on eût reconnu d'abord l'indépendance de la Suède, de la Sicile, de l'Espagne et du Portugal.

Alors Napoléon partit pour l'Espagne (29 oct.). Sa présence imposa l'union et la discipline à des généraux affaiblis souvent par leurs rivalités et peu respectueux pour son frère Joseph. 200,000 soldats fournis par la France et par les peuples alliés, dont 80,000

conscrits donnés par le Sénat sur la classe de 1810, autant sur
les quatre classes antérieures, rejoignirent les 40,000 hommes
que l'Espagne soulevée avait rejetés sur la rive gauche de l'Èbre.
Les maréchaux Lannes, Moncey et Gouvion Saint-Cyr commandaient l'aile droite ; Napoléon avec sa garde, Ney, Victor et
Soult, conduisait le centre ; Lefebvre, Junot et Mortier l'aile
gauche ; Bessières la cavalerie, Kellermann la réserve. A cette
armée formidable l'Espagne opposait depuis Valence jusqu'à la
Galice 150,000 soldats ardents, mais indisciplinés, commandés à
gauche par la Romana et Blake, à droite par Castanos et Palafox,
et au centre par le comte de Torrès ; une armée de 36,000 Anglais
qui se portait vers la Vieille-Castille sous la conduite de Moore
et de Baird ; enfin près de 500,000 partisans, guérillas, miquelets,
armés par les juntes provinciales. Mais la junte centrale d'Aranjuez,
présidée par le comte de Florida Blanca, le pouvoir exécutif dirigé
par le cardinal de Bourbon, s'entendaient mal avec le conseil de
Castille et les juntes provinciales. Le pouvoir absolu de Napoléon
triompha de ces ennemis divisés. Sa grande tactique écrasa presque en même temps leurs trois armées. Soult enfonça leur centre
à Burgos (10 nov.). Lefebvre et Victor culbutèrent l'armée de
Galice ou l'aile gauche à Espinosa (11 nov.). Lannes défit l'aile
droite à Tudela (23 nov.). Bessières, avec les lanciers polonais,
força le défilé de Somo-Sierra (30 nov.), et Madrid ouvrit ses
portes (4 déc.). A la fin du mois (25 déc.), Lefebvre en éloignait
l'armée d'Estramadure par sa brillante victoire d'Almaraz. La
junte centrale fuyait d'Aranjuez à Tolède. Qu'importaient les succès
partiels des guérillas et de la petite guerre ? On crut que la soumission de la capitale entraînait celle du pays comme en France.

Les Anglais, venus trop tard au secours des Espagnols, s'é-
taient avancés jusqu'à Salamanque. Napoléon, heureux d'atteindre enfin l'ennemi qui lui échappait sur les mers, courait sur les
Anglais quand les nouvelles d'Autriche l'arrêtèrent. Moore n'osa
pas l'attendre et se replia sur la Corogne. Les Anglais, poursuivis
par Bessières et Soult, n'eurent que le temps de se rembarquer
(16 janv. 1809), après avoir perdu leurs deux généraux, Baird et
Moore. Pendant leur retraite, Victor gagnait sur les Espagnols la
brillante victoire d'Uclès (12 janv.). A l'est Gouvion Saint-Cyr,
deux fois vainqueur (Cardeden, Molino del Rey), avait soumis la

Catalogne, pris Roses et Tarragone. Lannes et Mortier avaient dompté enfin l'héroïque Saragosse, après un second siège de trois mois. La ville prise, il fallut prendre chaque rue et chaque maison, au milieu des barricades défendues par les moines, les femmes et les enfants ; 50,000 habitants avaient péri. On envoya à Vincennes son courageux défenseur Palafox (21 fév. 1809).

Avant de quitter l'Espagne pour se tourner contre l'Autriche, Napoléon abolit par quatre décrets le conseil de Castille, l'inquisition, les droits féodaux, les corporations, les douanes provinciales et les deux tiers des couvents. Mais ces bienfaits n'étaient point compris par les masses, et ceux qui les comprenaient les repoussaient comme un don de l'ennemi. Les Espagnols ne s'émurent ni de la proscription des plus grands personnages, le ministre Cevallos, le duc d'Infantado, ni de la menace qu'on fit de traiter l'Espagne en pays conquis, s'ils refusaient l'amnistie qu'on leur offrait. Le roi Joseph rentré à Madrid (22 janv. 1809) ne croyait pas comme son frère à la soumission de l'Espagne. « Il faudrait, disait-il, cent mille échafauds en permanence pour maintenir le prince condamné à régner sur les Espagnols. »

CHAPITRE XI

LA CINQUIÈME COALITION. — TRAITÉ DE VIENNE. — SUITE DE LA GUERRE D'ESPAGNE

SOMMAIRE.

1. — L'Autriche, enhardie par les deux grandes fautes de Napoléon, la guerre contre l'Espagne et la guerre contre le pape, reprend les armes et forme avec l'Angleterre la cinquième coalition (1809). Elle ouvre la campagne par l'occupation de la Bavière (11 avril). Cinq victoires en cinq jours, Thann, Abensberg, Landshut, Eckmühl, Ratisbonne (19-23 avril) et la bataille d'Ebersberg ouvrent pour la seconde fois à Napoléon les portes de Vienne (13 mai). D'autre part le prince Eugène, d'abord vaincu à Sacile, mais renforcé et dirigé par Macdonald, refoule jusqu'en Hongrie l'armée autrichienne d'Italie. Mais Napoléon manque le passage du Danube à la bataille d'Essling (21-22 mai). Il a daté de Vienne (17 mai) le décret qui réunit les États de l'Église à son empire. L'Étrurie et le duché de Parme sont réunis vers la même époque.

2. — Napoléon, profitant de l'inaction de l'archiduc Charles pour renforcer son armée, et rejoint par le prince Eugène qui a vaincu l'archiduc Jean à Raab (14 juin), tente une seconde fois le passage du Danube et gagne la sanglante bataille de Wagram (6 juillet) qui force l'Autriche à signer la trêve de Znaïm (20 juillet). Poniatowski a défait l'archiduc Ferdinand sur la Vistule. Les alliés de l'Autriche lui font partout défaut ; l'héroïsme des Tyroliens est impuissant à la sauver ; l'Angleterre n'opère du côté de Naples et en Hollande qu'une diversion inutile (affaire de Walcheren) ; l'Allemagne ne tente que des révoltes partielles en Prusse et en Westphalie ; la Suède, démembrée en Finlande par la Russie, dépose son roi Gustave IV et prépare l'avènement de Bernadotte ; l'Espagne paraît vaincue ; l'Italie depuis l'enlèvement du pape est tout entière soumise à Napoléon. Par le traité de Vienne (14 octobre) la France enlève à l'Autriche les provinces illyriennes, enrichit encore de ses dépouilles la Bavière et le Wurtemberg, et partage la Pologne autrichienne entre la Saxe et la Russie.

3. — Napoléon, alors à son apogée, s'unit à la maison d'Autriche. Au sujet de son mariage avec Marie-Louise (1er avril 1810), il dépouille du royaume d'Italie, pour le futur roi de Rome, le prince Eugène qu'il indemnise en Allemagne par l'expectative du grand-duché de Francfort. Au sujet du système continental, il réunit à la France, d'abord une partie de la Hollande, puis le royaume entier abandonné par son frère Louis (juillet 1810), enfin les villes

hanséatiques et le nord-ouest de l'Allemagne jusqu'à Hambourg (décembre 1810). Il ne reste à dompter que l'Espagne.

4. — En 1809, après le départ de Napoléon pour l'Autriche, Soult envahit le Portugal au nord, mais arrêté par Wellesley et menacé par la Romana, qui occupe Ney en Galice, il est rejeté sur l'Espagne. Sébastiani et Victor ont gagné trop loin de lui les batailles de Ciudad-Real et de Medellin (27-28 mars). Wellesley, arrêté dans sa marche sur Madrid, gagne la bataille de Talavera (28 juillet) et rentre fièrement en Portugal. Madrid est sauvée d'une autre invasion par la victoire de Soult et de Mortier à Ocana (19 novembre). Dans l'est Suchet pacifie l'Aragon par ses victoires de Maria et de Belchite (15-18 juin); Gouvion Saint-Cyr en Catalogne achève l'année par la prise de Girone. En 1810 Soult et Masséna s'entendent mal pour la conquête du Portugal. Tandis que Soult en Andalousie prend Séville et menace Cadix, Masséna se brise en Portugal contre les lignes de Torrès-Védras (octobre 1810-février 1811), et Wellington le chasse du Portugal par la prise d'Almeida (mai 1811). Suchet triomphe seul dans les provinces de l'est; il prend en 1810 Lérida et Mequinenza, en 1811 Tortone et Tarragone, et couronne ses conquêtes par la victoire de Murviedro et son entrée à Valence (janvier 1812).

4. Rupture avec l'Autriche. — La cinquième coalition (1809). — Campagne du Danube (avril). — Napoléon à Vienne (13 mai). — Essling (22 mai). — Réunion des États de l'Église à l'empire.

Napoléon, rappelé d'Espagne par l'attitude menaçante de l'Autriche, n'apprit pas sans colère qu'une sourde agitation se manifestait dans les esprits, et qu'on désapprouvait généralement sa conduite envers le pape et le roi d'Espagne. Talleyrand et Fouché surtout, deux hommes qui se souvenaient trop des services rendus au 18 brumaire, avaient blâmé tout haut la guerre d'Espagne. La disgrâce de Talleyrand, remplacé aux affaires étrangères par Champagny, effraya les plus hardis, et Napoléon poursuivit ses projets.

Ce partage de l'Europe que la France et la Russie avaient commencé à Tilsitt et poursuivi au congrès d'Erfurt, irritait l'Autriche, que le traité de Presbourg avait rejetée au second rang. Elle osa se plaindre qu'on n'eût pas exécuté ce traité, indemnisé ses archiducs, évacué ses places fortes et son territoire au temps convenu. Comme la Prusse, elle préféra la guerre à la paix honteuse qu'on lui faisait. Elle avait souffert l'établissement de la Confédération du Rhin et du grand-duché de Varsovie; elle n'en-

tendait pas souffrir encore la conquête de l'Espagne, du Portugal
et des États de l'Église. Il lui fallait ce courage opiniâtre qui la
distingue pour oser, après tant de défaites et avec l'unique
alliance de l'Angleterre, affronter Napoléon et tous ses alliés,
l'Italie, la Hollande, le Danemark, la Confédération du Rhin, la
Pologne et la Russie.

Dès le début de la guerre d'Espagne, l'archiduc Charles avait
mis sur pied plus de 300,000 hommes, organisé la landwehr et la
levée en masse. De Bayonne, de Paris et d'Erfurt, Napoléon
somma l'Autriche d'arrêter ces armements, qui continuaient malgré les protestations pacifiques de la cour de Vienne. Quand
Napoléon fut parti pour l'Espagne, l'Autriche déclara la guerre.
Un Corse, ennemi acharné des Bonaparte, Pozzo di Borgo, était
venu dire à Vienne, de la part d'Alexandre, que l'Autriche ne serait
pas toujours seule sur le continent à combattre pour la délivrance
de l'Europe occidentale. Cette même puissance qui jusqu'alors
avait si obstinément combattu les principes de la Révolution, se
vantait d'armer pour la liberté de l'Europe et du monde. Ceux
qui, depuis la mort de Joseph II, avaient sans cesse reculé vers
le passé, et soumis à la *recensure* en 1802 tous les livres venus de
l'étranger depuis 1781, ceux qui ne souffraient le libre examen ni
dans la presse ni dans les écoles, ceux qui ruinaient leur industrie
par le maintien des lois prohibitives, leur agriculture par les servitudes féodales, leurs finances par la banqueroute, par les emprunts forcés et l'abus du papier-monnaie, ceux-là disaient dans
leur déclaration de guerre que la liberté de l'Europe s'était réfu-
giée sous les drapeaux de l'Autriche. Ils promettaient la liberté,
même à l'Italie. A leur tour ils allaient faire contre Napoléon une
campagne de peuples.

Le monde s'étonna de voir l'Autriche encore si puissante.
L'archiduc Charles, appelant toute l'Allemagne aux armes, envahit la Bavière avec 200,000 hommes. L'archiduc Jean en menait
80,000 sur le Tyrol et l'Italie, et l'archiduc Ferdinand 36,000
contre Varsovie. Mais Napoléon, renforçant les 160,000 conscrits
levés en septembre 1808 par 40,000 pris sur les classes antérieures
à 1810, conduisait sur le Danube une armée de 200,000 hommes
dont l'Allemagne avait fourni la moitié; il avait 70,000 hommes
en Italie, 20,000 Saxons et Polonais dans le grand-duché de Var-

sovie. La Russie qui lui promettait de ce côté-là 150,000 hommes, n'en envoya que 20,000.

Les Autrichiens croyaient surprendre Napoléon, et par la Souabe et la Franconie arriver jusqu'au Rhin ; ils n'allèrent pas jusqu'au Lech. Tandis que l'archiduc Charles, franchissant l'Inn et l'Isar, occupait Munich (11 avril 1809), Bellegarde et Kolowrath, partis de la Bohême, devaient par le Haut-Palatinat rejoindre le gros de l'armée sur le Danube ; Chasteler soulever le Tyrol, de tout temps dévoué à la maison d'Autriche et au pape, jaloux de ses vieilles franchises et s'indignant d'être appelé depuis 1805 la Bavière méridionale. L'aubergiste Andréas Hofer, estimé de tous pour sa force, sa bravoure et sa piété, l'historien Hormayr et le capucin Haspinger dirigeaient le mouvement qui gagna jusqu'au Vorarlberg. C'était en effet la guerre nationale comme en Espagne, et plus cruelle encore au jugement du maréchal Lefebvre. Ces habiles tireurs du Tyrol tuèrent dans les premiers engagements 10,000 Bavarois ou Français. Deux corps d'armée capitulèrent.

Ce beau mouvement des Tyroliens ne sauva point l'Autriche. Napoléon, quoique d'abord surpris par son attaque, eut bientôt vaincu ceux qu'il appelait des ingrats et des traîtres. Arrivé sur le Danube dès le 17 avril, il répara toutes les fautes de Berthier en concentrant sur Abensberg ses troupes dispersées, et gagna cinq batailles en cinq jours (1). Il appela Davout de Ratisbonne et Masséna d'Augsbourg pour les joindre aux troupes de la Confédération et présenter à l'ennemi des masses plus solides. Dans ce mouvement de concentration Davout perça le centre ennemi à Thann (19 avril). Hiller qui commandait la gauche autrichienne et manœuvrait pour rallier l'archiduc, subit les deux défaites d'Abensberg et de Landshut (20 et 21). L'archiduc, isolé de sa gauche, perdit les deux batailles d'Eckmühl et de Ratisbonne (22 et 23). Ce fut dans ce dernier engagement que Napoléon reçut au talon une balle morte. L'archiduc, refoulé en Bohême par Cham, en pouvait sortir par le col de Freystad pour rejoindre Hiller et protéger Vienne ; Davout et Bernadotte surveillèrent ses mouvements. Par un dernier effort Hiller tenta vainement d'arrêter les vainqueurs

1. Pelet. *Mém. sur la guerre de 1809 en Allemagne.* Paris, 1804.

12.

et de dégager l'archiduc; il perdit contre Masséna la sanglante bataille d'Ebersberg sur la Traun (3 mai). A son tour il était rejeté sur la rive gauche et passait le Danube à Krems. L'armée victorieuse marcha sur Vienne par Ens, Amstetten, Saint-Pœlten et Schœnbrünn. La capitale, après deux jours de bombardement, ouvrit pour la seconde fois ses portes à Napoléon (13 mai).

L'archiduc Jean, d'abord vainqueur à Pordenone et à Sacile de l'inexpérience du prince Eugène, mais apprenant les grandes victoires d'Abensberg et d'Eckmühl, recula jusqu'en Hongrie, comme l'archiduc Charles en 1805, devant son jeune adversaire renforcé et dirigé par Macdonald, l'ancien ami de Moreau, qu'on tira de sa retraite et de sa disgrâce. L'armée française d'Italie put forcer le passage sur la Piave et au col de Tarvis, battre l'ennemi à Saint-Michel, et joindre à Brück les avant-postes de la grande armée (27 mai).

Cependant l'archiduc Charles, ayant reposé et renforcé son armée, s'était rapproché de Vienne et campé sur la rive gauche du Danube, en face de son vainqueur, à la tête de 100,000 hommes. Napoléon, impatient d'achever sa victoire, joignit par deux ponts de 54 bateaux les trois îles du Danube au-dessous de Vienne, et porta sur la rive gauche en deux fois 60,000 hommes. Masséna et Lannes occupèrent d'abord avec 35,000 hommes les villages d'Aspern et d'Essling. Mais avant que l'artillerie eût pu les rejoindre, les ponts étaient déjà rompus par une crue subite du Danube. Les deux maréchaux, attaqués par 90,000 hommes, maintinrent leurs positions avec une bravoure héroïque. Aspern fut pris et repris six fois. Napoléon, ayant fait réparer les ponts pendant la nuit, attaquait l'ennemi le lendemain à la tête de 50,000 hommes; Davout allait le joindre avec le reste de l'armée et lui donner la victoire, quand les ponts furent de nouveau rompus par les eaux gonflées du Danube, excepté ceux du dernier bras qui joignaient l'île Lobau à la rive gauche. Masséna et Lannes durent se replier sur leurs positions d'Aspern et d'Essling où l'ennemi vint les assaillir comme la veille. Cinq fois maître d'Essling, il en fut cinq fois repoussé. Un dernier effort du général Mouton, avec les fusiliers de la garde, força les Autrichiens de nous abandonner le champ de bataille. Napoléon, averti que les munitions allaient manquer, ordonna la retraite sur l'île Lobau. Masséna défendit sa position d'Essling assez longtemps pour assurer le passage. Mais les Français comptaient dans ces terribles journées d'Aspern et d'Essling, après trente heures d'une lutte inégale, 11,000 morts, dont le maréchal Lannes, les généraux d'Espagne et Saint-Hilaire ; 30,000 blessés dont Masséna, Bessières, et près de 3,000 prisonniers. Leur grosse cavalerie avait cruellement souffert. Les Autrichiens entassèrent 3,000 cuirasses françaises en guise de trophée, et surnommèrent leur archiduc le *héros d'Aspern* (21-22 mai).

Les généraux étaient surpris et presque abattus d'un échec toujours imprévu quand Napoléon était là. Les Autrichiens parlaient bien haut de leur victoire, quoique, avec des forces bien supérieures en nombre, ils n'eussent pas réussi à nous enlever tout le champ de bataille et que l'île Lobau nous restât comme place d'armes et tête de pont. L'Allemagne s'agitait. La Russie chancelait dans son alliance. Les Tyroliens soulevés battaient les Franco-Bavarois à Sterzing. Les patriotes de Berlin accusaient de trahison le roi de Prusse qui n'osait pas se joindre aux Autrichiens vainqueurs. Poniatowski, mal secondé par les Russes, n'avait pu défendre Varsovie avec ses 12,000 hommes contre les 36,000 Autrichiens de l'archiduc Ferdinand.

Mais dans le moment même où ses ennemis semblaient s'enhardir, Napoléon redoublait d'audace. Il data de Vienne le décret qui réunissait les États de l'Église à son empire (17 mai 1809), et fit conduire à Savone, après la bulle de grande excommunication, Pie VII, enlevé de son palais par Murat (6 juillet). Il exila les cardinaux en différentes provinces et déclara Rome la seconde ville de l'empire. L'*État de Rome*, doté d'une sénatorerie, forma deux départements, Rome et Trasimène, l'un représenté par sept députés, l'autre par quatre au Corps législatif. Le royaume d'Étrurie et le duché de Parme étant réunis vers la même époque, et Murat ayant quitté pour le royaume de Naples son grand-duché de Berg qu'il cédait au fils aîné du roi Louis, toute l'Italie, moins la république de Saint-Marin, était la possession immédiate ou indirecte de Napoléon. Les quatre articles de 1682, cette fameuse déclaration des libertés de l'Église gallicane par Louis XIV et Bossuet, étaient de nouveau proclamés par un sénatus-consulte.

II. Wagram (6 juillet 1809). — Les Anglais à Walcheren (août). — Révolution de Suède. — Traité de Vienne (14 octobre).

L'archiduc Charles n'avait pas eu la force et l'audace d'achever sa prétendue victoire en poursuivant les Français dans l'île Lobau et sur la rive droite du Danube. Napoléon, dans le repos de six semaines qui suivit la journée d'Essling, put rallier l'armée d'Italie, fortifier l'île Lobau sous l'habile direction du général Bertrand, et construire sur le fleuve des ponts plus solides. Pendant que Marmont culbutait Giulay et les Croates à Gratz, le prince Eugène eut le temps de vaincre l'archiduc Jean à Raab (14 juin), autre anniversaire de Marengo, et de rejoindre ensuite avec Marmont la grande armée sur la rive gauche. Napoléon, avec 150,000 hommes et 660 canons, tenta pour la seconde fois le passage du Danube, trompa l'archiduc Charles en franchissant le fleuve au-dessous de l'île Lobau, et termina d'un seul coup la guerre par la sanglante bataille de Wagram.

Le 5 juillet, la grande armée couvre la vaste plaine de Marchfeld en face de l'ennemi, entre le Danube au sud et le Russbach au nord. Le lendemain 300,000 hommes engagent la bataille sur une ligne de deux lieues d'étendue. L'archiduc Charles veut tourner l'armée française par sa gauche, pour lui couper la retraite et s'emparer des ponts. Napoléon songe à le tourner lui-même par Wagram. Il désigne à son armée la tour de Neusiedel et les hauteurs de Wagram comme la position importante où la bataille sera gagnée. C'est là que Davout, Oudinot et la droite décideront la victoire. Au centre sont placés Macdonald, Bernadotte et les Saxons, appuyés par Marmont, la garde et l'armée d'Italie. Masséna commande à gauche vers le Danube. La bataille engagée, Napoléon ne s'émeut point de voir l'archiduc, à la tête d'une formidable colonne, s'avancer entre Masséna et le Danube; mais quand Davout a dépassé la tour de Neusiedel, il commande partout l'offensive. Davout emporte Wagram, Macdonald enfonce le centre ennemi, Masséna refoule devant lui la colonne autrichienne. Les ennemis vaincus sur tous les points nous abandonnaient le champ de bataille. Oudinot, Marmont et Macdonald gagnaient ce jour-là leur bâton de maréchal, et leurs duchés de Reggio, de Raguse et de Tarente. Berthier était prince de Wagram, Masséna prince d'Essling, et Davout prince d'Eckmühl. Les Autrichiens avaient perdu 31,000 hommes, tués, blessés ou prisonniers; nous avions 15,000 hommes hors de combat. La victoire gagnée par nos conscrits et par les contingents de la confédération du Rhin était si complète, que l'Autriche signa cinq jours après (11 juillet) la trêve de Znaïm, et trois mois plus tard la paix de Vienne (14 octobre).

En Pologne, l'archiduc Ferdinand, d'abord vainqueur à Raszyn et maître de Varsovie et de Lemberg, avait descendu la Vistule jusqu'à Thorn; le prince Poniatowski et le général Dombrowski, aidés par les Russes, soulevèrent derrière lui la Galicie au nom de la liberté. Ferdinand, chassé de Varsovie et de Cracovie, se replia sur la Bohême, et la trêve de Znaïm mit fin à cette guerre de Pologne où Napoléon avait réuni sous les mêmes drapeaux les Polonais et les Russes, étrangement surpris de se voir alliés. La Russie, craignant d'habituer les Polonais à se soulever, avait montré dans cette guerre peu d'ardeur et de résolution.

Tous les secours sur lesquels l'Autriche avait compté, lui manquèrent. Le colonel Dœrnberg avait essayé le premier, dès le mois d'avril 1809, de soulever la Westphalie et la Hesse contre le roi Jérôme. Son impuissance et sa fuite ne découragèrent point le jeune major prussien de Schill, le défenseur de Colberg, qui tenta la même entreprise à la tête d'un régiment de hussards. Réduit par les défaites des Autrichiens à s'enfuir dans Stralsund, il y périt sur la brèche et sous les coups des Danois et des Hollandais avec la plupart de ses frères d'armes (31 mai); les autres furent pris et fusillés ou conduits aux galères suivant leur rang. Plus hardi encore, mais plus heureux fut le jeune duc Guillaume de Brunswick. Il essaya de joindre les Autrichiens à la tête de quelques milliers de braves qu'il appelait les *soldats de la mort*, dédaigna la trêve de Znaïm où il n'était point compris comme souverain, traversa de nouveau l'Allemagne française, atteignit la mer du Nord, puis les côtes d'Angleterre, et passa plus tard en Espagne. Ces fiers patriotes avaient trop tôt compté, comme l'Autriche, sur un soulèvement de l'Allemagne du nord, épuisée par le système continental. Le courage exalté de quelques hommes ne suffisait pas; les sociétés secrètes (Tugendbund) n'avaient pas encore organisé leurs forces et rempli leurs cadres.

Les Tyroliens seuls s'étaient levés en masse pour l'Autriche et continuaient la guerre, même après la trêve et le départ des Autrichiens. A plusieurs reprises, ils vainquirent en bataille rangée ou par la petite guerre les généraux français et bavarois, Lefebvre, Baraguay-d'Hilliers, Wrede, Deroi, etc. Ils délivrèrent trois fois leur pays, et propagèrent la révolte dans les pays de Salzbourg et de Carinthie. Du haut des montagnes les femmes, aussi braves que celles de Saragosse, faisaient rouler sur l'ennemi des troncs d'arbre et des quartiers de roc. Enfin la paix de Vienne et les corps d'armée entrant de trois côtés à la fois dans le Tyrol, domptèrent ces fiers montagnards. Les plus sages se soumirent, les chefs s'enfuirent. Hofer, qu'on croyait désarmé par l'amnistie, fut de nouveau entraîné par ses compagnons, trahi, saisi avec sa famille dans la caverne où il s'était réfugié, et fusillé à Mantoue sur l'ordre exprès de Napoléon (février 1810).

Les Anglais, qui parlaient toujours de jeter une armée de 40,000 hommes au nord de l'Allemagne, ne montrèrent pas tant d'énergie. Ils n'avaient songé qu'à leurs entreprises maritimes contre nos ports et nos colonies. Ils prenaient la Martinique, Saint-Domingue, la Guyane et le Sénégal; ils nous brûlaient six vaisseaux et deux frégates à l'île d'Aix (4 avril). Quand l'Autriche épuisait contre la monarchie universelle de Napoléon ses dernières ressources, l'Angleterre lui marchandait ses secours directs. Canning déclara froidement du haut de la tribune que l'Angleterre n'avait pas souhaité cette guerre de l'Autriche, et ne la soutiendrait qu'autant que les circonstances le permettraient. Il refusa d'acquitter ses lettres de change. Castlereagh, rival de Canning, se montra moins économe de l'or et du sang de l'Angleterre. Il obtint qu'on opérât pour l'Autriche, non pas au nord de l'Allemagne, mais aux Pays-Bas, une diversion fort coûteuse, mais tardive et mal conduite. Du côté de Naples les Anglais occupèrent pendant quelques mois les îles d'Ischia et de Procida. Du côté de la Hollande, 40,000 hommes débarqués dans l'île de Walcheren sous la conduite du comte de Chatam pour s'emparer d'Anvers et des bouches de l'Escaut, pendant qu'on réglait déjà les bases du traité de Vienne, bornèrent leurs exploits à détruire les fortifications de Flessingue (15 août). Bernadotte, à la tête des gardes nationales du Nord, les força de se rembarquer. L'Angleterre avait dépensé

500 millions à cette *armada* de 40 vaisseaux et de 36 frégates, pour aller perdre 10,000 hommes par les maladies dans les marais de Walcheren. Ce honteux désastre amena la retraite de Canning et de Castlereagh, et un duel au pistolet entre les deux adversaires. En France, Fouché quittait le ministère pour avoir encouru la colère de Napoléon par les termes d'une proclamation qui confiait la défense des côtes au zèle de la garde nationale. Nous avons déjà vu Talleyrand disgracié pour avoir blâmé la guerre d'Espagne.

La Suède et l'Espagne, ces alliés lointains sur lesquels l'Autriche avait pu compter, étaient vaincues comme elle. La Russie, agrandie au nord et au midi de la Pologne par le traité de Tilsitt, ne bornait pas là le profit de son alliance avec Napoléon. Elle occupait toujours la Moldavie et la Valachie, et soumettait la Finlande. Gustave IV, déjà dépouillé de la Poméranie, s'obstinait dans son alliance avec l'Angleterre, et refusait de lui fermer la Baltique tant que la France n'aurait pas évacué le Danemark. La Russie lui déclara la guerre en même temps que le Danemark (février 1808). L'armée russe s'empara de Sweaborg, la plus forte place de la Finlande, et la Suède, malgré les secours de l'Angleterre, ne put s'indemniser sur la Norwège. Le peuple suédois, ruiné par les impôts, se souleva contre ce roi qui faisait la guerre à Napoléon sans génie militaire, sans armée et sans flotte. Une conspiration se forma dans la capitale et dans l'armée. Gustave IV, arrêté dans son palais, fut contraint de signer son abdication et enfermé dans une île de la Baltique. La diète, reprenant son droit d'élection et ses privilèges naguère abolis par Gustave III, déclara Gustave IV et ses descendants exclus à jamais du trône, et lui donna pour successeur son oncle Charles, duc de Sudermanie, sous le nom de Charles XIII (5 juin 1809). La Suède se hâta de signer la paix avec la Russie et le Danemark, en cédant à la Russie la Finlande, les îles d'Aland et les deux Bothnies jusqu'à la Tornéa (traité de Friedrichsham, 17 septembre 1809) ; la Suède recouvrait ses possessions en Poméranie. Charles XIII, n'ayant pas d'enfants, désigna pour son successeur un prince de Holstein qui mourut subitement, puis le maréchal Bernadotte, dont le nom était populaire en Suède pour sa générosité envers les prisonniers suédois. Cette fortune de Bernadotte surprit tout le monde, quoiqu'il fût par sa femme (Mlle Clary beau-frère du roi Joseph; elle surprit surtout Napoléon qui put à peine cacher son déplaisir. Bernadotte abjura le catholicisme et se fit luthérien et suédois.

L'Autriche, partout vaincue, s'inclina devant l'ultimatum de Napoléon (6 oct.), et signa le traité de Vienne (14 oct.). Les pays cédés par l'Autriche à l'empire français, le cercle de Villach en Carinthie, la Croatie sur la rive droite de la Save, l'Istrie avec le pays de Trieste et Fiume, étaient réunis à la Dalmatie dans le gouvernement particulier des provinces illyriennes. Le duché de Varsovie reçut toute la Galicie occidentale avec Cracovie et le cercle de Zamosk; la Russie un district de la Galicie orientale (cercle de Tarnopol). La Bavière, qui cédait le Tyrol méridional au royaume d'Italie, fut dédommagée sur les quartiers de l'Inn, de Braunau et de l'Hausrück. L'Autriche, après cette perte de 2,000 lieues carrées et de 3 millions d'âmes, payait 85 millions pour les frais de la guerre, acceptait tous les actes de Napoléon au midi, et le blocus continental dans toute sa rigueur. La frontière française était portée à 40 lieues de Vienne. François 1er dut promettre, par un article secret, de ne point mettre sur pied plus de 150,000 hommes et d'éloigner de son service tous les étrangers, Français, Belges, Piémontais et Vénitiens. Napoléon frappait à la fois, comme deux ennemis liés contre lui d'un même intérêt, l'Autriche et la papauté. C'est après la prise de Vienne qu'il renversait le pouvoir temporel du pape; c'est le jour de la bataille de Wagram que ses gendarmes enlevaient le pape au Quirinal pour le conduire à Savone.

L'Autriche, maintenant sans ports et sans frontières, entourée de tous côtés par les alliés de la France, et cernée par l'empire français qui s'avançait par l'Illyrie jusqu'à la frontière des Turcs sur la Save, était tombée presque aussi bas que la Prusse. La Suède signait le traité de Paris (6 janvier 1810) et adhérait au système continental. Il semblait que l'Angleterre dût voir bientôt, si l'Espagne succombait, tous les peuples du continent ligués contre elle et dirigés par une seule tête.

Deux jours avant la signature de la paix, un étudiant saxon, Staps, de Naumbourg, essaya de poignarder Napoléon dans une revue à Schœnbrünn, et de venger d'un seul coup l'Autriche et l'Allemagne. Il avoua son projet et brava la mort. Napoléon parut sur-

pris d'une audace et d'un patriotisme qu'il n'avait pas soupçonnés
chez les Allemands. Les Allemands du Tyrol avaient pourtant
montré la même vaillance que jadis les Suisses, les Dithmarses et
les Hollandais.

III. Mariage de Napoléon avec Marie-Louise (1ᵉʳ avril 1810). — Réunion de la Hollande à l'empire (9 juillet 1810). — Réunion des villes hanséatiques et de l'Allemagne du nord-ouest (déc. 1810).

Napoléon, monté si haut, s'effrayait de n'avoir pas d'héritier de
sa grandeur. Son œuvre tenait donc, disait-il à propos de
l'attentat de Staps, au hasard, au caprice d'un fou ou d'un
furieux. Après avoir répudié l'aimable et bonne Joséphine,
et demandé secrètement, mais sans succès, la main de la sœur du
czar, qu'on ne lui accordait pas assez vite, il épousa l'archidu-
chesse Marie-Louise, fille de l'empereur d'Autriche. Berthier alla
chercher à Vienne la fille des Césars (mars 1810), et l'archiduc
Charles représenta le vainqueur de Wagram aux fiançailles. Le
mariage fut célébré à Saint-Cloud le 1ᵉʳ avril. L'Autriche, par
cette union si facilement consentie avec l'heureux héritier de la
Révolution française, espérait s'assurer la paix et remonter peut-
être à son ancien rang. Dans l'horrible catastrophe qui troubla les
fêtes du mariage de Napoléon avec Marie-Louise, servie par cinq
reines, le peuple crut voir les mêmes présages qu'au mariage de
Louis XVI et de Marie-Antoinette. Le peuple aimait Joséphine
comme le bon génie du soldat couronné, et ses enfants, la reine
Hortense, femme de Louis, roi de Hollande, aussi spirituelle que
sa mère, et le prince Eugène qui continua de servir Napoléon
comme un père. Mais bientôt la naissance d'un enfant qu'on avait
nommé d'avance le *roi de Rome* (20 mars 1811), sembla couronner
le bonheur de Napoléon, fixer les destinées de la France et réconcilier à jamais le nouvel empire avec les vieilles monarchies. Napoléon annonçait au Sénat (message du 10 décembre 1810) qu'il
pouvait fournir à toutes les dépenses du grand empire sans demander à ses peuples de nouveaux sacrifices; au Corps législatif, en
présence des rois et des princes étrangers convoqués à la fête du
cinquième anniversaire de son couronnement, il affirmait dans un

langage superbe que les affaires d'Espagne seraient bientôt réglées par la soumission complète du pays et par l'expulsion des Anglais. Mais Napoléon n'annonçait point la paix avec l'Angleterre et la fin des souffrances qu'imposait le système continental à tous les peuples alliés. En décembre 1810, il faisait décréter une levée de 160,000 conscrits, et en décembre 1811 une autre de 120,000 hommes.

Au sujet de son mariage et de sa guerre avec les Anglais, l'empereur qui promettait la stabilité, fatigua les peuples et même sa famille par un nouveau remaniement de l'Italie, de la Confédération du Rhin et de la Hollande. Le prince Eugène, frustré du royaume d'Italie, eut pour indemnité l'expectative du grand-duché de Francfort, formé pour le prince-primat Dalberg, et destiné d'abord à son coadjuteur le cardinal Fesch, oncle de Napoléon. L'empereur abolissait pour l'avenir toute principauté ecclésiastique. A la même occasion, il promit de nouveau que jamais l'empire français ne dépasserait le Rhin, et quelques mois plus tard il incorporait le royaume de Hollande à son empire.

Pour dompter l'Angleterre qui seule bravait ses armes et refusait la paix, il avait renforcé le système continental et constitué 34 tribunaux de douanes. Toutes les denrées coloniales étaient frappées d'un droit de 50 0/0 ; aucun vaisseau ne sortait plus des ports de l'empire sans une licence, et nos commerçants n'obtenaient ces licences, pour importer dans l'empire les denrées des colonies, qu'à la condition d'exporter une valeur égale de produits français. Nul pays ne souffrait plus du système que le royaume de Hollande, ruiné par l'excès des impôts et par la perte de ses colonies. Ce peuple de marchands et de matelots se faisait mal à la guerre continentale, quoiqu'il y eût rendu de grands services. Le roi Louis, touché des malheurs de son peuple, fit des remontrances que son frère accueillit fort mal, et refusa de croire qu'il devait sacrifier la Hollande aux intérêts de l'empereur et de la France. Il ferma les yeux sur les infractions au blocus. Napoléon dans sa colère lui envoya ses douaniers, força la Hollande de payer une armée qui surveillait ses côtes, d'équiper une flotte pour la France, et de lui céder en outre le Brabant septentrional, la Zélande, l'île de Schouwen, et la rive gauche du Wahal, ce qu'on nomma les départements des Bouches-de-l'Escaut et des Bouches-du-Rhin. Au delà de ces limites, Napoléon garantissait l'intégrité de la Hollande. Le roi Louis, désespérant de fléchir son frère et de sauver la Hollande, abdiqua en faveur de son fils aîné (3 juillet 1810), et s'en alla vivre en Autriche sous le nom de comte de Saint-Leu. Presque aussitôt une armée française occupa le pays, et Napoléon proclama la réunion de la Hollande à l'empire français (9 juillet 1810). La France avait bien le droit, disait le *Moniteur*, de reprendre un terrain d'alluvion formé par ses trois grands fleuves du nord, le Rhin, la Meuse et l'Escaut. La dette publique était réduite d'un tiers. Amsterdam, avec sa population appauvrie et fort diminuée, était déclarée la troisième ville de l'empire. La transformation du Valais en département du Simplon est de la même époque.

Quelques mois plus tard Napoléon, déjà mécontent de la Russie, se déclara forcé, pour mieux combattre la tyrannie maritime de l'Angleterre dans la mer du Nord et dans la Baltique, d'occuper encore les bouches de l'Ems, du Weser et de l'Elbe, d'incorporer à son empire les villes hanséatiques, Brême, Hambourg et Lubeck, et les autres provinces situées entre le Rhin et l'Elbe, le Hanovre, qu'il avait réuni naguère au royaume de Westphalie, et les principautés voisines, duchés d'Arenberg, d'Oldenbourg et de Lauenbourg, principauté de Salm, etc. Un de ses plus fameux décrets (13 décembre 1810) réunissait tout le nord-ouest de l'Allemagne à la France, depuis le confluent de la Lippe jusqu'à l'embouchure de la Trave, en quatre départements qui relevaient du gouvernement militaire de Davout, dont Hambourg était le quartier général.

Nos ministres et le Sénat français justifiaient tous ces renversements des vieilles frontières par la force des circonstances, et par la nécessité d'ouvrir à nos marchandises un canal entre la Seine et la Baltique. Les fonctionnaires civils et militaires envoyés dans les pays annexés, leur vantaient l'honneur d'être représentés à Paris dans le Corps législatif et dans le Sénat. A ces pays de Hollande et du nord-ouest allemand on donnait 31 députés, 2 sénatoreries, 2 cours impériales; les villes hanséatiques étaient déclarées *bonnes villes*. Ne leur était-il pas facile d'oublier à ce prix les vieux sénats de Hambourg, de Brême et de Lubeck? Aux inquiétudes que lui témoignait Rapp sur l'état des esprits en Alle-

magne après ces nouveaux envahissements et ces brusques transformations, Napoléon faisait répondre dédaigneusement par Davout
que jamais les Allemands ne deviendraient des Espagnols. Ainsi
Napoléon, malgré ses déclarations officielles sur la prochaine
soumission de l'Espagne, rendait justice au fier courage du peuple
qui, seul avec l'Angleterre, bravait sa toute-puissance. Suchet
avait raison de dire que ce grand corps qui manquait d'embonpoint
avait encore des nerfs et des muscles.

IV. Suite de la guerre d'Espagne — Campagnes de 1809, 1810 et 1811.

En partant pour l'Autriche au printemps de 1809, Napoléon
avait laissé à Joseph et à Jourdan, major-général de ses armées,
le plan d'une campagne qui devait achever enfin la soumission
de l'Espagne. Soult, appuyé par Ney et Victor, chasserait les
Anglais du Portugal, pendant que Suchet, Gouvion Saint-Cyr et
Augereau réduiraient les provinces de l'est, Catalogne, Aragon,
Valence et Murcie. Soult envahit le Portugal au nord (mars 1809),
mais arrêté par Wellesley à Coïmbre sur le Mondégo, et menacé
en arrière par la Romana qui occupait Ney en Galice, il ne put
pas même garder Oporto, prix d'une rude bataille, et repassa le
Minho pour rentrer en Espagne, retraite désastreuse où il perdit
son artillerie et 4,000 hommes. Sébastiani et Victor avaient gagné
trop loin de lui les batailles de Ciudal-Réal et de Medellin (27-
28 mars). Les Anglais, ne craignant plus rien sur le Douro,
marchèrent sur Madrid en remontant le Tage. La Cuesta et sa mauvaise armée d'Estramadure venaient de la Guadiana les rejoindre
à Oropeza. Joseph appela Soult et Sébastiani au secours de Victor, replié derrière l'Alberche et le Guadarrama. Wellesley, plus
solide que les Espagnols, attendit ses ennemis dans son camp de
Talavera de la Reyna, et les repoussa tous dans la fameuse bataille qui lui valut son titre de vicomte Wellington de Talavera
(28 juillet). Mais l'échec de la Cuesta au pont de l'Arzobispo, la
victoire de Joseph et de Sébastiani sur Venegas à Almonacid (11
août), les manœuvres habiles de Soult et de Mortier, la lenteur et
l'incapacité des généraux espagnols, l'irrésolution de la junte
supérieure, firent perdre aux Anglais tous les fruits de leur vic-

toire. Ils n'osèrent plus continuer leur marche sur Madrid et se contentèrent de rentrer en Portugal par Truxillo et Badajoz sans être entamés.

Quelques mois plus tard une autre armée de 60,000 Espagnols, commandée par Aresaga, et qui menaçait Joseph dans sa capitale, perdit, dans la Manche, la bataille d'Ocana (19 nov. 1809) ; glorieuse journée pour Soult et Mortier, Dessolles et Gérard, mais plus brillante que décisive. Le duc d'El Parque, venant du nord-ouest sur Madrid, et combinant ses mouvements avec ceux d'Aresaga, fut vaincu par Kellermann à la journée d'Alba de Tormès, près de Salamanque (28 nov.). Ainsi le roi Joseph, trois fois menacé dans Madrid, était trois fois sauvé ; mais quoique Soult fût major-général après Jourdan, les 300,000 hommes qui couvraient l'Espagne n'en étaient pas moins commandés par des généraux indépendants les uns des autres, et dont les victoires restaient isolées. Le roi Joseph essayant, comme le roi Louis en Hollande, de gouverner le pays avec une certaine indépendance vis-à-vis de l'empire français, nos généraux se croyaient d'autant plus autorisés à tenir peu de compte des ordres ou des avis du roi Joseph. Rien de ce qui se passait dans les provinces n'avait d'effet concentrique sur l'ensemble.

Dans l'est, Suchet, d'abord vaincu par Blake à Alcanitz, pacifiait l'Aragon par ses victoires de Maria et de Belchite (15-18 juin). En Catalogne, le successeur de Gouvion Saint-Cyr vainqueur à Vals (25 février), Augereau, achevait l'année par la prise de Gérone (10 déc.). Joseph organisait l'Espagne sur le modèle de la France. Il établissait les préfectures et les divisions militaires, abolissait tous les ordres monastiques et confisquait les biens des couvents ; mais l'Andalousie, la Galice, les royaumes de Valence et de Murcie ne recevaient pas ses ordres, et le reste, à la fin de l'année 1809, était plutôt occupé que soumis.

Après la paix de Vienne, Napoléon s'était hâté de renvoyer au delà des Pyrénées ses troupes victorieuses. En 1810 Soult et Masséna, malgré les renforts venus d'Allemagne, s'entendirent mal pour la conquête du Portugal. Le premier ne songea qu'à soumettre les grandes villes de l'Andalousie, découverte par la victoire d'Ocana, prit Cordoue et Séville, et faillit s'emparer de Cadix qui fut secourue à temps par Albuquerque (5 février 1810).

Masséna et Ney, de leur côté, ayant pris Ciudad-Rodrigo, et Alméida (août), refoulaient Wellington en Portugal, et malgré leur défaite de Busaco, le rejetaient de Coïmbre sur Lisbonne. L'Anglais brava tous leurs efforts pendant cinq mois (oct. 1810-fév. 1811) dans ses lignes de Torrès-Védras défendues par 100,000 hommes et 400 pièces de canon. Notre armée attendait, pour triompher de Wellington, la venue de Soult par la rive gauche du Tage. Malgré la prise d'Olivenza et de Badajoz qui semblait lui ouvrir le Portugal, Soult ne put donner la main à Masséna et se replia sur l'Andalousie. Il y était menacé à revers par une armée anglo-espagnole venue de Gibraltar et que Victor battit derrière lui à Chiclana (5 mars). Masséna, faute de secours et de renforts, dut battre en retraite à son tour, et fut chassé du Portugal par la défaite de Fuentès de Onoro et la prise d'Alméida (3-10 mai 1811). Le maréchal Ney n'avait pu qu'honorer et protéger la retraite par sa brillante bravoure aux combats de Pombal et de Redynha. Marmont remplaça dans le commandement de l'armée vaincue le vainqueur de Zurich, frappé d'une disgrâce injuste.

Suchet, seul vainqueur, montrait par ses succès continus dans les provinces de l'est ce que pouvait l'unité du commandement. Toutes les villes s'y défendaient comme Saragosse. En 1810 il prit Lérida et Mequinenza ; en 1811 Tortose et Tarragone. Sa dernière victoire sur Blake à Murviedro (Sagonte) et son entrée dans la capitale du beau royaume de Valence (janv. 1812) couronnaient sa conquête. Suchet, nommé duc d'Albuféra, maréchal de France et gouverneur général des provinces de l'est, n'y fit pas moins admirer sa justice et son intégrité que ses talents militaires. Il gouverna loyalement ceux qu'il avait si cruellement soumis. Mais ses beaux succès étaient tristement compensés par l'échec de Soult devant Cadix et par les revers de Masséna. Napoléon continuait d'annoncer témérairement la soumission prochaine de l'Espagne, quand Wellington épiait le moment d'y rentrer.

CHAPITRE XII

LA FRANCE ET L'EUROPE EN 1811

SOMMAIRE.

1. — En 1811 l'empire français, composé de 130 départements, depuis la mer du Nord jusqu'à l'Adriatique et de Hambourg aux Pyrénées, ajoute à l'ancienne France comme possessions directes la Hollande, la Belgique, le nord-ouest de l'Allemagne, la Savoie et Nice, le Piémont, Parme et Plaisance, la Toscane, les États de l'Église, et les Provinces illyriennes; il compte parmi ses États feudataires les royaumes de Westphalie, de Naples et d'Espagne, la Confédération du Rhin et le grand-duché de Varsovie. Parmi les états indépendants, la Prusse et l'Autriche sont descendues au second rang. Le Danemark demeure notre allié, mais la Suède va cesser de l'être; Bernadotte, appelé au trône de Suède après les Wasa, songe dès lors à la conquête de la Norvége. La Russie, l'autre grande puissance du continent, continue l'alliance d'Erfurt, mais réclame déjà contre le blocus continental. L'Angleterre seule brave Napoléon, poursuit la guerre d'Espagne, s'indemnise du blocus par ses conquêtes maritimes, et s'offre à tous ceux qui veulent s'affranchir. Les peuples qui sont régis par nos lois et par notre administration, mais ruinés par nos guerres, se lassent de payer si cher la civilisation qu'on leur impose. L'Autriche et la Prusse préparent leur vengeance par leurs réformes, et l'Espagne s'arme contre Napoléon des principes de 1789.

2. — La France, lasse de gloire militaire, aspire aux travaux de la paix. Napoléon remet l'ordre aux finances, embellit Paris (arcs de triomphe du Carrousel et de l'Étoile, colonne Vendôme), construit des ponts magnifiques, perce trois routes dans les Alpes, achève ou continue dix canaux. Il encourage et honore les grands industriels (Jacquard, Richard-Lenoir, Oberkampf, Bréguet), et les savants qui, parmi les études de pure spéculation (Laplace, Lagrange, Monge, Cuvier, Geoffroy Saint-Hilaire, Bichat), appliquent la science à l'industrie (Fourcroy, Berthollet, Thénard, Gay-Lussac, Chaptal, Brongniart). — L'époque impériale est moins favorable aux lettres : école de Delille et poésie descriptive; tragédies de Ducis, de Raynouard et de Joseph Chénier; comédies plus justement applaudies de Picard, Andrieux, Duval, Étienne, Lemercier. Parmi ces classiques de la décadence, deux grands écrivains, hostiles à l'Empire, renouvellent cette littérature épuisée, Chateaubriand et Mme de Staël; après eux de Bonald et Joseph de Maistre, Maine de Biran et Royer-Collard relèvent la philosophie spiritualiste. — La gloire de Napoléon inspire plus heureusement

les peintres et les sculpteurs, David, Gros, Gérard, Girodet, Isabey,
Guérin, Prudhon, Canova, Chaudet, Lemot. — Il établit la discipline dans les lettres, les sciences et les beaux-arts par la réorganisation de l'Institut (1805), et dans l'enseignement public par
la fondation définitive de l'Université (1808). — Mais parmi ces
travaux d'une paix incomplète, la France est sans liberté réelle
au dedans et sans alliés sincères au dehors. Le pouvoir impérial
pèse sur la presse, la justice, les finances et la religion. La
tyrannie du blocus continental éternise la guerre, et prépare le
rapprochement fatal de l'Angleterre et de la Russie.

1. État politique de la France et de l'Europe en 1811. — Réaction contre le régime impérial.

Après toutes les conquêtes ou confiscations territoriales de Napoléon, l'empire français, borné dans ses possessions directes à
l'ouest par l'Océan atlantique, au sud par les Pyrénées, la Méditerranée, le Garigliano et les Apennins, avait pour limites septen-
trionales la mer du Nord, le Zuyderzée, le Danemark et la Baltique ;
à l'est le Mecklembourg, le royaume de Westphalie, le grand-
duché de Berg, le Rhin, la Confédération du Rhin et la Suisse ; au
delà des Alpes il possédait l'Italie du nord-ouest jusqu'à la Sésia
et au Pô, limites du royaume italien, le centre occidental de la
péninsule jusqu'aux bouches du Garigliano, frontière du royaume
de Naples, et enfin sur la côte orientale de la mer Adriatique les
provinces illyriennes depuis les sources de la Drave jusqu'aux
bouches de Cattaro, avec la Corse et les îles Ioniennes, que la
Russie avait restituées.

Pour comprendre ainsi dans son empire direct environ 40
millions d'habitants, l'empereur, héritier de la Révolution, avait
conquis sur la maison de Nassau la Hollande (7 départements) ;
sur la maison d'Autriche la Belgique (9 départements) ; sur les
princes allemands du nord-ouest (Bavière ou Bas-Palatinat et
Prusse), et sur les anciens électorats ecclésiastiques, certaines
provinces de la rive gauche du Rhin (4 départements, *Sarre,
Mont-Tonnerre, Rhin-et-Moselle, Roër*) ; sur la rive droite du
Rhin entre la Lippe, l'Ems et la Trave, sur l'Elbe inférieur et sur
le moyen Weser, une partie du Hanovre, le duché d'Oldenbourg,
les villes hanséatiques de Brême, Hambourg et Lübeck (4 départements, *Ems-Supérieur, Lippe, Bouches-du-Weser, Bouches-
de-l'Elbe*). Il avait pris sur la Suisse Genève, le Valais et la route

du Simplon (2 départements) ; sur la maison de Savoie les pays en deçà des Alpes et le Piémont ; sur le pape les États de l'Église ; sur les Bourbons d'Espagne ou sur l'Autriche, Parme, Plaisance et la Toscane (15 départements pour l'Italie) ; sur les États héréditaires de la maison d'Autriche les sept provinces illyriennes : la Carinthie (Villach), la Carniole (Laybach), l'Istrie (Trieste), les deux Croaties civile et militaire, la Dalmatie (Zara), Raguse et Cattaro ; et enfin sur la Turquie les îles Ioniennes. Autour de ce vaste empire de Napoléon, soumis à son autorité directe, se rangeaient comme autant de provinces françaises les États donnés à sa famille ou entraînés dans sa politique : le royaume de Westphalie, la Suisse dont il est le médiateur, la Confédération du Rhin établie sous son protectorat, et dont les rois de Westphalie, de Saxe, de Wurtemberg et de Bavière sont les principaux membres ; le royaume d'Italie ; les principautés de Lucques et Piombino et de Guastalla données à ses sœurs Élisa et Pauline ; les royaumes de Naples et d'Espagne.

La France, accrue de 15 départements par les traités de Bâle et de Campo-Formio, et de 29 autres après la fondation de l'empire, en comptait 130 en 1811, après l'incorporation du royaume de Hollande, d'une partie du Hanovre, du duché d'Oldenbourg et des villes hanséatiques, sans y comprendre les provinces illyriennes.

Toute l'Italie subissait la loi de Napoléon, par ses possessions directes au nord-ouest et sur la côte occidentale, par le royaume d'Italie qui s'étendait dans la partie orientale depuis le Tessin jusqu'à l'Isonzo, et depuis les Alpes jusqu'au Tronto, et par le royaume de Naples depuis le Tronto et le Garigliano jusqu'au golfe de Tarente. Les 24 départements du royaume d'Italie étaient répartis en 6 divisions militaires : *Milan, Brescia, Mantoue, Venise, Bologne* et *Ancône.* Napoléon avait respecté la petite république de Saint-Marin. A Naples Murat, qui se plaignait d'avoir manqué les couronnes d'Espagne et de Pologne, n'avait qu'une royauté limitée dans ses honneurs et dans ses droits. Le roi de Naples n'avait pas plus que le roi de Hollande le droit d'avoir un ambassadeur à Vienne ou à Saint-Pétersbourg. Quoiqu'il s'intitulât Joachim 1er, roi des Deux-Siciles, il n'avait que la moitié de son royaume. A Palerme Ferdinand IV ou plutôt l'ambassadeur anglais, lord Bentinck, bravait les menaces et les attaques de Murat.

qui dut se contenter d'avoir chassé les Anglais de Capri. Les
Anglais forcèrent Ferdinand d'accorder aux Siciliens un parlement et d'abdiquer ; lord Bentinck fut régent de Sicile. Murat sut
dans son royaume dompter les brigands de la Calabre, mais sans
atteindre les carbonari et leur chef Capobianco.

L'empire d'Autriche, entre le Danube et la Save au midi,
l'Erzgebirge et la Vistule au nord, n'était plus qu'un débris de
l'empire d'Allemagne, composé d'un seul pays allemand, l'archiduché d'Autriche, de quelques provinces slaves, Bohême, Moravie,
Styrie, Esclavonie, et du royaume de Hongrie avec ses dépendances, la Transylvanie et les confins militaires. Tous les traités
de l'Autriche avaient marqué ses pertes. Aux traités de Campo-
Formio et de Lunéville, elle avait perdu les Pays-Bas et le Milanais ; au traité de Presbourg la Vénétie, l'Istrie, le Tyrol et ses
possessions en Souabe ; au traité de Vienne le cercle de Villach,
la Carniole, la rive droite de la Save, Salzbourg, la rive droite de
l'Inn et la moitié de la Galicie ; en tout 8 millions d'habitants.
L'Autriche s'effrayait comme la Prusse d'être enveloppée par les
deux grands empires de l'Orient et de l'Occident et par leurs
vastes dépendances ; c'est pourquoi le prince de Metternich, chancelier de l'empire après le comte de Stadion (1809), avait conseillé
le mariage de Marie-Louise et de Napoléon ; il espérait par cette
alliance rendre à l'Autriche le rang qu'elle avait perdu, et recouvrer quelques provinces, notamment Trieste et l'Adriatique.

La maison de Brandebourg, naguère rivale de l'Autriche, était
réduite au même abaissement, et ne gardait que le Brandebourg,
la Poméranie, l'ancienne Prusse et la Silésie, entre l'Elbe et le
Niémen. Le royaume de Prusse devait le passage aux Saxons sur
la route militaire qui rattachait presque toute la Pologne occidentale au royaume de Saxe sous le nom de *grand-duché de Varsovie*, et les garnisons françaises s'échelonnaient, pour le surveiller, sur l'Elbe, l'Oder et la Vistule (Hambourg, Stettin, Custrin,
Glogau, Thorn et Danzig).

En dehors de l'Autriche et de la Prusse abaissées et repliées
sur elles-mêmes, la Confédération du Rhin, composée de 22 États,
comprenait presque tout le reste de l'Allemagne : le royaume de
Saxe avec le grand-duché de Varsovie, accru récemment de la Galicie occidentale ; le royaume de Westphalie composé de l'ancien

cercle, du duché de Brunswick et d'une partie du Hanovre et de la Hesse électorale ; le royaume de Wurtemberg avec le Brisgau ; le royaume de Bavière avec le Tyrol, le Vorarlberg et les anciens diocèses d'Augsbourg et de Salzbourg ; puis les principaux duchés, Bade, Nassau, Hesse-Darmstadt, Berg, etc. Napoléon établissait la France au centre même de l'Allemagne par le décret du 1er mars 1810 qui instituait le prince Eugène héritier laïque de Dalberg au grand-duché de Francfort. On sait qu'Eugène avait épousé la fille du roi de Bavière, et le roi de Westphalie, Jérôme, une princesse de Wurtemberg.

La Suisse avec ses 19 cantons dont 6 nouveaux, *Thurgovie, Argovie, Saint-Gall, Grisons, Tessin* et *Vaud*, se rangeait docilement depuis l'acte de médiation (1803) parmi les États dépendants de la France. L'armée française comptait 16,000 soldats suisses. Genève et le Valais étaient réunis à l'empire, et Berthier était prince de Neuchâtel.

Le roi de Danemark et de Norvége, dont les Anglais avaient deux fois bombardé la capitale, était le voisin de nos dernières conquêtes et demeurait notre fidèle allié. La Suède, punie de son opposition au système continental par la perte de la Finlande jusqu'à la Tornéa et aux îles d'Aland, avait reconnu pour héritier présomptif de son roi Charles XIII, sous le nom de Charles-Jean, un des généraux de Napoléon, le maréchal Bernadotte, beau-frère du roi Joseph. Napoléon crut d'abord que l'adhésion de la Suède au blocus (1810) achèverait de fermer l'Europe aux Anglais, mais Charles-Jean parut bientôt si peu disposé à servir sans réserve dans son pays d'adoption la politique de son ancien maître, qu'on verra les troupes françaises occuper de nouveau la Poméranie suédoise et Stralsund. Charles-Jean, patriote suédois, devenu luthérien, songeait dès lors à venger sa nouvelle patrie du traité de Friedrichsham qui lui enlevait la Finlande (sept. 1809), par la conquête de la Norvége sur le Danemark.

La Russie avait réuni depuis 1789 la Podolie, la Lithuanie, la Courlande, la Sémigalie, la meilleure part de la Samogitie et de la Volhynie enlevées à la Pologne par le deuxième et le troisième partage, et depuis le traité de Tilsitt toute la Finlande et l'archipel d'Aland. La Russie, couvrant toute l'Europe orientale, du Pruth, du Niémen et de la Tornéa aux monts Ourals, de l'Océan glacial et de la Baltique à la mer Noire et au Caucase, tout l'Orient de l'ancienne Pologne du Niémen et du Boug au Dniester, espérait gagner encore par l'alliance française les provinces danubiennes qu'elle occupait, comme elle avait pris la Finlande, et partager avec Napoléon l'empire du continent. Dans cette alliance mensongère de Tilsitt et d'Erfurt, le czar réservait tous ses projets sur la Turquie d'Europe et Napoléon sa domination absolue sur l'Occident. Mais Napoléon qui livrait Bucharest et Jassy à son puissant allié, ne lui permettait pas d'aller jusqu'à Constantinople. La Turquie, réduite en Europe à la presqu'île illyrienne et aux îles de l'Archipel et de Candie, ne voyait qu'avec frayeur la Russie, déjà maîtresse de la Géorgie depuis 1802, s'avancer à la fois sur elle par les Balkans et par l'isthme du Caucase, et doutait de l'alliance française. Elle se croyait sacrifiée comme la Suède à l'ambition moscovite. Napoléon, en effet, ne s'effrayait point de la grandeur de la Russie, la croyant fermement résolue à combattre et à vaincre avec lui l'Angleterre, après avoir deux fois protesté contre sa tyrannie maritime sous Catherine II et sous Paul Ier.

L'Angleterre restait l'implacable ennemie de Napoléon et la maîtresse des mers. Quand tout l'effort de notre marine était de porter des provisions de Toulon à Corfou, sur 10 vaisseaux de ligne, 3 frégates, 2 corvettes et 7 bâtiments de transport, l'Angleterre, en 1807, avait 1,067 navires de guerre, dont 263 vaisseaux de ligne, 259 frégates, 292 sloops, 251 cutters. Par Helgoland, cet îlot de la mer du Nord qui menaçait Hambourg et qui méritait par sa contrebande active d'être appelé la *petite Londres*, par Gibraltar et Malte, par la Sardaigne et la Sicile où elle abritait deux rois chassés du continent, elle menaçait toutes les côtes du grand empire et ses royautés vassales. En face des armées de Napoléon, elle occupait le Portugal et soutenait les derniers efforts de l'Espagne. Il est vrai qu'au dedans son industrie et son commerce étaient ruinés par le blocus continental, et que les denrées coloniales et les produits de ses manufactures s'entassaient dans ses magasins ; mais l'occupation des colonies hollandaises, françaises et danoises, la conquête du Cap, de Ceylan, de la Guyane, de Saint-Thomas et de Sainte-Croix, de la Martinique, du Sénégal, de Saint-Domingue, de la Guadeloupe (1810), de l'île Bourbon et de l'île de France, de Batavia (1811), l'indemnisaient pour ses marchandises prohibées et brûlées sur le continent ; l'immobilité forcée de la marine des neutres lui assurait le monopole du commerce maritime et tout le trafic de l'Amérique espagnole et portugaise ; et malgré sa dette de quinze milliards, après les cinq coalitions qu'elle avait soudoyées, ses ministres poursuivaient la guerre à outrance. Le plus grand danger pour l'Angleterre, à ce moment solennel, était que Napoléon, qui la voyait menacée d'une guerre prochaine avec les États-Unis et qui venait de sacrifier aux Américains ses décrets de Berlin et de Milan (1810), attendît cette guerre d'Amérique pour en finir avec l'Espagne et tourner contre Wellington la meilleure partie des forces qu'il allait perdre en Russie. La guerre de Russie sauva l'Angleterre et perdit Napoléon. Le président Jefferson, dont la sympathie pour la France était bien connue, déclara la guerre aux Anglais le 18 juin 1812, six jours avant que l'armée française passât le Niémen[1].

Voilà l'Europe telle que la Révolution française et Napoléon l'avaient faite, renversant l'ancien système d'équilibre, démembrant l'empire de Charles-Quint et la monarchie de Frédéric II, ne laissant plus de Bourbons qu'en Sicile, et poussant jusqu'à la Turquie sur la Save les frontières de la France. Napoléon avait abattu, pour donner des royaumes à sa famille, les vieilles républiques ou les vieilles principautés d'Allemagne et d'Italie.

La même révolution qui bouleversait l'équilibre européen, s'opérait dans les idées et dans les institutions politiques ou sociales. Nos codes et notre administration régissaient la Hollande, la Westphalie et la Bavière, l'Italie et la Pologne. Le grand-duché de Varsovie avait reçu par les soins de Napoléon une constitution française. Marmont en Illyrie, Davout à Hambourg, Miollis à Rome, Lebrun en Hollande, Beugnot à Berg, organisaient souverainement l'administration française. On imposait notre langue au *Correspondant* de Hambourg, journal des Bouches-de-l'Elbe ; le *Moniteur* était comme la gazette officielle du continent français. On a vu les réformes de Napoléon en Espagne ; à l'Allemagne

---

1. Les Américains firent surtout la guerre aux Anglais par leurs corsaires. L'amiral Cochrane et le général Ross, entrant dans le Potomac, vengèrent le commerce anglais par le sac de Washington. La paix entre les deux puissances, auxquelles la Russie offrit de bonne heure sa médiation, fut conclue à Gand le 24 décembre 1814.

volontairement soumise ou vaincue, il imposait les principes de
notre révolution, l'abolition des privilèges personnels, la liberté de
l'industrie, l'égale répartition des charges, et l'égalité devant la
loi. La bourgeoisie comprenait mieux son importance et son rang
dans la civilisation moderne. Les peuples de la Confédération du
Rhin, tirés du chaos féodal par l'abaissement de la noblesse immédiate et des petits seigneurs, et associés aux victoires de Napoléon,
retrouvaient sous ses drapeaux l'esprit guerrier de leurs ancêtres
et l'estime d'eux-mêmes. C'était comme une Allemagne française. Il semblait que bientôt, l'Angleterre étant vaincue, l'Espagne
domptée, la mer affranchie, toute l'Europe saluerait le triomphe de
cette politique, et jouissant des bienfaits et des progrès du commerce et de l'industrie, subirait partout la suprématie de nos
armes et de nos idées. La France serait répandue en Europe par
Napoléon, comme jadis la Grèce en Asie par Alexandre. L'Europe
imiterait tout ce que Napoléon avait créé en France et tout ce
qui lui a survécu, l'administration, le régime financier et judiciaire,
la législation civile et commerciale.

Il importait, pour accomplir cette œuvre colossale, de compter
sur la politique et la diplomatie autant que sur la guerre, de
convaincre les peuples qu'en effet nos victoires donnaient partout
des lois plus justes, et de conserver à la France ce rôle d'arbitre et
de régulateur des nations. Mais le temps était venu où, Napoléon
exagérant ses droits sur les peuples et les devoirs des peuples
envers la France, les rois purent se dire à leur tour les défenseurs
du droit et de la liberté. Ce grand génie, aveuglé par ses succès,
entraîné par la logique du blocus continental aux abus de la centralisation qu'il étendait de la France à l'Europe, ne vit pas qu'il
liguait contre son despotisme les intérêts et les passions, les dynasties et les peuples, le commerce et la religion. Dans les pays conquis et dans les États feudataires, la liberté des cultes, l'égale répartition de la justice et des charges publiques, ne faisaient pas oublier
la censure, les abus de l'autocratie et de la bureaucratie, la conscription, le passage des troupes, l'élévation des impôts, les contributions de guerre, et le service en pays lointain. Napoléon ne
souffrait pas même qu'on lui révélât les premiers symptômes de
cette réaction libérale et nationale en Allemagne, et ne comprit
rien à l'attentat de Staps. Ou par l'entraînement des idées mo-

dernes, ou par le besoin de tromper les peuples et de les exciter à des guerres nouvelles, les rois se faisaient réformateurs. Les excès du système impérial, qui, dans cette brusque transformation de l'Europe, avait trop méprisé les traditions de l'ancien équilibre et le vieux patriotisme des populations, avaient conduit les peuples à distinguer entre les principes de la Révolution française et le despotisme de Napoléon. Les peuples ainsi foulés et ruinés pouvaient s'associer un jour à la vengeance des rois vaincus, et sous la pression de l'opinion publique, les princes comblés des faveurs de Napoléon, ne seraient pas les derniers à le trahir.

La Prusse elle-même, forcée de payer au delà de 500 millions pour être délivrée des garnisons françaises, se retrempa dans les rudes épreuves de la domination étrangère. Scharnhorst réforma ses armées, releva la dignité du soldat par des lois plus libérales sur l'avancement et par l'abolition des peines infamantes. Le baron de Stein (ordonnances de Memel) donna au peuple et à la bourgeoisie le sentiment de leurs droits, en rendant l'acquisition de la propriété plus facile à tous, et ranima l'esprit public en fondant un bon système municipal (*Städte ordnung*). Les sociétés secrètes, *Tugendbund*, *Deutschbund*, *Teutonia*, *Vaterland*, se recrutaient et se développaient dans les universités nouvelles de Berlin et de Breslau à la voix des savants patriotes, Fichte, Niebuhr, Steffens, et l'enseignement primaire n'était pas moins encouragé que les hautes écoles. Quand le baron de Stein, proscrit par Napoléon, alla se mettre au service de la Russie, le chancelier Hardenberg continua son œuvre, et ne craignit pas d'imiter les plus hardies réformes de la Révolution française : égale répartition des impôts, abolition des corps de métiers et des banalités seigneuriales, vente des biens ecclésiastiques et des biens de la couronne, promesse d'un gouvernement représentatif pour les provinces et pour tout le royaume. Dans ces temps difficiles le pays et le gouvernement firent preuve de résignation et d'activité. Le roi de Prusse ne songeait pas encore à braver Napoléon ; au contraire il offrait l'alliance la plus dévouée pour obtenir ou la remise de sa dette ou l'augmentation de son armée. Napoléon n'accorda rien, comme s'il eût prévu le mal que lui ferait un jour la Prusse. La reine Louise en mourut de chagrin, et toute la Prusse jura de la venger.

L'empereur d'Autriche avançait, quoique plus lentement, dans la même voie et concédait des libertés locales à ses peuples. L'Espagne, qui rejetait les réformes imposées par Napoléon, allait dans sa fameuse constitution de Cadix (1812) adopter les principes de 1789. L'Angleterre, protectrice de l'indépendance espagnole, protégeait encore les libertés des Siciliens contre le roi Ferdinand. Aux dynasties déchues comme aux peuples jaloux de leur indépendance, elle offrait partout son appui, et se faisait libérale même en Irlande. De même que Napoléon promettait d'affranchir de leur tyrannie maritime le commerce de l'Europe, les Anglais se vantaient de soutenir contre Napoléon l'indépendance des peuples. Ils ramenaient dans leur alliance la Turquie, où les idées françaises avaient paru triompher avec Sélim III et son conseiller Sébastiani. Le sultan Sélim (1789-1807), qui dressait ses troupes à la tactique européenne pour supprimer un jour les janissaires, avait payé de sa vie ses réformes odieuses aux ulémas et à tous les musulmans rigides. Le sultan Mahmoud, que le pacha de Routschouk, Barayetar, vengeur de Sélim, avait placé sur le trône, s'effrayait de la complaisance de Napoléon pour la Russie aux entrevues de Tilsitt et d'Erfurt, et, abjurant ou ajournant toute réforme, allait se livrer aux Anglais.

Ainsi Napoléon rencontrait partout l'Angleterre. La guerre commune contre l'Angleterre, la nécessité de combattre sa tyrannie maritime et d'affranchir l'industrie européenne, était le grand but que donnait Napoléon à ses guerres du continent, et la justification ordinaire des sacrifices qu'il imposait à la France et à ses alliés. Et la France voyait reculer sans cesse le terme de cette lutte éternelle. Quand la naissance du roi de Rome mettait le comble à la fortune de Napoléon et semblait lui ouvrir une ère de grandeur pacifique, il méditait déjà la fatale expédition de Russie et combinait les moyens d'aller ruiner Londres à Moscou. Il fallait qu'à son tour, après Madrid, Naples, Vienne et Berlin, Moscou vît les aigles impériales. C'était préparer à l'aristocratie anglaise l'occasion d'unir contre lui, dans un dernier effort, les peuples et les princes, ceux qui regrettaient l'ancien régime et ceux qui désiraient des libertés nouvelles, et de livrer enfin cette guerre des nations qui renversa deux fois l'empire français.

II. Gouvernement intérieur de Napoléon. — Travaux publics. — Progrès des sciences et de l'industrie. — Lettres et beaux-arts. — Instruction publique. — Excès du despotisme militaire.

La France, lasse de gloire militaire au dehors, était lasse au dedans du despotisme que la guerre avait rendu nécessaire. Elle se croyait trop bien sauvée de l'anarchie, et le continent pouvait se croire aussi trop bien défendu contre la tyrannie de l'Angleterre. Fière alors de la crainte et du respect qu'elle inspirait partout, la France attendait que Napoléon lui permît de jouir en paix de ses grandes institutions, de l'ordre établi dans les finances, de l'impulsion donnée aux travaux publics, des progrès de l'industrie nationale, du développement des sciences, des lettres et des beaux-arts.

Une comptabilité sévère organisée par Napoléon lui-même, et dirigée par le comte Mollien de 1806 à 1814, régissait la perception des impôts et l'emploi des revenus de l'État. Le rétablissement des impôts indirects qu'on nomma les *droits réunis* (1804) et qu'on prélevait sur tous les objets de consommation, surtout sur les boissons; l'élévation des droits de douane sur les denrées coloniales et les objets de luxe; l'impôt sur le sel rétabli en 1806, la régie des tabacs en 1811, avaient successivement accru les revenus publics. Napoléon ne croyait pas qu'après le morcellement des terres, l'impôt dût peser uniquement sur l'agriculture et sur les propriétés foncières qui n'étaient plus privilégiées. Le budget fut fixé pour l'année 1808 à 730 millions, et sur ce budget il consacrait chaque année, surtout en 1810 et 1811, des sommes considérables aux travaux publics à Paris et dans tout l'empire. Paris lui dut l'achèvement du Panthéon qui fut rendu au culte, la pieuse restauration de l'église de Saint-Denis avec une chapelle pour la dynastie impériale, les palais de la Banque et du Corps législatif, la colonne Vendôme imitée de la colonne Trajane et dont le bronze fut fourni par les canons pris à l'ennemi, le temple de la Gloire qui fut plus tard l'église de la Madeleine, l'arc de triomphe du Carrousel et celui de l'Étoile, le canal de l'Ourcq, les travaux exécutés aux pompes de Notre-Dame, du Pont-Neuf, de Chaillot et du Gros-Caillou pour faire couler l'eau jour et nuit.

quinze fontaines nouvelles, dont celle du Château-d'Eau, les ponts d'Austerlitz et d'Iéna, des marchés couverts, les quatre abattoirs, le grenier d'abondance, le cimetière de l'est ou du Père-Lachaise. Ailleurs on construisait des ponts magnifiques, à Sèvres, Saint-Cloud, Tours, Bordeaux, Avignon, Strasbourg. On achevait les trois grandes routes du Simplon, du Mont-Cenis, du Mont-Genèvre, et celle de la Corniche entre Nice et Gênes; la route de Roanne à Lyon, celles de Metz à Mayence et de Paris à Wesel; en somme plus de 13,000 lieues de routes entretenues par l'État. Parmi les dix canaux achevés ou créés, il faut citer : le canal du Nord ou de l'Escaut au Rhin, ceux de la Meuse à l'Escaut, de la Meuse au Rhin ou de la Campine, du Rhin au Rhône, de Saint-Quentin et de Bourgogne, de Beaucaire, de Nantes à Brest, d'Ille et Rance, et le nouveau canal de la Seine à la Loire. On améliora le cours de vingt fleuves ou rivières. Pour les travaux des ports, les plus considérables furent ceux d'Anvers dont l'Angleterre s'effrayait, ceux de Cherbourg où l'on continua la digue commencée par Louis XVI, ceux de Flessingue, de Dunkerque, de Calais, de Brest, et de Savone.

Après le *Code de procédure civile* publié en 1806, furent promulgués le *Code d'instruction criminelle* et le *Code de commerce* en 1808. Le vainqueur de Friedland, à peine rentré à Paris, prenait part dans le Conseil d'État à la discussion du titre des faillites. Il rétablissait la Cour des comptes, animait par les plus nobles encouragements l'industrie et le commerce, et créait le *Conseil général des manufactures*. Il ne suffisait pas d'avoir prohibé les produits de l'Angleterre; il fallait les remplacer. Napoléon donnait cent mille francs au chimiste Proust pour la découverte du sucre de raisin. Il proposait un million de récompense à qui trouverait une machine à filer le lin ou le moyen de remplacer le sucre de canne par le sucre de betterave. L'inventeur du métier à tisser la soie, un ouvrier de Lyon, Jacquard, qui simplifiait et perfectionnait le pénible travail des canuts, méconnu pourtant et persécuté par le peuple de Lyon, fut installé au Conservatoire des arts et métiers et pensionné par Napoléon. On s'empressa d'établir dans les ateliers de Manchester ce métier que les prud'hommes de Lyon faisaient briser sur une place publique. François Richard reçut la croix de la Légion d'honneur pour avoir, avec son associé Lenoir-Dufresne, dérobé le secret et propagé l'usage de la Mull-Jenny, la machine à filer le coton inventée par Arkwright, et créé par là plus de 40 filatures de coton et de laine. Celui-là au moins fut béni par les ouvriers du faubourg Saint-Antoine : il défendit Paris à leur tête, mais fut ruiné par la Restauration qui supprimait les droits d'entrée sur les cotons anglais. A sa mort en 1839, une foule énorme d'ouvriers suivit son convoi. Napoléon honora de la même protection Oberkampf, l'inventeur de la fabrication des toiles peintes ; Ternaux, l'introducteur des chèvres du Thibet et le fabricant de châles célèbres, qui fut ruiné par nos douanes comme Richard-Lenoir ; Philippe de Girard, inventeur de la filature mécanique du lin (1812), que la Restauration, refusant de payer le million promis par Napoléon, força de porter sa découverte à l'étranger ; Bréguet, cet ouvrier en horlogerie qui remplaça Carnot à l'Académie des sciences ; Lasteyrie qui nous donna les moutons mérinos et la première imprimerie lithographique. La première Exposition des produits de l'industrie française en 1798 n'avait compté que 210 exposants ; il y en eut 1,422 à celle de 1806. *L'École des arts et métiers* établie à Compiègne en 1803, était réorganisée et transportée en 1807 à Châlons-sur-Marne.

Aux sciences qui brillèrent d'un si vif éclat sous son règne, Napoléon demandait de nouveaux procédés pour l'agriculture et l'industrie ; il aurait voulu, il l'a dit lui-même, transformer en arts tous les métiers. Le mouvement scientifique du xviiie siècle était continué dans ses plus hautes spéculations par nos savants : Laplace (*Exposition du système du monde* et *Mécanique céleste*), Lagrange (*Mécanique analytique*) ; Delambre (*Base du système métrique*, 1810, et *Traité d'astronomie*, 1814). Monge, président de l'Institut d'Égypte, sénateur sous l'Empire et comte de Péluse, enseignait dans sa *Géométrie descriptive* l'art du charpentier-menuisier. Fourcroy, directeur général de l'Instruction publique en 1801, et plus tard directeur des mines ; Berthollet, auteur de la *Statique chimique*, fondateur de la Société chimique d'Arcueil où il formait Gay-Lussac et Thénard, multiplièrent les applications de leur science à l'industrie. Le plus actif représentant de la science pratique fut Chaptal, ministre de l'intérieur après le 18 brumaire, organisateur universel des hôpitaux, des prisons, des chambres de commerce, des expositions quinquennales. Nous ne citerons point toutes ses applications ; qu'il nous suffise de rappeler ses meilleurs ouvrages : la *Chimie appliquée aux arts*, et son traité de la *Culture de la vigne*. Il faudrait nommer encore dans la science théorique et pratique le fameux professeur de minéralogie, l'abbé Haüy, dont le frère instruisait les aveugles ; et son successeur Brongniart, directeur de la manufacture de Sèvres et fondateur du musée céramique, qui contribua par d'ingénieux travaux à la renaissance de la peinture sur verre et sur émail. Parmi les médecins, après Bichat qui mourut si jeune (1802) et dont les ouvrages (*Recherches physiologiques sur la vie et la mort, Anatomie générale*) donnèrent une si vive impulsion à la science, vinrent nos trois grands chirurgiens militaires, Sabatier, Larrey, Desgenettes, et Pinel, Gall (*Phrénologie*), Corvisart le maître illustre de Laennec. Geoffroy Saint-Hilaire et Lacépède furent justement célèbres par leurs études zoologiques. Georges Cuvier, le vrai créateur de la géologie que Buffon avait seulement ébauchée, et de la *paléontologie* ou science du monde antédiluvien, prodigieux effort d'anatomie comparée, publia en 1812 son célèbre *Discours sur les révolutions du globe*. Pour les progrès de la physique et des aérostats, nous ne mentionnerons que les deux ascensions scientifiques de Gay-Lussac en 1804, l'une avec Biot, et la seconde qu'il fit seul à la hauteur de 7,000 mètres. On s'étonne que, dans ce mouvement si hardi de toutes les sciences, Napoléon n'ait pas compris la découverte de l'Américain Fulton, qui, achevant l'œuvre du marquis de Jouffroy et de l'Anglais Watt, essaya devant lui sur la Seine en 1803 le bateau à vapeur qu'il offrait pour la descente en Angleterre.

Napoléon fut le censeur plutôt que l'inspirateur des poëtes et des prosateurs de son temps. Il avait comme Auguste, autre héritier des guerres civiles, *pacifié* l'éloquence, et soumis les auteurs à la même discipline que ses généraux. Les deux plus grands écrivains de son règne, Chateaubriand et Mme de Staël, furent deux rebelles, et les deux plus grands poëtes, Ducis et Marie-Joseph Chénier, furent deux indépendants. Il déplorait souvent la médiocrité littéraire de son temps, et n'en sut pas comprendre les causes. La vraie poésie manquait comme la vraie liberté à cette époque d'ailleurs si poétique. La génération révolutionnaire qui

entendait de si grands orateurs, n'avait guère lu que des poètes
médiocres, et n'avait pas goûté les poésies d'André Chénier. Le
public, toujours asservi à la littérature académique, préférait la
poésie descriptive de l'abbé Delille : *Les Jardins, L'Homme des
champs, Les trois règnes de la nature.* Ces philanthropes raffinés,
ces amants langoureux de la nature, se croyaient disciples de
Jean-Jacques Rousseau comme Bernardin de Saint-Pierre, et
Delille eut son école comme Rousseau : Fontanes, le futur grand-
maître de l'Université et le plus habile flatteur de l'empire ; Esménard, l'auteur de la *Navigation ;* Millevoye, etc. Au théâtre on
applaudissait les tragédies des derniers disciples de Racine et de
Corneille, Marie-Joseph Chénier (*Charles IX, Calas, Tibère*),
Raynouard (*Les Templiers,* 1805), Legouvé (*La Mort d'Abel,
Épicharis et Néron*), Luce de Lancival (*Hector, Mucius Scévola*),
Lemercier, et le bon Ducis, d'un si noble caractère, qui n'osait
produire Shakspeare sur notre théâtre sans l'altérer et le soumet-
tre préalablement à la discipline académique. La comédie avait de
plus légitimes succès avec Alexandre Duval (*Le Tyran domestique*),
Collin-d'Harleville (*Les Châteaux en Espagne, le Vieux Céliba-
taire*), Andrieux (*Les Étourdis*), Picard (*La petite Ville*), Étienne
(*Les deux gendres*). Citons au moins un nom pour la poésie lyrique,
Lebrun, qui fit l'*Ode au Vengeur ;* un nom pour la poésie épique,
Perceval de Grandmaison, qui fit l'épopée de la *Philippide.* Dans
un genre plus léger, Voltaire inspirait les poésies galantes et
licencieuses de Parny et les romans cyniques de Pigault-Lebrun,
et par compensation les contes charmants d'Andrieux. La critique
littéraire était plus dignement représentée par Laharpe, et la philosophie historique par Volney (*Voyage en Syrie, Les Ruines*).
Dulaure, l'ancien girondin, publiait son *Histoire de Paris,* et
Dupuis l'*Origine de tous les cultes.*

Trois écrivains renouvelèrent notre littérature épuisée : Bernardin de Saint-Pierre, Chateaubriand et Mme de Staël. On disait
que J.-J. Rousseau avait laissé son esprit sur le premier, comme
le prophète Élie avait jeté son manteau sur les épaules d'Élisée.
L'auteur de *Paul et Virginie* prit la meilleure part de la succession de Jean-Jacques, le sentiment religieux. Aussi malheureux
que Rousseau dans sa vie errante aux Indes, en Russie, en Pologne, il se vengea de la société par l'admiration de la nature, et

parmi ses malheurs il adora toujours une Providence attentive à tous les besoins de l'homme. Il rapporta du ciel des tropiques des inspirations nouvelles de poésie plutôt qu'une science exacte. A son tour Chateaubriand, voyageur intrépide qui cherchait le passage aux Indes par le nord-ouest, trouva dans les forêts de l'Amérique une poésie nouvelle. Émigré patriote, il admirait les victoires de la République dans un livre que la misère le forçait d'écrire à Londres (*Essai sur les révolutions*, 1797). Rentré en France après le 18 brumaire et ramené à la foi chrétienne par la mort de sa mère et d'une de ses sœurs, il publiait le *Génie du Christianisme* à l'époque du Concordat (1802), après un fragment d'*Atala*. Du même coup Chateaubriand exhumait la poésie du moyen âge et découvrait celle du Nouveau-Monde. Le hardi novateur défendait la religion du passé et justifiait le christianisme par ses *beautés poétiques et morales*. Contre les disciples de Voltaire et de l'Encyclopédie, étrangement scandalisés, il eut des amis éloquents et dévoués, Fontanes, Laharpe, Joubert. Nommé par Bonaparte secrétaire à l'ambassade de Rome, puis chargé d'affaires dans le Valais, il quitta le service après le meurtre du duc d'Enghien. Il publia *René* en 1805, *Les Martyrs* en 1809, l'*Itinéraire de Paris à Jérusalem* en 1811. Fontanes resta son ami le plus fidèle, et publia ses *Stances* à Chateaubriand l'année même où, nommé à l'Académie française en remplacement de Chénier, on ne lui permit point de prononcer son discours de réception. On regrette qu'après la première chute de Napoléon en 1814, il ait publié par vengeance son haineux et violent pamphlet *De Bonaparte et des Bourbons*.

Les ouvrages de Mme de Staël, fille de Necker, eurent la même influence que ceux de Chateaubriand sur la révolution littéraire, morale et politique qui s'opéra dans les esprits au tournant du xvIIIᵉ siècle et du xIXᵉ. Elle publia successivement des *Lettres sur le caractère et les écrits de J.-J. Rousseau* (1788); *De l'influence des passions sur le bonheur des individus et des nations* (1796); *De la littérature considérée dans ses rapports avec les institutions sociales* (1800); après un premier exil et une première visite à la cour de Saxe-Weimar, son roman de *Delphine* qui fut peu goûté (1804); après un voyage en Italie, *Corinne* qui fut regardé comme son chef-d'œuvre (1806); après son second voyage au delà du Rhin (1808-1810), son livre de *l'Allemagne* qui nous révélait la philosophie et la poésie allemande, Herder, Gœthe, Schiller, Jean-Paul. Il n'y avait pas dans son livre un seul mot contre Napoléon et son gouvernement, mais elle ne glorifiait pas l'empereur et vantait les Allemands dont Napoléon faisait peu de cas, réservant sa sympathie et sa munificence pour la langue italienne. La police fit saisir et détruire la première *édition de l'Allemagne*. La police était classique, et s'indignait qu'on osât chercher des modèles ailleurs qu'en France. C'était pourtant le plus grand service qu'on pût rendre à la France contre les classiques de l'empire, les *classiques de la décadence*, stériles imitateurs d'une littérature imitée. « Si la tradition, le bon sens et le goût dirigent et règlent, ils n'inspirent pas ; à l'esprit dans ses travaux, comme aux navires sur l'Océan, il faut du vent aussi bien qu'une boussole : le souffle inspirateur manquait à notre littérature, quand l'école romantique alla le chercher à des sources nouvelles, les littératures étrangères et la liberté. » (Guizot, *Mémoires*, III) [1].

On ne donnerait qu'une idée incomplète du mouvement des esprits sous le Consulat et l'Empire, si l'on ne rappelait les hommes et les écrits qui secondèrent puissamment ce retour aux idées religieuses, à la monarchie, au spiritualisme. De Bonald (*Législation primitive*), et Joseph de Maistre (*Le Pape, l'Église gallicane, Les Soirées de Saint-Pétersbourg*), prêchaient tous deux le pouvoir absolu et la théocratie, en haine de la Révolution. Royer-Collard, auxiliaire plus sage et plus utile, professant l'histoire de la philosophie à la Faculté des lettres (1811) et s'inspirant des doctrines de l'Écossais Thomas Reid et de Maine de Biran, opposait victorieusement la philosophie du spiritualisme et du devoir au sensualisme de Locke et de Condillac, alors représenté par Destutt de Tracy et Cabanis.

Si la gloire de Napoléon ne rencontra pas de poètes à sa hauteur, elle inspira plus heureusement les peintres. La génération révolutionnaire qui se passionnait pour les institutions de la Grèce et de Rome, eut pour la peinture le chef d'école qui lui convenait :

1. L'une des œuvres les plus remarquables de Mme de Staël, *Considérations sur révolution française*, ne fut publiée qu'en 1818, après sa mort.

David ramena nos peintres, gâtés par la pratique gracieuse et maniérée du xvill° siècle, à la sévérité du style antique. Ce chef de l'école républicaine et classique, le farouche ami de Robespierre devenu le premier peintre de l'empereur, fit pour lui, après tant d'œuvres célèbres, *Bonaparte au mont Saint-Bernard*, *Le Couronnement de l'Empereur*, *La Distribution des aigles*. Gros, son plus illustre élève, consacra de grandes pages à l'histoire impériale, *Bonaparte à Arcole*, *Bonaparte visitant les pestiférés de Jaffa*, *Bonaparte aux Pyramides*, *Napoléon à Eylau*, etc. Gérard, si fameux par ses portraits, fit *La Bataille d'Austerlitz*. Girodet peignit *la Révolte du Caire*, une *Scène du déluge*, etc. Guérin fut le seul grand peintre du temps qui ne s'inspira point de l'histoire contemporaine. Isabey peignit *La Revue du premier consul au Carrousel*. Prudhon, indépendant de l'école régnante, nous a montré le *Crime poursuivi par la Justice et la Vengeance célestes*. Ingres avait obtenu le prix de Rome en 1802 et s'annonçait dans sa fière indépendance par son tableau d'*Œdipe expliquant l'énigme*. La sculpture était représentée par Canova, deux fois appelé à Paris, mais trop dévoué au pape pour y rester longtemps, et dont le Louvre possède le groupe fameux de l'*Amour et Psyché*; par Chaudet, auteur de la statue de Napoléon en empereur romain pour la colonne Vendôme; par Lemot qui fit pour le quadrige du Carrousel les figures de la *Victoire* et de la *Paix*.

En musique, si nous ne pouvions disputer la palme au pays qui, après Mozart, produisait dans une même génération Haydn, Weber et Beethoven, si notre plus grand compositeur était l'Italien Cherubini, l'école française se glorifiait encore des compositions de Méhul, de Gossec et de Boïeldieu. Le Conservatoire de musique avait pour ses 300 élèves d'éminents professeurs, Gossec, Méhul, Cherubini, Berton, Kreutzer, Baillot, Rode, Garat.

La liste des prix décennaux distribués en 1810 indique dans tous les genres les plus remarquables productions de l'époque : Lagrange, *Calcul des fonctions*; Laplace, *Mécanique céleste*; Berthollet, *Statique chimique*; Cuvier, *Leçons d'anatomie*; Rulhières, *Histoire de l'anarchie de Pologne*; Delille, traduction de l'*Enéide* et du *Paradis perdu*; Raynouard, *Les Templiers*; Alexandre Duval, *Le Tyran domestique*; Sainte-Croix, *Examen *critique des historiens d'Alexandre;* Bausset, *Histoire de la vie de Fénelon;* Coray, traduction du *Traité d'Hippocrate sur l'air, les lieux et les eaux;* Sédillot, traduction d'Aboul-Hassan: Spontini, *La Vestale;* Girodet, *Scène du déluge;* David, *Sacre de l'Empereur;* Chaudet, *Statue de Napoléon;* Lemot, *Les Muses;* Fontaine et Percier, *Arc de triomphe du Carrousel;* Méhul, *Joseph;* etc. [1].

Ce ne fut pas la moindre gloire de Napoléon d'avoir en 1805 réorganisé l'Institut en quatre classes, dont chacune devait lui soumettre un rapport sur les sciences, les lettres et les arts depuis 1789 [2], et d'avoir, après tous les essais de la Convention et du Directoire, fondé enfin sur des bases plus solides l'Université et l'École normale. Dès 1806 le Corps législatif adoptait, sur un rapport de Fourcroy, la création d'un corps exclusivement chargé de l'enseignement, sous le nom d'*Université impériale*. Les *académies*, en nombre égal aux cours d'appel, administrées par des *recteurs* et des *inspecteurs*, et pourvues de facultés littéraires et scientifiques, relevaient d'un *grand-maître*. Les lycées, fondés sous le Consulat pour l'enseignement secondaire et dont le nombre s'éleva de 40 à 100 en 1811, remplaçaient partout les écoles centrales de la Convention. Les élèves des institutions particulières étaient forcés d'en suivre les cours. On devait fonder des écoles primaires dans toutes les communes. A l'École normale de la Convention qui n'avait duré que quelques mois, malgré le mérite éminent de ses professeurs, et qui rassemblait dans Paris près de 1,500 jeunes gens, Napoléon substitua en 1808 la nouvelle École qui renfermait dans son internat 45 élèves plus sévèrement choisis par les inspecteurs. Les statuts de 1808 et de 1811 organisèrent cette grande administration de l'instruction publique. Napoléon voulait qu'on imitât dans le corps enseignant la classification des grades militaires. Comme il avait supprimé dans l'Institut la section des sciences morales et politiques, il négligea dans les lycées l'enseignement de la philosophie en haine des idéologues. Il exigeait que l'enseignement scientifique *élevât la jeunesse au niveau*

---

1. Voir le rapport du jury et la liste complète dans le *Moniteur* du 14 juillet 1810 et suiv.

2. Rapports de Chénier, Cuvier, Dacier, etc.

des connaissances acquises, et recommandait surtout qu'on remît en honneur l'étude des langues anciennes.

Telle était la France de la Révolution et de l'Empire. A cette gloire intérieure, à cette civilisation brillante qui rayonnait de Paris sur Amsterdam et sur Rome, elle espérait, si la guerre était finie, joindre enfin quelque liberté. Comme Napoléon avait de grands généraux, il eut de grands ministres, Talleyrand et Champagny aux affaires étrangères, Gaudin, Mollien et Barbé-Marbois aux finances, Montalivet aux travaux publics, Lebrun, Regnier, Maret, Daru, aux postes les plus élevés de l'administration; il avait Portalis, Tronchet, Joubert, Allent, Regnault de Saint-Jean-d'Angély et Cuvier au Conseil d'État. Avec tant d'illustrations civiles, quelle paix glorieuse et féconde il eût pu donner à la France! Et au lieu de cette paix que lui-même avait promise, il allait lui demander pour d'autres guerres un dernier effort qui la perdit. La guerre continuée, c'était le despotisme impérial sans compensation et sans fin. Avec sa grandeur exagérée, la France était sans liberté au dedans, et sans alliés sincères au dehors. La conscription l'épuisait; elle dut mettre sur pied pendant la durée de l'empire 2,103,000 soldats. En 1811, année de disette où Napoléon rétablit pour un moment le *maximum* de 1793 et la loi des otages contre les parents et les communes, le nombre des conscrits réfractaires fut de 80,000. La tyrannie impériale pesait uniformément sur la presse, la justice, les finances et la religion. Les journaux étaient confisqués ou censurés aussi durement que les livres; on ne permettait qu'un journal par département[1]. Le jury était suspendu ou remplacé par les cours prévôtales. L'indépendance des magistrats était singulièrement compromise par les réformes de Cambacérès (1807) qui, par voie d'épuration, déposaient les juges et n'accordaient l'inamovibilité qu'après cinq ans d'épreuve. Un décret de 1808 révoquait 66 magistrats. Le *Code pénal* publié en 1810 prodiguait la peine de mort pour les attentats politiques. Huit prisons enfermaient les prisonniers d'État qu'il n'est point convenable, disait un décret de 1810, ni de

---

1. Portalis était directeur général de la librairie; Lacretelle, Sauvo, Desrenaudes, Esménard et Lemontey étaient censeurs à 1,200 francs par an. La censure en 1810 ne coûtait que 30,000 francs.

faire traduire devant les tribunaux, ni de faire mettre en liberté.
C'étaient Vincennes, Saumur, Ham, le château d'If, Pierre-Chatel,
Fenestrelle, Landskron, Campiano. Pour le budget, qui montait
de 730 millions en 1807 à 954 millions en 1811, et jusqu'à 1,400
millions en 1814, l'empereur ne consultait pas toujours le pouvoir
législatif; il ne rendait compte à personne d'environ 750 millions
fournis par la guerre. Il entendait se passer du pape pour l'institution des évêques. Un concile national, convoqué en 1811 pour
avoir raison du pape et du clergé lui-même, fut brusquement
dissous. Le système continental, avec ses 34 tribunaux de douanes, était sa plus dure tyrannie sur la France et sur l'Europe. Il
accusait de maladresse ou d'ingratitude et d'égoïsme les rois qu'il
avait faits, et qui, las de sacrifier leurs sujets à son système, auraient voulu plus doucement façonner les peuples au joug de la
France. Il les compte encore à Sainte-Hélène parmi les auteurs
de sa ruine : « Nommais-je un roi, dit-il, il se croyait roi par la grâce
de Dieu, tant le mot est épidémique. Ses efforts n'étaient pas de
me seconder, mais de se croire indépendant. Si, au lieu de cela,
chacun d'eux eût imprimé une impulsion commune aux diverses
masses que je leur avais confiées, nous eussions marché jusqu'aux
pôles; tout se fût abaissé devant nous; nous eussions changé la
face du monde; l'Europe jouirait d'un système nouveau. » Il ne
comprenait pas, même après sa chute, que lui-même s'était perdu
par sa politique inflexible et violente, et qu'en précipitant l'œuvre
que le temps eût peut-être consolidée, il avait rapproché fatale-
ment la Russie de l'Angleterre.

CHAPITRE XIII

CAMPAGNE DE RUSSIE. — SIXIÈME COALITION. —
CAMPAGNES D'ALLEMAGNE ET DE FRANCE

SOMMAIRE.

1. — Napoléon, à son apogée, cesse de ménager la Russie. Le czar refuse de sacrifier plus longtemps au système continental le commerce de son pays, réclame pour le duc d'Oldenbourg dépouillé de ses États, et craint le rétablissement de la Pologne. Napoléon entraîne contre lui deux alliés équivoques, la Prusse et l'Autriche. De son côté la Russie signe avec les Turcs, par les soins de l'Angleterre, la paix de Bucharest qui la porte jusqu'au Danube (mai 1812), et compte sur les Suédois, dépouillés de la Poméranie, auxquels on promet la Norvège. Napoléon passe trop tard le Niémen (24 juin), et soulève les Polonais sans leur promettre une entière délivrance. Après les premiers combats de Mohilew et d'Ostrowno, et la prise de Smolensk (17 août), Kutusow, le vainqueur des Turcs, successeur de Barclay de Tolly, commence la guerre nationale. La sanglante bataille de Borodino ou de la Moscowa (14 septembre) ouvre à Napoléon les portes de Moscou, que Rostopchine livre à l'incendie (15-20 septembre).

2. — Napoléon s'arrête cinq semaines sur les ruines de Moscou, abusé par de feintes négociations, et compromet ainsi la grande armée qui commence trop tard sa fatale retraite (19 octobre). La nécessité de reprendre la même route déjà dévastée par la guerre, après la bataille de Malo-Jaroslawetz (24-25 octobre), les rigueurs d'un hiver précoce, les pertes éprouvées à Krasnoë (15-18 novembre), le passage de la Bérézina en face de trois armées (25-29 novembre), ne laissent revenir à Berlin avec le prince Eugène qu'environ 40,000 hommes. Mêmes revers en Espagne, où les Anglais, vainqueurs de Marmont à Salamanque (22 juillet), chassent de Madrid le roi Joseph. Les cortès de Cadix proclament leur fameuse constitution de 1812. Paris a vu à la fin de la même année (23 octobre) la conspiration du général Malet.

3. — Ce grand désastre de Russie précipite l'insurrection de l'Allemagne. La Prusse traite la première avec la Russie (défection d'York, 30 décembre), et par le traité de Kalisch donne aux Allemands le signal de la délivrance, pendant que Napoléon va

chercher en France une nouvelle armée. La guerre se concentre
en Saxe. Après ses deux victoires incomplètes de Lutzen (2 mai
1813) et de Bautzen (20 mai), Napoléon signe l'armistice de Pleswitz
(5 juin). Au même moment les Anglais, encore vainqueurs à
Vittoria (21 juin), chassent les Français d'Espagne. Napoléon n'en
repousse pas moins au congrès de Prague la médiation de l'Autriche,
qui se joint à ses ennemis et entraîne bientôt la Bavière dans
la sixième coalition.

4. — Napoléon, vainqueur à Dresde (26-28 août), apprend la défaite
de tous ses lieutenants, Oudinot à Gross-Beeren, Macdonald sur
la Katzbach, Vandamme à Culm, Ney à Dennewitz (août-sep-
tembre), et il succombe à Leipzig (16-19 octobre) sous la masse
des trois armées du Nord, de Silésie et de Bohême, aidées par la
défection subite des Wurtembergeois et des Saxons sur le champ
de bataille. La victoire de Hanau sur les Bavarois (30 octobre)
assure seulement sa retraite derrière le Rhin. D'un autre côté les
Anglais, vainqueurs de Soult à la bataille des Pyrénées (28-30
juillet), marchent sur Bordeaux. En Italie les Français sont
repoussés jusqu'à l'Adige, et déjà menacés de la trahison de Murat.
La Hollande se soulève. L'empereur refuse encore la paix offerte
par les souverains assemblés à Francfort, sur les bases des limites
naturelles de la France, et réclamée par le Corps législatif en même
temps que les libertés nationales.

5. — L'invasion commence (1814). Napoléon, croyant diminuer le
nombre de ses ennemis, rend à la liberté le pape et le roi d'Espagne. D'abord vainqueur des Prussiens à Saint-Dizier et à Brienne
(27-29 janvier), il est vaincu à la Rothière par la jonction des deux
armées de l'Est (1er février). Après une série de victoires, d'abord
sur les Prussiens en Champagne (Champaubert, Montmirail,
Château-Thierry, Vauchamps, 10-15 février), puis sur les Autrichiens
(Nangis, Montereau, Méry-sur-Seine, 17-22 février), Napoléon refuse
encore la paix offerte par le congrès de Châtillon. Mais l'armée
du Nord sous Bulow a rejoint et sauvé Blücher à Soissons. Les
Prussiens, battus à Craonne (27 février), résistent mieux à Laon
(10 mars) que les Russes chassés de Reims (17 mars). La défaite
d'Arcis-sur-Aube (23 mars), les progrès de Wellington au midi,
l'apparition des Bourbons à Bordeaux, la trahison de Murat,
décident la perte de Napoléon, qui a songé trop tard à réveiller
dans les masses l'élan patriotique de 1792. La marche obstinée
des alliés sur Paris, dont il s'éloigne, déjoue ses plus savantes
manœuvres (Combat de Fère-Champenoise, 25 mars). Il arrive
trop tard pour sauver Paris, livré déjà par la capitulation de
Marmont (30 mars). Détrôné par le Sénat, abandonné par ses
maréchaux, et forcé de subir les conditions des alliés, Napoléon
abdique à Fontainebleau, le même jour où Louis XVIII est proclamé
à Paris (6 avril), et se retire à l'île d'Elbe. Soult a livré inutilement la dernière bataille à Toulouse (10 avril). Le traité de Paris
(30 mai 1814) ramène la France aux limites de 1792 et règle
provisoirement le sort des pays voisins en attendant les décisions
du prochain congrès de Vienne.

I. Campagne de Russie (mai 1812). — Passage du Niémen (25 juin). — Napoléon en Pologne. — Prise de Smolensk (18 août). — Bataille de la Moscowa (7 sept.). — Les Français à Moscou (14 sept.). — Incendie de Moscou (15-20 sept.).

On pouvait croire après la naissance du roi de Rome que toute l'ambition de Napoléon serait désormais d'assurer l'avenir de sa dynastie et de gouverner en paix son vaste empire. Comment douter qu'avec la soumission de l'Espagne et l'alliance de la Russie, il ne forçât bientôt l'Angleterre à capituler? Mais Alexandre Ier et Napoléon n'avaient pas trouvé dans leur alliance de Tilsitt et d'Erfurt tout le profit que chacun d'eux en attendait. Le czar n'avait pas fourni tous les secours promis pour la guerre de 1809. Il montra peu d'empressement à s'unir à Napoléon par les liens du sang, et ne le vit qu'avec dépit se tourner vers la maison d'Autriche. D'autre part la constitution du grand-duché de Varsovie par le traité de Tilsitt, son agrandissement par le traité de Vienne, et le refus éloquent que fit Napoléon de déclarer que l'ancien royaume de Pologne ne serait jamais rétabli [1], enfin l'extension de l'empire français jusqu'à la mer Baltique et la dépossession du grand-duc d'Oldenbourg, beau-frère de l'empereur Alexandre, qui n'avait pas reçu l'équivalent promis, avaient singulièrement refroidi l'alliance d'Erfurt. La noblesse moscovite, ruinée par le blocus continental, détestait d'ailleurs autant que l'aristocratie britannique la Révolution française et son héritier. L'alliance de Napoléon avait déjà porté malheur à Paul Ier.

On disputa dès la fin de 1810 sur l'exécution du blocus continental. Napoléon, qui par ses *licences* autorisait le trafic de certains négociants avec l'Angleterre, exigeait que le czar observât le blocus plus strictement que lui-même. Le czar, sommé d'obéir aux décrets de Berlin et de Milan, et de prohiber l'importation du sucre et du café par les Américains, répondit par un ukase (10 décembre 1810) qui permettait l'entrée des denrées coloniales sous pavillon neutre, et prohibait les draps et les soieries de France

1. Bignon, *Hist. de France sous Napoléon*, IX.

aussi bien que les produits manufacturés d'Angleterre et d'Allemagne. Napoléon et ses diplomates s'en indignèrent. La Russie, disaient-ils, n'avait-elle pas assez gagné à notre alliance dans la Finlande et sur la Turquie?

Après un échange de notes acrimonieuses pendant l'année 1811, on se prépara des deux côtés à la guerre. Napoléon décida la Prusse et l'Autriche à lui fournir contre la Russie, l'une 20,000 hommes et l'autre 30,000, sous la promesse d'une augmentation de territoire. Blücher, Scharnhorst, Gneisenau, Clausewitz et 300 officiers prussiens donnèrent leur démission au roi qui servait la France. Clausewitz, le Jomini prussien, alla rejoindre en Russie Stein proscrit par Napoléon. Le Danemark nous promettait de mettre le nord de l'Allemagne à l'abri d'une attaque des Anglais. Pendant que les armées innombrables de Napoléon traversaient l'Allemagne, la garde nationale, qu'il méprisait moins depuis l'affaire de Walcheren, était distribuée par rang d'âge en trois bans ou classes pour la défense intérieure du pays. Cent cohortes du premier ban, environ 100,000 hommes, étaient déjà sur pied.

L'Allemagne vit passer pendant un an, du Rhin et du Danube à la Vistule, tout ce que la France avait de soldats, les renforts tirés de l'Espagne, les contingents des départements italiens, hollandais et allemands, ceux des royaumes vassaux d'Italie et de la Confédération du Rhin, et 12,000 hommes fournis par la Suisse. La fameuse comète de 1811 annonçait de grands événements. La Russie avait préparé aussi ses armées et ses alliances. Elle se rapprocha des Anglais et chercha comme eux à gagner la Suède. Les Suédois, sommés de livrer leurs matelots pour les flottes de Napoléon et de recevoir ses douaniers à Gœthebourg, virent sur leurs refus la Poméranie envahie par les Français. La Suède déclara, sur les nouvelles injonctions de la France, que privée de la Finlande par la politique française, elle serait l'alliée du parti qui lui donnerait la Norvége. La Russie promit ce que la France refusait par égard pour le Danemark. Le traité secret de la Suède et de la Russie (mars 1812) fut confirmé plus tard par l'entrevue d'Abo entre Alexandre et Bernadotte (août).

La coalition nouvelle n'eut point d'agent plus actif que Bernadotte. Nul ne mit plus d'ardeur à rallier contre Napoléon tous les ennemis et tous les partis. Il promettait de descendre en Alle-

magne avec 40,000 hommes dès que Napoléon aurait franchi le
Niémen. Stralsund et Gœthebourg devinrent des entrepôts de
contrebande. Le traité d'OErebro rouvrit les ports suédois aux
Anglais. L'Angleterre sut ménager encore la paix entre la Russie
et la Turquie, malgré les efforts et les promesses d'Andréossi
envoyé à Constantinople. Par le traité de Bucharest (mai 1812),
la Russie étendait sa frontière jusqu'au Pruth, restituait la Moldavie et la Valachie, mais recevait la Bessarabie avec les bouches du
Danube, les forteresses de Choczim et de Bender, et pouvait tourner contre Napoléon une armée de plus.

Napoléon continua de négocier jusqu'à l'été, soit pour affecter le
désir de conserver la paix, soit pour achever ses préparatifs. Pendant l'hiver il avait sommé l'empereur Alexandre de s'expliquer
sur ses armements. Pourquoi 100,000 hommes sur le Niémen et
sur les frontières du grand-duché de Varsovie? Pourquoi dans
toutes les Russies l'appel aux armes, au nom de la patrie et de la
religion? L'ambassadeur russe, le prince Kourakin, répondit (8
avril 1812) que son maître exigeait l'évacuation de Danzig et de
la Poméranie, un équivalent pour le duché d'Oldenbourg, et la
liberté du commerce des neutres. La guerre fut résolue. Napoléon
demandait ce dernier effort à ses soldats pour fonder le système
européen, gagner la cause du siècle, accomplir la Révolution et
terminer la constitution politique du continent. On a dit sans
preuves que son ambition ne s'arrêtait pas même à Moscou, qu'il
poursuivait le projet d'atteindre les Anglais dans l'Inde, en partant
de Tiflis avec les forces de la Russie vaincue, et que pour lui
frayer ces voies gigantesques, ses agents Gardanne et Joubert pra-
tiquaient déjà les Perses et les Arabes. C'est lui, et non la Russie,
comme il le disait dans sa proclamation à ses soldats, que nous
voyons entraîné par la fatalité. Il eût bien plus sûrement ruiné
l'Angleterre s'il eût ajourné ou évité cette funeste guerre de Russie.

Au mois de mai, Napoléon alla pendant dix jours tenir sa cour à
Dresde. Là vinrent tous les princes de la Confédération du Rhin,
l'empereur d'Autriche et le roi de Prusse, formant ce *parterre de
rois* qu'on avait promis à Talma. Puis Napoléon, déclarant la
guerre à la Russie (22 mai), alla rejoindre son armée de 610,000
hommes, composée de tous les peuples de l'Occident, avec 1,372
canons, 2,000 chariots et 182,000 chevaux, le train com-

pris [1]. Il passa la revue de ses forces sur le champ de bataille de Friedland. Macdonald, avec l'aile gauche et les Prussiens, passant le fleuve à Tilsitt, devait conquérir la Courlande et la Livonie, en longeant la Baltique. Schwarzenberg, avec l'aile droite, les Autrichiens et le corps d'armée saxon et français commandé par Reynier, marcherait du Boug sur la Podolie. L'armée du centre, conduite par Napoléon lui-même et par ses meilleurs généraux, passa le Niémen à Kowno (22-25 juin) et fit son entrée à Wilna, l'ancienne capitale de la Lithuanie (28 juin). Alexandre, voyant son armée coupée en deux par les premiers mouvements de l'ennemi entre la Dwina et le Dniéper, essaya trop tard de rouvrir les négociations.

Onze corps d'armée menaçaient la Russie [2]. Augereau sur l'Elbe, et Victor entre l'Oder et la Vistule, amassaient de fortes réserves. A la vue des Français, les Polonais ne doutèrent plus de leur délivrance. Napoléon appelait son expédition contre la Russie la *seconde guerre de Pologne*. Le jour de son entrée à Wilna, une députation de la diète de Varsovie vint lui demander le rétablissement du royaume de Pologne. Napoléon loua leur patriotisme, mais évita de s'engager avec eux, et leur rappela ses devoirs envers l'Autriche. Il avait promis à son beau-père de lui laisser la Galicie ou de lui rendre en échange l'Illyrie, et il ne lui convenait pas de rétablir la Pologne à ses frais. Son armée ruinait le pays au lieu de l'affranchir. Par une faute non moins grave, il s'arrêta dix-sept jours à Wilna, qui devait dans ses plans former sa base d'opération et son grand centre d'approvisionnements. Malgré la froide réserve de Napoléon, les Polonais se joignirent par milliers à l'armée française, qui marchait sur Witebsk. On avait vu naguère les Russes et les Polonais servir Napoléon contre l'Autriche ; on voyait maintenant 60,000 Polonais, dont 18,000 cavaliers, servir avec la Prusse et l'Autriche Napoléon contre la Russie. La plupart des officiers servaient sans solde. 12,000 Polonais combattaient déjà pour la France en Espagne.

---

1. *La Campagne de 1812 en Russie, celle de 1813 jusqu'à l'armistice et celle de 1814 en France*. Œuvre posthume du général Carl de Clausewitz.
2. Selon Napoléon, 400,000 soldats, en chiffre rond, passèrent le Niémen ; selon Gourgaud, 325,000 d'abord et plus tard 400,000 ; selon Clausewitz, 429,000 en comprenant les Autrichiens.

Après les premiers succès de Davout à Mohilew, de Murat près d'Ostrowno (23-25 juillet) et l'occupation de Witebsk (28 juillet), les généraux d'Alexandre, Barclay de Tolly et son lieutenant Bagration, qui s'étaient séparés, l'un pour défendre sur la Dwina et dans son camp de Drissa la route de Saint-Pétersbourg, l'autre sur le Dnièper celle de Moscou, se rejoignirent, malgré les habiles manœuvres de Napoléon, sous les murs de Smolensk. Les Russes, qu'il croyait tenir, lui refusèrent comme à Witebsk la grande bataille qu'il cherchait. Désespérant de sauver la ville après un combat acharné, ils y mirent le feu (17 août) et reculèrent sur Moscou. On tint conseil de guerre à Smolensk. La majorité des généraux conseillait de s'arrêter et de s'affermir dans les pays conquis, de renforcer les deux ailes, d'armer toute la Pologne, et d'attendre l'année suivante pour marcher sur Moscou. Nos armées souffrirent d'abord en Russie de l'excès de la chaleur. Il y faisait, au dire des vétérans, aussi chaud qu'en Égypte. Nos généraux ne voyaient plus à leurs soldats l'entrain des guerres d'Allemagne et d'Italie, mais plutôt la morne résignation des guerres d'Égypte et d'Espagne. Napoléon avait paru se rendre à leur avis, convenant qu'il fallait donner trois ans à cette guerre de Russie, et qu'il serait plus sûr de n'aller à Moscou qu'en 1813, à Pétersbourg en 1814 ; il promettait d'éviter la folie de Charles XII. Quand ses meilleurs conseillers, Berthier, Caulaincourt, Lobau, croyaient l'avoir convaincu, il reprenait le lendemain la fatale résolution d'aller à Moscou prendre ses quartiers d'hiver et dicter la paix à l'ennemi dans sa vraie capitale. Pétersbourg, disait-il, est la tête de la Russie, Kiew en est le pied, et Moscou le cœur. Sur la rive gauche du Dnièper une faute de Junot lui fit perdre à Valoutina (19-20 août) l'occasion de surprendre et d'accabler toute l'armée de Bagration. Contre l'espoir de Napoléon, ce ne fut qu'une affaire d'arrière-garde où périt le brave Gudin, l'un des héros d'Auerstadt.

Alexandre avait tracé lui-même à son armée le plan de campagne : éviter les grandes batailles, ravager le pays devant l'ennemi, et l'attirer au centre, pendant que les deux ailes inquiéteraient ses flancs et lui couperaient la retraite. Son aile droite sous Wittgenstein était vaincue à Polotzk par Oudinot et par Gouvion Saint-Cyr, qui gagna ce jour-là son bâton de maréchal (17 août),

Macdonald avait pris Dunabourg et bloquait Riga ; Schwarzenberg et Reynier battaient son aile gauche sous Tormasof à Gorodeczna ; mais les milices de Finlande et de Saint-Pétersbourg allaient renforcer Wittgenstein, et l'armée de Moldavie rejoignait Tormasof.

Cependant les Russes murmuraient de voir Barclay reculer toujours devant Napoléon. Dès qu'il eut cédé la place à Kutusow, le peuple qui chérissait ce vieux compagnon de Souwarow, vaincu à Austerlitz, mais vainqueur des Turcs, accepta tous les sacrifices de cette guerre nationale. Partout les habitants fuyaient devant l'ennemi, après avoir brûlé leurs villages et ravagé leurs champs. Mais Kutusow n'avait pas le droit d'abandonner la ville sainte sans avoir combattu pour elle. Il s'arrêta donc pour livrer à 27 lieues de Moscou la bataille de la Moscowa ou de Borodino (7 sept.), une furieuse mêlée où 270,000 hommes se mitraillèrent sur un espace étroit de trois quarts de lieue avec plus de 600 bouches à feu. L'armée française crut sur la foi de Napoléon voir le brillant soleil d'Austerlitz se lever sur elle. La bataille s'engagea dès six heures du matin par une effroyable canonnade. Davout, Ney et Murat commandaient au centre, Poniatowski à droite, et le prince Eugène à l'aile gauche. Ney, plus heureux qu'Eugène et Davout contre l'aile gauche des Russes, enleva les trois redoutes de Borodino que Bagration défendait. La lutte la plus meurtrière fut au centre, autour de la grande redoute où Barclay commandait. Kutusow y fit donner toutes ses réserves. Murat, Davout et Ney, vivement pressés, appelaient des renforts ; Napoléon refusa d'engager la garde qu'il réservait, dit-il à Mathieu Dumas, l'intendant général de l'armée, pour l'autre bataille qui serait livrée devant Moscou. Vers quatre heures du soir, après dix heures de cette lutte sanglante, Kutusow vaincu faisait sa retraite en bon ordre, à la tête de 70,000 hommes. On a pu dire que depuis l'invention de la poudre le monde n'avait pas vu de bataille aussi meurtrière. Du côté des Russes on compta 50,000 hommes tués ou blessés et leur général Bagration ; de notre côté 10,000 morts et 20,000 blessés, 43 généraux frappés, parmi eux Davout, Rapp, Compans, et deux tués à la dernière attaque de la grande redoute, Caulaincourt et Montbrun. Mais l'armée russe n'était pas détruite, et la veille de cette victoire incomplète, un officier qui représenta bravement l'armée d'Espagne à Borodino, le colonel Fabvier était venu apprendre à Napoléon, aux portes de Moscou, qu'il était vaincu à Salamanque.

Quoique suivant M. de Ségur, Ney, le héros de la journée, proclamé prince de la Moscowa, suppliât Napoléon de s'arrêter, l'armée, continuant sa marche sur Moscou, y fit son entrée le 14 septembre au chant de la *Marseillaise*. L'empereur alla s'établir au Kremlin. Mais dès le lendemain, et pendant cinq jours, un incendie préparé par les Russes, et propagé par le vent avec une effroyable rapidité, dévora presque entièrement cette ville de bois. Un grand nombre des 15,000 blessés que Kutusow avait laissés en traversant la ville, périrent dans les flammes. Le gouverneur de Moscou, Rostopchine, avait commandé cet affreux sacrifice, et dans la proclamation qui suivit l'incendie, le czar s'en vanta comme d'une bonne action qui devait perdre ses ennemis, mais sauver la Russie et le monde entier.

II. Retraite de l'armée française (19 oct. 1812). — Batailles de Malo-Jaroslawetz (24 oct.) et de Krasnoë (15-18 nov.) — Passage de la Bérézina (25-29 nov.) — Désastre de Wilna (9 déc.) — Conspiration de Malet (22 oct.) — Revers en Espagne; défaite de Salamanque (22 juillet 1812).

Napoléon, rentré dans le Kremlin après l'incendie, resta cinq semaines au milieu des ruines de Moscou, à 600 lieues de Paris, et comprit enfin les dangers de sa situation. L'hiver approchait, la ville et les environs ne pouvaient abriter ni nourrir ses troupes; tout le pays était ravagé jusqu'à la Pologne. L'armée russe renforcée par une nouvelle armée que Tchitchakof ramenait de la Turquie, et bien placée au sud de Moscou, vers Kalouga, par les conseils de Barclay, lui coupait toute communication avec les parties plus fertiles du centre. Si Napoléon marchait sur Pétersbourg au nord-ouest, pour se rapprocher de la Pologne et de son aile gauche, il risquait sans doute d'y être suivi et enveloppé; mieux valait toutefois cette marche au nord-ouest qu'il avait déjà marquée sur la carte et qui fut condamnée par son état-major, que d'attendre à Moscou les propositions du czar, après un armistice perfidement conclu par Kutusow. Le conseil funeste des géné-

raux fit perdre à Napoléon un temps précieux pour la retraite.
Kutusow, aux approches de l'hiver, finit par répondre à son envoyé Lauriston : « Votre guerre est finie ; la nôtre va commencer. »
Et la gelée commença le 13 octobre. Aussitôt les Russes rompi-
rent l'armistice. Murat, attaqué à Winkowo par Kutusow, y perdit
4,000 hommes. Napoléon n'hésita plus, et laissant 10,000 hommes
au Kremlin avec Mortier, ordonna la retraite par la route de Kalouga.

L'armée, partie de Moscou le 19 octobre, trente-cinq jours après
son arrivée, comptait 80,000 hommes et 12,000 chevaux, mais elle
était à plus de 80 lieues de ses deux ailes et gênée dans sa marche par 50,000 employés, femmes, enfants, etc. L'armée russe,
campée à Kolomna, au confluent de la Moscowa et de l'Oka, arriva plus tôt que nous sur la route que nous allions prendre. Le
prince Eugène eut beau emporter Malo-Jaroslawetz à la tête de
l'avant-garde (24 octobre) et rester maître de la ville sept fois
prise et reprise, il n'en fallut pas moins quitter cette route de
Kalouga qui traversait des pays fertiles et peuplés, mais que barrait Kutusow à la tête de 125,000 hommes, et reprendre la route
funeste de Mojaïsk et de Wiazma déjà dévastée par la guerre.
Napoléon y fut rejoint par Mortier, qui n'était sorti de Moscou avec
l'arrière-garde qu'après avoir fait sauter le Kremlin. La famine
frappa d'abord les chevaux. Il fallut laisser en route les canons,
les munitions et les blessés, et brûler les bagages. Tous les combats livrés dans cette retraite étaient des défaites pour celle des
deux armées qui ne réparait plus ses pertes. Le 28 octobre,
neuf jours après la sortie de Moscou, on atteignait Mojaïsk. Le
3 novembre, à Wiazma, on livra bataille à Miloradowitch. Le
6 novembre, la neige effaça les chemins. C'était le grand hiver de
Russie avec ses rigueurs précoces. Le froid, la faim, la fatigue,
firent plus de mal aux Français que les balles des Russes et
les lances des Cosaques. La grande armée, arrivée à Smolensk trois semaines après son départ de Moscou (8-13 novembre), était réduite à 40,000 soldats valides ; 30,000 traînards la
suivaient sans ordre et sans discipline. A Smolensk, on ne trouva
pas les armes, les vêtements et les vivres qu'on y espérait. L'armée avait perdu presque toute son artillerie et presque tous ses
chevaux. Il fallait se hâter et gagner la Bérézina avant la jonction
des trois armées russes.

Wittgenstein, inutilement vaincu par notre aile gauche à Polotzk et la poussant devant lui, s'emparait de Witebsk sur la Dwina, et se rapprochait des sources de la Bérézina. Tchitchakof, trop bien servi par la retraite de Schwarzenberg sur le Boug, arrivait du midi par Minsk, et Kutusow avec l'armée du centre marchait sur Orcha et Borissow, pour joindre ses lieutenants et nous couper la retraite. Napoléon, arrêté cinq jours à Smolensk, en repartit le 14 et marcha sur Krasnoë où les Russes l'attendaient. Kutusow et son fougueux chef d'avant-garde, Miloradowitch, s'étaient promis que les Français trouveraient devant Krasnoë leur *Pultawa*. Napoléon avec sa garde atteignit pourtant Krasnoë sans trop de peine. Ses généraux devaient le rejoindre l'un après l'autre, à un jour de distance. Eugène passa le 17, mais ne ramena que 3,500 hommes sur 5,000, et perdit ses canons et ses bagages. Le 18, il fallut que Napoléon revint dégager Davout. Restait Ney avec les 7,000 hommes de l'arrière-garde contre 80,000 Russes. Il tenta deux fois de percer leurs lignes, refusa trois fois de se rendre, recula sur Smolensk, franchit le Dniéper sur la glace, et rejoignit par un long détour avec 2,000 hommes seulement l'armée qui le croyait perdu. L'armée de Napoléon, à Orcha, ne comptait plus que 24,000 hommes, et depuis le 7 novembre, il connaissait la conspiration de Malet à Paris.

Si Tchitchakof, au lieu de s'arrêter à Minsk, eût joint deux jours plus tôt Wittgenstein, c'en était fait de Napoléon. Il ne lui fût plus resté d'autre ressource que le poison qu'il portait sur lui comme Frédéric II. Le passage de la Bérézina fut d'ailleurs désastreux, malgré les renforts amenés à Orcha par Victor, Oudinot et Dombrowski, qui portaient l'armée à 40,000 hommes. Les Russes avaient brûlé le pont de Borissow où l'on comptait passer, et que Dombrowski n'avait pu défendre. Les pontonniers du général Eblé, se sacrifiant presque tous pour sauver l'armée, établirent deux ponts plus au nord, au gué de Studianka, avec les poutres des maisons démolies. C'était l'endroit même où Charles XII avait passé. On trompa l'ennemi par une fausse démonstration sur Borissow (nuit du 25 au 26 novembre). Ney et Oudinot sur la rive droite, Victor à gauche, continrent les Russes par des prodiges de valeur, pendant qu'Oudinot et Dombrowski, Napoléon et la garde, puis Eugène et Davout passaient (26 et 27 novembre).

Victor passa pendant la nuit du 27, après avoir tué ou blessé 10,000 hommes à l'armée de Wittgenstein. La division Partouneaux qu'on avait dirigée sur Borissow, dut mettre bas les armes. Dans la journée du 28, 16,000 trainards arrêtés trop longtemps à Studianka, s'étant jetés sur les ponts avec l'arrière-garde, y périrent presque tous dans une affreuse mêlée sous le canon des Russes. Le 29 au matin, Éblé mit le feu aux ponts pour arrêter Wittgenstein, en abandonnant à la vengeance des Russes tous ceux qui n'avaient point passé. On dit que les jours suivants les Russes brûlèrent 24,000 cadavres, et dans les mois qui suivirent plus de 300,000, et 150,000 squelettes de chevaux. De la Bérézina à Wilna ce ne fut plus qu'une affreuse déroute. Un froid de 26 degrés enleva 20,000 hommes en trois jours. Ney et Maison avec une poignée d'hommes, à l'arrière-garde, contenaient les 50,000 Cosaques de Platow et les premières colonnes de Wittgenstein.

Le fameux 29e bulletin, écrit le 5 décembre à Smorgoni après un long silence, annonçait que l'empereur était sauvé et la grande armée à peu près détruite. Le soir du même jour Napoléon, laissant le commandement à Murat, partait pour Paris avec Daru, Caulaincourt et Lobau. Il allait chercher une autre armée, et, dans sa fuite même, il ordonnait à la Pologne une levée de 80,000 hommes, à l'Autriche le doublement de son corps auxiliaire. Le 9 décembre, par un froid de 28 degrés, son armée réduite à 40,000 combattants, après la réunion de ses deux ailes, atteignait Wilna, pourvue d'approvisionnements immenses. Les Russes ne lui laissèrent pas le temps de s'y arrêter, malgré les renforts amenés par Augereau. Dès le lendemain ils entraient dans la ville et faisaient 20,000 prisonniers. Nos soldats fuyaient vers le Niémen, abandonnant les fourgons, les voitures du grand parc et le trésor de l'armée, que tout le monde pilla. La température était descendue à 30 degrés; une division d'Augereau perdait 8,000 hommes en 3 jours. On arriva sur le Niémen, à Kowno, 46 jours après le départ de Moscou. Là les débris d'une division entière tenaient dans une grande chambre, et ceux d'un régiment sur un seul traîneau. Ney, le fusil à la main, à la tête de 30,000 hommes, défendit longtemps une des portes de la ville. De Kowno il se replia sur Gumbinnen; l'armée gagna Kœnigsberg et remplit ses hôpitaux;

elle y perdit les généraux Lariboisière et Éblé. On a calculé que la
retraite seule avait coûté 120,000 hommes et 900 canons ; que sur
un effectif de 610,000 hommes, 182,000 chevaux et 1,372 bouches à feu, il ne restait que 58,000 hommes, 18,000 chevaux et
120 canons. Le 19 décembre Murat faisait son entrée à Kœnigsberg à la tête d'un seul bataillon de la garde, couvert de haillons,
qui traînait dans ses rangs la mort et la contagion.

Napoléon, rentré au Tuileries le 19 décembre, quelques jours
après la nouvelle défaite, n'apprit pas sans colère les détails de cette
conspiration insensée du général républicain Malet, qui osa se
produire à Paris le jour même où il quittait Moscou (22 octobre),
et qui fut déjouée par la fermeté du général Hulin et de son état-
major, mais qui, sur le bruit prématuré de ses désastres et sur la
nouvelle de sa mort, avait eu un commencement d'exécution et de
succès. Il s'indignait qu'un aventurier, avec deux autres généraux
qu'on fusilla comme lui, Lahorie et Guidal, eût pu emprisonner ses
ministres, Savary et Pasquier, et proclamer un gouvernement
provisoire, sans que personne eût songé, s'il était mort, à proclamer le roi de Rome. « Un homme, disait-il, est-il donc tout ici, les
serments et les institutions rien ? » Et il attribuait formellement
tous les malheurs de l'Europe à l'*idéologie*.

Les nouvelles d'Espagne n'étaient pas moins tristes. L'Espagne
aussi était le tombeau des légions de la France. La campagne de
Russie, mieux que celle d'Autriche, hâtait la délivrance des Espagnols. En vertu d'un décret rendu par les soins de la Romana
et de Wellesley (frère de Wellington), les cortès avaient remplacé la junte désormais impuissante et avilie (24 septembre 1810),
et siégeaient dans Cadix, ce dernier refuge de l'Espagne libre,
que le roi Joseph et Soult eussent prise après Séville sans l'énergie de Castanos et d'Albuquerque. Dès lors, à la voix de son
grand orateur, le *divin* Arguelles, une vie nouvelle anima l'Espagne. Les *libéraux* l'emportèrent sur les *serviles*. On combattit,
non plus pour la vieille royauté, ni pour l'inquisition, mais pour
la liberté de 1789. L'Espagne eut sa fameuse constitution de
1812 (20 mars), mais avec les deux grands défauts de celle de la
France en 1791, garrottant le pouvoir exécutif ou la royauté, et
chassant ceux qui l'avaient faite des assemblées suivantes qui
devaient l'appliquer. Elle proclamait la souveraineté nationale

et toutes les libertés. Le czar reconnut par le traité de Veliki-Luki (21 juin 1812) la constitution de Cadix. D'une extrémité de l'Europe à l'autre, la Russie et l'Espagne s'entendaient contre Napoléon.

Wellington, reprenant Ciudad-Rodrigo et Badajoz, et séparant Soult et Marmont par la destruction du pont d'Almaraz sur le Tage, battit celui-ci aux Arapiles, près de Salamanque (22 juillet 1812) et refoula l'armée vaincue jusqu'à Burgos. Joseph avait quitté Madrid pour se réfugier dans le camp de Suchet; les Anglais y proclamèrent la constitution de Cadix (12 août). La rivalité des chefs espagnols jaloux de Wellington, le retour de Soult, levant le siège de Cadix, et la belle défense du général Dubreton à Burgos, avec 2,000 hommes contre 50,000, pendant 34 jours, rétablirent Joseph à Madrid (2 novembre) et forcèrent Wellington de rentrer en Portugal. Les événements de 1813 en Allemagne, l'énergie des cortès et des guérillas, allaient bientôt l'en tirer. Les cortès, bravant ses envieux, le nommaient généralissime des armées espagnoles. Soult, rappelé par Napoléon avec 50,000 hommes, cédait la place à Jourdan, major-général des armées françaises en Espagne.

III. Guerre de l'Indépendance (1813). — Campagne de Saxe. — Batailles de Lutzen (2 mai) et de Bautzen (20-21 mai). — Armistice de Pleswitz (5 juin). — Revers en Espagne; défaite de Vittoria (21 juin). — Congrès de Prague (28 juillet-10 août).

On vit bientôt que, suivant le mot attribué à Talleyrand, l'expédition de Russie était le commencement de la fin. Dans son discours à l'ouverture du Corps législatif (24 février 1813), Napoléon ne dissimula point la grandeur du péril, ni la gravité des désastres de Russie et d'Espagne. La vente des biens communaux, évalués à 370 millions, ne put combler le déficit des deux années précédentes, et fournir des ressources pour l'année courante. La conscription, qui donna à l'empereur 250,000 soldats et 100,000 gardes nationaux, eut bientôt rempli les vides de ses armées; mais le prestige de sa gloire était détruit, et sa prodigieuse activité n'opposait plus que des recrues à des ennemis forts de leur patrio-

tisme et de leurs victoires. Poniatowski n'eut pas le temps d'armer la Pologne que le czar avait déjà pacifiée par une amnistie
générale. Dès le 30 décembre un Prussien d'origine anglaise, le
général York, qui servait loyalement sous Macdonald et qui refusait de l'abandonner avant d'avoir assuré sa retraite sur le Niémen, avait renoncé de lui-même à l'alliance française, plus vite
et plus hardiment que n'eût voulu son roi, par une convention
signée à Taurogen avec le général Diébitch. La Prusse, qui n'était
liée à nous que par son abaissement, rompit son lien. Les Russes,
déjà maîtres de la Pologne, occupèrent la Prusse comme un pays
neutre, et Murat, découvert sur sa gauche, dut se replier de
Kœnigsberg sur Elbing, et de là sur Posen (3-14 janvier). La
guerre de la Russie contre l'Autriche cessa d'elle-même. Jusqu'au
22 janvier Schwarzenberg avait par pudeur, comme York, protégé sur le flanc droit la retraite des Français, en couvrant
Varsovie. La petite armée que Napoléon avait laissée à Murat, et
dont le prince Eugène prit le commandement après le départ
de Murat qui s'en allait sauver son royaume de Naples, recula
jusqu'à Berlin, dut quitter Berlin même (4 mars) à l'approche des
Russes auxquels le général prussien Bulow livrait le passage de
l'Oder, et ne s'arrêta qu'en Saxe, au confluent de la Saale et de
l'Elbe. Grenier vint rejoindre Eugène sur l'Elbe avec les renforts qu'il amenait d'Italie.

On ne crut guère aux protestations publiques du roi de Prusse
contre la défection d'York, quand on le vit se rendre de Berlin
à Breslau pour échapper aux baïonnettes françaises et se rapprocher des Russes. En effet Frédéric-Guillaume III, dont les
Français occupaient les principales forteresses, n'en signa pas
moins (28 février 1813) avec la Russie le traité de Kalisch, qui
stipulait le rétablissement de son royaume dans ses anciennes
limites de 1806. Le *Tugendbund*, cette association fameuse fondée ou favorisée par des ministres et des généraux patriotes,
Stein, Blücher, Scharnhorst, Clausewitz, Gneisenau, Arndt, préparait depuis longtemps la jeunesse prussienne à la guerre de l'indépendance. Les professeurs, comme Fichte, donnaient rendezvous à leur auditoire sur les champs de bataille. A ces *guérillas*
universitaires Kœrner chantait au bivouac la *chanson de l'Epée*.
De Gentz avait écrit dès 1806 qu'il était réservé à l'Allemagne de

sauver l'Europe et la France elle-même. Dès que le roi eût publié son appel au peuple, tout le monde s'arma. L'armée permanente, la landwehr, et le landsturm ou levée en masse, s'organisèrent partout. Lutzow recruta parmi les étudiants le régiment des *chasseurs noirs*. A l'exemple des Prussiens qui s'armaient tous contre le vainqueur d'Iéna, sans distinction de rang ou d'âge, les Allemands, longtemps divisés par la politique de leurs princes, se réunissaient contre la France. On leur promettait la liberté dès qu'ils auraient conquis leur indépendance. L'*Aigle noir*, ordre fondé le jour où la reine Louise était morte, était la première récompense offerte aux braves. Le roi avait choisi pour la landwehr la fameuse devise : *Avec Dieu pour le roi et la patrie*. Les femmes elles-mêmes s'enrôlaient parmi les volontaires (Prochaska, Charlotte Krüger, Dorothée Sawosch, etc.)

Les princes de la Confédération du Rhin n'osèrent pas d'abord répondre à l'appel de Kutusow, publié au nom des deux souverains de Prusse et de Russie, et daté de Kalisch ; la crainte les retenait sous le joug de la France. Hambourg, un moment délivré par les Russes et repris par Davout, expiait cruellement sa défection prématurée. Le roi de Saxe, Frédéric-Auguste, sollicité par les deux souverains et chassé de Dresde, s'était réfugié d'abord en Bohême pour régler sa conduite sur celle de l'Autriche. Sensible à l'amitié de Napoléon, ou peut-être effrayé de ses menaces, il rentra dans ses États et lui livra ses places et ses troupes. La guerre allait se concentrer dans ce malheureux pays de Saxe où Napoléon conduisait sa nouvelle armée. Sur les 800,000 conscrits que trois sénatus-consultes avaient mis à sa disposition, il amenait 200,000 hommes contre 112,000 soldats russes et prussiens. Ayant perdu tous ses chevaux en Russie, il avait formé la *garde d'honneur* avec les jeunes gens qui s'étaient soustraits jusqu'alors au service, et qui devaient s'équiper à leurs frais. Le 29 avril, Ney livra d'abord au passage de la Saale le combat de Weissenfels où périt le maréchal Bessières. Le 2 mai, Napoléon gagna près de Leipzig sur Wittgenstein, médiocre successeur de Kutusow, la sanglante bataille de Lutzen où l'ennemi perdit 20,000 hommes tués ou blessés, et les Français 18,000. Napoléon et Ney admiraient la bravoure de nos conscrits, mais la jeunesse allemande aussi montrait plus d'énergie qu'au temps d'Iéna et d'Auerstadt. Il fallut deux grandes batailles pour chasser l'ennemi de la rive gauche de l'Elbe et le refouler sur l'Oder. Le 8 mai Napoléon fit son entrée à Dresde, où il ramenait le roi de Saxe et se renforçait de 15,000 Saxons. Dix jours plus tard (20-21 mai) c'était la grande victoire de Bautzen où périt son plus cher ami Duroc, à la poursuite des vaincus. De leur côté les Prussiens avaient perdu Scharnhorst, leur plus habile tacticien. Faute de cavalerie, Napoléon n'avait pu achever ses deux victoires. L'Autriche offrit alors aux belligérants et fit accepter l'armistice de Pleswitz qui suspendait les hostilités du 11 juin au 20 juillet.

On songeait moins des deux côtés à négocier sérieusement la paix qu'à se donner le temps de recevoir des renforts et les moyens d'engager une lutte plus décisive. L'Autriche y mit plus de franchise que les autres puissances, et Napoléon, pour son malheur et celui de la France, ne sut pas la comprendre et la seconder. Au point de vue de l'équilibre européen, l'Autriche craignait de voir grandir dans cette lutte la Prusse et la Russie; elle eût préféré maintenir sur le trône Napoléon et Marie-Louise. Ce fut donc sincèrement et dans l'intérêt commun de la France et de l'Autriche, que le prince de Metternich alla proposer au quartier-général du czar et du roi de Prusse l'ouverture d'un congrès sous la médiation de l'Autriche. Mais Napoléon, établi fortement dans ses lignes de l'Elbe et de l'Oder où il attendait ses renforts, n'entendait pas subir la médiation armée de l'Autriche. Il ne songea pas même à s'assurer la neutralité de son beau-père en lui rendant l'Illyrie, et fit tout pour le jeter dans les bras de la Prusse et de la Russie. Il n'accepta qu'en termes offensants pour les médiateurs, à son entrevue de Dresde avec Metternich, ce congrès de Prague qui devait s'ouvrir le 5 juillet et qu'il retardait par de vaines formalités. Les nouvelles qui lui venaient d'Espagne étaient pourtant de nature à le rendre plus traitable. Il avait rappelé à lui, pour la guerre d'Allemagne, Soult avec la jeune garde et une partie de la cavalerie. Wellington reprit l'offensive, et par sa marche hardie sur la Vieille-Castille, menaçait de couper à notre armée la route de Bayonne. Joseph et Jourdan, forcés de reculer jusqu'à Vittoria sur la Zadorra, y furent complètement battus (21 juin), et rejetés sur les Pyrénées. Soult, renvoyé en Espagne avec des pouvoirs illimités, tenta vainement d'y rentrer. Suchet avait dû reculer jusqu'à Figuières. L'Espagne était perdue pour Napoléon. Les Anglais allaient passer la Bidassoa. D'autre part Bernadotte débarquait 30,000 hommes en Poméranie. Enfin la Russie et la Prusse, en acceptant la médiation de l'Autriche à Prague, resserraient leur alliance avec l'Angleterre, à Reichenbach, par un second traité de subsides (14-15 juin). En habile usurier, l'Angleterre, profitant de la détresse de l'emprunteur, exigeait de la Prusse la cession de la principauté de Hildesheim, de l'Ost-Frise et d'Emden, le meilleur port de la mer du Nord, à l'électorat de Hanovre qui serait rétabli.

Le congrès de Prague (28 juillet-10 août) n'eut point de résultats : il devait finir sans avoir vraiment commencé. Napoléon, sans s'émouvoir des remontrances ou des armements de l'Autriche, repoussa les conditions qu'elle lui avait déjà faites après la bataille de Lutzen : rétablir la monarchie prussienne, abandonner les provinces illyriennes, le grand-duché de Varsovie que les trois puissances du Nord se partageraient, les villes hanséatiques, les États de l'Église, l'Espagne, la Hollande, et le protectorat de la Confédération du Rhin et de la Suisse. Napoléon eût, dans ces termes, conservé la Belgique, la Hollande sur la rive gauche du Rhin, l'Italie du nord et du midi. Il déclara fièrement que l'empire français ne perdrait pas un seul village, et ne fit que des concessions incomplètes et insignifiantes : il eût rendu le duché de Varsovie, sans Danzig; restitué l'Illyrie sans Trieste; rejeté le royaume de Prusse au delà de l'Oder, et maintenu jusqu'à cette limite la Confédération du Rhin. En échange du duché de Varsovie, le roi de Saxe eût reçu le Brandebourg et Berlin. L'Autriche, maintenant ses conditions et les posant sous forme d'ultimatum le 7 août, avait menacé Napoléon de se joindre à la coalition, s'il n'avait point fait des propositions plus raisonnables et déclaré son adhésion avant le 10 août, dernier terme de l'armistice prolongé. Sa réponse n'arriva que le 11 août à Prague. Quand il semblait se radoucir, sachant mieux peut-être ou jugeant mieux les conséquences de la bataille de Vittoria, il était trop tard. L'Autriche, enchaînée par sa parole à la convention de Trachenberg, déclarait la guerre à Napoléon deux jours après l'expiration de la trève. « Le rejet des propositions de l'Autriche est le plus

15.

grand malheur qui soit jamais advenu à la France. » (Thiers). On vit bien alors quel poids elle jetait dans la balance. Schwarzenberg, à la tête de 260,000 hommes qu'on appelait la *grande armée*, prit le commandement supérieur des forces de la coalition. Les rois et les généraux alliés l'en croyaient digne par son expérience et son caractère. Le généralissime, secondé par la vaillance de Blücher et la politique de Bernadotte, et dont Napoléon lui-même estimait les qualités solides, devenait pour lui un redoutable adversaire. La guerre contre Napoléon fut dès lors, du côté des Allemands, moins nationale et plus dynastique. Elle se fit moins par l'énergie des peuples que par la politique des princes, moins par la fougue du baron de Stein que par les froids calculs de Metternich, moins pour préparer la régénération et l'unité de l'Allemagne que pour rétablir l'Autriche et la Prusse dans leur état territorial de 1805, et les princes confédérés du Rhin, les rois de Wurtemberg et de Bavière, dans leur pleine et complète indépendance. C'est à ces conditions que l'Autriche se réservait le soin de les ramener tous à la cause commune.

IV. La sixième coalition. — Batailles de Dresde (26-28 août), de Leipzig (16-19 octobre) et de Hanau (30 octobre). — Retraite des Français sur le Rhin. — Revers en Espagne ; bataille des Pyrénées (28-30 juillet).

Napoléon pendant l'armistice avait porté ses forces jusqu'à 515,000 hommes. Il avait 180,000 hommes sous ses ordres autour de Dresde, 130,000 hommes sous Ney en Silésie, 72,000 hommes sous Oudinot contre Berlin, 37,000 hommes à Hambourg sous Davout, 25,000 Bavarois sous le prince de Wrede, 50,000 hommes en Italie sous Eugène, une réserve d'environ 20,000 hommes sous Augereau. Mais la coalition armait contre lui, de la mer Baltique aux bords du Pô, plus de 800,000 hommes. Il avait devant lui en Allemagne *l'armée du Nord*, commandée par Bernadotte ; à l'est *l'armée de Silésie* avec le fougueux Blücher, qui depuis la mort de Scharnhorst s'en rapportait pour la stratégie et la guerre savante à son chef d'état-major Gneisenau[1] ; au sud la grande *armée*

1. Vie de Blücher par Varnhagen d'Ense, Berlin, 1827.

de Bohême conduite par Schwarzenberg. Bennigsen à Varsovie amassait les renforts de l'armée russe; Hiller occupait le prince Eugène en Italie. La Prusse mutilée armait plus de soldats (277,000) que la Russie (249,000) et que l'Autriche (264,000). Les alliés mêlaient leurs armées pour mieux confondre leurs intérêts. Il y avait des Autrichiens, des Prussiens et des Russes dans l'armée de Bohême; des Prussiens, des Russes et des Suédois dans l'armée du Nord; des Prussiens et des Russes dans l'armée de Silésie. Napoléon, qui sur l'Elbe n'opposait que 250,000 combattants à plus de 500,000 ennemis, gagna par la supériorité de ses manœuvres la bataille de Dresde, où périt d'une mort honteuse, frappé par un boulet de la garde, Moreau, qu'Alexandre avait rappelé d'Amérique (26-28 août). Mais suivant le plan dressé par un autre Français, Bernadotte, qui sut trop bien enseigner aux étrangers la politique et la tactique de Napoléon, tous ses lieutenants furent vaincus. Comme, d'après le mot de Wellington, la présence de Napoléon dans une armée lui valait 40,000 hommes de plus, le prince royal de Suède recommandait de lui refuser la bataille et d'attaquer plus hardiment ses généraux. Macdonald en Silésie, dans la bataille de Wahlstatt, livrée à Blücher sur la Katzbach, perdait 18,000 prisonniers et son artillerie (26-29 août). Vandamme, enveloppé à Culm en Bohême, là même où Napoléon l'avait placé pour accabler les vaincus de Dresde et recevoir leur épée, dut se rendre avec 12,000 hommes (30 août). Oudinot et Ney, que Napoléon avait détachés sur Berlin, étaient vaincus par les Prussiens et les Suédois à Gross-Beeren et à Dennewitz (23 août-6 septembre). Bernadotte et Blücher se rejoignaient. Napoléon attribua la défaite de Ney aux Saxons qui s'en souvinrent. Cette victoire gagnée sur le *Roland* de la grande armée exalta l'orgueil de tous les Prussiens et la verve de leurs poètes (Arndt, Rückert). L'affaire de Gross-Beeren était le début de cette landwehr prussienne que Napoléon appelait *de la canaille.*

A l'automne, l'issue de la grande lutte n'était plus douteuse. Les trois puissances orientales resserraient leur alliance au traité de Tœplitz, et l'Angleterre assurait des subsides à l'Autriche. La Bavière, signant le traité de Ried avec l'Autriche, donnait le signal de la défection aux confédérés du Rhin. Ils purent voir par les termes du traité que leur pleine souveraineté serait garantie. Bade et Wurtemberg suivirent bientôt la Bavière (traité de Fulde).

Après tous ces revers de ses généraux, Napoléon, seul vainqueur, vit se rapprocher et se joindre autour de lui les trois armées du Nord, de Silésie et de Bohême. C'étaient 330,000 hommes contre 180,000. Il n'était plus possible à Napoléon d'attaquer et de battre séparément ses ennemis. Il fallait livrer bataille à tous ou ordonner la retraite. Déjà ses communications avec le Rhin étaient menacées. Il se replia de Dresde sur Leipzig, afin d'être plus près des routes d'Erfurt et de Mayence. C'est dans cette vaste plaine arrosée par l'Elster et la Pleiss, affluents de la Saale, et par la Partha, affluent de l'Elster, que se livra pendant trois jours la *bataille des nations*.

La première journée (16 octobre), Ney, au nord de la Partha, vers Mœckern, tint tête à toute l'armée de Silésie ; Napoléon, au sud de Leipzig, à Wachau, repoussait l'armée de Bohême ; la cavalerie de Murat lui infligeait des pertes énormes, et Bertrand défendait contre Giulay le pont de Lindenau sur l'Elster, notre unique voie de retraite. A la fin du jour nous avions tué 40,000 hommes et perdu 26,000 soldats. Napoléon, qui se croyait vainqueur et nommait Poniatowski maréchal de France, eut le temps de perdre avant la nuit cette victoire que sonnaient les cloches de Leipzig et des villages voisins. Ney avait dû reculer au nord devant Blücher et se retirer derrière la Partha. Effrayé de cette lutte inégale contre 300,000 hommes, armés de 3,000 bouches à feu, qui l'enfermaient dans un demi-cercle de trois à quatre lieues, Napoléon envoya son prisonnier, le général autrichien Merfeldt, offrir à l'empereur d'Autriche des propositions de paix qui ne furent pas même écoutées. Il offrait d'évacuer toutes les places fortes de l'Allemagne, de restituer l'Illyrie et l'Espagne, l'Italie même et la Hollande. Il s'engageait, pour un armistice conclu dans les vingt-quatre heures, à repasser le Rhin [1].

Le lendemain 17, pendant qu'il attendait avec trop de confiance le résultat de ses propositions, l'armée du Nord avec Bernadotte et les réserves russes avec Bennigsen venaient relier les armées de Silésie et de Bohême, et forçaient le maréchal Ney de rejoindre Napoléon, qui n'avait plus que 115,000 hommes contre 270,000. L'empereur dut songer à la retraite. Il envoya Bertrand assurer

---

1. Bülau, *Histoire d'Allemagne de* 1806 *à* 1830, 2e partie, Collect. Heeren et Ukert.

le passage de la Saale, à Naumbourg, et dans la nuit du 17 au 18, concentra toutes ses forces autour de Leipzig.

Dans la bataille du 18, nos troupes maintenaient victorieusement au nord et au midi leurs positions de Schœnefeld et de Probsthaïda, quand au plus fort de l'action 14,000 hommes d'infanterie saxonne et la cavalerie wurtembergeoise de l'armée de Ney passèrent à l'ennemi et pointèrent contre nous leurs 60 canons. La résistance devenait impossible. Napoléon, à bout de munitions et n'ayant pas ménagé sa garde comme à Borodino, quitta Leipzig pendant la nuit du 19, et la retraite continua pendant la journée. Tandis que Marmont et l'arrière-garde défendaient vaillamment les faubourgs de Leipzig pour assurer la retraite, un officier du génie, exécutant trop tôt l'ordre qu'il avait reçu, fit sauter le pont de l'Elster, et livra aux ennemis 20,000 hommes et 17 généraux dont Lauriston et Reynier, tous nos blessés et le roi de Saxe. Macdonald passa la rivière à la nage ; Poniatowski, entraîné par son cheval blessé, s'y noya. On a calculé que 120,000 hommes des deux côtés périrent dans la plaine de Leipzig. Les alliés y perdirent 47,536 hommes, 8,000 de plus que les Français, qui laissaient aux mains de l'ennemi 30,000 prisonniers et 360 canons. Et cet affreux massacre n'avait pas même été nécessaire pour assurer à Napoléon une retraite que le nombre de ses ennemis rendait inévitable. Dans la joie de la victoire commune, le roi de Prusse nomma Blücher feld-maréchal général de son armée, et François Ier éleva Metternich à la dignité princière.

Les alliés n'inquiétèrent pas Napoléon dans sa retraite aussi vivement que le czar et Blücher l'auraient voulu. Les Français, poursuivis par l'ennemi, gagnèrent le Rhin à marches forcées par Erfurt, Gotha, Fulde. Le prince de Wrède, à la tête d'une armée austro-bavaroise qui comptait 55,000 hommes, essaya de leur barrer le passage près de Hanau. Napoléon, bien secondé par l'artillerie de Drouot, passa sur le corps des Bavarois (30 octobre), et ramena environ 60,000 hommes à Mayence, où nos soldats atteints par le typhus s'entassèrent dans les hôpitaux. Il en périt plus de la moitié avant la fin de l'année.

Dans cette guerre de Saxe l'armée française avait perdu 187,000 prisonniers et 900 canons. Plus de 100,000 soldats restaient dans les places fortes de la Vistule, de l'Oder et de l'Elbe.

Gouvion Saint-Cyr, laissé à Dresde, dut se rendre avec 33,000 hommes, au mépris d'une capitulation qui assurait sa retraite. Rapp à Danzig, Davout à Hambourg, Lemarois à Magdebourg, Narbonne à Torgau, d'autres à Stettin, Glogau, Wittenberg, s'illustrèrent par une défense héroïque, mais désormais inutile. Davout seul résista jusqu'à la paix.

La bataille de Leipzig, qui préparait la ruine de l'empire français, changea la face de l'Allemagne. Le roi de Saxe était prisonnier à Berlin. La Confédération du Rhin était dissoute comme le royaume de Westphalie et le grand-duché de Berg. Les princes dépossédés, l'électeur de Hesse, le duc de Brunswick, le duc d'Oldenbourg, rentraient dans leurs États. Le corps de Tauenzien était chargé de réduire l'une après l'autre les places fortes de l'Elbe encore occupées par les Français. Le Danemark, notre fidèle allié depuis 1807, mais trop faible pour résister à tant d'ennemis, et battu à Sehestadt par Bernadotte et Walmoden, se détacha de la France par le traité de Kiel (janvier 1814) et céda la Norvège à la Suède. Il n'eut pour indemnité que le duché de Lauenbourg. Dès le mois de novembre 1813, à la tête d'un corps prussien de l'armée du Nord, Bulow, lieutenant de Bernadotte, et plus hardi que son chef, avait rétabli le prince d'Orange en Hollande comme roi des Pays-Bas. Que pouvait Molitor avec 12,000 hommes contre l'armée du Nord et ce peuple soulevé? En Italie le prince Eugène avait à se défendre à la fois contre les Autrichiens, maîtres des passages du Tyrol par la défection de la Bavière, contre Murat qui se faisait leur allié pour garder son royaume de Naples (11 janvier 1814), et contre les Anglais qui débarquaient aux bouches du Pô pour soulever les États romains. Forcé de se replier de la Save et de la Drave jusqu'à Vérone, sans pouvoir sauver Trieste et Venise, le prince Eugène honorait sa retraite et se maintenait sur l'Adige par les combats de Caldiero et de Roveredo.

Mêmes revers en Espagne, où les belles retraites de Suchet et de Clausel, sorti de Saragosse, ne compensaient point la défaite de Vittoria. En vain Soult, ralliant l'armée vaincue avec 30,000 conscrits, voulut débloquer Pampelune et Saint-Sébastien; il perdit la bataille des Pyrénées qui dura trois jours (28-30 juillet 1813), ne put sauver Saint-Sébastien, et fut rejeté derrière la Nive, après deux défaites à Roncevaux et à Saint-Jean-de-Luz (10 novembre).

Les Anglais marchaient sur Bordeaux, où bientôt le duc d'Angoulême allait paraître.

Congrès de Francfort. — Campagne de France (1814). — Bataille et capitulation de Paris (30 mars). — Abdication de Napoléon et proclamation de Louis XVIII (6 avril) — Traité de Paris (30 mai 1814).

Après avoir rejeté les Français sur la rive gauche du Rhin, les souverains assemblés à Francfort organisèrent l'administration des pays reconquis sous la direction du baron de Stein, le plus implacable ennemi de Napoléon. Tous les princes de la Confédération du Rhin, déjà remis en possession de leurs États, s'étaient rangés dans la grande alliance. Cette réhabilitation des princes du second rang trompait les espérances des patriotes unitaires, qui avaient compté sur le rétablissement de l'ancien empire. Mais il n'entrait point dans les plans du czar de favoriser l'indépendance et l'unité de l'Allemagne. L'Autriche devinait déjà et contrariait les tendances ambitieuses de la Prusse vers cette unité qui se serait faite à son profit; elle se hâta de réhabiliter les princes dans leur entière souveraineté telle que Napoléon l'avait reconnue, et soutint volontiers leur indépendance contre l'administration centrale du baron de Stein.

Les souverains qui s'entendaient si peu au congrès de Francfort sur la reconstitution de l'Allemagne, n'en songeaient pas moins à poursuivre en commun leur guerre contre Napoléon. Ils proposèrent d'abord la paix à la France avec ses limites naturelles, le Rhin, les Alpes et les Pyrénées, comme au traité de Lunéville. Napoléon ne s'expliqua point sur les propositions faites par l'entremise de M. de Metternich. Bien renseignés sur l'intérieur de la France, les alliés savaient que, si le peuple restait fidèle à l'empereur, quoique fatigué de la conscription et des droits réunis, les classes supérieures se retiraient de lui. Bientôt convaincus par la grandeur de ses armements qu'il avait résolu de tenter encore la fortune des armes, ils passèrent le Rhin en déclarant qu'ils ne faisaient la guerre qu'à Napoléon et qu'ils souhaitaient la grandeur et la liberté de la France en même temps que leur propre indépendance. Cette *déclaration de Francfort* était plus habilement conçue que le manifeste de Brunswick, par des

gens qui connaissaient mieux que Napoléon lui-même la vraie
situation de la France. Napoléon avait fait voter par le Sénat
une levée de 350,000 hommes qu'il n'avait pas le moyen de
solder, repoussé les protestations à la fois pacifiques et libérales
de quelques députés du Corps législatif, Lainé, Raynouard, Gal-
lois, Flaugergue, Maine de Biran, et blâmé en termes amers
cette opposition tardive en face de l'ennemi. « Est-ce le moment,
s'écriait l'empereur, de me faire des remontrances, quand 200,000
Cosaques franchissent nos frontières ? Il ne s'agit pas de liberté et
de sûreté individuelle, il s'agit de l'indépendance nationale... La
France a besoin de moi plus que je n'ai besoin de la France. » Et il
ajournait indéfiniment les députés de la nation, dont il se disait
le seul représentant. Ceux qu'il appelait des traîtres vendus à
l'Angleterre, avaient le droit pourtant de s'étonner qu'il n'eût pas
accepté sur le champ les conditions de Francfort qui nous laissaient la Belgique et la rive gauche du Rhin. Les Anglais en
profitèrent pour écarter la médiation autrichienne. Ils firent
manquer le congrès de Mannheim, accepté par Napoléon, où devaient se discuter les propositions de Metternich, et songeaient
dès lors à rendre la France aux Bourbons.

L'armée de Bohême, forte de 230,000 hommes, franchit le Rhin
à Schaffouse et à Bâle, sans égard pour la neutralité qu'invoquait
la Suisse, et s'avança vers la Seine par les Vosges et le plateau de
Langres ; plus au midi Bubna et Bellegarde, à la tête de 80,000 Autrichiens, traversaient Genève et menaçaient Lyon. L'armée de Silésie, forte de 150,000 hommes, passa le Rhin à Kaub, entre Mannheim et Coblentz, dans la nuit du 31 décembre 1813, et s'avança
vers la vallée de la Marne par la Sarre, la Moselle et la Meuse. Ces
armées de l'Est étaient soutenues de fortes réserves. De leur côté
160,000 Anglais, Espagnols et Portugais avaient franchi la Bidassoa. Napoléon, croyant diminuer le nombre de ses ennemis, ren-
voya Ferdinand VII en Espagne, après avoir signé avec lui un
traité contre les Anglais que la régence espagnole repoussa, et le
pape en Italie, après un concordat qui fut presque aussitôt ré-
voqué.

A la fin de janvier 1814, les deux armées de Bohême et de Silésie se joignirent dans la vallée de l'Aube. A la tête de 70,000
hommes commandés par Marmont, Victor, Ney et Mortier, Na-

poléon, quittant sa femme et son fils qu'il ne revit plus, marcha contre Blücher et Schwarzenberg pour les séparer, pendant qu'Augereau arrêterait les Autrichiens à Lyon et que le général Maison contiendrait Bernadotte, en Belgique. Blücher, surpris à Saint-Dizier (27 janvier) et à Brienne (29) par la vitesse de Napoléon, prit sa revanche à la Rothière (1er février). Les deux armées réunies forcèrent Napoléon vaincu de reculer jusqu'à Troyes. Dans le congrès de Châtillon qui s'ouvrit le 7 février, les alliés ne lui offraient plus que les limites de 1790. Napoléon, après avoir exigé dans le premier moment les limites de 1799, c'est-à-dire le Rhin et les Alpes, envoya *carte blanche* à son représentant Caulaincourt. Il recevait de tous côtés de mauvaises nouvelles : les Anglais occupaient Bordeaux et Toulouse ; Suchet reculait jusqu'à Montpellier ; Maison évacuait la Belgique.

Bientôt la difficulté de vivre en pays ennemi, au cœur de l'hiver, força les deux armées de se séparer. Blücher devait marcher sur Paris en suivant la Marne, et Schwarzenberg par la vallée de la Seine. Napoléon, laissant devant Schwarzenberg Oudinot et Victor, et la cavalerie de Pajol, courut d'abord sur l'armée de Blücher, échelonnée en quatre colonnes sur la route de Paris, de Châlons à la Ferté-sous-Jouarre. Il battit quatre fois en cinq jours Blücher et ses lieutenants (York, Sacken) à Champaubert, à Montmirail, à Château-Thierry, à Vauchamps (10, 11, 13, 14, février) et les fit reculer jusqu'à Châlons, ayant perdu dans ces quatre batailles plus de 25,000 hommes, tués, blessés ou prisonniers. Cependant Schwarzenberg avait forcé le passage de la Seine à Nogent et poussait son avant-garde jusqu'à Guignes, à 8 lieues de Paris. Napoléon, laissant devant Blücher Mortier et Marmont, fait 30 lieues en 36 heures, revient de la Marne à la Seine, et par les combats de Mormant, Nangis, Montereau et Méry (16, 17, 18 et 22 février), rejette la grande armée sur Troyes. A Montereau, où l'empereur pointa lui-même les canons de sa garde, la déroute des Autrichiens eût été plus complète sans une faute de Victor, qui ne sut pas occuper à temps le pont de la Seine. Telle était la terreur des alliés, forcés de reculer de cinquante lieues en huit jours, que Napoléon, aux conférences de Châtillon, eût sans peine obtenu de rester empereur des Français, s'il eût consenti à l'abandon des pays subordonnés à la France ou gouvernés par sa famille. Mais ébloui de ses dernières victoires et trop confiant dans son génie militaire, il s'obstinait à refuser, comme un démembrement de la France, la perte de ses conquêtes exagérées. Les alliés n'offraient plus que les anciennes limites de la France, et Napoléon n'entendait traiter que sur les bases de Francfort. Vainement Caulaincourt le suppliait de ne pas manquer l'occasion comme à Prague. Il avait repris tant de confiance dans sa fortune que les alliés, las de ses exigences et des contradictions de son représentant Caulaincourt, allaient bientôt rompre les conférences et prêter l'oreille aux partisans des Bourbons. Le 1er mars les alliés resserrèrent leur alliance à Chaumont, et se promirent de ne point traiter séparément.

Blücher, enhardi par la marche de Bulow et de Wintzingerode qui descendaient par la vallée de l'Oise pour le rejoindre, avait repris sa marche sur Paris par la Marne, en poussant devant lui les 15,000 hommes de Mortier et de Marmont. Napoléon, forcé d'être à la fois partout et d'envelopper de son mouvement des ennemis si nombreux, s'étant mis à la poursuite de Blücher, les maréchaux Oudinot et Macdonald, qu'il avait laissés derrière lui, se trouvèrent trop faibles contre la grande armée et furent battus à Bar-sur-Aube (27 février). Là où l'empereur n'était pas, les ennemis l'emportaient, comme en Allemagne au moment de la bataille de Dresde. De son côté Blücher, pour échapper à Napoléon, passa la Marne, se replia sur Soissons et se rapprocha de l'armée du Nord qui venait des Pays-Bas. L'empereur espérait l'enfermer et l'écraser entre son armée et Soissons qu'il croyait toujours occupée par ses troupes. Mais Soissons avait capitulé devant Bulow ; Blücher passait l'Aisne sur le pont de la ville, et ralliant le corps russe de Wintzingerode envoyé par l'armée du Nord, avait dès lors sous ses ordres plus de 100,000 hommes. Cette nombreuse armée, battue et chassée du plateau de Craonne (7 mars), résista mieux dans sa forte position sur la montagne de Laon (8-10 mars). Napoléon, forcé de repasser l'Aisne après des pertes considérables, se retourna contre la division russe de Saint-Priest qu'il chassa de Reims, menaça le flanc droit de Schwarzenberg qui s'avançait déjà jusqu'à Provins, et dégagea de nouveau la route de Paris. Mais ces prodiges de valeur et de vitesse ne compensaient pas l'inégalité des forces, ni les progrès de l'invasion sur d'autres points. Augereau livrait Lyon après une faible résistance. Les Anglais, après leur victoire d'Orthez sur le maréchal Soult, faisaient proclamer Louis XVIII à Bordeaux (12 mars). La défection de Murat, que Napoléon appelait trop justement le *Bernadotte du Midi*, livrait l'Italie aux Autrichiens. Le congrès de Châtillon s'était séparé (19 mars).

Le czar, vrai chef de la coalition, en précipita la marche et le dénouement. Le baron de Stein, inquiet des derniers pourparlers de Napoléon et de l'Autriche, insista pour la guerre à outrance et jusqu'à Paris. Alexandre, trop bien renseigné par un correspondant de Talleyrand, M. de Vitrolles, qui lui montrait Paris prêt à le recevoir, et par le Corse Pozzo di Borgo, ennemi acharné de Napoléon, ordonna que Blücher et Schwarzenberg se réuniraient pour marcher sur la capitale. « Vous pouvez tout et vous n'osez rien, écrivait M. de Talleyrand au czar; osez donc une fois. » Napoléon, manœuvrant pour s'opposer à la jonction de ses ennemis, engagea la bataille d'Arcis-sur-Aube, mais n'osa pas la continuer avec 30,000 hommes contre 100,000 Autrichiens, et se retira dans la nuit sur Saint-Dizier (23 mars). Alors il conçut le projet de se jeter en Lorraine pour couper la retraite aux alliés, en s'appuyant sur les forteresses qu'ils avaient négligées, soulever derrière eux toutes les populations de l'Est, leur couper les routes, détruire leurs convois, et les écraser entre Paris qui se défendrait et la nation entière qui s'armerait. « Je suis plus près de Munich, s'écriait-il dans ses dernières illusions, que les alliés de Paris ». Après avoir tant compté sur ses armées, il en appelait trop tard au peuple (décret du 5 mars). Pendant qu'un corps de cavalerie russe, commandé par Wintzingerode, lui faisait croire que les alliés s'éloignaient de Paris pour le poursuivre, les armées de Silésie et de Bohême marchaient sur Paris par Montmirail et Sézanne. Le jour même où les souverains alliés annonçaient par la déclaration de Vitry la restauration des Bourbons (25 mars), deux divisions de gardes nationaux mobilisés, commandés par les généraux Pacthod et Amey, se faisaient tuer à Fère-Champenoise pour sauver Marmont et Mortier. Les deux maréchaux, soutenant dans les jours suivants une lutte inégale, reculèrent jusqu'à Paris. Le 29 mars, la grande armée rejoignit Blücher sous les murs de la capitale.

La régente Marie-Louise, le roi Joseph, lieutenant-général de l'empire et commandant supérieur de la garde nationale, le ministre de la guerre Clarke, et le conseil de régence convoqué aux Tuileries, n'osèrent pas croire qu'on pût défendre Paris non fortifié, avec le peu de ressources qui lui restaient. On décida d'abord que Marie-Louise et son fils partiraient pour Blois; Napoléon avait recommandé par une lettre datée de Reims (16 mars) qu'à tout prix on évitât d'exposer l'impératrice et le roi de Rome à tomber aux mains de l'ennemi. Paris n'avait pour se défendre que les dépôts de la garde et de la ligne au nombre de 8,000 hommes, 20,000 recrues, 12,000 gardes nationaux d'élite, 20,000 ouvriers qui demandaient bravement des armes aux portes des mairies, et enfin les 13,000 soldats que Marmont et Mortier ramenaient de nos dernières défaites. Il eût fallu pour cette œuvre le génie de Carnot, qui dans ces jours de malheur avait noblement offert ses services à Napoléon; mais l'empereur l'avait chargé d'aller défendre Anvers. Les alliés dont les lignes s'étendaient de Charenton à Monceaux, attaquaient sur trois points à la fois, à l'est par Rosny, Pantin et le plateau de Romainville, plus au sud et à gauche par la barrière du Trône, au nord par Montmartre et Clichy. 22,000 hommes en tout, avec 6 canons à Montmartre et 4 à Belleville, luttèrent vainement pendant toute une journée contre 80,000 Autrichiens et 100,000 Russes et Prussiens. En vain Marmont à Belleville, Mortier à la Villette, les élèves de l'École polytechnique à Vincennes, Moncey à la barrière de Clichy, firent des prodiges de valeur. Ils sont trop, disaient nos pauvres soldats. Dès que les alliés eurent pris Montmartre, Joseph résigna ses pouvoirs entre les mains de Marmont et de Mortier, qui signèrent la capitulation de Paris à 5 heures du soir (30 mars). 200,000 alliés entrèrent le lendemain dans Paris aux acclamations des royalistes. Les capitales de l'Europe étaient vengées. La fuite de la régente et la retraite de Marmont sur la route de Fontainebleau laissaient le terrain libre aux intrigues de Talleyrand, qui reçut l'empereur Alexandre dans son hôtel, et se fit chef d'un gouvernement provisoire dont les principaux membres étaient Dessolles, Dupont, Bourrienne, le comte de Jaucourt, l'abbé de Montesquiou et le général de Beurnonville.

Dès le 1ᵉʳ avril Alexandre, poussé par Talleyrand et par les autres meneurs du parti légitimiste, avait déclaré au nom des alliés qu'on ne traiterait plus avec Napoléon et qu'il appartenait au Sénat de fixer désormais le nouveau gouvernement et la constitution du pays. Le lendemain, sur la proposition de Talleyrand, le Sénat, jusque-là si servile, proclama la déchéance de Napoléon et de sa famille. En vain Alexandre avait déclaré que la nation serait consultée sur le choix de son souverain. La restauration des Bourbons et le triomphe de la légitimité étaient déjà résolus dans le conseil des puissances depuis la rupture des conférences de Châtillon. On disait que l'ouest et le midi avaient suffisamment témoigné leur amour pour la famille des anciens rois. Une proclamation de Schwarzenberg invitait Paris à suivre l'exemple de Bordeaux. Un projet de constitution que le Sénat présenta sans désemparer aux suffrages du Corps législatif, et qui prétendait conserver les principes de la Révolution aussi bien que les pensions des sénateurs, déféra la couronne à Louis XVIII, frère de Louis XVI, par la libre élection du peuple. Marie-Louise se démit de la régence et se retira dans les États de son père.

Cependant Napoléon, détrompé sur la marche des ennemis, et revenu de la Champagne à grandes journées par Saint-Dizier, Doulevant, Bar-sur-Aube et Troyes, à la tête d'environ 50,000 hommes, avait appris par Belliard, à Fromenteau, la capitulation de Paris, et s'était replié sur Fontainebleau. Sur la sommation du czar qui lui fut signifiée par Caulaincourt, et sur les instances pressantes de ses maréchaux, il abdiqua en faveur de son fils. Mais les alliés, le voyant abandonné par Marmont lui-même ou plutôt par la petite armée de Marmont qui se débandait, le sommèrent d'abdiquer sans conditions. Marmont, placé à Essonne, ne couvrait que bien faiblement, avec les 12,000 hommes qui lui restaient, le flanc gauche de Napoléon. Entraîné par les sollicitations du gouvernement provisoire et par l'émeute des maréchaux autour de Napoléon, trahi lui-même par ses lieutenants Bordesoulle et Souham, il signa la *convention d'Essonne*, et dirigea ses troupes sur la Normandie. Napoléon, dans un premier mouvement de colère, parlait de continuer la guerre plutôt que d'abdiquer sans conditions, et d'aller rejoindre au midi Eugène, Augereau, Suchet et Soult. Il se résigna pourtant, sur le silence des géné-

raux à son dernier appel, à signer son abdication pure et simple
(6 avril), le jour même où Louis XVIII était proclamé à Paris.
Le traité du 11 avril lui donna pour principauté l'île d'Elbe, avec
un revenu annuel de deux millions et la faculté d'emmener avec
lui 400 hommes de sa garde. Les puissances alliées, à l'exception
de l'Angleterre, lui laissaient le titre d'empereur pour cet empire
qu'il pouvait parcourir en quelques heures. L'impératrice devenait duchesse de Parme, et son fils duc de Reichstadt. Joséphine,
qui mourut quelques semaines plus tard, et tous les Bonaparte
reçurent des titres princiers et de riches dotations ; Eugène fut
duc de Leuchtenberg. Napoléon prit congé de sa garde à Fontainebleau le 20 avril, embrassant son chef le général Petit et
son drapeau. Il n'atteignit qu'au milieu des insultes, et souvent
même au milieu des menaces de mort, le port de Fréjus où il
devait s'embarquer sur un vaisseau anglais pour l'île d'Elbe.
Parmi les généraux qui lui restèrent fidèles, il faut nommer surtout Bertrand et Macdonald, un des plus nobles caractères de l'é-
poque. Plus tard Napoléon, au lieu de reconnaître et d'avouer
tous les excès de son ambition, accusait de sa ruine quelques
traîtres, et ses généraux qu'il avait fait trop riches. Et pourtant,
quand déjà les alliés campaient dans les Champs-Elysées, quatre
jours après que le Sénat avait rappelé les Bourbons et que Napoléon avait abdiqué, le maréchal Soult osait livrer encore la bataille de Toulouse qui mit fin à la guerre (10 avril).

Paris reçut d'abord le comte d'Artois, lieutenant-général du
royaume, qui signa trop vite avec les alliés la funeste convention
de Paris (23 avril). Il leur remettait la dotation des forteresses et
des arsenaux avec leur matériel et approvisionnement tel qu'il se
comportait à la date de la convention, et les vaisseaux présents
dans les ports, à flot ou en construction. Il leur abandonnait ainsi
53 places fortes, 12,000 canons, et 43 navires. Par le traité définitif du 30 mai, la France rentrait dans ses limites du 1er janvier 1792 et ne gardait de ses conquêtes qu'Avignon et le Comtat
Venaissin, Mulhouse, Montbéliard, quelques cantons dans le nord,
les arrondissements d'Annecy et de Chambéry. Elle recouvrait
ses colonies, moins l'Ile de France, Rodrigue, les Seychelles,
Tabago, Sainte-Lucie, et la partie de Saint-Domingue cédée en
1795 par l'Espagne, mais on lui imposait, comme en 1763, la con-

dition de ne faire aucun ouvrage de fortification dans ses possessions des Indes. L'Angleterre se faisait céder, outre quelques
Antilles françaises, Malte, Helgoland, le Cap, le protectorat des
îles Ioniennes. La France approuvait d'avance au dehors tous
les remaniements de territoires qui seraient ordonnés par le prochain congrès de Vienne.

CHAPITRE XIV

LA PREMIÈRE RESTAURATION ET LES CENT-JOURS

SOMMAIRE.

1. — Louis XVIII, conformément à sa Déclaration de Saint-Ouen (2 mai), octroie la Charte constitutionnelle (5 juin), qui fonde le gouvernement représentatif, avec deux Chambres, l'une héréditaire, l'autre élective, et garantit le vote des impôts par les députés de la nation, la responsabilité des ministres, l'égalité de tous devant la loi, la liberté des individus, des cultes et de la presse, le maintien des grandes institutions de l'Empire, etc. Mais la majorité de la nation, humiliée par le traité de Paris, ne croit pas les Bourbons franchement réconciliés avec la Révolution. Elle voit bientôt la censure rétablie, les honneurs prodigués aux émigrés, les officiers de Napoléon renvoyés en demi-solde, les hommages publics rendus à la mémoire de Cadoudal et de Pichegru, les acquéreurs des biens d'église menacés par certains prédicateurs. Au bout de dix mois les fautes et l'impopularité des Bourbons, la discorde des cinq grandes puissances au congrès de Vienne et la complicité de Murat enhardissent Napoléon à revenir de l'île d'Elbe à Paris (20 mars 1815), pendant que Louis XVIII s'enfuit à Gand. L'empereur inaugure la période des Cent-Jours par l'acte additionnel qui remplace la Charte de 1814. Mais à ses propositions de paix, le congrès de Vienne, effrayé de l'entreprise de Murat pour soulever l'Italie, répond par une déclaration de guerre à outrance.

2. — Napoléon arme pour une dernière lutte la nation épuisée. En quelques mois, il a mis sur pied 300,000 hommes. Au lieu de recommencer en France la campagne de 1814, il court en Belgique au-devant de Wellington et de Blücher, pour les battre séparément avant l'arrivée des Autrichiens et des Russes sur le Rhin. Après les combats sanglants de Ligny et des Quatre-Bras (16 juin), les Prussiens se dérobent à Grouchy et se joignent aux Anglais sur le champ de bataille de Waterloo, où se consomme malgré des prodiges de valeur l'horrible et fatal désastre de l'armée française (18 juin).

3. — Napoléon, vaincu par l'Europe, abandonné à Paris par les chambres, est contraint d'abdiquer en faveur de son fils (22 juin). Fouché, président d'un gouvernement provisoire et trompant tous les partis au profit des Bourbons, précipite malgré les généraux la seconde capitulation de Paris (5 juillet). Napoléon, désespérant de passer aux États-Unis et demandant l'hospitalité aux Anglais, est traité comme prisonnier de guerre et transporté sur le rocher

de Sainte-Hélène, pendant que 1,200,000 soldats étrangers couvrent le sol français. Louis XVIII, rentré aux Tuileries le 8 juillet et obligé de contenir à la fois les alliés et les royalistes, règle les comptes de la France avec l'Europe par le second traité de Paris (30 novembre 1815).

I. La première Restauration. — Charte de 1814. — Fautes des Bourbons. — Retour de l'île d'Elbe (20 mars 1815.) — Les Cent-Jours. — L'acte additionnel (1er juin).

Le lendemain du jour où le comte d'Artois signait avec les alliés la convention qui servit de base au premier traité de Paris, Louis XVIII, quittant sa résidence d'Hartwell, débarquait à Calais (24 avril). Passant par Amiens et Compiègne, il publia à Saint-Ouen, sur les instances du czar Alexandre, la *Déclaration du 2 mai*, qui consacrait par un gouvernement constitutionnel les conquêtes civiles et politiques de la Révolution. Le 3 mai, il entrait solennellement dans sa capitale. A la fin du mois, il signait le premier traité de Paris qui réduisait la France à ses limites de 1792.

Le 4 juin, après le départ des souverains alliés et à l'ouverture des chambres, Louis XVIII promulgua la *Charte* constitutionnelle, aux termes de la déclaration de Saint-Ouen. Ses meilleurs conseillers, MM. Dambray, de Montesquiou, Beugnot, Barthélemy, Barbé-Marbois, Fontanes, Pastoret, etc., en avaient discuté et rédigé tous les articles. Mais Louis XVIII, ne se croyant pas lié par les engagements du gouvernement provisoire, ni par les promesses faites au czar Alexandre, et relevant la doctrine du droit divin des rois, entendait plus librement transiger avec les principes de la Révolution, comme Louis XVI eût pu faire avant la convocation des États généraux. Il se disait *rappelé par la divine Providence.... cherchant à renouer la chaîne des temps que de funestes écarts avaient interrompue.* Il *octroyait* la Charte. Une chambre de pairs héréditaires ou nommés à vie par le roi ; une chambre de députés composée de 262 membres, élus pour cinq ans parmi les citoyens âgés de quarante ans qui payaient 1,000 francs d'impôts, par les électeurs imposés à 300 francs, et que le roi avait le droit de proroger et de dissoudre ; le renouvellement annuel de cette chambre par cinquième ; la publicité de ses débats ; le vote annuel des impôts ; la responsabilité des ministres pouvant être poursuivis par une des deux chambres législatives et condamnés par l'autre ; l'inamovibilité des juges ; le jury en matière criminelle ; la liberté des cultes et celle de la presse, *sauf les précautions nécessaires à la tranquillité publique* ; la sécurité pour les acquéreurs de biens nationaux, pour les créanciers de l'État, pour l'ancienne et la nouvelle noblesse ; le maintien de la Légion d'honneur et des grandes institutions de l'empire, Conseil d'État, Cour de cassation, Cour des comptes, Université ; le libre accès de tous les citoyens aux charges publiques ; l'abolition des lois de confiscation et de la conscription ; l'amnistie, qui défendait d'inquiéter un individu pour ses opinions et ses votes ; telles étaient les bases de la transaction que Louis XVIII « roi de France et de Navarre » datait de la dix-huitième année de son règne, avec la formule des anciens rois « *car tel est notre plaisir.* » Singulière chronologie qui supprimait la République et l'Empire, deux gouvernements que pourtant l'Europe avait reconnus !

On vit trop vite que les Bourbons n'avaient *rien appris ni rien oublié*. Louis XVIII, dominé par le comte d'Artois et trop amoureux de son repos, laissa les courtisans de son frère faire la guerre aux souvenirs de la Révolution et de l'Empire, traiter les parvenus avec dédain et les chasser de la cour ; et dès le premier moment la nation crut que les Bourbons ne seraient jamais sincèrement réconciliés avec la Révolution. Ceux-là mêmes qui naguère avaient tant gémi de voir leurs fils massacrés sur tous les champs de bataille, ne parlèrent bientôt qu'avec mépris de cette royauté représentée par un roi goutteux et que l'étranger avait ramenée dans ses fourgons. Les négociants étaient ruinés par une ordonnance du 23 avril qui permettait d'importer en toute franchise les cotons et autres matières premières, et réduisait de sept huitièmes les droits sur le sucre et le café dont l'approvisionnement leur avait coûté si cher pendant le blocus. On n'avait pas songé à ménager la transition entre le blocus continental et la liberté du commerce, comme essaya de faire le baron Louis. On avait promis la liberté de la presse, et dès le 5 juillet il était dit dans un projet de loi présenté aux chambres : « Tout écrit de plus de trente feuilles d'impression pourra être publié librement et sans examen ou censure préalable. Les journaux et écrits périodiques ne pourront paraître qu'avec l'autorisation du roi. Nul ne sera imprimeur ni libraire, s'il n'est breveté du roi et assermenté. » La censure si vite rétablie, c'était de quoi donner à réfléchir sur l'article 14 de la Charte, dont les termes équivoques autorisaient le roi à faire *les règlements et ordonnances nécessaires pour l'exécution des lois et la sûreté de l'État.*

On renvoyait 14,000 officiers en demi-solde, et la garde était remplacée par des Suisses qu'on payait fort cher, et par les anciens *régiments du roi, du dauphin* ; cette maison militaire du roi coûtait 20 millions. On prodiguait les croix de la Légion d'honneur, pour l'avilir, aux *voltigeurs de Louis XIV*, aux soldats de l'armée de Condé, qui n'avaient jamais servi que les ennemis de la France. Les officiers de marine gardaient sur la flotte les grades obtenus à l'étranger, et comptaient pour leur retraite les campagnes faites au service des puissances *aujourd'hui nos alliées.* On supprimait les écoles militaires de Saint-Cyr et de Saint-Germain, et le prytanée militaire de la Flèche. Le premier ministre de la guerre était Dupont, le vaincu de Baylen, et le second, le maréchal Soult, élevait un monument aux victimes de Quiberon. Le général Exelmans était puni pour avoir écrit au roi Murat, et Carnot poursuivi pour un mémoire en faveur des juges de Louis XVI. On éliminait du Sénat les conventionnels. On décernait des honneurs publics à la mémoire de Pichegru, de George Cadoudal et de Moreau. Des membres du clergé et des émigrés, qu'on croyait protégés et poussés par le comte d'Artois et la duchesse d'Angoulême (fille de Louis XVI), parlaient de rentrer dans leurs anciens droits et de recouvrer tous leurs biens. Une ordonnance du 13 septembre qui restituait les biens nationaux non vendus à leurs anciens propriétaires, et qui appelait le jour où l'heureux état des finances permettrait d'indemniser de même *ceux dont le bonheur était encore ajourné,* répandit l'inquiétude et l'effroi dans les campagnes. Certains prédicateurs attaquaient violemment le Concordat et les acquéreurs des biens nationaux ; les évêques applaudissaient trop vite à la bulle de Pie VII qui rétablissait les jésuites. Une ordonnance, blâmée par le roi lui-même, prescrivait sous des peines sévères la célébration du dimanche et des jours de fête. On opposait trop complaisamment à la gloire de la Révolution et de l'Empire celle de saint Louis et de Henri IV. Louis XVIII, gouverné par un favori d'un esprit borné,

Blacas, s'effrayait pourtant de voir tant de gens, plus royalistes que le roi, irriter à dessein la nation, qui ne demandait que le repos avec quelque liberté pour cicatriser toutes les plaies de la guerre. Les deux chambres, fermées le 30 décembre 1814 et prorogées au 1ᵉʳ mai suivant, inauguraient mal le gouvernement représentatif. A ce moment-là 100,000 jeunes soldats, rendus à la liberté par les alliés ou chassés par la paix de toutes les places fortes que nous occupions dans les pays voisins, revinrent grossir en France le parti bonapartiste. Les mécontents crurent que la France avait encore une armée.

Quand Napoléon apprit par ses nombreux correspondants, Fouché, Davout, Carnot, Maret, la duchesse de Saint-Leu, les fautes des Bourbons et les progrès du mécontentement public, il résolut de tenter encore une fois la fortune et d'avoir aussi sa restauration. Il savait sans doute par la même voie que ses vainqueurs étaient divisés par le partage de ses dépouilles au congrès de Vienne, et que la Prusse qui demandait tout le royaume de Saxe, la Russie qui voulait toute la Pologne, étaient menacées de guerre par l'Autriche, l'Angleterre et la France. Napoléon s'enhardit par cette scission des grandes puissances, et ne sut pas à temps que dès la fin de février ses ennemis s'étaient réconciliés. Il se croyait dégagé de ses serments par les Bourbons qui ne lui payaient point la rente convenue, et par ceux qui lui contestaient la principauté de l'île d'Elbe et parlaient de le transporter aux Açores ou même plus loin. D'autre part Murat se voyait menacé au même congrès par les Bourbons de France qui réclamaient tout haut pour Ferdinand IV le royaume de Naples, et craignant de perdre le prix de sa trahison, il fit savoir à l'empereur qu'il allait soulever l'Italie contre l'Autriche au nom de la liberté. Napoléon rompit son ban. Parti de l'île d'Elbe le 26 février 1815, à la faveur d'une fête, sur le brick l'*Inconstant*, avec six autres petits bâtiments qui portaient 900 hommes, le bataillon de la vieille garde, 400 fantassins, 100 lanciers polonais, 4 chevaux et 26 canons, il débarquait trois jours après (1ᵉʳ mars) sur la côte de Provence, au golfe Juan, entre Cannes et Antibes. Un de ses premiers actes, au débarquement, fut de déclarer que le congrès de Vienne était dissous. Il promettait par ses proclamations de garantir au peuple les bienfaits de la Révolution, de rendre aux soldats vaincus par la trahison d'Augereau et de Marmont la gloire militaire, la cocarde tricolore, les aigles d'Austerlitz, de Friedland, de Wagram, de la Moscowa, de Lützen et de Montmirail, à la bourgeoisie un gouvernement plus libre et conforme aux principes de 1789.

Napoléon longea le pied des Alpes, évitant les populations royalistes de la vallée du Rhône, et traversa sans obstacle Digne et Gap. Les premières troupes qu'on envoya contre lui passèrent de son côté. En approchant de Grenoble, il vit venir, pour lui barrer le passage, un bataillon du 5e de ligne. Il fit mettre l'arme sous le bras à ses grenadiers, s'avança seul contre le bataillon et s'offrit à ses coups. Les soldats du 5e crièrent *Vive l'empereur* ! et se joignirent à lui pour marcher sur Grenoble. Leur régiment avait fait sous ses ordres les premières campagnes d'Italie. A Vizille le colonel Labédoyère lui amena la garnison de Grenoble, le 7e de ligne, et les bourgeois lui ouvrirent leurs portes malgré la résistance du général Marchand et du préfet (7 mars). Le comte d'Artois, venu jusqu'à Lyon avec le maréchal Macdonald et le duc d'Orléans, en fut chassé aux cris de : *Vive l'empereur* ! Napoléon, arrivé à Lyon dans la soirée du 10 mars, y reprit ses pleins pouvoirs. Un décret daté de cette ville ordonnait la dissolution des deux chambres, et la réunion prochaine des collèges électoraux de tous les départements, sous le titre d'*Assemblée extraordinaire du Champ de mai*, « pour corriger et modifier les institutions selon les intérêts et la volonté de la nation. »

Le 13 mars, à Chalon-sur-Saône, Napoléon, déclaré traitre et rebelle par le roi et par les chambres, prononça la peine de mort à son tour contre tous les Bourbons qu'on saisirait en France. Par Arnay-le-Duc et Avallon, il arriva le 17 à Auxerre, où Ney vint le rejoindre de Lons-le-Saulnier. De tous les maréchaux reçus en grâce par les Bourbons, Ney s'était montré le plus dévoué à leur cause et le plus acharné contre Napoléon. Entraîné par son lieutenant Lecourbe, effrayé par les menaces de ses officiers, il ramenait ses soldats au service de l'homme qu'il avait promis de livrer à Louis XVIII pieds et poings liés. Napoléon, le 20 mars, jour anniversaire de la naissance du roi de Rome, arrivait le matin à Fontainebleau et le soir à Paris. Le lendemain le *Moniteur* annonçait que *sa Majesté Impériale* était rentrée dans son château des Tuileries. Quelques jours auparavant il traitait de brigand le général *Buonaparte*.

16.

Le 19 au soir Louis XVIII avait quitté Paris. Ses conseillers avaient discuté les projets les plus bizarres : l'un, Dessoles, parlait d'opposer à Napoléon la garde nationale ; l'autre, Marmont, de soutenir un siège aux Tuileries ; un troisième, Blacas, aurait voulu que le roi, suivi des membres des deux chambres, allât dans tout l'appareil de sa royauté légitime arrêter l'usurpateur. Après ces délibérations, il leur parut plus prudent d'emmener le roi à Lille, et là aussi la garnison se déclarant pour Napoléon, ils durent chercher un asile plus sûr à Gand. Le comte d'Artois, les ducs de Berry et d'Orléans, les maréchaux Berthier, Marmont et Victor, les généraux Maison et Clarke, suivirent le roi en Belgique. La duchesse d'Angoulême, « le seul homme de la famille », était chassée de Bordeaux par Clausel, et le duc était fait prisonnier par Grouchy au Pont-Saint-Esprit, mais relâché sur l'ordre envoyé par Napoléon.

L'empereur, rentré dans Paris sans effusion de sang, s'entoura de ministres populaires dont les noms devaient rassurer à la fois les plus modérés et les plus fougueux partisans de la Révolution, Carnot, Maret, Fouché, Davout, Caulaincourt, Cambacérès, Gaudin, Mollien, etc. Alors commença la période des *Cent-Jours* (20 mars-22-juin), et ce second règne de Napoléon qui semblait menacer l'Europe d'une nouvelle Révolution. Les clubs se rouvrirent et le peuple chanta la *Marseillaise*. L'empereur n'entendait pas toutefois être un *roi de jacquerie* et réveiller contre l'Europe l'esprit de 1793. Il ne voulait, disait-il, que sauver l'indépendance nationale et la cause de la Révolution, et laisser à son fils l'autorité d'un roi d'Angleterre. Il se contenta, pour être fidèle à ses promesses et pour rassurer les amis de la liberté, de bannir les anciens nobles, d'abolir la censure, d'opposer à la Charte l'*Acte additionnel aux constitutions de l'empire*, qui, rédigé en grande partie par Benjamin Constant, confirmait le gouvernement représentatif et le système des deux chambres. On promulgua le 1er juin dans la cérémonie théâtrale du Champ de Mai, sans chanter la *Marseillaise*, l'acte additionnel voté dans toutes les communes par 1,500,000 voix contre 4,206, les deux tiers des électeurs s'étant abstenus. On avait réuni dans cette triste fête 30,000 gardes nationaux, les électeurs délégués par les départements, des députations de tous les régiments, pour entendre après la messe la proclamation des votes et le discours de Napoléon qui annonçait la guerre.

Ce retour triomphal de Napoléon et la fuite des Bourbons faillirent perdre leur cause et firent hésiter les puissances au congrès de Vienne. Dans un premier moment d'effroi, et quand les Allemands se demandaient s'ils seraient de nouveau *la proie du Corse*, les huit puissances signataires du traité de Paris avaient mis Napoléon au ban de l'humanité par la déclaration du 13 mars ; quelques jours après, le 25, les quatre grandes puissances avaient renouvelé leur traité de Chaumont pour maintenir contre Napoléon les décisions du traité de Paris et du congrès de Vienne : c'était leur septième coalition. Napoléon n'inspirait aucune confiance pour la paix qu'il offrait au dehors, ni pour la liberté qu'il donnait au dedans. Mais pourtant fallait-il que l'Europe se coalisât de nouveau pour maintenir une dynastie impopulaire sur un trône qu'elle ne savait pas défendre ? L'Autriche et la Russie n'étaient pas éloignées de négocier avec Napoléon, qui promettait de s'en tenir au traité de Paris et de respecter désormais la paix de l'Europe. D'autre part l'opposition du parlement de Londres obtenait qu'on stipulât, au moment de l'échange des signatures, que le but de l'alliance n'était point de continuer la guerre pour imposer à la France aucune forme de gouvernement. Napoléon, instruit de ces dissentiments, envoyait secrètement des négociateurs à Vienne et ne désespérait pas de gagner l'empereur d'Autriche à sa cause ; mais la folle entreprise de Murat et l'adresse de Talleyrand sauvèrent la légitimité. Le congrès maintint sa déclaration du 13 mars.

Murat fit plus de mal à Napoléon par son alliance en 1815 que naguère par sa trahison. Il avait promis de concerter tous ses mouvements avec ceux de son beau-frère ; mais dès qu'il apprit sa marche triomphale sur Paris, il oublia trop vite ses conseils de prudence et de discrétion. Devenu l'allié des carbonari, il envahit les États de l'Église à la tête des Napolitains, qui passaient pour de médiocres soldats, et déclara la guerre à l'Autriche au nom de l'indépendance italienne (proclamation de Rimini, 30 mars). Vaincu à Tolentino (2 et 3 mai), puis sur le Garigliano, et chassé de Naples où les Autrichiens rétablirent Ferdinand, il essaya de rentrer dans son royaume, fut pris en Calabre, et fusillé en vertu du code pénal que lui-même avait publié (13 oct. 1815).

II. Campagne de Belgique. — Batailles de Ligny et des Quatre-Bras (16 juin.) — Bataille de Waterloo (18 juin 1815).

Napoléon, à l'ouverture des chambres, avait déclaré comme au Champ de Mai la guerre inévitable. Il ne voyait pas sans inquiétude une majorité constitutionnelle se former dans la chambre des représentants, et conduite par des hommes tels que Lafayette, Dupont de l'Eure, Dupin, Manuel, donner à Lanjuinais la présidence qu'il avait espérée pour son frère Lucien. Lafayette et Macdonald refusèrent d'entrer à la chambre des pairs. Se défiant des idéologues autant que des démocrates, il conjurait les députés de se rallier à la nouvelle constitution et d'éviter les discussions du Bas-Empire, « à ce moment où le bélier frappait les portes de la ville. » Sa prodigieuse activité reconstituait la garde impériale, rappelait les soldats en congé, et formait des prisonniers rendus à la France, des recrues fournies par la conscription, des fédérés ou volontaires, aussi dévoués et moins nombreux qu'en 1793, une armée qui se trouva prête en moins de trois mois. L'armée permanente et régulière était portée au 1er juin à 276,000 hommes ; il y eut vers la mi-juin 150,000 hommes de garde nationale mobilisée et mal armée ; 45,000 matelots et 6,000 canonniers gardaient les côtes ; des corps francs s'organisaient dans le midi. Mais il fallut donner 20,000 hommes à Lamarque pour contenir la Vendée que soulevaient Larochejacquelein revenu d'Angleterre, Autichamps et Suzannet ; répartir 70,000 hommes sur le Rhin, les Alpes et les Pyrénées avec Suchet, Brune, Lecourbe et Rapp, et laisser 15,000 hommes à Paris avec Davout. Il ne restait pour combattre la coalition qu'une armée de 128,000 hommes. L'Europe en armait contre nous 800,000. Les généraux et les journaux allemands parlaient de diviser *cette terre impie*, de s'indemniser par *un juste partage de ses provinces* des sacrifices qu'on avait faits depuis vingt-cinq ans, *d'anéantir les Français comme peuple.*

La Prusse avait dans ses provinces du Rhin 120,000 soldats qui s'avancèrent le long de la Meuse et de la Sambre, de Liége à Charleroi. Wellington avait 80,000 hommes de Bruxelles à la frontière du Hainaut, Anglais, Hollandais, Hanovriens, Brunswickois. Au lieu d'attendre ses ennemis en France et de recommencer la campagne de 1814, parmi les provinces ruinées de l'Est, Napoléon courut dans les Pays-Bas attaquer avec 115,000 hommes et 350 pièces de canons ces armées de Blücher et de Wellington, échelonnées de la Meuse à l'Escaut, qu'il espérait vaincre séparément avant l'arrivée des 300,000 Autrichiens et des 170,000 Russes en marche sur le Rhin. Il comptait qu'une prompte victoire rétablirait le prestige de ses armes, et qu'après avoir anéanti ces deux armées de la coalition au nord, il pourrait revenir à temps, avec l'effet de ses premières victoires, contre les colonnes autrichiennes et russes. Le 15 juin, il franchit la Sambre à Charleroi. Ney, formant l'aile gauche avec le corps de Reille que celui de Drouet d'Erlon devait rejoindre, prit la route qui va de Charleroi à Bruxelles par Frasnes, les Quatre-Bras et Waterloo, et promit à Napoléon, quand il aurait chassé les Anglais des Quatre-Bras, de détacher un corps de 20,000 hommes qui prendrait les Prussiens à revers. Napoléon lui-même, avec près de 80,000 hommes, marcha jusqu'au delà du fameux champ de bataille de Fleurus, contre les Prussiens qu'il espérait surprendre. Mais Blücher, averti par un traître, le général Bourmont, qui portait les plans de Napoléon à l'ennemi, avait concentré 87,000 hommes derrière les villages de Saint-Amand, de Ligny et de Sombref. N'étant point secouru par Wellington, ni par Bulow qui venait de Liége, il perdit toutes ses positions après une bataille acharnée qui lui coûta 20,000 hommes. Il fut désarçonné dans la mêlée et foulé aux pieds par nos cavaliers sans être reconnu; à sa place Gneisenau, l'habile tacticien, fit la retraite en bon ordre, et ne s'arrêta qu'à Wavres, sur la Dyle, à quatre lieues du Mont-Saint-Jean où les Anglais allaient se retirer (16 juin).

Aux Quatre-Bras, près de Nivelles, sur les frontières du Brabant et du Hainaut, les Anglais étaient plus heureux que les Prussiens à Ligny ; et ils étaient là plus forts et plus nombreux que Napoléon ne l'avait cru. Le maréchal Ney n'avait que 22,000 hommes contre le corps d'armée anglo-hanovrien commandé par le prince d'Orange. Ney, comme tant d'autres généraux de Napoléon, était devenu craintif, non pas devant l'ennemi, mais devant la fortune. Il eut d'abord l'avantage ; mais Drouet d'Erlon lui manqua comme Bulow à Blücher, et le prince hollandais était renforcé par les

Hanovriens et les Écossais dont l'arrivée portait son armée à 45,000 hommes. Cette action meurtrière où périt le duc Frédéric-Guillaume de Brunswick, n'eut point d'autre résultat que d'éloigner les Anglais des Prussiens pendant la bataille de Ligny. Drouet d'Erlon, dans sa marche aux Quatre-Bras, sommé par Labédoyère, aide de camp de Napoléon, de diriger son corps sur Ligny, puis rappelé par Ney que le nombre de ses ennemis effrayait, fut ainsi, par ces ordres contraires, promené entre les deux batailles, et inutile des deux côtés.

Quoique les Anglais eussent maintenu contre Ney leur position des Quatre-Bras, la retraite de Blücher forçait Wellington de reculer à son tour jusqu'au Mont-Saint-Jean, en avant de la forêt de Soignes et du village de Waterloo, pour se rapprocher de lui, et le surlendemain 18 juin, il accepta la bataille de Waterloo, comptant sur le voisinage et le secours des Prussiens. Blücher, auquel il demandait deux de ses corps, promit de lui amener tout son monde, et Napoléon croyait ce jour-là n'avoir plus à s'occuper des Prussiens ! Et son entourage riait de ceux qui prononçaient leur nom !

Le lendemain de la bataille de Ligny, Napoléon avait chargé Grouchy de poursuivre les Prussiens avec 33,000 hommes du côté de Namur, et lui-même, avec le reste de ses forces, rejoignit Ney qui n'avait pas bougé. Il menait contre les Anglais 78,000 combattants dont 15,000 cavaliers, avec 240 canons, et se croyait sûr de la victoire. Heureux de voir les Anglais décidés à combattre, il envoyait deux fois à Grouchy l'ordre d'attaquer leur gauche. Grouchy ne reçut point ces deux messages. Napoléon ne savait pas que Grouchy, égaré par lui-même à la poursuite des Prussiens sur la route de Namur, forcé de revenir sur ses pas par Gembloux, et trouvant les Prussiens à Wavres, fort près des Anglais, aurait de la peine à contenir les 90,000 hommes de Blücher avec ses 33,000 soldats et les divisions de Gérard et de Vandamme épuisées de son propre aveu par leur victoire de Ligny. Grouchy, revenu d'une poursuite inutile avec ses troupes fatiguées, n'avait rejoint les Prussiens que vers quatre heures dans la journée du 18 juin. Au contraire Bulow, qui n'était pas à Ligny, avait ramené à Blücher 30,000 hommes de troupes fraîches.

A Waterloo les deux plus grands capitaines du siècle se trouvaient pour la première fois en présence. L'un eut tout son génie militaire, et l'autre, le *duc de fer* (*Iron duke*), son invincible sang-froid. L'Anglais avait pris ses positions sur le Mont-Saint-Jean, et au pied du plateau où se réunissent les deux routes de Nivelles et de Charleroi à Bruxelles ; son centre occupait la Haie-Sainte, sa droite le château d'Hougoumont dans la plaine, et sa gauche, du côté de Wavres, la Haie, Papelotte. La bataille s'engagea vers onze heures, sur un sol détrempé par la pluie et peu favorable à l'artillerie de Drouot, par une attaque des Français sur le château d'Hougoumont. Le plan de Napoléon, attaquant d'abord l'aile droite des Anglais, était d'affaiblir leur centre, pour les culbuter plus facilement à gauche, se rabattre ensuite sur leur droite, et couper toutes leurs communications avec Bruxelles et les Prussiens. Du haut de la Belle-Alliance, occupée par le centre de l'armée française, 78 pièces de canon foudroyaient les Anglais sur le Mont-Saint-Jean. Ney, les chassant de la Haie-Sainte, ordonna de porter la grosse artillerie sur les positions qu'ils avaient perdues ; l'infanterie de Drouet d'Erlon aidait nos artilleurs à gravir le plateau, quand Wellington lança contre eux les dragons de Ponsonby. La cavalerie anglaise enleva deux drapeaux à notre infanterie, et deux batteries de nos grosses pièces. A son tour la cavalerie française massacra les dragons anglais jusqu'au dernier, mais nous avions perdu une partie de notre artillerie de position et 5,000 hommes.

Cependant Napoléon avait résolu de forcer et de percer à tout prix le centre de l'ennemi, en cessant l'attaque sur sa gauche. Ney, avançant toujours, reprit d'assaut la Haie-Sainte, et dans cette seconde déroute des Anglais, les fuyards allaient déjà annoncer à Bruxelles la défaite de Wellington. Au moment où Napoléon allait lancer sa garde pour achever sa victoire, le canon gronda tout à coup derrière ses lignes. Est-ce Grouchy ? criaient nos soldats. Non ; ce point noir que Napoléon avait de bonne heure aperçu du côté de Wavres, même avant d'engager la bataille au centre, était Bulow qui débouchait sur la droite de l'armée française avec 30,000 Prussiens. Napoléon, appelant de nouveau Grouchy à son aide, se voyait contraint d'opposer aux Prussiens Lobau et sa garde. Wellington recevait dans un moment critique le secours promis, et vers quatre heures reprenait l'offensive à la Haie-Sainte. Ses colonnes furent culbutées par notre infanterie. Deux divisions de cuirassiers avec Milhaud, les chasseurs et les lanciers de la garde avec Lefebvre-Desnouettes, Ney en tête, gravissaient le talus du Mont-Saint-Jean, et montaient sur la crête jusqu'au centre de l'armée ennemie. Ney, averti par Napoléon de se tenir sur la défensive et d'attendre qu'on eût repoussé les Prussiens, n'avait pas su contenir l'élan de ses lieutenants et de leurs soldats. La cavalerie anglaise qui fuyait devant nous, démasqua dans sa retraite une batterie de 60 canons et une seconde ligne d'infanterie qui rejeta nos cavaliers en bas du plateau. C'était vers cinq heures, au moment même où Bulow forçait Lobau de reculer. Ney, malgré la mitraille, engageait dans une nouvelle charge le reste de notre cavalerie, les cuirassiers de Kellermann, les dragons et les grenadiers à cheval de la garde. Contre les vingt-six bataillons de l'infanterie anglaise formés en carrés, il lançait 12,000 cavaliers. Le premier choc fut terrible ; les canons anglais étaient dans nos mains ; des carrés entiers étaient renversés et dispersés : Ney demandait de l'infanterie à Napoléon pour rompre le centre ennemi, et détruire toute l'armée de Wellington. Mais Napoléon avait dû envoyer à Lobau cette infanterie que Ney appelait à son aide. Les bataillons anglais que nos cavaliers avaient culbutés, en revenant jusqu'à onze fois à la charge, se relevaient et se reformaient si vite, avec la ténacité anglaise, qu'à sept heures du soir notre cavalerie, maîtresse du plateau pendant deux heures, avait dû pour la seconde fois en redescendre. Reille et le prince Jérôme continuaient la lutte au château d'Hougoumont, Drouet d'Erlon devant la Haie et Papelotte.

Pour arrêter Bulow sur notre droite et le chasser de Planchenoit, Napoléon avait lancé contre lui, après son infanterie de réserve, Duhesme et la jeune garde, Morand et trois bataillons de la vieille garde. Rassuré du côté de Bulow, il revint à Ney, et poussa sur le Mont-Saint-Jean les troupes fraîches qui lui restaient, quatorze bataillons de la vieille garde. Une colonne formée de six bataillons de grenadiers et de chasseurs et de 3,000 vétérans, en fut trois fois repoussée par l'artillerie anglaise ; deux des six bataillons étaient détruits. Napoléon, rappelant les troupes d'Hougoumont pour renforcer Ney, ordonna la dernière attaque. Mais les Anglo-Hollandais, avertis de l'approche d'un second corps prussien, tenaient ferme. Au plus épais du feu Wellington répondait à ceux qui lui demandaient ce qu'il faudrait faire s'il était tué : « Tenir ici jusqu'au dernier homme ». Et quand notre vieille garde, culbutant ses carrés, croyait tenir enfin la victoire, de nouveaux ennemis se dressaient contre elle. « Debout, gardes anglaises, et tirez juste, » s'écriait Wellington. A ce cri les soldats de Maitland, couchés dans les blés, se relevaient pour faire feu ; le général Michel était frappé à mort ; la garde diminuée de moitié fuyait malgré Ney devant leur terrible fusillade. A ce moment, vers huit heures, notre armée entendit sur sa droite une vive canonnade. Grouchy ! Grouchy ! criaient encore nos soldats. Non ; c'était Blücher qui, dérobant sa marche à Grouchy et laissant devant lui le corps de Thielmann, venait déboucher à son tour sur notre flanc droit avec 36,000 Prussiens et relier le corps de Bulow à l'armée anglaise. Nos soldats, pressés de front par les Anglais, pris à revers par 66,000 Prussiens, pouvaient s'écrier comme les défenseurs de Paris en 1814 : ils sont trop ! Une affreuse déroute commença. Seule, la vieille garde résista jusqu'à la nuit et forma six carrés à la hauteur de la Belle-Alliance. Napoléon s'était réfugié dans ses rangs, l'épée à la main, et cherchait la mort ; ses généraux l'arrachèrent de la mêlée et l'entraînèrent sur la route de Genappe, pendant que les ennemis massacraient sans peine et sans pitié ses derniers défenseurs. Des six carrés de la garde, un seul restait debout, celui de Cambronne, qui, sommé de se rendre, répondait par un cri ou par un acte héroïque : La garde meurt et ne se rend pas !

Pendant que Wellington et Blücher se joignaient et s'embrassaient à la Belle-Alliance, dont les Prussiens ont donné le nom à leur victoire, les vaincus, poursuivis jusqu'à Frasnes par les cavaliers de Gneisenau, gagnaient Charleroi et repassaient la Sambre. Dans cette bataille qui renversa la fortune de Napoléon et décida du sort de l'Europe, les Français avaient perdu 30,000 hommes, et les vainqueurs 22,000.

Si Grouchy avec sa petite armée, averti par le bruit du canon, entraîné par les cris de ses soldats et les avis de ses lieutenants Gérard et Exelmans, eût passé la Dyle aussi vite que les Prussiens, en forçant le passage qu'on lui disputait déjà et que Vandamme tenta jusqu'à treize fois ; s'il eût rejoint notre armée à

temps sur le champ de bataille et décidé la victoire en sa faveur,
il n'eût sauvé Napoléon qu'à Waterloo (1).

III. Abdication de Napoléon (22 juin 1815). — Gouvernement provisoire. — Capitulation de Paris (15 juillet). — Retour des Bourbons. — Napoléon à Sainte-Hélène

Napoléon, arraché du champ de bataille de Waterloo, avait
chargé Soult de rallier à Laon les débris de son armée. Grouchy,
qu'on accuse de n'avoir pas mieux surveillé les mouvements de
Blücher, eut du moins le mérite, après avoir battu Thielmann
dans la matinée du 19 juin, de ramener son corps d'armée en
France par Namur, Dinant, Rocroi, Rethel et Reims, et de rejoindre Soult avec ses 30,000 hommes. Soult en ramenait autant de
Waterloo. Napoléon avait songé d'abord à se mettre à la tête de
ces 60,000 hommes pour arrêter Wellington et Blücher ; mais on
lui fit craindre l'attitude des deux chambres après sa défaite, et il
rentra dans Paris le 20 juin, presque aussitôt que la nouvelle du
désastre, résolu, disait-on, à prendre la dictature, à dissoudre les
chambres et à sauver le pays par un appel au peuple. C'était la
troisième fois qu'il rentrait dans Paris en fugitif et sans armée.

A ce moment Fouché, correspondant de Wellington et de Metternich, trompant tous les partis, bonapartistes, orléanistes,
constitutionnels, et jouant le même rôle avec les Bourbons que
Talleyrand en 1814, travaillait pour eux à l'insu des deux chambres.
Il y avait là des hommes tels que Lanjuinais, Lafayette, Carnot,
Manuel, Grenier, Dupont de l'Eure, non moins hostiles au despotisme impérial qu'aux Bourbons, et désireux de fonder enfin

1. Ce seul mot de M. Thiers, vigoureusement commenté par lui-même, suffit
pour mettre au néant tant de volumes inutilement publiés sur la bataille de Waterloo. Son admirable récit montre à Waterloo, non pas des fautes stratégiques
de Napoléon, mais toutes les fautes morales et politiques de son règne. L'histoire
ne s'est jamais élevée plus haut par l'impartialité et la vérité. Ajoutons toutefois
que M. Thiers aurait dû mieux étudier et mieux connaître même les fautes stratégiques. De fermes esprits (Charras, Ed. Quinet) ont suffisamment prouvé qu'il ne
fallait pas admettre sans réserve, au sujet du rôle de Ney et de Grouchy dans ce
grand drame, ce qu'en disent Napoléon et ses plus ardents apologistes, tels que
Rovigo (Mém. 8,99). Nous étions vaincus par l'épuisement, et non par les fautes et
les trahisons dont parlent trop complaisamment les *Mémoires de Sainte-Hélène*.

les libertés nationales, quel que fût le chef de l'État. Napoléon vaincu devenait un danger sans compensation... Séparer la France de Napoléon fut le sentiment général (Thiers). Les chambres, auxquelles Fouché fit craindre un 18 brumaire, s'étaient déclarées en permanence sur la motion de Lafayette. Le vétéran de la liberté qu'on n'avait pas entendu depuis vingt-deux ans, reparut à la tribune. « Il n'y a qu'un homme entre la paix et nous, » dit le député Lacoste, et Lafayette ajouta : « Nous avons assez fait pour lui ; notre devoir est de sauver la patrie. » Il fit adopter le 21 juin la résolution suivante : « La chambre des représentants déclare que l'indépendance de la nation est menacée. La chambre se déclare en permanence. Toute tentative pour la dissoudre est un crime de haute trahison. Quiconque se rendrait coupable de cette tentative sera déclaré traître à la patrie et sur-le-champ jugé comme tel. — L'armée de ligne et la garde nationale, qui ont combattu et qui combattent encore pour défendre la liberté, l'indépendance et le territoire de la France, ont bien mérité de la patrie. Les ministres de la guerre, des relations extérieures et de l'intérieur sont invités à se rendre sur-le-champ dans le sein de l'Assemblée. »

Napoléon n'osa pas, suivant les conseils de Carnot et de Lucien, dissoudre la chambre qui s'emparait du pouvoir exécutif, en appeler au peuple et soulever les faubourgs contre les représentants ; il n'osa pas même défendre à ses ministres de se rendre à la chambre. On leur signifia qu'une commission serait nommée par les pairs et par les députés pour négocier directement avec les puissances coalisées. Le 22 on demanda l'abdication de l'empereur, et s'il la refusait, sa déchéance, au besoin son arrestation. Sur les conseils de Régnault de Saint-Jean-d'Angély, Napoléon abdiqua en faveur de son fils (22 juin). Là finissait la période des Cent-Jours, ainsi nommée pour la première fois par le préfet de Paris, Chabrol, haranguant Louis XVIII à son second retour.

Les partisans les plus dévoués de la famille impériale auraient voulu que le gouvernement provisoire, composé de deux pairs, Caulaincourt et Quinette, et de trois représentants, Carnot, Grenier et Fouché, président, s'intitulât conseil de régence et proclamât Napoléon II. Les chambres évitèrent de se prononcer nettement sur leur motion, et le gouvernement publia ses actes au nom du peuple français.

Les généraux alliés, avertis de l'abdication par un émissaire de Fouché, précipitèrent leur marche sur Paris, où Grouchy devança les Prussiens seulement de quelques heures (28 juin). Napoléon, retiré à la Malmaison, offrit ses services comme général. Il assurait qu'en suivant sur la carte la marche téméraire des alliés, il avait conçu pour les vaincre un plan infaillible. En débouchant de Saint-Denis, il eût battu les Prussiens avant l'arrivée des Anglais. Fouché fit refuser les services de l'empereur déchu, acceptés par Carnot. Il semble qu'en effet la lutte était possible. Les généraux Lamarque et Travot avaient pacifié la Vendée par la convention de Cholet. Davout, investi du commandement par les chambres et rejoint par Grouchy, avait contre 110,000 Anglais et Prussiens 70,000 hommes de troupes de ligne, 6,000 tirailleurs fédérés, la garde nationale, et 500 pièces de canons attelées. Il essayait de couvrir la capitale en fortifiant les lignes de Saint-Denis, de Vincennes et de Montmartre. Blücher, après une attaque au nord de Paris, avait reculé jusqu'à Saint-Germain par la rive gauche de la Seine, et Wellington s'était arrêté à Gonesse. Déjà le général Exelmans, se portant sur Versailles, avait culbuté deux régiments de hussards prussiens. Le gouvernement provisoire n'osa pas prolonger la défense; Carnot, qui ne voulait pas des Bourbons, reconnaissait l'impossibilité de défendre Paris. Davout, sur les instances de Fouché et malgré la protestation énergique de 17 généraux, signa le 5 juillet la convention de Saint-Cloud, qui donnait huit jours à l'armée française pour se retirer derrière la Loire, sans brûler une amorce. Le 7 juillet, les alliés entrèrent pour la seconde fois dans Paris. Les Prussiens pouvaient retourner contre les Français vaincus leurs phrases de 1806. Ils avaient dit dans ce temps-là que sept jours leur avaient suffi pour renverser la monarchie de Frédéric le Grand; les Prussiens se vantaient maintenant de n'avoir pas mis plus de temps pour venir de la Belle-Alliance à Paris, que les Français pour aller d'Iéna et d'Auerstadt à Berlin.

Pour apprécier dans la juste mesure la responsabilité de Davout lors de la seconde capitulation de Paris, il faut dire qu'au moment où Fouché préparait la rentrée de Louis XVIII, derrière les Anglais et les Prussiens d'autres ennemis envahissaient nos frontières. A la tête de l'armée austro-russe, Schwarzenberg et Barclay, franchissant le Rhin à Bâle et à Mannheim, marchaient par Nancy et Châlons sur Paris ; les Austro-Sardes, avec Frimont, arrivaient par le Valais et la Savoie sur Grenoble et Lyon. Qu'importait maintenant la résistance héroïque de quelques villes, Auxonne, Longwy, Huningue, où Barbanègre avec 135 hommes arrêta deux mois 20,000 Autrichiens ? Environ 1,200,000 soldats étrangers couvraient le sol français, et devant cette masse d'ennemis Davout acceptait les Bourbons. La capitulation disait que « les propriétés publiques et particulières seraient respectées, et que les individus présents dans la ville à cette époque, ne pourraient être inquiétés ni recherchés en rien relativement à leur conduite et à leurs opinions politiques. »

Napoléon, sous la conduite du général Becker chargé par les chambres de veiller à sa sûreté, avait quitté la Malmaison le 29 juin pour se rendre à Rochefort et passer aux États-Unis. Désespérant d'échapper aux croisières des Anglais, il accepta l'offre du capitaine Maitland qui proposait de le recevoir à bord du *Bellérophon*. Dans une lettre au régent d'Angleterre, il demandait qu'on lui permît de s'asseoir, comme jadis Thémistocle chez les Perses, au foyer du peuple britannique, et de vivre en simple particulier sous la protection des lois anglaises. Les Anglais furent sans pitié pour cette grande infortune, et vengèrent cruellement sur le prisonnier de l'Europe leurs injures personnelles. Ils le transbordèrent sur le *Northumberland* et le conduisirent sans délai (11 août) dans sa prison de Sainte-Hélène, sous la garde des commissaires de la coalition et de Hudson Lowe. C'est sur ce rocher volcanique, à 900 lieues de la côte d'Afrique, à 2,000 lieues de l'Europe, qu'il passa les six dernières années de sa vie, avec quelques amis, Bertrand et sa famille, Montholon, Gourgaud, Las-Cases, qui partagèrent noblement son exil ; exemple glorieux de fidélité dans un temps qui vit tant de bassesses et de trahisons. Un misérable îlot enferma dans son climat meurtrier celui qui naguère avait tenté de soumettre l'Europe par la France, et l'Angleterre par l'Europe. Il parut plus grand dans son exil qu'au temps des lâches flatteries du Sénat. Sa gloire fut comme épurée et transfigurée par le malheur. Ses fidèles écrivirent sous sa dictée ou son inspiration des mémoires où sa vie et sa politique sont trop souvent défigurées par l'admiration personnelle, ses actes les plus violents trop complaisamment justifiés par ses intentions, et ses fautes trop rarement avouées. Mais la France et l'Europe lurent avidement tous ces ouvrages : le *Mémorial de Sainte-Hélène*, publié par Las-Cases ; la *Campagne de 1815*, par Gourgaud ; les *Mémoires pour servir à l'histoire de France*, le *Précis sur les campagnes de César*, publiés par Marchand ; les *Campagnes d'Egypte et de Syrie*, par Bertrand ; et les mémoires qui racontaient sa longue et douloureuse agonie, *Napoléon dans l'exil* par le docteur O'Meara, les *Derniers moments de Napoléon*, par le docteur Antommarchi, et les *Récits de la captivité de Sainte-Hélène*, par Montholon. Il prédisait les révolutions qui après lui ont soulevé la Grèce et l'Italie, celles qui devaient agiter encore notre pays, et même le retour de sa famille au trône de France. Il semblait vouloir, du haut de son rocher, dominer encore l'esprit des hommes. La sympathie et l'admiration des peuples revinrent en effet à celui dont la chute n'avait pas amené tous les biens qu'on leur avait promis, et quand on apprit sa mort après six ans de souffrances et d'outrages, le 5 mai 1821, un cri de douleur et de honte éclata au sein même du parlement anglais. « L'univers, s'écria lord Holland, porte le deuil du héros ». Le 15 décembre 1840, Paris vit le prince de Joinville ramener dans ses murs et déposer sous le dôme des Invalides la dépouille mortelle de Napoléon, suivant le vœu qu'il en avait exprimé quinze jours avant de mourir.

Les alliés étaient rentrés dans Paris le 7 juillet 1815 comme dans une ville prise d'assaut, et la menace à la bouche. Le lendemain, ils chassaient les sénateurs et les représentants du Luxembourg et du Palais-Bourbon, quoique les chefs des armées alliées eussent pris, disait une circulaire du ministre de l'intérieur aux préfets, l'engagement solennel de respecter les institutions et les couleurs nationales. Manuel put bien leur répéter les paroles altières de Mirabeau contre la force des baïonnettes ; les généraux prussiens furent moins sensibles que M. de Brézé à ces phrases révolutionnaires. Aux députés qui tentaient de rentrer au Palais-Bourbon, les soldats prussiens fermaient les portes en déclarant que la consigne défendait d'entrer chez le prince de Condé ; et le drapeau blanc flottait sur les Tuileries. Louis XVIII y rentra le 8 juillet derrière Wellington qui craignait pour lui les violences de

Blücher. Sa proclamation du 28 juin, datée de Cambrai, était faite pour rassurer ses sujets sans irriter les vainqueurs. Il disait : « J'accours... pour me placer une seconde fois entre les armées alliées et les Français... C'est la seule manière dont j'ai voulu prendre part à la guerre. Je n'ai point permis qu'aucun prince de ma famille parût dans les rangs des étrangers... Mon gouvernement devait faire des fautes ; peut-être en a-t-il fait... L'expérience ne sera pas perdue... Si les acquéreurs des biens nationaux ont conçu des inquiétudes, la charte aurait dû suffire pour les rassurer... Je promets de pardonner aux Français égarés tout ce qui s'est passé depuis le jour où j'ai quitté Lille... (23 mars 1815)... Mais le sang de mes enfants a coulé par une trahison dont les annales du monde n'offrent pas d'exemple... Je dois donc pour l'intérêt de mes peuples, pour le repos de l'Europe, exempter du pardon les instigateurs et les auteurs de cette trame horrible... Ils seront désignés par les deux chambres... »

Louis XVIII n'eut que trop vite l'occasion de se placer entre les Français et les armées alliées. Blücher menaçait de faire sauter le pont d'Iéna et d'abattre la colonne de la place Vendôme. Sur les fières réclamations du vieux roi, l'intervention de Wellington et du roi de Prusse sauva ces monuments ; mais nos musées furent dévastés ; chaque peuple réclama ses tableaux, ses statues et ses livres, et Paris se vit enlever la plupart des chefs-d'œuvre conquis par nos armes. Blücher parlait encore d'enlever tous les fonds du trésor et de la Banque, et Paris se rachetait par une rançon de dix millions. Même violence et même terreur dans les départements ; 500,000 soldats étrangers venus par le Rhin, la Suisse, les Alpes et les Pyrénées, couvraient nos provinces et se vengeaient de toutes les invasions qu'eux-mêmes avaient subies. Ils songeaient même à démembrer la France. Pour châtier la France, disait Blücher, il faut la rendre semblable à l'Allemagne et la partager. Louis XVIII eut connaissance d'un traité de partage que les ministres des puissances agitaient dans leurs délibérations secrètes. Il s'en plaignit noblement dans une entrevue avec le czar et Wellington. « Milord, dit-il au général anglais, je croyais, en rentrant en France, régner sur le royaume de mes pères. Il paraît que je me suis trompé ; je ne saurais cependant demeurer qu'à ce prix. Votre gouvernement, milord, consentira-t-il à me recevoir, si je lui demande encore asile ? » Le czar ému déclara qu'il ne souffrirait point le démembrement de la France. Mais sur la réclamation des souverains alliés, Macdonald alla licencier l'armée de la Loire (16 juillet).

D'autre part la *terreur blanche* avait commencé dans les provinces du midi. Les royalistes les plus fanatiques croyaient leurs vengeances autorisées par le roi lui-même, qui, dans la proclamation de Cambrai, avait promis le châtiment des traîtres et des coupables, et qui par une ordonnance que Fouché avait rédigée, traduisait dix-neuf généraux devant les conseils de guerre. A Toulouse, à Nîmes, à Poitiers, le peuple massacrait les protestants au nom de la religion, comme il avait sous la Terreur tué les aristocrates au nom de la liberté. Il fallait, pour contenir les étrangers et les royalistes eux-mêmes, régler encore une fois les comptes de la France avec l'Europe ; ce fut l'objet du second traité de Paris 30 novembre 1815), auquel commence plus régulièrement l'histoire de la Restauration.

CHAPITRE XV

SOMMAIRE.

1. — Après le premier traité de Paris (30 mai 1814), qui réduit la France aux limites de 1792, s'ouvre le congrès de Vienne (22 septembre), troublé d'abord par d'orageux débats, la Russie réclamant toute la Pologne et demandant pour la Prusse toute la Saxe. Talleyrand, défenseur habile de la *légitimité* et de l'équilibre européen, profite de ces discordes et relève la France par son alliance avec l'Autriche et l'Angleterre contre les deux puissances du Nord. Le congrès, pacifié par le démembrement de la Saxe, même avant le retour de l'île d'Elbe, règle les autres questions européennes, et dans les séances particulières d'un congrès allemand l'organisation intérieure de l'Allemagne. La maison d'Autriche refusant de rétablir l'empire électif, la politique de la Prusse et des États secondaires fait prévaloir contre les partisans de l'unité nationale le principe de l'indépendance locale et souveraine des États. Les 38 États de la *Confédération germanique*, royaumes, duchés, principautés, villes libres, se partagent les 17 votes de la diète ordinaire de Francfort sous la présidence de l'Autriche, et les 69 votes de la diète générale ou *Plenum*. La Confédération compte parmi ses membres cinq monarchies plus européennes qu'allemandes ; chaque État a le droit de choisir ses alliances. Les libertés constitutionnelles sont plutôt promises que garanties. Le retour de Napoléon précipite les arrangements définitifs (acte fédéral, 8 juin 1815. — Clôture du congrès, 9 juin). Cinq mois plus tard le second traité de Paris (30 novembre) ramène la France dans ses limites de 1790, et lui enlève la Savoie et sur les points les plus faibles de sa frontière du nord cinq places fortes, Philippeville, Mariembourg, Bouillon, Sarrelouis et Landau. Elle paie plus d'un milliard d'indemnités générales et particulières, et doit pendant cinq ans entretenir dans ses provinces du nord et de l'est 150,000 soldats étrangers.

2. — Par les traités de 1815, la France, qui perd une partie de ses colonies (Sainte-Lucie, Tabago, l'Ile de France), est resserrée dans ses anciennes frontières et voit grandir contre elle tous les États limitrophes. Au nord la Hollande et la Belgique sont réunies pour la maison de Nassau en un seul royaume des Pays-Bas, maître encore, malgré la perte de Ceylan et du Cap, d'un vaste empire colonial aux Indes néerlandaises (Java). La Prusse par ses provinces du Rhin, et la Bavière par l'ancien Bas-Palatinat (Bavière rhénane) couvrent nos frontières du nord-est. La neutralité de la Suisse est renforcée ; l'adjonction du Valais, de Genève et

de Neuchâtel porte à 22 le nombre de ses cantons, au lieu de 13 en 1789. Au sud-est, le royaume de Sardaigne, fortement reconstitué, reprend la Savoie et Nice, et s'incorpore l'ancienne république de Gênes. — En Italie le Saint-Siège est remis en possession des Etats de l'Eglise. — Les Bourbons sont rétablis à Naples, après la fin tragique de Murat, et dans la principauté de Lucques. L'Espagne et le Portugal, gardant leurs anciennes limites en Europe, voient commencer la révolte et l'émancipation de leurs vastes colonies. Au nord de l'Europe, la Suède acquiert la Norvège.

3. — Les quatre grandes puissances, Prusse, Autriche, Angleterre, Russie, se partagent plus hardiment nos dépouilles. — La maison de Hohenzollern domine dans le nord de l'Allemagne, de la Moselle au Niémen, entre la France et la Russie. A ses anciennes possessions de 1789 elle ajoute l'ancien territoire des électeurs de Cologne et de Trèves, la Westphalie, la Poméranie suédoise, un tiers du royaume de Saxe et le duché de Posen. Elle a cédé Anspach à la Bavière, Hildesheim et l'Ost-Frise au Hanovre, érigé en royaume pour l'Angleterre. — De même la maison de Habsbourg, qui laisse au royaume de Wurtemberg ses possessions de Souabe, reprend le Tyrol et Salzbourg, la Galicie, les provinces illyriennes, la Dalmatie, et le royaume lombard-vénitien en échange de la Belgique. Elle recouvre en Italie pour ses branches collatérales les duchés de Toscane, de Modène et de Parme. — L'Angleterre, qui préside à ce remaniement territorial, affermit par ses conquêtes sa domination sur toutes les mers (Malte, Helgoland, le Cap, Ceylan, Ile de France) et va compléter son empire du Bengale. — La Russie, non moins formidable sur le continent, avançant toutes ses frontières sur l'Europe par la Finlande, par le royaume de Pologne, par la Bessarabie qui la porte aux bouches du Danube, commence la conquête des provinces du Caucase et de la mer Caspienne. — L'empire ottoman, affaibli par les traités d'Iassi et de Bucharest (1792-1812) conserve pour un temps la Grèce et ses autres provinces d'Europe, mais travaillées par l'influence politique et religieuse de la Russie. — La Russie, la Prusse et l'Autriche qui signent la Sainte-Alliance (26 septembre 1815), et l'Angleterre qui, tout en repoussant ce traité mystique au nom de sa constitution libre, s'associe aux trois puissances pour assurer la police de l'Europe, croient la Révolution française à jamais vaincue.

1. Premier traité de Paris (30 mai 1814). — Congrès de Vienne (22 sept. 1814-9 juin 1815). —Questions de Saxe et de Pologne. — Constitution de la Confédération germanique. — Second traité de Paris (30 nov. 1815.)

On appelle *traités de* 1815 l'ensemble des conventions diplomatiques qui renfermèrent dans ses anciennes limites la France deux fois vaincue et reconstituèrent sur de nouvelles bases l'équilibre européen : premier traité de Paris, 30 mai 1814 ; congrès de

Vienne, 22 septembre 1814-9 juin 1815; deuxième traité de Paris, 30 novembre 1815.

Après la première chute de Napoléon, la convention précipitée du 23 avril 1814 servit de base au premier traité de Paris. M. de Talleyrand et le comte d'Artois abandonnèrent toutes les conquêtes de la France, 53 places fortes, 12,000 bouches à feu, des ports et des arsenaux avec tout leur matériel, 34 vaisseaux de ligne et 12 frégates. Nos soldats évacuèrent sans combat toutes les forteresses qu'ils occupaient : en Allemagne, Hambourg, Magdebourg, Mayence, Torgau, etc. ; aux Pays-Bas, le Texel, Flessingue, Berg-op-Zoom, Anvers, Mons, Luxembourg; en Espagne, Figuières, Lérida, Girone, Tarragone. Pour toute indemnité la France conservait ses limites du 1er janvier 1792 avec certains compléments de son ancien territoire : Mulhouse, Avignon, Montbéliard, Chambéry et Annecy. On stipulait la libre navigation du Rhin pour tous les États riverains, le rétablissement de la maison d'Orange en Hollande avec un accroissement de territoire, la Confédération des États allemands, l'indépendance de la Suisse et des États secondaires d'Italie, l'occupation définitive de Malte par les Anglais. La France recouvrait ses colonies dans l'Inde, à condition de n'en fortifier aucune, et cédait aux Anglais Sainte-Lucie, Tabago, l'Ile de France, Rodrigue, les Seychelles. On lui rendait le droit de pêche sur les côtes de Terre-Neuve et à l'embouchure du Saint-Laurent. Elle perdait la flotte du Texel, et dans les autres places maritimes, abandonnées par son pavillon, gardait seulement les deux tiers des vaisseaux. Enfin la France s'engageait d'avance à reconnaître les décisions du congrès de Vienne qui s'ouvrirait dans un délai de deux mois. On ne lui demandait point compte d'ailleurs des contributions levées sur les pays conquis, ni des objets d'art enlevés dans les pays voisins. La Prusse seule se contenta de remporter de Paris à Berlin la statue de la *Victoire* qui décorait la porte de Brandebourg. Cette paix fut mal accueillie par les Allemands et surtout par les Prussiens, qui s'étaient flattés de reprendre à cette occasion leurs places frontières, Landau, Strasbourg, Huningue, etc. ; mal vue en France et décriée par les grands dignitaires de l'empire qui perdaient leurs dotations sur les pays conquis, par les petits fonctionnaires qu'on y privait de leurs emplois. Loin d'être surpris et satisfaits des concessions qu'on leur avait faites, ils en concluaient qu'on aurait pu traiter encore à de meilleures conditions, et que la France, dans sa défaite même, paraissait toujours redoutable à ses ennemis.

Quatre mois après le premier traité de Paris, le 22 septembre 1814, s'ouvrit, pour les plénipotentiaires de toutes les puissances, ce congrès de Vienne qui devait régler en détail les affaires de l'Europe entière, et trancher les grandes questions énoncées sommairement par le premier traité. Là s'étaient rassemblés les empereurs d'Autriche et de Russie, les rois de Prusse et de Danemark, de Bavière et de Wurtemberg, avec les hommes d'État et les plus illustres diplomates de tous les pays : le cardinal Consalvi pour le pape ; Metternich, Wessenberg et Gentz pour l'Autriche ; Rasumowski, Stackelberg et Nesselrode pour la Russie ; Castlereagh et Stewart pour l'Angleterre ; Hardenberg et Alexandre de Humboldt pour la Prusse ; Talleyrand et Dalberg pour la France ; Gagern pour Nassau ; le comte Munster pour le Hanovre ; Schulenbourg pour la Saxe ; Wrède et Rechberg pour la Bavière ; Wintzingerode pour le Wurtemberg, etc.

Au milieu des fêtes qui témoignaient de l'hospitalité magnifique de l'empereur d'Autriche, il fallait répartir environ 32 millions d'âmes détachées de l'empire français, et reconstituer l'Allemagne, la Pologne et l'Italie, tant de fois démembrées et déchirées par Napoléon. Il fallait surtout réorganiser l'Allemagne, qui n'était pas plus disposée à reprendre son ancienne constitution qu'à s'en tenir au traité de Lunéville. On s'entendit sans peine sur les principes généraux : rétablir partout les princes légitimes et renverser les gouvernements d'origine révolutionnaire. Il était moins facile de s'accorder au sujet des indemnités réclamées par les puissances belligérantes, des pays reconquis en Allemagne sur la France et ses alliés, et régis par un gouvernement provisoire. Dans cette assemblée plus fameuse que le congrès de Westphalie et plus inférieure encore à sa mission, on ne songea qu'à partager les territoires et les revenus sans aucun souci des peuples et des religions. Ceux qui devaient reconstituer l'Europe et donner aux peuples les libertés promises au moment de la lutte contre Napoléon, montrèrent souvent plus de mépris que la Révolution et Napoléon lui-même pour les anciens droits et pour l'équilibre européen. Tandis que la France avait prétendu remanier l'Europe pour la régénérer, ils se partagèrent les territoires et les âmes par ambition brutale et ne reconstituèrent vraiment que leur tyrannie.

On distingua dès le début les questions européennes et les affaires allemandes. Les premières étaient discutées par les huit souverains signataires du premier traité de Paris, Autriche, Russie, Angleterre, Prusse, France, Espagne, Portugal et Suède, les deux derniers admis sur la motion de Talleyrand. Les États secondaires, Danemark, Naples, Bavière et Sardaigne, réclamèrent vainement le droit de siéger parmi les puissances au même titre que le Portugal. On devine que les cinq premières puissances eurent voix prépondérante. Les affaires d'Allemagne étaient réservées aux représentants de cinq puissances allemandes, Autriche, Prusse, Bavière, Hanovre et Wurtemberg, qui plus tard, sur la réclamation des autres princes, finirent par admettre à leurs délibérations les délégués de tous les États allemands.

On fit d'abord la part des grandes puissances et de ceux qui avaient porté les coups les plus terribles à Napoléon. La Russie demandait pour le prix de ses services le grand-duché de Varsovie. Mais donner la Pologne à la Russie, accrue tout récemment de la Finlande et de la Bessarabie, c'était renverser l'équilibre européen. Le colosse moscovite, franchissant la Vistule, allait s'avancer ainsi, sur les flancs de la Prusse et de l'Autriche, jusqu'au cœur de l'Europe. L'Autriche et l'Angleterre repoussèrent ces prétentions de la Russie, et furent soutenues par la France que le czar accusa d'ingratitude. Le czar avait pour lui la Prusse, son premier allié de 1813, qui vantait bien haut ses grands sacrifices à la cause commune et réclamait tout le royaume de Saxe en offrant d'indemniser sur le Rhin le roi détrôné. Il semblait juste aux Prussiens, qui se disaient les sauveurs de l'Europe, de châtier ce roi de Saxe, alors prisonnier à Berlin, qui depuis 1807 avait trahi l'Europe et l'Allemagne. En joignant le royaume de Saxe à leur monarchie, ils eussent porté leur frontière jusqu'à la Bohême. Le czar appuyait leurs prétentions et leur eût donné volontiers toute la Saxe, afin de prendre pour lui-même toute la Pologne. Mais l'empereur d'Autriche avait promis au roi de Saxe qu'il ne permettrait point qu'on lui prît tous ses États. Comment détrôner le roi de Saxe, quand presque tous les princes de la Confédération du Rhin, autres alliés de la France, avaient recouvré la totalité de leurs domaines?

Les Saxons n'avaient-ils pas aussi trahi Napoléon à Leipzig ?
Comment d'ailleurs accorder cette dépossession d'une des plus
vieilles dynasties de l'Allemagne avec le principe de la *légitimité*
que prêchait Talleyrand ? En vertu de ce grand principe il demandait précisément, dans le congrès de Vienne, l'expulsion de Murat
et le rétablissement de Ferdinand IV à Naples, et aux menaces
d'Alexandre Ier il opposait la *légitimité*, le *droit public*. « Ces
droits de l'Europe, disait le czar, je ne les connais pas. Entre
puissances, les droits sont les convenances de chacune. Je n'en
admets pas d'autres… S'il en est ainsi, la guerre ! la guerre ! J'ai
200,000 hommes en Pologne ; qu'on vienne m'en chasser.…
Le roi de Saxe est un traître… il ira finir prisonnier en Russie, et
il ne sera pas le premier prince saxon qui ait expié ainsi ses prétentions sur la Pologne. »

Telle était l'insistance opiniâtre de la Russie et de la Prusse,
que l'Autriche, l'Angleterre et la France, acceptant le défi du czar,
et ralliant les États secondaires de l'Allemagne que l'exemple du
roi de Saxe effrayait pour eux-mêmes, signèrent contre ces deux
puissances la convention du 3 janvier 1815. Chacun des trois alliés
promettait d'armer 150,000 hommes et jurait d'exécuter envers et
contre tous le traité de Paris. D'autre part un manifeste d'Alexandre Ier appelait tous les Polonais aux armes pour défendre l'existence
politique de la Pologne, et provoquait parmi les Slaves un élan de
fanatisme national. Les vainqueurs de Napoléon étaient bien près
de se faire la guerre, six mois après sa chute. On se réconcilia
pourtant dès le mois de février, même avant le retour de l'île
d'Elbe qu'on apprit le 11 mars, au milieu d'un bal chez le prince
de Metternich. Le czar, laissant le duché de Posen à la Prusse,
avec la Prusse occidentale, Thorn, Danzig, eut presque tout le
grand-duché de Varsovie ou royaume de Pologne, auquel on promettait l'autonomie et des droits constitutionnels, et que la Russie
ne pourrait jamais s'incorporer. L'Autriche reprenait sa part de la
Galicie perdue au traité de Vienne. L'étrange création de la république de Cracovie prouva que les trois puissances n'avaient pu
s'entendre sur ce débris de la Pologne. En élevant des boulevards
contre la France, on oubliait pour le péril passé le danger présent.
Si la prépondérance de la Russie menaça plus tard l'Europe, la
faute en fut au congrès de Vienne.

Il semblait que l'Allemagne, tant de fois remaniée et démembrée, ravagée par tant de guerres, méritât la sollicitude particulière du congrès de Vienne. Après la dissolution de l'empire germanique et de la Confédération du Rhin, ce n'était plus qu'une masse informe de populations, d'États et d'intérêts divers, qu'il s'agissait d'organiser et d'équilibrer. La nation allemande, ayant conquis son indépendance, attendait du congrès de Vienne la liberté promise. On régla d'abord les questions de territoires. La Prusse, outre sa part de la Pologne et de la Saxe, reçut les provinces du Rhin et de Westphalie. L'Autriche, outre sa part de la Galicie, recouvra toutes ses possessions de 1789, moins la Souabe laissée au Wurtemberg, et la Belgique réunie à la Hollande, en échange de laquelle on lui donna le royaume lombard-vénitien. La Bavière, pour le Tyrol, le Vorarlberg et Salzbourg rendus à l'Autriche, reçut une portion de l'ancien palatinat du Rhin (Bavière rhénane), Spire, Landau et Deux-Ponts ; en Franconie les margraviats d'Anspach et de Bayreuth, Wurtzbourg, Aschaffenbourg, etc. Le royaume de Saxe perdait, par les arrangements qu'on a vus plus haut, presque toute la Misnie et la Thuringe, Torgau et Wittenberg, environ un million de sujets. Le Wurtemberg gardait son titre royal avec ses acquisitions dans la Souabe autrichienne. L'électorat de Hanovre, auquel la Prusse avait cédé par des conventions antérieures Hildesheim, l'Ost-Frise et son littoral de la mer du Nord, fut érigé en royaume pour le roi d'Angleterre, entre l'Elbe et l'Ems. Saxe-Weimar, Oldenbourg, enclavé dans le Hanovre, les deux Mecklembourg (Schwerin et Strelitz), la Hesse électorale (Cassel et Fulde) et la Hesse-Darmstadt (Darmstadt, Worms et Mayence), devenaient grands-duchés. Francfort-sur-le-Main, Lubeck, Hambourg et Brême demeuraient villes libres à leur grande surprise.

Il fut plus difficile d'organiser la constitution fédérale. La Prusse et les princes de la Confédération du Rhin refusant de se démettre de leur droit de souveraineté, et François Ier de reprendre la couronne impériale d'Allemagne, il fut résolu, malgré le vœu du Hanovre et des petits États, qu'on ne reviendrait pas à l'ancienne constitution de l'empire électif. Le principe de l'indépendance locale et souveraine des États prévalut contre les partisans de l'unité nationale, d'une centralisation puissante et des libertés populaires. La Bavière et le Wurtemberg n'entendaient pas renoncer pour les États particuliers au droit de choisir librement les alliances à l'étranger, ni reconnaître aux sujets les franchises constitutionnelles que l'Autriche, la Prusse et le Hanovre proposaient de leur accorder. On stipula donc pour chaque État, comme en 1648, le droit de choisir ses alliances, avec des réserves illusoires pour la patrie commune. Lorsqu'après huit mois de discussions on eût rédigé l'acte fédératif (8 juin), Wurtemberg et Bade refusèrent de le signer. Mais les dangers de la guerre contre la France précipitèrent les arrangements définitifs pour l'Allemagne et pour l'Europe. Tous les États allemands ou possessionnés en Allemagne, comme le Danemark, les Pays-Bas, l'Angleterre, s'unirent dans une alliance indissoluble, aux termes du premier traité de Paris (art. 6), pour garantir au dehors et au dedans la sécurité de l'Allemagne et l'intégrité de chaque État. La Confédération comprenait 38 États souverains : un empire, l'Autriche ; cinq royaumes, Prusse, Bavière, Hanovre, Saxe, Wurtemberg ; huit grands-duchés, Hesse-Cassel ou Hesse électorale, Bade, Hesse-Darmstadt, Mecklembourg-Schwerin, Mecklembourg-Strélitz, Saxe-Weimar, Oldenbourg, Luxembourg ; dix duchés, dont quatre saxons, Saxe-Gotha, Saxe-Cobourg, Saxe-Meiningen, Saxe-Hildburghausen, et trois de la maison d'Anhalt, Dessau, Kœthen, Bernbourg, puis Nassau, Brunswick, Holstein ; dix principautés, Schwarzbourg-Rudoldstadt et Schwarzbourg-Sondershausen, Hohenzollern-Hechingen et Hohenzollern-Sigmaringen, Reuss-Greiz et Reuss-Schleiz, Lippe-Detmold et Schaumbourg-Lippe, Waldeck, Liehstenstein ; enfin quatre villes libres, Francfort, Hambourg, Brême et Lubeck [1].

Ainsi, à la place du vieil empire d'Allemagne renversé par Napoléon, on formait, en réduisant le nombre des principautés, en médiatisant 80 petites seigneuries au profit des grandes, en partageant les pays par milliers d'âmes, ce qu'on appela désormais la *Confédération germanique*. Les affaires courantes étaient discutées

---

[1]. D'après un dernier arrangement (1817) le landgraviat de Hesse-Hombourg forma le 39e État, mais l'extinction de la branche de Saxe-Gotha en 1826 rétablit le chiffre primitif de 38 États confédérés (Frédéric Bülau, *Hist. d'Allemagne*, 1800-1830).

par un comité permanent de 17 membres à la diète de Francfort-sur-le-Main, sous la présidence perpétuelle de l'Autriche ; mais une assemblée plus générale (*plenum*) où les confédérés se partageaient 69 votes, pouvait seule porter des lois organiques ou fondamentales, et modifier ainsi la constitution fédérale, qui d'ailleurs garantissait mal l'indépendance des États secondaires contre la prépondérance de l'Autriche et de la Prusse. Dans la commission de la diète, les onze grands États, Autriche, Prusse, Bavière, Hanovre, royaumes de Saxe et de Wurtemberg, Hesse électorale, Danemark (pour le Holstein), les Pays-Bas (pour Luxembourg), avaient chacun leur vote, et tous les autres n'avaient que six voix collectives. Dans le *plenum*, les six premiers États qu'on vient de nommer avaient chacun cinq voix, les cinq suivants chacun trois voix, les trois qui venaient après eux chacun deux voix, et chacun des autres une seule voix. On ne s'imagine guère, avec ce partage inégal des voix et leur unanimité obligatoire en certains cas, l'équilibre et la sécurité des États. Il était dit que les confédérés, en cas d'attaque, se devaient mutuelle assistance, et l'acte fédéral fixait leurs contingents pour une armée de 300,000 hommes. La Confédération eut d'abord trois forteresses communes, Mayence, Landau, Luxembourg, et plus tard cinq avec Ulm et Rastadt. Les querelles des États confédérés devaient être jugées par une commission de l'assemblée générale ou par arbitres (*Austrägal-Instanz*).

Pour reconnaître en quelque sorte l'unité de la patrie allemande, on stipulait pour tout Allemand le droit de posséder des biens-fonds dans les États voisins du sien, d'exercer des emplois civils ou militaires dans tous les États de la Confédération, et de passer librement de l'un à l'autre, après avoir payé à son pays la dette du service militaire. On promettait la liberté des cultes. On oublia de stipuler en même temps, mais on promit de garantir, dès la première diète, la liberté du commerce et de la navigation. On était loin encore de songer à restreindre par des unions commerciales les 38 douanes particulières des États. La liberté de la presse fut promise et bientôt détruite par les décrets de Carlsbad. Tandis que deux lignes, consacrées *au soulagement des peuples*, promettaient vaguement dans chaque principauté le rétablissement des États provinciaux, selon le vœu du Hanovre, ou les franchises constitution-

nelles du libéralisme français, selon le vœu des anciens confédérés
du Rhin, on s'étendait longuement sur la noblesse et sur la
nécessité de réhabiliter les seigneurs médiatisés, dont il était fort
difficile de concilier les droits avec ceux des souverains immédiats.
On décida que les seigneurs médiatisés siégeraient de plein droit
et au premier rang dans les États provinciaux.

Le plus grand vice de cette constitution fédérative de l'Allemagne
était de compter parmi tant d'États cinq puissances européennes
plutôt qu'allemandes, et toujours tentées d'oublier pour les embarras ou les prétentions de leur politique extérieure les intérêts de
la Confédération germanique : l'Autriche, qui laissait la Hongrie,
la Transylvanie, la Galicie et la Bukovine, la Slavonie, la Croatie
et les Confins militaires en dehors de la Confédération ; la Prusse
qui n'y mettait ni ses deux provinces de Prusse proprement dite,
ni son grand-duché de Posen ; puis l'Angleterre qui n'y tenait que
par le Hanovre, les Pays-Bas par le Luxembourg, et le Danemark
par le Holstein. L'Europe ne semblait pas d'ailleurs menacée de
dangers sérieux par cette diète de Francfort que présidait l'Autriche, et l'éternelle rivalité de Berlin et de Vienne, du nord pro-
testant et du midi catholique, pouvait la rassurer. Si l'Autriche
comptait dans la Confédération 9,500,000 sujets, la Prusse en
avait 8 millions sur 10. Les deux puissances pouvaient donc se
faire équilibre dans la Confédération au profit de l'Europe. L'empereur faisait partie de la Confédération pour la Bohême, la Moravie, l'Illyrie, l'archiduché d'Autriche, la Styrie, le Tyrol ; le roi de
Prusse pour le Brandebourg, la Silésie, la Poméranie, la Saxe et
les provinces rhénanes.

Le congrès se déclara dissous le lendemain du jour où fut signé
l'acte fédératif (9 juin), et neuf jours avant la bataille de Waterloo.
La guerre le força d'ajourner les questions du droit des gens qu'il
n'eut pas le temps de résoudre, traite des noirs, piraterie des
États barbaresques, liberté des mers, franchise du pavillon, etc.
Sept puissances signèrent les actes du congrès, Autriche, France,
Angleterre, Portugal, Prusse, Russie et Suède. L'Espagne refusa
sa signature au sujet de l'affaire de Parme qui n'était pas encore
arrangée. Le pape protesta, comme autrefois contre le congrès de
Westphalie. Le cardinal Consalvi, son représentant, se plaignit
publiquement (14 juin 1814) qu'on établît des garnisons autri-

chiennes sur la rive droite du Pô ; qu'on eût sécularisé en Allemagne les principautés ecclésiastiques ; qu'on n'eût pas restitué les biens et les revenus des églises et des abbayes, ni rétabli le Saint-Empire romain, centre d'unité politique jadis consacré par la religion. Ce langage du moyen âge dut surprendre les hommes d'État du xixe siècle ; la protestation d'ailleurs n'émut guère ni les cours ni les peuples. Les Italiens, mécontents, avaient bien d'autres soucis que le recouvrement des droits de la papauté et la restauration de l'empire d'Occident.

Cinq mois plus tard, la coalition, victorieuse pour la seconde fois de Napoléon, imposait à Louis XVIII le second traité de Paris (30 novembre 1815), qui ramenait la France aux limites de 1790. Elle perdait Philippeville, Marienbourg et le duché de Bouillon, donnés au royaume des Pays-Bas ; Sarrelouis et Sarrebruck donnés à la Prusse ; Landau et la rive gauche de la Lauter (moins Wissembourg) donnés à la Bavière ; une partie du pays de Gex attribuée à la Suisse ; toute la Savoie donnée au royaume de Sardaigne ; et la suzeraineté de Monaco. On lui enlevait en détail plus de 500,000 âmes. Le fort de Huningue fut démoli, et défense était faite d'en construire un autre dans un rayon de trois lieues depuis Bâle. La France devait payer aux alliés 700 millions comme indemnité de guerre, sans préjudice des réclamations particulières qui s'élevèrent jusqu'à 370 millions, et recevoir, nourrir, vêtir avec les draps anglais, pendant cinq ans au plus et trois ans au moins, 150,000 soldats étrangers commandés par Wellington et répartis dans 18 places fortes du nord et de l'est : Condé, Valenciennes, Bouchain, Cambrai, le Quesnoy, Maubeuge, Landrecies, Avesnes, Rocroi, Givet, Charlemont, Mézières, Sedan, Montmédy, Thionville, Longwy, Bitche, et la tête de pont du fort Louis. Dans le partage des contributions françaises, l'Angleterre et la Prusse eurent chacune 125 millions, la Russie et l'Autriche chacune 100 millions, les autres princes allemands avec les Pays-Bas et la Sardaigne 100 millions, l'Espagne 5 millions, la Suisse 3 millions, le Danemark 2 millions et demi, le Portugal 2 millions. On devait consacrer 137 millions à fortifier les places voisines de la France, pour la tenir en respect et garantir la paix de l'Europe.

II. Tableau comparé des puissances européennes et de leurs colonies en 1789 et en 1815. — La France et les États secondaires.

La politique du congrès de Vienne fut d'agrandir et de fortifier autour de la France tous les États secondaires, comme les avant-postes des grandes puissances, qui leur donnaient ce qu'elles n'osaient prendre pour elles-mêmes. De toutes ses conquêtes de la Révolution et de l'Empire, la France ne gardait que Mulhouse, Avignon et le Comtat-Venaissin. Sur sa frontière du nord, les sept provinces de la Hollande calviniste et les dix provinces de la Belgique catholique étaient réunies en un seul royaume des Pays-Bas pour la maison de Nassau. C'était le plan de la diplo-matie anglaise, qui nous éloignait des bouches de la Meuse et de l'Escaut, d'indemniser et d'élever cette monarchie néerlandaise qui perdait le Cap et Ceylan, mais en gardant ses riches et vastes colonies de la Malaisie, Java, Sumatra, une partie des Célèbes et de Bornéo, les Moluques et quelques Antilles, Curaçao, Saint-Eustache, et sa part de la Guyane. Le nouveau royaume, peuplé d'environ 7 millions d'habitants, rangeait sous la même loi d'o-pulentes cités, Bruxelles, Gand, Bruges, Liége, Amsterdam et la Haye, et les grands ports des deux pays, le Texel, Rotterdam, Anvers, Flessingue, Ostende, etc. L'Angleterre espérait marier le nouveau roi des Pays-Bas à la fille du prince régent et se réser-ver sur les Néerlandais le même protectorat qu'au dernier siècle. Courtray, Mons, Charleroi, Namur, Liége, Luxembourg, leur donnaient contre nous de solides remparts. Philippeville et Marien-bourg devenaient sur la frontière belge de nouvelles *barrières* contre la France, et cessaient de couvrir, selon la pensée de Mazarin, la trouée des Ardennes et la vallée de l'Oise. La Prusse arrivait au nord-est jusqu'à nos frontières, devant Metz et Thion-ville, par les provinces rhénanes qu'on lui rendait; la Bavière par l'ancien Bas-Palatinat (Landau, Spire, Kaiserslautern), qu'on nomme aujourd'hui la Bavière rhénane.

A l'est on renforçait contre nous la neutralité de la Suisse, qui recouvrait le Porentruy et le Valais. Par l'adjonction de Genève, du Valais et de Neuchâtel, ce dernier soumis à la souveraineté

du roi de Prusse, la Confédération helvétique, affranchie de l'acte
de médiation, comprenait 22 cantons, au lieu de 13 en 1789.
Dans sa diète présidée à tour de rôle par Zurich, Berne et Lucerne, elle pouvait modifier sa constitution plus librement qu'au
temps de Bonaparte. Les *sujets des bailliages communs*, si longtemps opprimés par la fière aristocratie de Berne, et qui nous
avaient appelés contre elle en 1798, avaient conquis enfin leur
indépendance et devenaient, dans leur souveraineté cantonale,
les égaux de leurs anciens maîtres.

Au sud-est le royaume de Sardaigne, fortement reconstitué,
reprenait toute la Savoie et le comté de Nice, et s'incorporait
l'ancienne république de Gênes avec les deux rivières. C'était
encore une combinaison de la politique anglaise d'élever au midi
un autre boulevard contre la France, et comme une puissance intermédiaire entre la France et l'Autriche. Si la Sardaigne était
menacée par un de ses deux voisins, la flotte anglaise la secourait
par Gênes, que lord Bentinck avait naguère occupée avec 9,000
hommes. A cette idée les Anglais sacrifièrent l'indépendance de
Gênes qu'ils avaient promis de rétablir dans tous ses privilèges.

La France, ainsi resserrée dans ses vieilles frontières, ne recouvrait pas même, comme on l'a vu plus haut, toutes ses colonies. Elle
faillit même perdre l'Alsace et la Lorraine, et reculer jusqu'à la
Champagne. A la seconde entrée des alliés à Paris, et dans la
première violence de sa victoire de Waterloo, la Prusse, appuyée
par les Pays-Bas et par le Wurtemberg, était d'avis de rattacher
dès lors à l'Allemagne ses anciennes provinces de Lorraine et
d'Alsace. Ce n'était pas, comme on l'a dit, un propos de l'état-
major prussien, mais le vœu des plus illustres parmi ses généraux et ses hommes d'État, Gneisenau, Stein, Hardenberg, Humboldt, Munster. L'Autriche aussi et la Hollande demandaient que,
pour affaiblir à jamais la France, on lui reprît même la Flandre.
Mais la Russie et l'Angleterre mieux inspirées voulaient maintenir
pour l'équilibre européen une France puissante. Elles soutinrent
qu'on avait fait la guerre à Napoléon, non à la France, encore
moins à Louis XVIII, et leur politique sauva la France et l'équilibre européen de cette folle vengeance. On crut que le czar comptait sur l'alliance des Bourbons, comme autrefois sur celle de
Napoléon, pour affranchir du joug de la Turquie les chrétiens

d'Orient, ou qu'il craignait que l'Allemagne ne devînt par ces recouvrements excessifs trop forte pour la Russie. Le vainqueur de Waterloo ne s'opposa pas moins formellement que le czar au démembrement de la France, et le sang-froid de Wellington, à la fois diplomate et grand capitaine, contint la fougue de Blücher.

En Italie le Saint-Siège était remis en possession des États de l'Église dans leur ancienne étendue, avec ses deux enclaves de Bénévent et de Ponte-Corvo. Tous les abus de la monarchie pontificale étaient restaurés, et des prélats gouvernaient ses dix-huit légations avec l'Inquisition, les Jésuites, etc. Le duché de Modène et le grand-duché de Toscane étaient rendus à des princes de la maison d'Autriche, désormais prépondérante en Italie où elle s'avançait par le Milanais jusqu'au Tessin. Lucques était donné à l'infant d'Espagne pour le duché de Parme, Plaisance et Guastalla qu'il cédait à Marie-Louise. Après la fin tragique de Murat que le congrès de Vienne avait d'abord laissé roi de Naples, par égard pour les engagements de l'Autriche, Ferdinand IV, un Bourbon d'Espagne, rentrait dans sa capitale et dans la partie continentale du royaume des Deux-Siciles. L'Italie, naguère toute française, était redevenue autrichienne au nord, pontificale au centre, et bourbonienne au midi. Ferdinand de Naples ne songeait guère à donner les garanties promises aux anciens sujets de Murat; il abolit sur le continent les lois françaises, et ne laissa pas même à la Sicile, où les Anglais l'avaient conduit et gardé, la constitution octroyée en 1812.

Ferdinand VII remontait sur le trône d'Espagne, dont les colonies américaines allaient s'affranchir par le contre-coup des révolutions de l'Europe ; le temps n'était pas éloigné où l'Espagne ne garderait plus, de ses vastes colonies, que les Philippines et les Mariannes dans l'Océanie, Cuba et Porto-Rico aux Antilles. L'autorité de la maison de Bragance était maintenue par l'Angleterre à Lisbonne, mais le Brésil aussi allait se séparer du Portugal, qui ne devait plus garder que les débris de son empire colonial, les Açores, les îles du Cap-Vert, les capitaineries du Congo et de Mozambique, Goa, Diu, Macao, Timor, etc. Le roi Jean VI demeura quelques années encore au Brésil, pendant qu'à Lisbonne le maréchal anglais Beresford gouvernait son royaume. Le Portugal gardait d'ailleurs ses mêmes frontières et ne perdit qu'Olivenza, prise et gardée par l'Espagne.

Les royaumes scandinaves, Suède et Danemark, restaient dans la situation que la guerre et le traité de Kiel (janv. 1814) leur avaient faite. Le Danemark cédait la Norvége à la Suède, et la Poméranie suédoise à la Prusse qui lui donnait le duché de Lauenbourg. La Suède conservait l'île Saint-Barthélemy; le Danemark Serampour et Tranquebar dans l'Inde; Christianborg en Afrique; l'Islande et le Groënland en Amérique; Sainte-Croix, Saint-Jean et Saint-Thomas aux Antilles.

Voilà pour les puissances secondaires. Sauf le Danemark qui paya si cher notre alliance, les États qu'on vient de nommer reprenaient leurs limites de 1789, ou pour quelques-uns, comme la Hollande et la Suède, les pertes étaient compensées. Mais les quatre grandes puissances, la Prusse, l'Autriche, la Russie et l'Angleterre, profitèrent plus largement de nos défaites et s'enrichirent de nos dépouilles.

III. Tableau comparé des puissances européennes et de leurs colonies en 1789 et en 1815. — Les quatre grandes puissances. — La Sainte-Alliance.

La Prusse, longtemps humiliée par Napoléon, était bien dédommagée par ses recouvrements en Pologne et sur le Rhin, et par ses acquisitions récentes. Aux provinces que le traité de Tilsitt lui avait si dédaigneusement laissées, Brandebourg, Silésie, Poméranie et provinces de Prusse; à ses anciennes possessions de 1789, duchés de Clèves, de Berg, de la Mark et de Juliers, la maison de Hohenzollern ajoutait dans la partie orientale de sa monarchie le grand-duché de Posen, l'île de Rügen, la Poméranie suédoise que le Danemark lui cédait pour le Lauenbourg, un grand tiers du royaume de Saxe qu'elle avait réclamé tout entier; dans sa partie occidentale, près des pays de la succession de Juliers ou de la Prusse rhénane, presque tout l'ancien territoire des électeurs ecclésiastiques de Cologne et de Trèves, et la province de Westphalie (ancien évêché de Munster) qu'elle avait reçue au traité de Lunéville pour prix de sa neutralité dans la deuxième coalition. Elle occupait dans l'ouest les deux rives du

Rhin, entre Bingen et Emmerich, par Coblentz, Bonn, Cologne, Dusseldorf, Wesel. La monarchie prussienne, dans cette grandeur factice et mal réglée, dominait tout le nord de l'Allemagne, entre la France et la Russie ; mais séparée par le Hanovre, Hesse-Cassel et le Brunswick en deux masses, dont l'une allait jusqu'à la Moselle et l'autre jusqu'au Niémen, sans frontières naturelles, sans populations homogènes et sans marine, protestante au centre, catholique à l'ouest dans les provinces du Rhin, à l'est dans le grand-duché de Posen et une partie de la Silésie, la Prusse n'était pour l'Europe qu'un faible rempart contre la Russie. Suivant le mot de M. de Pradt, la Prusse n'avait qu'une *façade* sur l'Europe.

La maison d'Autriche, réduite naguère au centre de la monarchie, dans le bassin du Danube, par le traité de Vienne qui la séparait de l'Italie et de la mer, eut comme la Prusse une belle part de nos dépouilles. Elle reprit sur la Saxe et sur la Russie la Galicie perdue en 1809 ; sur la Bavière le Tyrol, le Vorarlberg et le pays de Salzbourg qui rétablissait sa frontière de l'Inn ; sur la France la Carinthie, la Carniole, les provinces illyriennes, la Dalmatie vénitienne avec les îles de la côte jusqu'aux bouches de Cattaro. En échange de la Belgique, on lui donna le royaume lombard-vénitien ou le nord de l'Italie jusqu'aux rives du Pô et du Tessin ; la Valteline et Chiavenna, c'est-à-dire la jonction du Tyrol et du Milanais ; la partie du Mantouan située au sud du Pô, et le droit de garnison sur la rive droite du fleuve dans les villes de Plaisance, Ferrare et Comacchio. Elle recouvrait de plus, on l'a vu, pour ses branches collatérales le duché de Toscane, donné au frère de l'empereur, l'archiduc Ferdinand III, avec l'île d'Elbe, les présides et les principautés de Piombino ; le duché de Modène à l'archiduc Ferdinand IV, et le duché de Parme à Marie-Louise. L'empire d'Autriche, plus heureux que la monarchie prussienne, semblait former un ensemble géographique. Ainsi prépondérante en Italie, où elle ne possédait en 1789 que le Milanais et le Mantouan, avec 200 lieues de côtes sur la mer Adriatique et des ports comme Trieste et Venise, l'Autriche n'avait plus à regretter ses provinces belges. Mais c'était la faiblesse de ce vaste empire d'avoir à régner à la fois, dans ses quinze gouvernements, sur tant de populations diverses d'origine, de religion, de mœurs et d'esprit,

Madgyars de la Hongrie, Tchèques de la Bohême, Polonais et Ruthéniens de la Galicie, Roumains et Saxons de la Transylvanie, Slaves de la Croatie, de l'Illyrie et des confins militaires, Italiens de Venise et de Milan, Allemands de l'archiduché. On a vu depuis 1815 et l'on voit de nos jours encore tous les embarras de ce gouvernement difficile et compliqué qui se nomme l'*Union personnelle*.

L'Angleterre, la payeuse des coalitions, qui parlait si haut dans le congrès de Vienne au sujet des affaires de la Pologne, de la Saxe, des Pays-Bas et de la Sardaigne, et qui présidait à ce remaniement territorial de l'Europe avec une vengeance froide et mesurée, étendit et consolida son empire sur toutes les mers. L'Angleterre atteignit son apogée à Waterloo. Après la première chute de Napoléon, elle avait magnifiquement reçu et traité ses vainqueurs (7-20 juin 1814); le peuple anglais avait acclamé dans les rues et dans les salons le vieux Blücher, nommé par son roi prince de la Wahlstadt. Un an plus tard, l'Angleterre, représentée à Vienne par Castlereagh, y consommait l'œuvre de sa domination maritime, préparée au xvie siècle par Elisabeth et Cromwell, continuée après eux par Georges III et William Pitt. Elle ne laissa guère discuter ses conquêtes dans le congrès de Vienne.

On sait qu'en 1789 l'Angleterre occupait déjà les stations les plus importantes sur toutes les mers et de vastes colonies : les îles anglo-normandes entre Brest et Cherbourg, qu'elles surveillaient et séparaient; Gibraltar à l'entrée de la Méditerranée; en Afrique ses comptoirs du Sénégal et de la Guinée; sur les côtes de la presqu'île indienne et dans le Bengale les présidences de Bombay, de Madras et de Calcutta; Botany-Bay en Australie; sur le continent américain une partie de la Guyane, le Canada, le Nouveau-Brunswick, la Nouvelle-Écosse; les îles de Terre-Neuve et du Cap-Breton, les îles Bahama; dans les Antilles la Jamaïque, Saint-Vincent, la Dominique, Grenade, les Grenadines, Montserrat, Névis, la Barboude, la Trinité, etc.

De 1789 à 1815, elle prit Malte et le protectorat des îles Ioniennes (Corfou, Céphalonie, Zante, Sainte-Maure, Ithaque, Cérigo, Paxo); Helgoland aux bouches de l'Elbe et du Weser, en face de Brême et de Hambourg; Sainte-Lucie et Tabago aux Antilles;

Esséquibo, Démérary et Berbice en Guyane ; la colonie de Balize
dans le Honduras et dans le voisinage de l'isthme de Panama
(1798) ; la colonie hollandaise du Cap en Afrique ; les Seychelles
et l'île de France (île Maurice) dans l'Océan indien ; l'île de Ceylan, Cochin, Delhi, l'ancienne capitale du Grand-Mogol (1803),
le Mysore après la mort de Tippou-Saeb (1799), une première partie du Népaul et du pays des Mahrattes aux Indes orientales ;
la Tasmanie ou Terre de Van Diémen en Australie. Elle achevait
son empire du Bengale par sa lutte contre les Mahrattes (1815-
1818), et gardait sur le continent américain du nord le Canada,
la Nouvelle-Ecosse, le Brunswick, et toute la Nouvelle-Bretagne
entre les deux océans. A voir ainsi l'Angleterre établissant sur
toutes les mers des stations commerciales et stratégiques, des
comptoirs pour ses marchands et des refuges pour sa marine,
et dominant les deux bassins de la Méditerranée par Gibraltar,
Malte et Corfou, l'Afrique et l'Océan indien par le Cap et l'île
Maurice, les deux Amériques par ses possessions des Antilles et
du Canada, on comprend qu'elle ait payé pendant 23 ans six
coalitions contre la France et soudoyé contre Napoléon les puissances du continent, ce qu'elle appelait dès le siècle dernier sa
maréchaussée européenne.

La Russie avait déjà avant 1789, par le génie et les conquêtes
de Pierre le Grand et de Catherine II, pris rang parmi les grandes
puissances. Au moment où notre Révolution commence, elle
finit son histoire du dernier siècle par le second et le troisième
partage de la Pologne (1793-1795), qui portent sa limite jusqu'au
Niémen vers la Prusse, et jusqu'au Boug vers l'Autriche ; par la
réunion de la Courlande qui prolonge son littoral sur la Baltique
(1796).

Depuis 1789 la Russie avance toutes ses frontières sur l'Europe
vers la Suède, la Prusse, l'Autriche et la Turquie. Elle a pris sur
la Suède toute la Finlande, la Bothnie orientale jusqu'à la Tornéa, et les îles d'Aland en face de Stockholm (traité de Friedrichsham, 1809). Elle a pris sur la Pologne, outre les provinces
acquises dans les trois partages (Lithuanie, Podolie, Volhynie),
un royaume entier comprenant presque tout le duché de Varsovie,
la Galicie occidentale et le cercle de Zamosk, dont la limite va
finir à l'ouest dans le bassin de l'Oder, à Kalisch, sur la Prosna,

affluent de la Wartha. Elle a pris sur la Turquie d'Europe, par les traités d'Iassy (1792) et de Bucharest (1812), les pays d'Ocsakow et d'Odessa, la Bessarabie qui la porte aux bouches du Danube, et une partie de la Moldavie jusqu'au Pruth. Au sud-est et au delà du Caucase, elle a conquis la Géorgie et Tiflis (1799), la Gourie, l'Iméréthie, la Mingrélie (1801-1804), le Chirwan et le Daghestan sur la mer Caspienne (1813). Ainsi la Russie menace à la fois la Prusse sur le Niémen et la Prosna, l'Autriche sur le Pruth, la Turquie d'Europe sur le Danube et la mer Noire, la Turquie d'Asie et la Perse par le Caucase. Sa marine prenait possession des mers intérieures ; sur la mer Noire elle fondait son grand port de Sébastopol, et se faisait reconnaître le droit d'avoir seule des vaisseaux de guerre sur la mer Caspienne. L'Europe pouvait bien s'effrayer de voir les Russes aussi puissants sur terre que les Anglais sur l'Océan. Agrandi par l'alliance française et par leurs guerres contre la France, leur vaste empire, après tant d'accroissements, s'étendait de la mer Caspienne à la mer Baltique, de l'Oural à la Vistule, et de la mer Noire à l'Océan glacial, sans compter leurs immenses possessions de la Sibérie jusqu'au détroit de Behring et aux frontières de la Chine.

L'empire ottoman, déjà démembré partiellement par le traité d'Iassy (1792) qui lui enlevait le pays d'Oczakow et marquait la frontière russe au Dniester, par celui de Bucharest (1812) qui la reculait jusqu'aux bouches du Danube, conserve encore pour un temps la Grèce et ses autres provinces dans la péninsule des Balkans, mais travaillées par l'influence politique et religieuse de la Russie (panslavisme). La Servie ne sera plus pour lui qu'une province tributaire sous le protectorat de la Russie, comme la Moldavie et la Valachie. La Turquie n'a plus qu'une autorité nominale sur les deys de Tunis et d'Alger, et sur l'Égypte où Méhémet-Ali prépare son indépendance. Le czar n'a pas permis qu'on fît mention de la Turquie aux traités de 1815.

Pendant le séjour des alliés à Paris, deux jours avant le renvoi du ministère Talleyrand et Fouché, et comme pour se préparer au second traité de Paris, le czar Alexandre fit signer aux souverains d'Autriche et de Prusse (26 sept. 1815) le fameux traité de la Sainte-Alliance, par lequel ils se promettaient de conformer le gouvernement de leurs États et leur politique extérieure aux préceptes de l'Évangile. Dans son mysticisme exalté par les entretiens d'une femme alors célèbre, Mme de Krüdener, le czar croyait que la religion seule pourrait raffermir les esprits ébranlés par tant de commotions violentes. Il élevait la bannière de l'Évangile au-dessus des querelles de cabinet. Malgré la différence de leurs Églises, les souverains et les peuples devaient se regarder et se traiter comme frères en Jésus-Christ, et se fortifier dans l'exercice et la pratique des devoirs qu'il avait enseignés. Le régent d'Angleterre refusa d'adhérer à la Sainte-Alliance, et déclara qu'il n'avait pas comme les trois souverains le droit de traiter sans la signature de ses ministres. La politique anglaise semblait se réserver la faculté d'accepter les révolutions favorables à son commerce. L'Angleterre ne consentit qu'à signer le 20 novembre une quadruple alliance pour la police générale de l'Europe, le maintien du deuxième traité de Paris, et l'exclusion perpétuelle de la dynastie napoléonienne. Les quatre puissances se promettaient de renouveler, à des époques déterminées, des réunions consacrées aux grands intérêts communs et à l'examen des mesures qui dans chacune des époques seraient jugées les plus salutaires pour le repos et la prospérité des peuples. Les libéraux du continent, peu rassurés par les réserves de l'Angleterre, protestèrent d'emblée contre ce christianisme officiel et gouvernemental. On croyait voir tout l'esprit du traité dans l'article 1er : « Ils se prêteront en toute occasion et en tout lieu assistance, aide et secours, » le reste n'étant que l'enveloppe mystique. L'abbé de Pradt tournait en dérision cette *Apocalypse de la diplomatie*, et Burdett y montrait la conspiration des souverains contre les peuples. Les signataires de la Sainte et *Belle* Alliance ne tardèrent pas à voir qu'ils avaient cru trop tôt la Révolution française à jamais vaincue, et que l'ancien régime n'était pas rétabli de plein droit dans tous les États par la chute de Napoléon.

FIN DE LA PREMIÈRE PARTIE

TABLE DES CHAPITRES

18.

FIN DE LA TABLE DES CHAPITRES.